Die Geschichte der Deutschen

Wilhelm von Sternburg, Jahrgang 1939, war über dreißig Jahre als Zeitungs-, Rundfunk- und TV-Journalist tätig, unter anderem als Chefredakteur beim Fernsehen des Hessischen Rundfunks. Heute arbeitet er als freier Schriftsteller und Publizist. Von Sternburg hat zahlreiche Biografien veröffentlicht sowie Sachbücher und Artikel zu historischen und kulturellen Themen und ist Mitglied des P.E.N.-Zentrums Deutschland.

Wilhelm von Sternburg erzählt

Die Geschichte der Deutschen

Mit Illustrationen von Silke Reimers

Campus Verlag
Frankfurt/New York

Redaktion: Dr. Barbara Werner, Stuttgart

Bibliografische Information der Deutschen Bibliothek
Die Deutsche Bibliothek verzeichnet diese Publikation in der Deutschen Nationalbibliografie. Detaillierte bibliografische Daten sind im Internet über http://dnb.ddb.de abrufbar.
ISBN 3-593-37100-6

Umschlaggestaltung: Silke Reimers, Mainz
Satz: Fotosatz L. Huhn, Maintal-Bischofsheim
Druck und Bindung: Druckhaus Beltz, Hemsbach
Gedruckt auf säurefreiem und chlorfrei gebleichtem Papier.
Printed in Germany

Für Carla

Inhaltsverzeichnis

Warum über Geschichte nachdenken?

Geschichte ist öde. Die Mehrheit der Schüler in aller Welt hat dieses Verdammungsurteil zweifellos schon vor Urzeiten gefällt. Zahlenfriedhöfe, pathetische Schlachtengemälde, nervige Statistiken, in unverständlicher Sprache abgefasste Dokumente, staubige Grabfunde, Tonscherben und abgegriffene Münzen oder die endlosen Beschreibungen von Domschätzen und Herrschaftsinsignien – wer soll da nicht einschlafen?

Geschichte ist faszinierend. Sie erzählt von unserem Herkommen und dem Werden unserer Umwelt. Sie erklärt uns unendlich vieles: warum unsere Vorfahren immer wieder Krieg führten, warum Elend und Hunger die Völker heimsuchten, warum die Eisenbahn, der Telegraf oder der Computer die Welt veränderten, warum die Frauen in Europa um ihre Gleichberechtigung so lange kämpfen mussten, warum Deutschland erst so spät eine Demokratie wurde, warum es wichtig war, die Europäische Union zu gründen. Geschichte löst längst nicht alle, aber doch manche Rätsel unseres gesellschaftlichen Alltags.

Mein Interesse an der Vergangenheit begann im Religionsunterricht. Ich war in der siebten Klasse und wir lasen den Roman *Quo vadis?*, in dem der polnische Autor Henryk Sienkiewicz aus der Zeit der Christenverfolgungen im Römischen Reich erzählt. Mich fesselte weniger der religiöse Hintergrund dieses Romans als vielmehr die Schilderung des Lebens im alten Rom. Mein Vater wies mich wenig später auf die Jugendbuchausgabe von Felix Dahns Ostgoten-Saga *Ein Kampf um Rom* und Gustav Freytags Epos *Die Ahnen* hin, in dem die Geschichte der Deutschen seit den Tagen der Germanen romanhaft dargestellt wird. Zugegeben: Heute, gut 50 Jahre später liest kaum noch einer diese beiden Wälzer. Nicht nur die Jugendlichen greifen lieber zu den Asterix-Comics, in denen die Kelten und Germanen als rauf- und saufwütige Gesellen durch die Lande ziehen. Oder sie kaufen eine Kinokarte, um die Abenteuer von König Artus, seiner schönen Frau Guinevere und den Rittern der Tafelrunde auf der Leinwand zu verfolgen. Mir aber eröffnete sich damals Buchseite um Buchseite eine neue Welt. Ich begann, über mein eigenes kleines Leben hinauszublicken.

Bald entdeckte ich auch, wie widersprüchlich Eltern und Lehrer, Mitschüler und Freunde über die Berichte in den Zeitungen oder im Radio (Fernsehen gab es damals noch nicht) die Welt deuteten, wie sie über das Heute sprachen und sich dabei häufig überaus einseitig auf das Gestern beriefen. Ihre Urteile über die Vergangenheit und damit auch die Gegenwart basierten in der Regel weniger auf Fakten als auf ideologischen Vorurteilen, denen sie durch den Einfluss ihrer Umgebung erlegen waren. Für meine Eltern und ihre Bekannten beispielsweise war der Erste Weltkrieg aus deutscher Sicht ein Verteidigungskrieg, zu dem die neidischen Nachbarn uns im August 1914 angeblich gezwungen hätten. Über Hitler und den Nationalsozialismus sprachen die Erwachsenen in meiner Jugend kaum. Wenn diese Zeit überhaupt thematisiert wurde, dann wiesen sie entschuldigend auf die soziale Not und die hohe Arbeitslosigkeit in den Jahren vor der Errichtung der Diktatur hin. Und natürlich hatten sie fast alle nichts von den Untaten der Nazis gewusst.

Als ich dann in den nächsten Jahren die Arbeiten der Historiker las, wurde ich immer misstrauischer. Die häufig aggressive und sehr einäugige Betrachtung der Ereignisse und der Menschen, die sie bewirkt hatten, ließ mich ahnen, dass die Wirklichkeit komplizierter ist, als es uns die Schlagzeilen der Medien oder die Wahlkämpfer der Parteien zu suggerieren versuchen. Historische Schuld und Unschuld, die Opfer und die Täter der Geschichte – das war und ist offensichtlich nicht so einfach, wie es die nationalen Propagandisten des Ruhmes der Deutschen (oder Engländer, Franzosen, Italiener, Russen, Amerikaner ...) immer wieder verkünden.

Es wurde mir immer klarer, dass das Denken und Handeln der Völker im Alltag des Heute tief geprägt ist von ihrer Vergangenheit. Sitten- und Moralansprüche, wirtschaftliche und technologische Entwicklungen, Arbeitsethos und Religion, Gesetze und gesellschaftliche Tabus, Sprache und kulturelle Eigenarten – vieles davon beruht auf jahrhundertealten Traditionen. Die Vergangenheit ist vielfach höchst lebendige Gegenwart.

Allmählich wurde mir auch bewusst, dass die Helden meiner Jugend – Cäsar, Karl der Große, Napoleon, Bismarck – für Krieg, Mord und Elend verantwortlich waren. Der Heroismus der Geschichtsschreibung rechtfertigte nur allzu häufig die Taten der gesellschaftlichen Eliten und vergaß darüber die unzähligen Opfer des Handelns von Königen und Fürsten, Feldherren und Kirchenführern. Cäsar hinterließ in Gallien eine verbrannte Region. Karl der Große befahl die Hinrichtung von über 4000 Sachsen. Die mittelalterlichen Päpste dachten in der Regel nicht an Gott, sondern an die Vermehrung von Macht und Reichtum. Luther, der große Reformator, war ein Judenhasser. Die goldgierigen Konquistadoren Hernando Cortez und Francisco Pizarro vernichteten mit Feuer und Schwert und unter dem Zeichen des Kreuzes die Azteken- und Inkareiche in Mexiko und Peru. Der Dreißigjährige Krieg wurde vom Habsburger Kaiser Ferdinand II. und dem Schweden-König Gustav Adolf, von den Generälen Wallenstein und Tilly im Namen der Religion geführt, aber es ging in erster Linie um Geld und Macht und der Krieg verwüstete Mitteleuropa. Als Napoleon seine Eroberungspläne realisierte, mussten Hunderttausende Franzosen, Italiener, Engländer, Russen, Österreicher, Bayern und Sachsen sterben. Bismarck führte drei verlustreiche Kriege, um die Demokratie in Deutschland zu verhindern und die Herrschaft der Hohenzollern im von ihm neu gegründeten Deutschen Reich zu sichern. Im 20. Jahrhundert verblutete Europas Jugend während des Ersten Weltkriegs in den Schützengräben vor Verdun und auf den Schlachtfeldern Flanderns. Dreißig Jahre später starben Hunderttausende im eisigen Stalingrad, weil Hitler die Welt erobern wollte. Die sozialistische Utopie, auf die sich der Kommunismus berief, mündete im terroristischen Stalinismus. Der deutsche Nationalsozialismus gebar das Unvorstellbare, die Ermordung des europäischen Judentums.

Ich musste es erst lernen: Geschichte ist Chaos. Der Weg des Fortschritts, den wir uns optimistisch als große Menschheitsleistung anrechnen, bleibt weitgehend eine Illusion. Triumph und Fall der Völker und ihrer Lenker stehen dicht nebeneinander. Goethes Graf Egmont, der im 16. Jahrhundert zur Rebellion der Niederländer gegen ihre spanischen Unterdrücker aufrief und dafür mit seinem Leben bezahlen musste, wusste um die Hilflosigkeit des Menschen und der Mächte: »Wie von unsichtbaren Geistern gepeitscht, gehen die Sonnenpferde der Zeit mit unsers Schicksals leichtem Wagen durch; und uns bleibt nichts, als mutig gefasst die Zügel festzuhalten und bald rechts, bald links, vom Steine hier, vom Sturze da, die Räder wegzulenken. Wohin es geht, wer weiß es? Erinnert er sich doch kaum, woher er kam.«

In meiner Jugend glaubte ich, die Völker seien fähig aus der Geschichte zu lernen, zeigte sie doch, dass vor allem Krieg und Elend die vergangenen Jahrhunderte bestimmt hatten. Die Sieger von heute waren fast immer die Verlierer von morgen. Weltreiche entstanden und vergingen. Die kurzen Perioden des Friedens bescherten den Menschen in der Regel sehr rasch Wohlstand. Der Krieg dagegen machte stets wenige reich und ließ die Massen verarmen. Wissen wir das nicht alles, wenn wir zurückblicken auf das, was war?

Hoffnungsschimmer hat es in der Geschichte immer wieder gegeben. Im Westeuropa unserer Tage genießen wir die längste Friedensperiode und trotz des viel beschworenen wirtschaftlichen Niedergangs eine Zeit des Wohlstands, die es für uns so in der Geschichte noch nicht gegeben hat. Und sind da nicht die großen Ideen eines Platon, Aristoteles, Spinoza oder Kant? Die Bücher von Ovid, Dante, Cervantes, die Dramen und Komödien Shakespeares oder der europäischen Klassiker des 18. und 19. Jahrhunderts? Die unsterblichen Kunstwerke der griechischen Dramatiker und Bildhauer? Die Bilder Michelangelos, Botticellis, van Goghs oder Kandinskys? Gibt es nicht die herrliche Musik von Bach, Beethoven, Gustav Mahler ? Hat die Welt nicht Pest und Cholera, Tuberkulose und Diphtherie weitgehend besiegt? Haben die Dampfmaschine, die Elektrizität und die moderne Technik nicht Millionen Arbeiter von den Härten schwerster Handarbeit befreit, die in den vergangenen Jahrtausenden das Leben ihrer Vorfahren bestimmte? Geschichte ist janusköpfig. Sie hat immer zwei Seiten. Verbrechen und menschliche Größe stehen eng beieinander.

Hier wird die Geschichte der Deutschen erzählt. Wir sollten aber nie vergessen, dass es eine isolierte nationale Geschichte im Grunde nie gab. Immer war diese eingebettet in die Geschichte ihrer Nachbarn, ja in die Weltgeschichte. Die Wanderungen der germanischen und slawischen Stämme, die Ende des 2. Jahrhunderts verstärkt einsetzten, um dann immer wieder dramatische Völkerverschiebungen in Europa auszulösen, hingen eng miteinander zusammen. Sie wirkten auf das Leben im untergehenden Rom ebenso ein wie auf das der Menschen in Gallien, Germanien, Skandinavien, Britannien oder östlich der Elbe. Das Reich Karls des Großen umfasste das heutige Frankreich, Belgien, Holland, Deutschland und große Teile Italiens. Nationalstaaten, wie wir sie heute kennen, gab es damals noch nicht. Die Reformation war trotz des Wittenberger Mönches Martin Luther kein isoliert deutsches, sondern ein die gesamte christliche Welt aufrührendes Ereignis. Als Friedrich der Große im 18. Jahrhundert Preußens Truppen in Schlesien einmarschieren ließ, löste er einen langen Krieg aus, dessen Beben bis in die nordamerikanischen Kolonien zu spüren war, weil sich dort Franzosen (Friedrichs Feinde) und Engländer (Friedrichs Verbündete) verlustreiche Schlachten lieferten, die über das Schicksal Preußens mitentschieden. Die Französische Revolution von 1789 hat die deutschen Länder, England oder das zersplitterte Italien kaum weniger tief verändert als Frankreich selbst. Die Wurzeln der industriellen Revolution liegen zwar in England, aber sie verbreitete sich im Laufe des 19. Jahrhunderts über ganz Westeuropa und den aufstrebenden nordamerikanischen Kontinent. Die zwei Weltkriege des

20. Jahrhunderts – an deren Ausbruch Deutschland einen unheilvollen Anteil hatte – veränderten nicht nur unser Land, sondern die Welt.

Aber jedes Volk, jeder Staat hat zugleich seine ganz eigene Entwicklung durchgemacht. Das gilt auch für Deutschland. Die geografische Lage, das Klima, die natürlichen Rohstoffreichtümer, die Kultur und die gesellschaftlichen Strukturen bestimmen Leben, Denken und Handeln einer Nation. So haben sich beispielsweise in England schon sehr früh mit der Magna Charta von 1215 und in Frankreich nach der Revolution von 1789 erste demokratische Strukturen herausgebildet. Und das hatte entscheidenden Einfluss auf die politischen und gesellschaftlichen Verhaltensweisen dieser Völker. Die Deutschen dagegen hielten bis 1945 mehrheitlich am obrigkeitsstaatlichen Denken fest, das seit den Tagen des frühen Mittelalters die Herrschaft einer kleinen Oberschicht sicherte. Nicht zuletzt an dieser antidemokratischen Mentalität scheiterten die Revolution von 1848 und Anfang der dreißiger Jahre des 20. Jahrhunderts die Weimarer Republik. Schließlich wurde sogar ein Diktator und Massenmörder wie Adolf Hitler möglich.

Erzählt wird in diesem Buch ausführlich von den Persönlichkeiten, die die Geschichte der Deutschen auf besondere Weise bestimmt haben. Dies, obwohl die Historiker schon lange darüber streiten, ob es denn tatsächlich die Männer (von Frauen sprachen sie in diesem Zusammenhang eigentlich nie) sind, die Geschichte machen, oder ob nicht umgekehrt die wirtschaftlichen, kulturellen und mentalen Entwicklungen das Leben der Menschen verändern. Beides gilt wohl. Die geschichtsmächtigen Persönlichkeiten bleiben immer auch abhängig von den Ereignissen und Abläufen, die ihr Handeln motivieren und begrenzen. Aber Cäsar oder Napoleon haben mit ihren politisch-militärischen Entscheidungen zweifellos die Epoche, in der sie lebten, geprägt. Die Gründung des Deutschen Reiches im Jahr 1871 ohne Bismarck ist kaum weniger vorstellbar als das Dritte Reich ohne den Verbrecher Adolf Hitler.

Entscheidend für die biografischen Abschnitte in diesem Buch war für mich aber vor allem der Wunsch, die Geschichte der Deutschen für den Leser spannend zu erzählen. Spiegelt sich doch im Leben des Einzelnen jenseits aller abstrakten Erklärungen und Deutungen besonders eindrucksvoll und verständlich wider, dass der Mensch im Zentrum des Geschehens steht – heute ebenso wie vor über 2 000 Jahren.

In den Wäldern der wilden Germanen

Obwohl die nationalen Verkünder im 19. und 20. Jahrhundert etwas ganz anderes behaupten, ist es eine Realität: Die Deutschen als Volk treten erst sehr spät in die Geschichte ein. Im Vergleich zu den Hochkulturen der Ägypter, Griechen oder Römer geht es in West-, Mittel- und Nordeuropa noch lange urzeitlich zu. Schrift, Baukunst, Wissenschaften, Bodenbearbeitung und Alltagstechnologie erleben im Nahen Osten und in Asien bereits eine Blütezeit, als die Menschen nördlich der Alpen unter primitivsten Bedingungen zu überleben versuchen. Die erste ägyptische Dynastie ist rund 3 000 Jahre vor der neuen Zeitrechnung, die für das Abendland mit der Geburt Christi beginnt, entstanden. Da hockten die Bewohner unserer Breitengrade noch unter den Blätterdächern ihrer schützenden Bäume und suchten nach Pflanzen oder fingen mit Schlingen Kleintiere und Rehwild, um nicht zu verhungern.

Die Region, die von den Römern Germanien genannt wird und von der die Deutschen heute nur noch einen kleinen Teil bewohnen, bietet eine bedrohliche, zum ständigen Überlebenskampf herausfordernde Umwelt. Riesige, fast undurchdringliche Wälder überziehen das Land zwischen Maas und Elbe, zwischen den Alpen und dem Nordmeer. Wölfe, Auerochsen und Bären leben in ihnen, Regen und Nebel bestimmen das Klima. Die römischen Legionäre, die in den Norden geschickt werden, um Kastelle und Grenzwälle zu bauen und das Weltreich gegen die Einbrüche der ruhelos umherziehenden germanischen Völkerschaften zu schützen, sehnen sich zurück in ihr sonniges Italien. Der erste Römer, der im Jahr 98 n. Chr. ausführlicher von den Germanen erzählt, der Historiker Publius Cornelius Tacitus, spricht seinen im unwirtlichen Norden dienenden Landsleuten zweifellos aus dem Herzen: »Wer würde schon ohne Gefahr Asien, Afrika oder Italien aufgeben, um nach Germanien zu ziehen, in jenes abstoßende Land mit seinem rauen Klima, seiner unfreundlichen Kultur und Erscheinung!«

Es sind nicht Germanen, erst recht nicht Deutsche, die das Land als Erste besiedeln. Die bäuerlich-kriegerischen Stämme, die in der Steinzeit in West- und Mitteleuropa leben, kommen vermutlich aus Zentralasien und sie wandern über Südosteuropa ein. In einem langen Zeitabschnitt führt sie ihr Weg über die Donau und den Rhein in das Pariser Becken und nach Mitteldeutschland. Einige Stämme erreichen sogar die Britischen Inseln. Diese Ursiedler roden die Waldgebiete, auf denen sie ihre Wanderung unterbrechen. Sie bauen einfache Häuser und bestellen die Felder. Ihre Werkzeuge sind Steingeräte, die sie mit den neuen Techniken des Schleifens und Bohrens verbessern. Sie halten Ziegen und Schafe, Hausrinder und Hausschweine, später auch Pferde. Jäger sind sie nicht. Der Boden, auf dem sie Leinen- und Hülsenfrüchte und Einkorn pflanzen, wird rücksichtslos ausgebeutet, um die Ernährung der Stammesangehörigen sicherzustellen. Sie wandern weiter, wenn die intensiv bepflanzten und durch die Rodungen bald weggeschwemmten Ackerböden nichts mehr hergeben. Das kann nach einigen Generationen der Fall sein, oder schon nach wenigen Jahrzehnten. Ihre Sprache ist bis heute unbekannt. Wir nennen sie »indogermanisch«, ein Begriff, in den Herkunfts- und neues Siedlungsgebiet einfließen.

Die Kelten im Süden ...

Wahrscheinlich wird Europa in diesen Frühzeiten seiner Geschichte von unentwegten Wanderungsbewegungen bestimmt. So erscheinen während der Bronze- und Eisenzeit, also etwa in den letzten zwei Jahrtausenden vor Christus, immer wieder neue Völker an den Rändern des europäischen Kontinents, die rasch die Oberhand über die Altsiedler gewinnen. Im südlichen Mittel- und in Westeuropa sind das die Kelten, im Norden die Germanen. Hunger, Beutegier, militärische Niederlagen und dramatische Klimaveränderungen haben sie aus ihren angestammten Siedlungsgebieten vertrieben.

Die ersten Völkerschaften, von deren Kultur und Zusammenleben uns die Grab- und Siedlungsfunde, die Berichte der griechischen und römischen Geschichtsschreiber etwas mehr erzählen, sind die Kelten. Sie bestimmen etwa vom 6. Jahrhundert v. Chr. bis zum 1. Jahrhundert n. Chr. die Geschichte Westeuropas. Auch ihre Anfänge liegen weitgehend im Dunkeln. Aber wir wissen immerhin, dass sie aus dem Voralpenraum in den Westen und Süden des Kontinents ausschwärmen und schließlich die Normandie und die Bretagne, die Britischen Inseln, Teile Italiens und der Iberischen Halbinsel und sogar die heutige

Türkei erreichen. Die Städte Budapest und Turin gehen auf keltische Siedlungsgründungen zurück. In Deutschland sind ihre Spuren hauptsächlich im Süden zu verfolgen. Ein Vordringen nach Norden über Hessen hinaus haben die germanischen Stämme verhindert.

Ein kriegerisches Volk sind die Kelten. Ihre adligen Führer leben in Burgfestungen. Ihre Weisen, die Druiden, erforschen den Ratschluss der Götter. Sie betreiben Astronomie, überliefern die religiösen Riten, vollziehen die Opferhandlungen und schneiden die Misteln – jene heiligen Zweige, die im Glauben der Kelten Krankheiten heilen und Fruchtbarkeit bringen sollen. Und ihre Kämpfer sind berüchtigt. Für die Römer ist deren Brauch, die Schädel der Besiegten zu balsamieren und bei Gelagen stolz herumzuzeigen, die reine Barbarei. Doch bei aller Grausamkeit und allem Kampfesmut sind die Kelten auch ein handwerklich geschicktes Volk. Von den Griechen und Römern übernehmen sie die Geldwirtschaft. Bald wird das Eisen, das sie vor allem in Gallien verhütten, für sie zum wichtigsten Metall. Die Werkzeuge und Kultgegenstände aus diesem Material sind mit hoher Kunstfertigkeit hergestellt, wie die zahlreichen Funde in den ausgegrabenen keltischen Kultstätten zeigen – das fein gearbeitete und vergoldete »Kultbäumchen von Manching« aus dem 3. Jahrhundert vor Christus beispielsweise, das in den Überresten einer großen keltischen Siedlung nahe Ingolstadt gefunden wurde und heute in der Archäologischen Staatssammlung in München aufbewahrt wird, ist eines von vielen Kunstwerken, die uns erhalten geblieben sind.

Die Kelten schenken Mitteleuropa den Mahlstein und die Töpferscheibe. Deutliche Spuren ihrer Sprache sind noch heute in Irland, Schottland, der Schweiz und Nordfrankreich zu finden, wo nach wie vor von einer Minderheit Gälisch, Rätoromanisch und Bretonisch gesprochen wird. Viele Namen von Flüssen, Bergen und Städten sind wahrscheinlich keltischen Ursprungs: Rhein, Taunus oder Bonn. Im Namen des Flusses Main klingt die keltische Siedlung Menosgada an; die Stadt Paris verdankt ihren Namen den keltischen Parisii; die Kelten haben sich hier einen Stützpunkt eingerichtet.

Die keltische Sagenwelt hat die Fantasie der modernen Menschen auf besondere Weise angeregt. Die Fantasy-Autoren erobern seit Jahren mit dem Kampf um Gerechtigkeit und Liebe in der Welt des Nebels, der dunklen Bergseen und der Felsenkliffs, an denen die schäumenden Wellen zerschellen, die Bestsellerlisten, und *Der Herr der Ringe* hat die Menschen scharenweise ins Kino gelockt. Aber die Welt, die uns dort begegnet, ist nicht die wirkliche Welt der Kelten. Ihren Alltag können die Archäologen anhand der Ausgrabungsfunde nachvollziehen. Ihre Denkweise, Geschichte und religiösen Vorstellungen finden wir in den Legenden und Sagen, die irische und britische Mönche im 5. Jahrhundert zu sammeln beginnen. Sie sind es, die das Leben der Menschen in Erinnerung gehalten haben, die an der Wiege Europas stehen. Die Geschichte des *Rinderraubs von Cuailuge* handelt zum Beispiel davon, wie der Held CúChulainn und die anderen Krieger von Ulster sich gegen Angreifer aus Connaught verteidigen, die im Auftrag ihrer Könige den berühmten Bullen von Cuailuge (Cooley) rauben sollen. Nur CúChulainn ist nicht durch einen Fluch geschwächt und kann den Gegnern standhalten. In den *Schwanenkindern des Lir* werden die geliebten Kinder eines Königs von der Stiefmutter in Schwäne verwandelt. Auch die Erzählungen über den legendären König Artus und seine Tafelrunde stammen aus dem keltischen Sagenkreis: Der Herrscher mysteriöser Herkunft schlägt erfolgreich viele Schlachten und steht dabei unter dem besonderen Schutz des Zauberers Merlin. Schließlich wird er im Kampf gegen seinen Neffen Modrod, welcher ihn um Reich und Gattin betrogen hat, schwer verwundet und zur Heilung auf die Feeninsel Avalon gebracht. In der Dichtung des Mittelalters wird der Artus-Hof, dessen Mitglieder stets an einem runden Tisch sitzen, damit keiner einen besseren Platz haben kann als ein anderer, zum Ideal des Rittertums.

Zu verdanken sind diese Überlieferungen wohl vor allem dem irischen Nationalheiligen St. Patrick. 385 in England geboren, wird er in jungen Jahren von irischen Seeräubern entführt und nach Nordirland verschleppt. Dort hütet er sechs Jahre lang die Schafe seines Herrn. Später missioniert er als Mönch die Bewohner der irischen Provinzen Connaught, Ulster, Leinster und Munster. Irische und britische Mönche werden es sein, die dann Nord- und Mitteleuropa christianisieren. Von den alten keltischen Ländern Irland und Britannien aus findet das nördliche Abendland so den Weg zum Christentum. Der heilige Patrick hat aber auch ein kleines kulturelles Wunder vollbracht. Obwohl bekennender und missionierender Christ erkennt er den Wert der nationalen heidnischen Epen und erhält sie der Nachwelt. Nur wenige Missionare haben eine solche Toleranz gegenüber dem Denken der Welt des Heidentums gezeigt.

Heute sind die Kelten aus der Geschichte verschwunden. Sie gehen auf in den Völkern, die ihre Siedlungsgebiete erobern. Das sind zunächst die Römer, die sie unter Cäsar im gallischen Krieg besiegen. Als es dem römischen Feldherrn 52 v. Chr. nach jahrelangen Kämpfen gelingt den keltischen Fürsten Vercingetorix gefangen zu nehmen, verliert dessen Volk in Gallien seine Unabhängigkeit. Dann sind es zunehmend die germanischen Stämme, die die alten keltischen Gebiete erobern.

… im Norden die Germanen

Über die Herkunft der Germanen wissen wir ebenfalls nur wenig. Erstmals taucht ihr Name, der wahrscheinlich aus dem Keltischen stammt, im 4. Jahrhundert v. Chr. auf. Ihre Urheimat liegt in Nord- und Nordwestdeutschland, in Dänemark und im südlichen Skandinavien. In ihrer Frühzeit sind sie in zahlreiche, in der Regel nicht allzu große Völkerschaften zersplittert. Auch das Leben ihrer Gemeinschaft ist von einem ständigen Überlebenskampf bestimmt. Boden und Nahrung müssen der Natur unter überaus schwierigen Bedingungen abgerungen werden. Stets drohen die Überfälle der Nachbarn oder einzelne Stammeskämpfe. Die Germanen sind sich untereinander spinnefeind. Ihre Gemeinsamkeiten beschränken sich zunächst auf die kultischen Rituale und die Sprache. Erst allmählich führen die immer neuen Wanderungen zu größeren Zusammenschlüssen, die dann die Goten, Alemannen, Sachsen und viele andere Stämme zu einer wachsenden Gefahr für das Römische Imperium werden lassen.

Die Germanen leben auf Einzelhöfen oder in kleinen Dörfern. Sie treiben Ackerbau und Viehzucht, kennen aber auch die Seefahrt und den Fernhandel. Ihre Haus- oder Nutztiere sind neben dem Pferd Rinder, Schweine, Schafe und Ziegen. Adelssippen führen die germanischen Völkerschaften an. In der sozialen Hierarchie folgen dann die Freien, die Halbfreien und die Sklaven. In jährlichen Versammlungen, die bei den Wikingern Thing genannt werden, wählen sie ihren Stammesführer. Könige oder Häuptlinge sind es. Wer das werden will, muss seinen Stammesgenossen vor allem als Krieger und Heeresführer mit Mut und Stärke imponieren. Denn der Kampf steht im Zentrum des Lebens und Denkens eines Germanen. Er gibt dem Dasein seinen Sinn und stimmt die Götter gewogen. Denn nur wer mit dem Schwert in der Hand fällt, darf in die Ruhmeshalle der gefallenen Helden einziehen – in die Walhalla.

Die germanischen Götter heißen Odin (Wodan), Thor (Donar), Loki, Tyr oder Freyja. Ihre Zahl ist groß, denn sie sind für nahezu alles zuständig, was Leben und Schicksal ihrer menschlichen Verehrer bestimmt. Die sind zwar mutig im Kampf, aber furchtsam und den Göttern ergeben im Alltag. Ganz gleich ob für die Ernte und das Wetter, für den Sieg und den Tod – für alle Eventualitäten zeichnet ein Gott oder eine Göttin verantwortlich. Odin ist der Herr des Kampfes und der Toten. Er entscheidet die Schlacht und bewirtet die Krieger im Jenseits. Seine Frau Freyja ist die Göttin der Liebe, der Familie und der Fruchtbarkeit. Der stärkste aller Götter ist der Wettergott Thor, der mit seinem Hammer das Chaos besiegt. Der Kriegsgott Tyr schützt die Fürsten und Herrscher. Um die Gunst ihrer Götter bitten die Germanen in heiligen Eichenhainen, wo sie nicht selten auch Menschenopfer darbringen.

Die Entstehung der Welt vollzieht sich nach ihrem Glauben in Urzeiten aus den Körperteilen des riesenhaften Ymir. Aus seinem Fleisch entsteht die Erde, aus seinem Blut das Meer, aus seinen Knochen die Berge, sein Haar wird zu Bäumen, sein Schädel formt den Himmel. Die Weltesche breitet ihre Äste über das All, ihre Wurzeln bergen die Quellen der Weisheit. Hier wohnen die Nornen, die Schicksalsgöttinnen. Aus der magischen Zeichenwelt der Runen, die in Stein oder Holz geritzt werden, lässt sich das Schicksal der Menschen deuten. Die germanischen Religionen tauchen in den großen Naturmythos ein. Die Natur ist Feind und Lebensspender zugleich. Die Götter sind schützend, aber auch furchtbar und manchmal sogar unberechenbar. Loki, ein Außenseiter unter den Göttern voller Hinterlist und Bosheit, zeugt drei Ungeheuer, den Fenriswolf, Hel und die Midgardschlange. Das ist der Anfang vom Ende der Götterwelt. Odin stirbt im Kampf mit dem Fenriswolf, Thor erschlägt die Midgardschlange, geht aber an ihrem Gift zugrunde, und ein Mistelzweig, den Loki dem blinden Hödr überreicht, tötet Odins und Freyjas Sohn Balder.

Die Germanen, davon spricht nicht nur Tacitus, trinken heftig, berauschen sich an ihrem Honigwein, genannt Met, und schrecken im Kampf vor nichts zurück. Ihre Frauen feuern hinter den Schlachtlinien die Krieger lauthals an, den Feind ohne Gnade niederzumetzeln. Für die arroganten Römer sind die aggressiven Germanen Barbaren, also rohe, ungesittete Menschen. Sie beziehen sich dabei auf einen Begriff, mit dem die Griechen einst alle nicht-griechischen Völker belegt haben. Sicher, wenn die germanischen Krieger die Siedlungen ihrer Nachbarstämme erobern, verschleppen sie die besiegten Männer als Sklaven, die Frauen werden vergewaltigt, Kinder und Alte erschlagen. Aber viel anders verhalten sich die römischen Eroberer auf ihren Feldzügen auch nicht. Überlegen sind sie den »barbarischen« Völkern und Stämmen allerdings in ihren zivilisatorischen Errungenschaften. Städtebau, Wohn- und Lebenskultur, die Künste – da geht es in Rom anders zu als in den germanischen Wäldern. Doch trotz dieser Unterschiede gilt für die gesamte Antike: Wer überleben will, muss stark und wehrhaft sein. Was die Deutschen (und nicht nur sie) noch 2 000 Jahre später zeitweise die primitive Schlussfolgerung ziehen lassen wird, auch in zivilisierten, von der Natur längst nicht mehr so bedrohten modernen Gesellschaften gelte dieses Gesetz.

Vieles aus der kultischen und begrifflichen Welt der Germanen hat sich bis heute gehalten. Die Sonnenwendfeiern der Skandinavier oder die Erntefeste der Bauern, auch einige Namen unserer Wochentage leiten sich aus der germanischen Götterwelt her. So steckt im Freitag der Name der Fruchtbarkeitsgöttin Freyja, Donnerstag weist auf den Wettergott Thor oder Donar hin und Sonntag erinnert an den Tag, den die Germanen der Sonne geweiht haben.

Mitte des 1. Jahrhunderts v. Chr. dringen germanische Stämme bis an die Weichsel, die obere Elbe, die Donau und den Rhein vor. Sie erreichen damit auch keltische Siedlungsgebiete. Die römischen Legionäre, kriegserfahren und gut gerüstet, beschleicht Schrecken und Furcht, wenn die wilden, ihre Streitäxte mit Gebrüll schwingenden germanischen Krieger aus den Wäldern hervorbrechen und über sie herfallen. Schon 113 v. Chr. ziehen die Volksstämme der Kimbern und Teutonen über die Grenzen des Römischen Reiches und schlagen dessen Heere in mehreren Schlachten. Erst zwölf Jahre nach dem Beginn ihres Kriegszuges werden sie in Oberitalien vernichtend besiegt. Dieser lange und zeitweise erfolgreiche Feldzug germanischer Stämme auf römischem Territorium bleibt ein unvergessener Schrecken für Roms Eliten.

Völlig erobert haben die Römer Germanien nie. Cäsar kann in einem achtjährigen Krieg die benachbarten keltischen Gallier (sie leben im heutigen Frankreich und Belgien und feiern als Asterix und Obelix in unseren Tagen ihre ruhmvolle Wiederauferstehung) unterwerfen. Sein Adoptivsohn, Kaiser Augustus, stärkt die römische Position an der Rheingrenze, um den Beutezügen germanischer Stämme nach Gallien entgegenzutreten. 74 n. Chr. beginnen die römischen Besatzer den Limes zu bauen, einen 6 Meter breiten Grenzgraben, hinter dem ein Palisadenwall errichtet wird. Noch heute kann der Wanderer in den Taunuswäldern die Überreste dieser Verteidigungslinie entdecken, die das Römische Reich vom »freien« (unbesetzten) Germanien trennt. Die beiden germanischen Provinzen (mit den Hauptorten Mainz und Köln), die die Römer hinter dem Limeswall gründen, können sie über Jahrhunderte halten. Trier wird im 3. Jahrhundert sogar zum römischen Kaisersitz und damit zur Metropole des Weströmischen Reiches.

Armin der Cherusker (16 v. Chr. – 21 n. Chr.)

Er ist der erste große Held der Deutschen gewesen, jubeln die Nationalisten, als sie im 19. Jahrhundert die politische Einheit ihres Volkes fordern. Mit seinem Sieg über die Legionen des römischen Statthalters Varus beim Teutoburger Wald, im fernen Norden Germaniens, habe dieser Recke in frühester Zeit den Selbstbehauptungswillen der Deutschen bewiesen, und dieses Ereignis zeige, dass die Geschichte der Deutschen so alt sei wie die Geschichte der Römer. Eine hübsche Legende ist dies, mehr nicht.

Armin (Arminius) ist Stammesführer der germanischen Cherusker und gehört zu einem der vornehmen Adelsgeschlechter seines Volkes. Die Cherusker sind Verbündete der Römer und Armin besitzt das römische Bürgerrecht. Er dient als Offizier im römischen Heer. Sein Bruder Flavus bleibt zeitlebens ein enger und überzeugter Freund des Imperiums. Wie also kommt ausgerechnet dieser privilegierte Cherusker dazu, sich gegen die Römer zu wenden?

Wahrscheinlich fühlt sich Armin, der zu den Vertrauten des römischen Statthalters Varus zählt, durch die Steuerforderungen und neuen, engstirnigen Verwaltungsvorschriften der Besatzer herausgefordert. So wird er zum Aufrührer. Es gelingt ihm, die Cherusker und einige weitere Stämme zu einem Aufstand gegen die Besatzungsmacht zu vereinigen. Armin lockt die militärisch weit überlegenen Legionen des Varus in einen Hinterhalt und vernichtet die römischen Truppen in den Sümpfen nahe des Teutoburger Waldes. Die Römer verlieren in der zwei- bis dreitägigen Schlacht 30 000 Mann, und Varus tötet sich angesichts dieser militärischen Katastrophe selbst. Als Kaiser Augustus in Rom die Nachricht von der Niederlage erreicht, klagt er: »Varus, Varus – wo sind meine Legionen!«

Über mehrere Jahre hinweg wehrt sich Armin erfolgreich gegen alle römischen Angriffe. Am Ende wird er Opfer von Verrat und Intrige. Römerfreundliche Cherusker wenden sich von ihm ab, darunter auch der Vater seiner Frau Thusnelda. Armin wird von den eigenen Verwandten heimtückisch ermordet.

Den »nationalen Freiheitshelden« taufen die nach staatlicher Einheit strebenden Deutschen im 19. Jahrhundert in »Hermann der Cherusker« um. Sie bauen ihm und sich zur Ehre das protzige Hermannsdenkmal im Teutoburger Wald. Im wirklichen Leben jedoch ist Armin schlicht den Weg zahlreicher Germanenfürsten gegangen. Wo es den eigenen Interessen nutzt oder die aktuellen Machtverhältnisse es fordern, verbünden sie sich mit den Besatzern. Viele Germanen dienen sogar im römischen Heer. Den Römern scheinbar treu ergebene Opportunisten also. Doch wendet sich die Lage, wechseln sie schnell wieder die Seiten.

Auch wenn die Heldengeschichte um Armin oder Hermann den Cherusker allenfalls der halben Wahrheit entspricht, hatte die Schlacht beim Teutoburger Wald für die römisch-germanische, sogar für die spätere europäische Geschichte langfristige Konsequenzen. Augustus und seine Nachfolger geben nach dieser Niederlage endgültig den Versuch auf, die rechtsrheinischen germanischen Gebiete zu erobern. Damit werden die meisten germanischen Stämme nicht »romanisiert«. Das bleibt für ihre Kultur, ihre Sprache und ihre Lebenshaltung, der die mediterrane Leichtigkeit fehlt, nicht ohne Folgen.

Ein Imperium zerbricht, das Christentum entsteht – und die Germanen gehen auf Wanderschaft

Die deutschen Geschichts- und Geschichtenschreiber erzählen vom ständigen Sturm der Germanen gegen die Grenzen des Römischen Reiches, der immer stärker wird, bis es schließlich kapituliert. Was so aber nicht stimmt oder zumindest grob vereinfacht ist. Die Germanen müssen immer wieder schwere Niederlagen hinnehmen, und Rom bleibt noch lange ein mächtiges Reich. Es geht erst viel später nicht allein durch die Angriffe aus den germanischen Wäldern, sondern vor allem an den eigenen internen Machtkämpfen und Wirtschaftskrisen zugrunde. Als Roms Eliten nicht mehr in der Lage sind, die wirtschaftliche und militärische Größe des Reiches zu bewahren, setzt der Niedergang ein. Rom zerbricht an den Intrigen, der Geld- und Machtgier seiner führenden Männer, nicht am Kampfgeist der Germanen.

Richtig ist allerdings, dass in dieser Zeit eine sich im Laufe der Jahrhunderte immer stärker ausbreitende Wanderung der germanischen Völker einsetzt, die den damaligen europäischen Kontinent gehörig durcheinander wirbelt. Die Goten kommen von Skandinavien an die Weichsel und dringen in den Raum am Schwarzen Meer ein. Sie verdrängen von dort die Wandalen und Markomannen, die in den Süden, und die Burgunder, die in den Westen ziehen und die dort lebenden Völker vernichten oder zum Aufbruch zwingen, weil sie nun ihrerseits nach neuen sicheren Siedlungsgebieten suchen müssen. Die Chatten überschreiten den Limes und lassen sich im heutigen Hessen nieder, die Franken fallen vom Niederrhein kommend in Gallien ein.

Nach einigen Jahrzehnten der vorläufigen relativen Ruhe beginnt dann in der zweiten Hälfte des 4. Jahrhunderts der Sturm der Hunnen auf Europa. Das mongolische Reitervolk erobert Südrussland und löst eine große Fluchtbewegung aus. Die Ostgoten werden von den Hunnen geschlagen. Unter ihrem König Attila dringen sie bis ins heutige Frankreich und nach Italien vor. Erst in der Schlacht auf den Katalaunischen Feldern in Ostfrankreich können die Westgoten 451 die Hunnen stoppen. Ein Jahr später stirbt Attila in seiner Hochzeitsnacht, möglicherweise als Opfer eines Mordanschlages.

Zwei Ereignisse in diesen bewegten Zeiten prägen die Geschichte Europas und damit auch Deutschlands: die Ausbreitung des Christentums zur römischen Staats- und zur Weltreligion und die Teilung des Römischen Imperiums in einen östlichen (griechisch-orientalischen) und einen westlichen Herrschaftsbereich. Kaiser Konstantin der Große erobert im 3. Jahrhundert Byzanz und macht die Stadt am Bosporus – sie heißt bald Konstantinopel, später dann Istanbul – zur neuen Hauptstadt des Imperiums. In Rom regiert künftig ein weströmischer Kaiser, der formell dem Herrscher in Byzanz untergeordnet ist. Das Weströmische Reich, innerlich von Parteienkämpfen zerrissen, hat den Eroberungszügen der Germanen nun militärisch kaum noch etwas entgegenzusetzen. Der Westgote Alarich marschiert 410 mit seinem Heer in Rom ein. Wenige Jahre darauf gründen die Westgoten ein Reich in Gallien und Spanien. Die Wandalen ziehen von Spanien nach Nordafrika und erobern Karthago. 455 fallen sie in Rom ein und plündern 14 Tage lang die Stadt. 476 stürzt Byzanz den letzten weströmischen Kaiser, Romulus »Augustulus«. Ein Weltreich ist untergegangen.

Ganz anders Byzanz. Mehr als 1 000 Jahre widersteht das östliche Reich allen Angriffen, bis es schließlich die osmanischen Truppen einnehmen. Am Kaiserhof in Konstantinopel kommt es zur Vermischung der orientalischen, hellenischen und römisch-christlichen Welt, die für die Kultur- und Geistesgeschichte Europas so bedeutungsvoll sein wird. Wirtschaft, Technik, Mathematik, Medizin, Philosophie, Religion – das Leben im christlichen Abendland ruht in den kommenden 1 500 Jahren auf unzähligen Entdeckungen und Entwicklungen der orientalischen und der griechisch-römischen Antike. Und neben allen Kriegen, Belagerungen und Völkerwanderungen wächst hier noch ein weiterer Machtfaktor heran, der die Verhältnisse nachhaltig verändern wird: das Christentum.

Im Imperium Romanum ist es zunächst verboten, seine Anhänger werden grausam verfolgt. An der Via Appia, der großen antiken Einfallsstraße der römischen Hauptstadt, kann der Reisende Tag für Tag die gekreuzigten Anhänger des Christentums sehen. In den Amphitheatern werden sie zur Belustigung der Zuschauer den Löwen vorgeworfen oder von Elefanten zu Tode getrampelt. Die Lehre der Christen basiert auf dem Judentum. Die hebräische Bibel, die wir als das Alte Testament kennen, und die Predigten des in Jerusalem als Aufrührer durch den römischen Statthalter Pontius Pilatus gekreuzigten Juden Jesus von Nazareth bilden den Mittelpunkt. Die Anhänger Jesu, es sind zunächst nur Juden, die später Christen genannt werden, sehen in ihm den Messias, den Retter der Welt, der sie von der Herrschaft der Römer befreien soll.

Konstantin der Große fördert als erster römischer Kaiser den neuen Glauben, beendet die Christenverfolgung und macht Byzanz zu einer christlichen Metropole. Bis zum Jahr 300 hat sich die Lehre der Christen über die östliche Reichshälfte bis nach Italien, Gallien und Spanien ausgebreitet. Christliche Gemeinden gibt es zu dieser Zeit auch schon in Persien und Indien. Im Jahr 380 erhebt dann Kaiser Theodosius der Große das Christentum zur Staatsreligion. Für die Geistesgeschichte des Abendlandes ein einschneidender Moment. Das Christentum ist wie der jüdische Glaube eine monotheistische Religion. Demnach gibt es nur einen einzigen Gott, der den Himmel und die Erde geschaffen hat und das Schicksal der Menschen bestimmt. So ist es nun auch für die Germanen an der Zeit, von ihrer Göttervielfalt um Odin und Freyja Abschied zu nehmen.

Theoderich der Große (um 453–526)

Von den zahlreichen Germanenkönigen, die auf dem Boden des sich auflösenden Weströmischen Reiches eigene Herrschaftsgebiete errichten, ist der Ostgote Theoderich der Bedeutendste. Als er um 450 geboren wird, stehen die vom Stamm der Amaler geführten Ostgoten noch unter dem Einfluss der Hunnen. Als er gut 70 Jahre später im Sterben liegt, kann er auf eine über dreißigjährige erfolgreiche Königsherrschaft seines Volkes in Italien zurückblicken. Theoderich, der am Kaiserhof in Konstantinopel aufwächst und ausgebildet wird, erlebt einen raschen militärischen und politischen Aufstieg. Mehrere erfolgreiche Feldzüge auf dem Balkan schenken ihm die stets schwankende Gunst der byzantinischen Kaiser. Theoderich wird der mächtigste Mann in Italien. Formal dem Herrscher in Konstantinopel unterstellt, errichtet er ein eigenständiges Königreich, dessen Sitz in Ravenna liegt. Noch heute kann der Besucher das monumentale Grabmal des gotischen Königs und die byzantinischen Mosaiken in den Kirchen der einstigen weströmischen Hauptstadt bewundern.

Schon wenige Jahre nach dem Tod Theoderichs endet das ostgotische Königtum in Italien. Theoderich aber wird rasch zu einer Legende. Als Dietrich von Bern (das ist Verona) taucht er im *Nibelungenlied* auf, wo er am Hof des Hunnenkönigs weilt, obwohl Attila (in der Sage König Etzel) und Theoderich gar nicht zur gleichen Zeit gelebt haben. Zahlreiche Märchen und Heldensagen ranken sich um die Gestalt des Dietrich von Bern. Er tritt dort stets als edler, hilfreicher und die Parteien versöhnender Held auf.

Die Geschichten von Armin dem Cherusker entsprechen nur der halben Wahrheit. Sicher ist, dass er den Vormarsch der Römer in den germanischen Gebieten stoppte.

Armin der Cherusker
Rhein
Römisches Reich
Germanen

PAPST
AN KARL
PAPST
AN KARL
KAISER KARL
KAROL
KRÓL
KIRAL
Kaiser
König der Langobarden
König der Franken
3
2
1

Das Mittelalter

Früher haben die Historiker die europäische Geschichte in drei große Epochen eingeteilt: Antike, Mittelalter und Neuzeit. Die Antike endet für sie mit dem Untergang des Weströmischen Reiches im 5. Jahrhundert und das Mittelalter mit der Entdeckung Amerikas durch Christoph Columbus 1492. Was danach kommt, gilt ihnen als die Neuzeit. Heute sehen wir solche Periodisierungen sehr viel differenzierter. Immerhin ist es sicher nicht falsch zu sagen, dass mit dem Ende von Theoderichs Königreich und der immer stärkeren Ausbreitung der Franken in West-, Mittel- und Südeuropa die Welt der Antike politisch untergegangen ist. Die Jahrtausende der nahöstlichen, ägyptischen, griechischen und römischen Zeit sind damit Geschichte geworden. Jetzt beginnen sich die Grundlagen des christlichen Abendlandes herauszubilden.

Auf dem Fundament von antiker Überlieferung und Christentum entwickelt sich an den Königshöfen der Karolinger, Ottonen, Salier und Staufer die europäische Kultur. Es entsteht das Reich der Franken, das sowohl den Deutschen als auch den Franzosen als »Vorläufer« ihres Nationalstaates gilt. Für uns ist Karl der Große ein deutscher Kaiser; unter seinem französischen Namen Charlemagne geht er in die französischen Geschichtsbücher ein. Seine Kaiserpfalz liegt in Aachen. Könnte es einen geografisch besser gelegenen Ort für den ersten wahrhaft europäischen Herrscher geben?

Es ist keine ruhige, friedvolle Zeit, in der Karl der Große am Anfang des 9. Jahrhunderts sein mächtiges karolingisches Frankenreich errichtet. Nach wie vor streiten die Völker Europas nicht nur unter sich um die Vorherrschaft, sie werden auch immer wieder von den kriegerischen Einfällen der arabischen, normannischen und ungarischen Heere heimgesucht. Die arabischen Armeen der Sarazenen erstürmen die Iberische Halbinsel und errichten dort eine Hochkultur, deren architektonische Schönheit man noch heute im spanischen Sevilla oder Granada bewundern kann. Sie fördern die Künste und Wissenschaften, gründen Schulen und Universitäten und überliefern den Menschen das medizi-

König der Franken und Langobarden und Kaiser: Karl der Große begründete ein Reich, das 1000 Jahre Bestand haben sollte.

nische und philosophische Wissen der Antike, das ihre Gelehrten ins Arabische übersetzten, bevor die Buchrollen der Griechen in der Bibliothek von Alexandria verbrannten. Erst gegen Ende des 15. Jahrhunderts können die christlichen Heere Spanien zurückerobern.

Die Wikinger, auch Normannen genannt, werden zum Schrecken für Europas Küstenländer. Als die karolingische Herrschaft allmählich wieder zerfällt, bricht dieses räuberische Seevolk alljährlich zu seinen gefürchteten Plünder- und Beutezügen ins Frankenreich auf. Mit ihren schnittigen Booten kommen sie im Dunkel der Nacht oder im Schutz dichter Nebelwände die Flussläufe der Rhône, des Rheins, der Elbe oder der Themse hinauf und stürmen die häufig im Schlaf überraschten, jedenfalls kaum zur Verteidigung bereiten Städte. Paris, Canterbury, Dublin, Lissabon, Hamburg, Aachen oder Trier – die Spur ihrer Raubzüge ist überall in Europa zu entdecken. Sie stellen mit ihren Kettenpanzern und Streitäxten zeitweise die schlagkräftigste Streitmacht Europas. Wo sie mit reicher Beute beladen wieder abziehen, hinterlassen sie Tod und Verderben. Später werden die Wikinger sesshafter, setzen sich nicht nur in England, sondern auch in Irland, in Sizilien und in der Normandie fest.

Aus den weiten Steppen des Ostens kommend, fällt das nomadische Reitervolk der Ungarn in Europa ein. Die Plünderer erobern das Land zwischen den Ostalpen, der Donau und der Save, sie dringen nach Italien ein und werden für die südlichen und östlichen deutschen Regionen zu einer bedrohlichen Geißel. Nichts scheint sie aufhalten zu können. Auf ihren schnellen, struppigen Pferden sind sie mit ihrem unbedingten und brutalen Kampfeswillen viele Jahrzehnte lang ihren Gegnern überlegen.

Die Sarazenen, die Wikinger, die Ungarn – die Menschen des Mittelalters erleben die Überfälle dieser Eroberungs- und Kriegsvölker als Trauma, das über Jahrhunderte hinweg nicht vergessen werden wird. Die Geschichte Europas ist seit ihren Anfängen immer auch eine Geschichte der Gewalt. Ob von außen hereingetragen oder durch innere Machtkämpfe entbrannt, haben die unzähligen Kriege unsere Vorfahren immer wieder in Elend und Tod gestürzt. Gewalt gehört zur europäischen Kultur. Vielleicht fällt es uns deshalb auch heute noch so schwer, in der Politik rational und menschlich zu entscheiden.

Im Hochmittelalter, ab dem 10. Jahrhundert, formt sich allmählich die Staatenwelt, die dann die politische Landkarte Europas bildet. Die Geschichte Frankreichs, Englands, Spaniens, Italiens oder Deutschlands nimmt nun festere Konturen an. Es ist auch die Zeit, in der die Macht von Papsttum und Kirche ihren Höhepunkt erreicht. Der christliche Glaube hat einen gigantischen Aufschwung erlebt. Kein König oder Kaiser, der nicht von der Kirche inthronisiert wird.

Bonifatius (672/73–754)

Historisch gehört die von Päpsten und Bischöfen angestrebte christliche Missionierung Europas zu den bedeutendsten Taten des Mönchtums. Wie schon erwähnt, spielen dabei die Missionare aus England, Schottland und Irland eine herausragende Rolle. Sie kommen aus ihren Klöstern über den Kanal, durchwandern die heidnischen Länder des Kontinents und verkünden das Wort Gottes. Ihre Arbeit ist beschwerlich und gefährlich. Die Völker und Stämme in Gallien, Germanien oder in den slawischen Regionen halten zäh an ihren alten Göttern fest. Keiner der kämpferischen Germanen will freiwillig auf seinen Platz in Odins Walhalla verzichten. Mancher Missionar stirbt daher als Märtyrer und wird für die Kirche zum Heiligen.

Als »Apostel der Deutschen« gilt der Angelsachse Winifred. Geboren ist er im englischen Wessex. Seine erste Missionstätigkeit führt ihn zu den germanischen Stämmen Frieslands. Ihr ist wenig Erfolg beschieden. Papst Gregor II. beauftragt ihn wenig später mit der Germanenmission. Er erhält den Namen Bonifatius. Der Mönch geht zunächst wieder nach Friesland, dann nach Hessen, wo er die Klöster Fritzlar und Amöneburg gründet. 722 weiht ihn der Papst zum Bischof, zehn Jahre später wird Bonifatius Erzbischof für das gesamte ostfränkische Missionsgebiet. Er missioniert in Hessen und fällt dort bei Geisenheim die Donar-Eiche, um die Schwäche der heidnischen Götter, allen voran die des Wettergottes Thor, zu demonstrieren. Bonifatius errichtet die Bistümer Salzburg, Freising, Regensburg, Eichstätt, Würzburg und Erfurt. Im Machtkampf zwischen Kirche und Staat muss er es allerdings hinnehmen, dass die mächtigen Kanzler der fränkischen Könige, genannt Hausmeier, ein entscheidendes Wort bei der kirchlichen Neuordnung im Frankenreich mitreden.

Schließlich wird Bonifatius zum ersten Erzbischof von Mainz ernannt. Seine besondere Zuneigung aber gilt dem Kloster in Fulda. Der Kirchenfürst ist bereits 80, als er 754 zu einem neuerlichen Missionszug nach Friesland aufbricht. Während einer Predigt wird er dort von wütenden Friesen erschlagen. Sein Grab findet er im Dom von Fulda. So ist der Engländer Bonifatius mit seiner Missionsarbeit eine einflussreiche Persönlichkeit der deutschen Geschichte geworden. Er hat die Fundamente der katholischen Kirche in Deutschland gelegt.

Das Mittelalter endet um 1500. Mit Christoph Columbus setzen nun die abenteuerlichen Entdeckungsreisen wagemutiger und Reichtum suchender Seefahrer und Kaufleute aus den Küstenländern Portugal, Spanien, England oder den Niederlanden ein. Sie beginnen die außereuropäische Welt zu erkunden und in blutigen Feldzügen zu unterwerfen. Mit Silberschätzen, neuen Rohstoffen und unbekannten Feldfrüchten beladen kehren die Schiffe in die Häfen Europas zurück. Es beginnt ein reger Austausch, und die Ureinwohner am anderen Ende der Welt werden gleichfalls zum katholischen Glauben bekehrt, notfalls mit Gewalt. Der italienische Mathematiker und Astronom Galileo Galilei begründet die modernen Naturwissenschaften und erklärt der staunenden Welt, dass die Erde keine Scheibe, sondern eine Kugel sei. Was ihm eine Vorladung der päpstlichen Inquisition beschert. Nur ein Widerruf rettet ihn vor dem Scheiterhaufen. Schon vorher spricht der Mönch Martin Luther von der »Freiheit des Christenmenschen«. Aus der Sicht der römischen Amtskirche eine ungeheure Provokation, die Papst Leo X. mit dem Kirchenbann zu ahnden sucht. Die Neuzeit hebt an. Und immer noch ist die Kirche ein Machtfaktor, der zwischen Gut und Böse, Krieg und Frieden, Tod oder Leben zu entscheiden vermag.

Mit Schrecken sehen wir, wie viel Gewalt das Leben begleitet. Ein Grund dafür ist der Glaube. Der Sieg in einem Krieg oder in einer Fehde bleibt ein unschlagbares Zeugnis dafür, dass Gott geurteilt hat. Wei! die Entscheidung in einem Kampf, aufgrund einer göttlichen Fügung gefallen ist, bleibt der Sieger moralisch unangreifbar. Das ist im »finsteren« Mittelalter so, und daran wird sich jahrhundertelang kaum etwas ändern.

Die Karolinger einen das Frankenreich – und teilen es wieder

Aber kehren wir zurück zu den Anfängen des Frühmittelalters. Nach den Goten bestimmen nun die Franken die europäische Geschichte. Die Franken sind ein Sammelbegriff für verschiedene germanische Völkerschaften, die ursprünglich zwischen Rhein und Weser siedeln und schon seit Mitte des 3. Jahrhunderts immer wieder in das Römische Reich eindringen. Der erste berühmte Franke ist der Merowinger Chlodwig, der von 466 bis 511 n. Chr. lebt. Er gilt als der Gründer des fränkischen Reiches: Sein Heer erobert Gallien. Die alten römischen Provinzmetropolen Köln und Trier fallen in die Hände der Franken. Die Vorfahren der Schwaben, die Alemannen, werden besiegt. Und Burgund verleibt er sich ein, indem er die Königstochter Chrodechilde zur Gemahlin nimmt. Die überredet ihn auch, sich taufen zu lassen. Zur Residenz seines Reiches wählt Chlodwig Paris. Auch das ist ein Hinweis darauf, dass es sich hier keineswegs um eine rein deutsche Angelegenheit handelt.

Unter den Merowingern liegt die wahre Macht nicht bei den Königen, sondern in den Händen der so genannten Hausmeier. Diese verwalten, regieren das Reich und vererben ihr Amt an die Söhne. Pippin der Ältere ist der erste Hausmeier. Karl Martell, Sohn Pippins des Mittleren und nach dem französischen Wort für »Hammer« benannt, ist einer der kriegerischsten. Er fügt den Arabern 732 in der Schlacht von Poitiers eine bittere Niederlage zu und bewahrt so das Frankenreich vor der muslimischen Eroberung. Schließlich stürzen die Hausmeier die Merowinger und setzen sich selbst die Königskrone auf. Wieder ist es ein Pippin, dieses Mal der Jüngere, der den Neuanfang wagt. Er lässt sich drei Jahre nach der Geburt seines ältesten Sohnes zum König ausrufen. Damit haben die Franken wieder einen Herrscher, der die Macht nicht seinen Politikern überlässt, sondern selbst ausübt. Der neue König gehört zum Geschlecht der Karolinger. Unter seinem Sohn Karl dem Großen erreicht das fränkische Reich dann eine Ausdehnung, die es in den Augen der Zeitgenossen zum Nachfolger des Römischen Imperiums macht.

Vor allem die Geschichte Frankreichs, Deutschlands und Italiens wird von seiner Politik, seinen militärischen Erfolgen und der Neuorganisation der Reichsverwaltung auf Jahrhunderte hinaus bestimmt. Karl gibt diesen Völkern bei allen Konflikten und unterschiedlichen Interessen der einzelnen Regionalfürsten das Gefühl von Größe und Gemeinsamkeit. Das Zentrum der Macht, das seit den großen Tagen Roms stets im Süden des Kontinents gelegen hat, verschiebt sich in die Mitte und in den Westen. Das politische Gesicht Europas gewinnt im karolingischen Reich seine künftigen Konturen.

Ist es wirklich nur ein Zufall, dass sich in der zweiten Hälfte des 20. Jahrhunderts die Kernländer des einstigen karolingischen Reiches wieder zusammenfinden, um eine neue Europäische Gemeinschaft zu gründen? Wohl kaum. Unzählige Kriege und ununterbrochene Machtkämpfe haben die Völker seit dem Ende von Karls Regierungszeit heimgesucht. Aber der Gedanke einer gemeinsamen Geschichte und Kultur ging trotz Hass und Gier, trotz aller Staatsgrenzen und dem nationalen Taumel der Neuzeit nie ganz unter. Die Welt hat sich seit Karl dem Großen mit immer größerer Geschwindigkeit tiefgreifend verändert. Trotzdem schlägt unter seiner Herrschaft die Geburtsstunde des Europas, in dem wir heute leben. Nicht nur die Deutschen, sondern auch die Franzosen sehen und bewundern in dem ersten Karolinger den Gründungsvater ihrer nationalen Geschichte.

Karl der Große (747-814)

Generell wissen wir nicht viel über die Kaiser und Könige des Mittelalters. Schriftliche Zeugnisse gibt es fast nur in der Überlieferung amtlicher Urkunden oder in Darstellungen, die sehr klischeehaft und kritiklos vom Gottesgnadentum und den heroischen Taten der Monarchen berichten. Im Falle Karls des Großen können die Historiker immerhin auf eine Lebensbeschreibung zurückgreifen, in der die Gestalt des Königs individuelle Züge erhält. Nicht umsonst gilt die *Vita Caroli Magni* als die bedeutendste Herrscherbiografie des Mittelalters. Einhard, der Autor, schreibt sein Werk als Abt im Kloster Lorsch. Er ist ein ostfränkischer Adliger, wird Mönch und geht als Lehrer an die karolingische Hofschule. Schließlich steigt er zum Berater und Vertrauten des Frankenkönigs auf und kann dessen Leben aus nächster Nähe verfolgen.

Der junge Thronfolger wächst zu einem geistig interessierten, die Jagd und den Kampf schätzenden Mann heran. Wie es für die Adelsjugend im Mittelalter die Regel ist, übt sich Karl im Reiten und im Umgang mit Waffen. Immer wieder werden sein Mut und seine Geschicklichkeit bei der Jagd und in der Schlacht gepriesen. In den späteren Lebensjahren lernt er dann auch Schreiben und Lesen. Hoch gewachsen und ein lebhafter Gesprächspartner, geht Karl offen auf die Menschen zu und schließt leicht Freundschaften. Die Frauen liebt er, ist mehrfach verheiratet und hat im Laufe seines Lebens immer wieder Nebenfrauen.

Im Alter von sechs Jahren wird Karl zusammen mit seinem Vater und seinem jüngeren Bruder Karlmann von Papst Stephan II. zum König gesalbt. Damit sichert Pippin das Königtum für seine Familie. Nach dem frühen Tod des von ihm wenig geschätzten Mitregenten Karlmann ist Karl mit 34 Jahren Alleinherrscher und errichtet eine neue Ordnung im karolingischen Reich. Seine Kriegszüge vergrößern das fränkische Herrschaftsgebiet. Doch vor allem die jahrzehntelangen Kämpfe gegen die Sachsen fordern ihn immer wieder aufs Neue heraus. Unter Herzog Widukind gelingt es den an ihrem germanisch-heidnischen Glauben festhaltenden Sachsen lange Zeit, die Frankenherrschaft infrage zu stellen. Als die Sachsen erneut aufbegehren und von Karls Truppen besiegt werden, kommt es zu einer grausamen Machtdemonstration. Der fränkische König lässt bei Verden über 4 000 gefangene Feinde – es handelt sich um die sächsische Adelselite – hinrichten. Ein Verbrechen, das der König zweifellos mit den politischen Interessen des Reiches und den religiösen Interessen des Christentums gerechtfertigt hat. So bricht er den Willen der Sachsen, erzwingt nicht nur ihre Unterwerfung, sondern auch gleich ihre Missionierung. Mit den Sachsenkriegen stößt Karl in neue Regionen vor. Auch das ist ein Neubeginn: Die Deutschen entdecken den Osten.

Bald darauf erreicht Karl ein Hilferuf des Papstes. Die Beziehungen zwischen den Franken und dem Papsttum sind eng; schließlich hat Stephan II. Karls Vater Pippin und dessen Söhne nicht umsonst zu Königen gemacht. Immer wenn die kirchlichen Herrscher den weltlichen Beistand im Kampf gegen die in der Gegend von Mailand ansässigen Langobarden benötigen, setzen sie auf die Franken. Nun also zieht Karl mit seinem Heer nach Italien, unterwirft die Langobarden, verbannt deren letzten König Desiderius in ein Kloster und setzt sich auch die langobardische Königskrone aufs Haupt. Seine Herrschaft dehnt sich aus. Bald wird Böhmen tributpflichtig. Die diplomatischen Verbindungen des Frankenreiches reichen bis zum Hof des Kalifen Harun Al-Radschid in Bagdad.

Im Jahr 800 ist Karl auf dem Höhepunkt seiner Macht. Wieder erreicht ihn eine päpstliche Bitte um Beistand. Papst Leo III. benötigt Unterstützung im Konflikt mit dem aufsässigen römischen Adel. Karl reist nach Rom. In der Peterskirche krönt Leo den König der Franken und Langobarden zum Kaiser und fällt vor ihm auf die Knie, so wie es seit jeher römisch-byzantinischer Brauch ist.

Ein bedeutender Prestigegewinn für die Karolinger. Mit dem Kaisertitel schafft Karl die machtpolitischen und teilweise auch schon territorialen Grundlagen für das (erst Jahrhunderte später so genannte) Heilige Römische Reich Deutscher Nation, das bis 1806, also fast genau 1 000 Jahre, Bestand haben wird. Der Kaiser herrscht schließlich über das Gebiet des späteren Deutschland bis zur polnischen Grenze, über Nord- und Mittelitalien sowie Frankreich, Nordspanien, Belgien und die Niederlande.

Die Kaisermacht beruht im Mittelalter noch ganz auf der Person des gesalbten Herrschers. Seine außergewöhnliche Stellung in der Gesellschaft wird äußerlich durch die Insignien der Macht wie Krone, Zepter, Reichsapfel und Reichsschwert unterstrichen. Die Anwesenheit des Kaisers in den verschiedenen, teilweise weit auseinander liegenden Ländern ist eine wichtige Voraussetzung, um den Herrscheranspruch zu unterstreichen. Keine leichte Aufgabe in einer Zeit, zu der es weder schnelle Verkehrsmittel noch andere Kommunikationswege gibt, mit denen sich Distanzen mühelos überwinden lassen.

Bis zum Bau der Eisenbahn bleiben Reisen in Europa ungemein beschwerlich und langwierig. Die Straßen und Wege sind verschlammt und löchrig. Reisen sind für die Kaiser wie für die Fürsten und Kaufleute stets ein notwendiges, aber gefährliches Abenteuer. So befindet sich Karl oft über Jahre hinweg in fernen Gebieten des Reiches. Seine Grafen haben inzwischen im kaiserlichen Namen für Ordnung und Frieden in den Regionen zu sorgen, in denen er nicht persönlich anwesend sein kann. An Hoftagen erlässt der Herrscher seine Kriegsbefehle und seine Kapitularien, die Gesetze und Verordnungen, die das Reich befrieden und zusammenhalten sollen. Sie regeln das soziale Zusammenleben und die wirtschaftlichen Entwicklungen. Die Reform des Münzwesens gehört ebenso dazu wie die Anordnung, Latein zur Verwaltungs- und Kirchensprache zu erheben.

Der Hof Karls des Großen ist daher zunächst keine zentrale Regierungs- und Königsresidenz, wie wir es aus späteren Zeiten kennen. Denn nicht nur auf seinen Kriegszügen, sondern auch in Friedenszeiten ist der Kaiser ständig unterwegs, um bei seinen Untertanen Präsenz zu zeigen und Unruhen oder gar Aufstände gegen seine Herrschaft zu unterbinden. In Reims oder Metz, in Paris, Rouen oder Orléans entstehen Königshöfe, und über das gesamte Reichsgebiet errichten Karl und seine Nachfolger ein Netz von Kaiserpfalzen, zum Beispiel in Frankfurt am Main, in Paderborn oder im holländischen Nijmegen. Sie dienen dem Herrscher und seinem Reisegefolge während ihrer oft monatelangen Aufenthalte als Quartier und Festung. Schon vor der Kaiserkrönung wählt Karl dann aber Aachen zu seinem bevorzugten Aufenthaltsort.

Als der Kaiser 814 stirbt, hinterlässt er ein äußerlich geeintes Reich. Wie hoch sein Ansehen gestiegen ist, beweist auch, dass die östlichen Völker unter dem Eindruck seiner machtvollen und erfolgreichen Politik den Eigennamen Karl als Königsbegriff für ihre Herrscher verwenden (im Russischen: *Karol*, im Polnischen: *Król*, im Ungarischen: *Kiral*). Nur Cäsar hat es vor ihm geschafft, dass sein Name in den Titel aller kommenden römischen Kaiser einfloss.

Nachfolger Karls wird sein Sohn Ludwig, der wegen seiner engen Zusammenarbeit mit dem hohen Klerus und seinen Klostergründungen bald den Beinamen »der Fromme« erhalten wird. Nach Karls Tod lässt sich Ludwig I. vom Papst in Reims zum Kaiser krönen. In seinen Herrschaftsjahren beginnt, zunächst für viele noch kaum merkbar, der allmähliche Niedergang der Karolinger. Eine verwirrende Geschichte, in der sich die Söhne gegen die Väter auflehnen und die Thronfolge durch Erbteilungen bestimmt wird, die das Reich immer weiter schwächen. Das begünstigt den Aufstieg anderer Herrscherhäuser. Die Herzöge in Sachsen, Bayern, Schwaben oder Lothringen erheben immer nachdrücklicher Anspruch auf politische Mitsprache. Ihre eigennützigen Interessen stürzen das Reich in Krisen. Die vielen Adelsfehden, die sie untereinander austragen, zerstören zahlreiche Landstriche und bedrohen die Königsherrschaft.

Der Familienstreit ist der Anfang vom Ende der Karolinger: Die sich bekämpfenden Kaisersöhne Lothar, Ludwig und Karl einigen sich 843 in der Reichsteilung von Verdun auf die Grenzen ihrer jeweiligen Herrschaftsgebiete. Lothar, der formal die Kaiserkrone trägt, erhält das Mittelreich, das sich in einem schmalen Landstreifen von der Nordsee bis ans Mittelmeer hinzieht, Aachen und Rom umfasst, im Osten vom Rhein und im Westen von Schelde, Maas und Rhône begrenzt ist. Sein Bruder Karl herrscht in West- und Ludwig in Ostfranken, zu dem die Bischofssitze Mainz, Worms und Speyer gehören. Das führt nicht etwa zu modernen Staatsbildungen, aber die Territorien, die West- und Ostfranken zugeschlagen werden, bilden in ihren Grundzügen tatsächlich über die kommenden Jahrhunderte hinweg die Gebiete, die später Frankreich (Westfranken) und Deutschland (Ostfranken) heißen. Das Mittelreich hingegen zerfällt. Um dessen Länder werden Deutsche und Franzosen im Laufe der Jahrhunderte erbitterte Schlachten führen. Mit den Verträgen von Verdun beginnt eine endlose Reihe von Teilungs- und Freundschaftsverträgen, die Europas innere Grenzen immer wieder neu verschieben.

Ludwigs Ostfranken liegt also in den ehemaligen Gebieten des Gesamtreiches östlich des Rheins und in Bayern, wo Regensburg zur Residenz aufsteigt. Ludwig, der 59 Jahre König sein wird, unternimmt religiöse und kulturelle Anstrengungen, die nun bemerkenswerterweise nicht mehr auf das ganze Reich der Karolinger ausstrahlen, sondern weitgehend auf Ostfranken beschränkt bleiben. Er nutzt die Kultur und die Sprache für den politischen Zusammenschluss seiner Stämme. Deshalb werden die Historiker den so lange regierenden Ludwig später mit dem Beinamen »der Deutsche« belegen.

Ein neues Phänomen beginnt im 9. Jahrhundert immer deutlicher hervorzutreten: die Teilung Europas in neue, modernere Regionen, die Jahrhunderte danach zu Staaten werden. Der Universalismus des römischen Imperiums und des karolingischen Reiches, der das Allgemeine betont hat, weicht einer Neubesinnung auf die engere, bald durch eine gemeinsame Sprache und Kultur charakterisierte Lebenswelt des eigenen Stammes und der sich nun stärker zusammenschließenden, unmittelbar benachbarten Völkerschaften.

Es kommt künftig immer dann zu neuen Reichsteilungen, wenn die Erbfolge unter den karolingischen Kaiser- und Königssöhnen umstritten ist. Erst spricht in der Regel das Schwert, dann werden in Verträgen die neuen Grenzen gezogen. 111 Jahre nach der Kaiserkrönung Karls des Großen endet schließlich die krisengeschüttelte Herrschaft der Karolinger in Ostfranken. Die sich jährlich wiederholenden Normanneneinfälle schwächen das Ansehen der Kaiserfamilie ebenso wie die immer wieder ausbrechenden inneren Kämpfe. Während in Westfranken mit Karl dem Einfältigen noch ein echter Karolinger die Königswürde erhält, wird in Ostfranken mit Arnold von Kärnten ein illegitimer Spross des Kaiserhauses König. Sein Nachfolger und unmündiger Sohn Ludwig »das Kind« stirbt 911 – und mit ihm der letzte der Karolinger.

Eine Blütezeit für Kunst und Kultur, aber eine »finstere« Zeit für die einfachen Menschen

Im Zeitalter der Aufklärung, also im 18. und frühen 19. Jahrhundert, sprechen die Intellektuellen etwas verächtlich vom »finsteren« Mittelalter. Aberglaube und irrationales Denken, religiöser Fanatismus und Unwissenheit, Hunger und Elend, Krieg und Brandschatzungen, Folter und die als »schwarzer« Tod gefürchtete Pest – das ist für die Menschen späterer Jahrhunderte das Mittelalter. Das alles trifft auch zu. Aber es dürfen dabei die großartigen Gegenbilder nicht unterschlagen werden, die die mittelalterlichen Jahrhunderte auszeichnen. Dazu gehören die Kirchenbauten der Romanik und Gotik in Mainz, Worms oder Speyer, Chartres oder Reims und in vielen anderen europäischen Orten. Voller Bewunderung betrachten wir noch heute die Kirchenmalerei, die Stein- und Holzskulpturen an den Altären, Kanzeln und Fassaden der Gotteshäuser. Im Spätmittelalter schafft der Bildhauer und -schnitzer Veit Stoß seine unvergleichlichen Altäre; in Nürnberg entstehen die ersten Bilder Albrecht Dürers. Und die Bibliotheken der Klöster, zum Beispiel in St. Gallen, beherbergen die schweren, reich illuminierten Codices, die die Mönche in Handarbeit kopiert haben.

Den mittelalterlichen Kaisern gelingt es, ihre Macht stark auszubauen. Damit entsteht eine neue staatliche und kirchliche Ordnung. Das Geldwesen und der Fernhandel entwickeln sich. In den Häfen der Adria ankern die Schiffe der

Händler, die auf den Spuren Marco Polos Seide und Gewürze, vor allem Pfeffer, nach Europa importieren. Die Dreifelderwirtschaft und eine verbesserte Pflugtechnik erleichtern die Landarbeit. Das alles bewirkt einen Aufschwung, der ein beträchtliches Bevölkerungswachstum sowie eine kulturelle Blüte mit sich bringt, die in den Wäldern der wilden Germanen noch undenkbar gewesen wäre.

Schon Karl der Große zieht eine Vielzahl von Bischöfen, Äbten, Künstlern und Gelehrten an seinen Hof, etwa den angelsächsischen Geistlichen Alkuin oder seinen Biografen Einhard. Sein Erneuerungswille erfasst alle Bereiche des kulturellen Lebens und geht als »karolingische Renaissance« in die Geschichte ein. »Obwohl gutes Tun besser ist als gutes Wissen«, heißt seine Maxime, »geht das Wissen doch dem Tun voraus.« Karl begründet die Hofschule, aus der bedeutende Elfenbein- und Goldschmiedearbeiten, Handschriften und Buchmalereien hervorgehen. Eine klare einfache Schrift entsteht: die karolingische Minuskel, die später das Vorbild für unsere Druckschrift liefert.

Otto der Große und alle nachfolgenden Kaiser setzen die karolingische Tradition fort. Neben dem Kirchenbau gilt dies besonders für das Bildungssystem sowie für die Miniaturmalerei, die die liturgischen Bücher und Evangeliarien zu kleinen Kunstwerken macht. In den Klosterzellen entstehen in mühsamer und langwieriger Arbeit hochwertige Bibel- und Buchabschriften, die zum bedeutenden kulturellen Erbe des Mittelalters zählen. Überhaupt sind die Klöster ein Hort der Bildung und der Kultur. In ihren Kräutergärten und Rezepturen tradieren die Mönche das heilkundliche Wissen. Die mittelalterliche Scholastik lässt die geistlichen Gelehrten eine Brücke schlagen zwischen dem christlichen Glauben und der antiken Philosophie. Die ersten Universitäten werden Ende des 12. Jahrhunderts in Paris, Oxford und Bologna gegründet. Unter dem übergeordneten Dach der Theologie, Jurisprudenz und Medizin lehrt man die *septem artes liberales* – die sieben freien Künste Grammatik, Rhetorik, Dialektik, Geometrie, Arithmetik, Astronomie und Musik. Ohne die mittelalterliche Gelehrsamkeit wäre es den Humanisten nicht möglich gewesen, die inzwischen vergessenen Schriften der antiken Denker Platon, Aristoteles oder Seneca wiederzuentdecken. Die Klosterbibliotheken und die ersten Universitäten, die wenn auch noch zaghafte Entwicklung der neuen, »nationalen« Schriftsprachen und vor allem eine erste »nationale« Literatur, die an den Höfen entsteht – das sind nicht zu überschätzende zivilisatorische Errungenschaften des Mittelalters, die weit in die Neuzeit hineinwirken.

Für jedes Volk besitzt vor allem die gemeinsame Sprache einen starken Identifikationsfaktor. Die Entwicklung einer Volkssprache ist nicht der einzige, aber doch ein wichtiger Hinweis auf die Herausbildung einer eigenen Nation. Bis allerdings aus dem Reich der Ostfranken ein deutscher Staat, ja sogar eine einheitliche deutsche Sprache und deutsche Kultur hervorgeht, ist es ein langer Weg, der weit über das Mittelalter hinaus führt. Das Wort »Deutsch« (*theodiscus* von *theoda*, »das Volk«) bezieht sich über Jahrhunderte stets auf die Sprache: Gemeint ist dabei die Volkssprache in Abgrenzung zum Lateinischen als Sprache der Kirche und der Gelehrten, aber offenbar auch schon zu den romanischen Sprachen. Erst ab dem späten 11. Jahrhundert wird der Name der Sprache dann nach und nach auch auf Menschen, ein Volk und schließlich ein Land übertragen.

Nach unserem heutigen Wissen hat Ludwig im 9. Jahrhundert eine von vielen althochdeutschen Mundarten gesprochen, die sich erheblich voneinander unterscheiden. Dass sich Bayern, Sachsen und Niederdeutsche kaum verständigen können, sobald sie Dialekt sprechen, ist demnach kein neuzeitliches Phänomen. Denn das, was wir unter Hochdeutsch verstehen, entstand aus verschiedenen germanischen Dialekten – und diese Entwicklung nimmt damals gerade erst ihren Anfang. Die Germanisten teilen die Geschichte unserer Sprache in verschiedene Abschnitte ein. Auf die Zeit des Althochdeutschen vom 8. bis zum 11. Jahrhundert folgt mit dem Mittelhochdeutschen die »Blüte« der höfischen Literatur. Dazu gehören die Liebesgedichte der Minnesänger um Walther von der Vogelweide (der vermutlich einen niederösterreichischen Dialekt spricht) ebenso wie die Ritterromane eines Hartmann von Aue (der Alemannisch dichtet) oder Wolfram von Eschenbach (der Fränkisch schreibt). Das *Nibelungenlied* gilt gemeinhin als eines der ältesten und zugleich berühmtesten deutschen Sprachdenkmäler. Es stammt gleichfalls aus dieser Epoche. Aufgrund seiner sprachlichen Besonderheiten können wir davon ausgehen, dass ein Schreiber im Donaugebiet es niedergelegt hat.

Und wieder ist es keine deutsche, sondern vielmehr eine deutsch-französische, wenn nicht gar eine europäische Geschichte. Zur etwa selben Zeit entstehen dort, wo heute die französischen Staatsgrenzen verlaufen, die Lyrik der Troubadoure und die höfischen Romane des Chrétien de Troye. Sie wurden zur Vorlage für zahlreiche mittelhochdeutsche Werke. Doch als dann später die Nationalisten in Frankreich und Deutschland jeweils für sich Ruhm und kulturelle Größe reklamieren, streiten auch die Philologen einäugig über die mittelalterlichen Dichtungen. Während unsere westlichen Nachbarn im späten 19. und im frühen 20. Jahrhundert darauf bestehen, die deutschsprachigen Autoren hätten lediglich übersetzt, kontern ihre deutschen Kollegen, erst den mittelhochdeutschen Dichtungen sei die tiefere geistige Durchdringung des Stoffes zu verdanken. Den mittelalterlichen Autoren sind solche nationalistischen Eitelkeiten gänzlich fremd. Für sie gibt es diese Grenzen noch nicht – weder in der Politik noch in der Kultur.

Das Mittelalter bringt also eine erste Blütezeit in Sprache, Literatur und Kultur. Aber wie müssen wir uns nun eigentlich das Leben um die Jahrtausendwende vorstellen? Der Alltag sieht in allen europäischen Regionen sehr ähnlich aus. Etwa 80 bis 90 Prozent der Bevölkerung sind Bauern. Der Lebenslauf der Menschen ist also vom Rhythmus der Jahreszeiten, des Wetters und des Ernteertrages abhängig. Mit aus heutiger Sicht primitiv erscheinenden Werkzeugen und Hilfsmitteln bearbeiten sie den Boden und transportieren sie ihre Lasten. Langstielige Rechen, hölzerne Gabeln und Spaten, mehr steht ihnen kaum zur Verfügung. Vor den Räderpflug oder den zweirädrigen Karren sind Ochsen gespannt, die Ackerschollen werden vor der Aussaat mit Hacken zerkleinert und die Ernte wird mit Flegeln ausgedroschen. Steinhäuser gibt es auf dem Land nur selten. Im Zentrum der Städte und Dörfer stehen die prächtigen Dome und Kirchen, die der Geistlichkeit vorbehalten sind. Im Herbst und Winter sind die Kleidung und das nächtliche Strohlager von Sturm und Regen häufig durchnässt. Auf Missernten folgen Hungersnöte und Epidemien. Schon die einfachste Krankheit kann den Tod bedeuten, eine medizinische Versorgung für den »gemeinen Mann« ist nicht vorhanden. Hilfe gibt es nur in den Klöstern bei den heilkundigen Mönchen und Nonnen oder bei den umherziehenden Wundärzten, Badern und Marktschreiern, die ihre zweifelhaften, oft abergläubischen und magischen Dienste feilbieten. Viele Frauen sterben bei der Geburt ihrer Kinder und auch diesen ist nicht immer ein langes Leben beschieden. Die Kindersterblichkeit ist groß, überhaupt liegt die Lebenserwartung der Menschen bei nicht mehr als 30 oder 40 Jahren.

Die gesellschaftliche Rangordnung ist alles in allem sehr starr und aus der Sicht des mittelalterlichen Menschen von Gott gegeben. Ritter, Beter, Bauern – das sind die drei Stände, aus denen sich die europäischen Gesellschaften zusammensetzen. Adel und Klerus stehen an der Spitze. Die Lohnarbeiter und Handwerker in den Städten und vor allem die Bauern bilden die Masse der Bevölkerung. Reich oder doch zumindest wohlhabend sind neben den Adligen die Ritter und Landbesitzer. Wo es ihnen an materiellen Gütern mangelt, holen sie sich diese mit Gewalt: auf Kriegszügen, bei Überfällen auf die meist schutzlosen Kaufleute, die durchs Land reisen. Immer wieder müssen auch die allerorts nur durch den Schutz der Obrigkeit geduldeten Juden hohe Zahlungen an ihre Landesherren leisten, wenn sie Leben und Geschäft retten wollen. Reich ist, wer die Macht hat. Die Masse der Bauern aber bleibt machtlos und damit arm.

Bestimmend für die mittelalterliche Gesellschaftsordnung ist das Lehnswesen, das Treueverhältnis zwischen den Ständen. Es verpflichtet den Untertanen, seinem Herrn Dienst und Gehorsam zu leisten. Dieser hat ihm dafür ausreichenden Unterhalt zu gewähren und ihn vor der Gewalt auswärtiger Mächte zu schützen. Das gilt für Herzöge, Grafen oder Barone gegenüber dem Kaiser oder König, für den Landadel, zu dem die Ritter gehören, gegenüber den Herzögen und Grafen und natürlich vor allem für die Bauern, die ihren adligen Herren treu ergeben sein müssen. Die Bauern sind zum Frondienst verpflichtet. Sie müssen einen Teil ihrer Ernte abliefern und ohne Entgelt auf den Feldern des Burgherren arbeiten. Bis in die Neuzeit hinein bleiben sie vom Wohlwollen des Adels abhängig. Dieser aber lebt egoistisch, nimmt die christliche Lehre von der Nächstenliebe nur höchst selten ernst und interpretiert seine Verpflichtungen, die sich aus der Lehnsordnung ergeben, überaus einseitig.

Ein besonderes Übel für die Bauern bleibt lange das Jagdrecht der Grundherren. Während es den Untertanen unter Androhung schwerster Strafen verboten ist zu wildern, verwüsten die adligen Jagdgesellschaften rücksichtslos die Felder ihrer Bauern. Die Jagd erfolgt auf Pferden und in den dicht bewachsenen Wäldern endet das Leben manches Königs oder Herzogs bei der verwegenen Verfolgung von Ebern, Bären oder Hirschen.

Es gibt in den mittelalterlichen Gesellschaften ein bescheidenes soziales Netz, das innerhalb der Familien und der Dorfgemeinschaften oder durch die Arbeit der Klostergemeinschaften geregelt ist: Fürsorge für die Alten und Kranken, die Arbeitslosen und die Waisen. In den großen Sälen der Hospitäler oder Armenheime finden die glücklicheren unter den »armen Leuten« Schutz und Hilfe, obwohl das Überleben dort, da man noch keine Hygiene kennt, eher Glückssache ist. Doch auch das Mittelalter hat gesellschaftliche Außenseiter. Räuberbanden ziehen durch das Land und werden vielfach zu einer Plage. Sänger und Gaukler treten an den Höfen oder bei den Erntefeiern der Bauern auf. Bettelmönche gehören zum Alltagsbild der mittelalterlichen Welt, die in einfachen Gewändern ohne Hab und Gut durch die Dörfer wandern und die Aussicht auf ein besseres Leben im Jenseits versprechen.

Die Adligen residieren in ihren wehrhaften Burgen und Schlössern. Kampfspiele und die Jagd bilden neben den mehr oder weniger regelmäßigen Kriegszügen, zu denen ihr König oder Herzog sie rufen, ihre Hauptbeschäftigung.

Große Sauf- und Essgelage gibt es auf den Adelssitzen, rau und schlicht ist das Denken ihrer Bewohner. Als Gerichtsherren herrschen sie absolut und meist recht brutal über ihre Bauern und Burgknechte. Aber in den Burgen herrschen Feuchtigkeit, Kälte und Dunkelheit. Nur die teilweise großen Kaminfeuer in den Rittersälen, vor denen sich die Adelsfamilien, häufig umgeben von ihren Jagdhunden, in den Wintermonaten aufhalten, bieten ein wenig Wärme und Geborgenheit. Auch die Adligen finden früh den Tod durch Krankheiten, Verwundungen auf dem Schlachtfeld oder beim Ritterturnier.

So empfinden die Menschen die Welt, in der sie leben, als bedrohlich. Zumal die Landschaften nördlich der Alpen immer noch von riesigen Waldgebieten bedeckt werden. Der Wald bietet den Menschen Holz, Tierpelze, Honig und Wachs. Dort hausen aber nach wie vor auch gefährliche Tiere – giftige Schlangen, umherstreifende Wölfe und Bären –, und die unheimliche Stille dieser unbekannten Welt erregt die Fantasie der Menschen. Sie glauben, dass neidische Kobolde, verführerische Feen und Elfen in den Wäldern ihr Unwesen treiben.

Die grausamen und öffentlich vollzogenen Strafen, mit denen Mord, Diebstahl, Ehebruch, die Nichtrückzahlung von Schulden, Wilderei, Widerstand gegen die Obrigkeit oder Ketzerei geahndet werden, verstärken die Ängste der Menschen. Zum Tode Verurteilte werden vor ihrer Hinrichtung mit glühenden Zangen traktiert oder es werden ihnen die Glieder abgeschlagen. Üblich ist auch die Vierteilung, wobei man die Arme und Beine des Opfers an Pferden festbindet, die dann auseinander getrieben werden. Gnädiger ergeht es da schon dem, der einen schnellen Tod erleidet, indem ihm das Beil des Henkers einigermaßen sicher den Kopf vom Rumpf trennt. Aber auch eine längere Kerkerhaft ist in der Regel gleichbedeutend mit einem Todesurteil. In engen, feuchten Zellen, die im Sommer unerträglich heiß und im Winter eiskalt sind, vegetieren die Häftlinge dahin. Ratten und Läuse, verfaultes Trinkwasser und ungenießbares Essen, Krankheiten und totale Isolation treiben die bejammernswerten Opfer in der Regel nach nur wenigen Jahren in den Wahnsinn. Besser kommt weg, wer auf den Marktplätzen nur an den Pranger gestellt und dem Spott und dem Hohn seiner Mitmenschen hilflos ausgeliefert ist, wer nur für wenige Tage in den Schuldturm wandert oder als Obdachloser ins Arbeitshaus kommt.

Die Folter ist nicht nur eine von der römischen Kirche in einer päpstlichen Bulle befohlene Form der Wahrheitsfindung, wenn die Inquisition gegen die Ketzer vorgeht und nach vermeintlichen Verrätern und Gotteslästerern fahndet. Sie wird auch im Alltag der weltlichen Gerichte ständig angewendet. Wer leugnet, also nach Meinung seiner Richter »halsstarrig« bleibt, unterliegt der »peinlichen Befragung«. In den Museen und auf mittelalterlichen Bilderdarstellungen können wir noch heute nachvollziehen, mit welcher grausamen und sadistischen Perfektion die Folterwerkzeuge erdacht und gefertigt worden sind. Kaum einer, der unter den fürchterlichen körperlichen Qualen nicht alles zugibt, was ihm von seinen Peinigern vorgeworfen wird, jeden Verrat begeht, jede auch noch so wahnwitzige Anschuldigung gegen Nachbarn oder Familienmitglieder ausspricht. Wer diese Tortur überlebt, ist für sein Leben gezeichnet. Bis in das 18. Jahrhundert hinein bleibt die Folter ein offizielles Befragungsinstrument der Justiz.

Ottonen und Salier – Die ersten »deutschen« Kaiser

Karl der Große hat das Frankenreich geeint; seine Nachkommen hätten es durch die Familienfehden fast zerstört – wäre da nicht eine neue Dynastie auf den Plan getreten: die der Ottonen. Auf Ludwig das Kind folgt zunächst ein Konradiner. Franken und Sachsen wählen 911 den fränkischen Herzog Konrad in Forchheim zum neuen König. Auch die Schwaben und die Bayern erkennen den neuen Herrscher an. Seine Wahl hängt wie die vieler seiner Nachfolger ganz entscheidend vom Votum der wenigen großen Adelsfamilien des Reiches ab. Das ist neu und 200 Jahre später wird den Päpsten nur noch mitgeteilt, wem es in Deutschland gelungen ist, die Mehrheit der Fürsten für seine Königswahl zu gewinnen.

Trotz der Abhängigkeit von den Stammesherzögen versucht Konrad I. im Bündnis mit dem Klerus deren wachsende Macht einzugrenzen. Doch er ist immer wieder neuen Konflikten ausgesetzt. In seinen Herrscherjahren nimmt der Jahrhunderte währende Kampf der Ostfranken und Westfranken um den Besitz der Grenzlandschaften Lothringen und Elsass seinen Anfang. Mit seinem Nachfolger Heinrich I., Mitglied der bedeutenden Familie der Liudolfinger, beginnt die Königsherrschaft der Sachsen oder, wie sie die Historiker später nennen werden, der Ottonen. Ironie der Geschichte: Rund 120 Jahre nach der Unterwerfung und Missionierung der Sachsen und ihres Stammesführers Widukind durch den Karolinger Karl den Großen wird einer von ihnen zum späten Erben des Siegers gewählt.

Heinrich I. ist von den nationalbewussten Historikern im 19. und ihren nationalistischen Kollegen im 20. Jahrhundert gerne als der König charakterisiert worden, mit dem Deutschlands Geschichte beginnt. Dies vor allem, weil es ihm gelungen sei, mit der Einverleibung Lothringens, mit seinem Sieg über die Ungarn 933 und der Befestigung der Ostgrenzen durch seine gepanzerten Reiterheere das »deutsche Königreich« zu etablieren und zu sichern. Genau 1 000 Jahre später übernimmt Adolf Hitler, ein die Geschichte völlig einseitig deutender Emporkömmling, die Macht in Deutschland. Er und seine Anhänger feiern den ersten Sachsenkönig im ostfränkischen Reich als Begründer Deutschlands und ruhmreichen Kämpfer gegen die angeblich immerwährende slawische Bedrohung, der das von den Nationalsozialisten ausgerufene Dritte Reich standzuhalten habe.

Ein beredtes Beispiel für den Missbrauch der Geschichte zum Nutzen der eigenen Politik ist diese nationalistische Propaganda der Nazis. Sie soll ihre Planung und spätere Durchführung eines Vernichtungskrieges gegen die vermeintlichen »slawischen Untermenschen« im Osten in eine historische Tradition stellen, die es in dieser Form nie gegeben hat. Heinrich I. bleibt ein Herrscher, der sich noch ganz in der Nachfolge des fränkischen Königtums sieht. So wie Ludwig seinen Beinamen »der Deutsche« nicht selbst erfunden hat, empfindet sich Heinrich nicht als »deutscher« König, sondern als »rex Francorum orientalium«.

Wann aber beginnt nun wirklich die Geschichte der Deutschen? Im west- und im ostfränkischen Reich zeigen sich in den ottonischen Jahren neben vielen Gemeinsamkeiten allmählich auch Eigenentwicklungen, die es zulassen zumindest von einem ostfränkisch-deutschen Herrschaftsverband zu sprechen. Unter diesem Kaisergeschlecht beginnt ganz zögernd und vielfach den Völkern noch gar nicht bewusst die deutsche Geschichte. Wo genau aber dieser Zeitpunkt zu bestimmen ist, bleibt offen. Erst im 11. Jahrhundert sprechen die Dokumente ganz selbstverständlich von einem »deutschen Königreich«.

Diese vergleichsweise späte und komplizierte Findung der Deutschen zu einer gemeinsamen Geschichte bleibt für die Zukunft Europas nicht ohne Folgen. Denn selbstbewusst und störrisch halten die Franken und Bayern, die Schwaben und Alemannen, die Westfalen und Rheinländer, die Friesen und Sachsen, die Thüringer und Hessen, später die Österreicher und Preußen noch an ihrer Eigenständigkeit fest, als sich in der Neuzeit die modernen Nationen in Europa herauszubilden beginnen. Das Reich in der Mitte Europas wird so immer wieder zum Schauplatz von Kriegen der europäischen Großmächte England, Frankreich, Spanien und im Osten zeitweise Polen. Die Nachbarn nutzen den Egoismus und die Begehrlichkeiten der deutschen Fürsten, die mit ihrer häufig bedenkenlosen, opportunistischen Haltung das Gesamtreich schwächen. Immer wieder finden die ausländischen Diplomaten in den kommenden Jahrhunderten unter ihnen Verbündete, die sich an den Kriegen gegen die kaiserlichen Heere beteiligen.

Otto der Große (912–973)

936 wird der älteste Sohn von Heinrich I. in Aachen mit großem Pomp zum König gekrönt. Mit seiner Herrschaft beginnt nach den langen Krisenjahren des karolingischen Reiches eine neue Glanzzeit fränkisch-sächsisch-deutscher Herrschergeschichte. Otto I. wird schon zu Lebzeiten wohl vor allem deswegen mit dem Titel »der Große« ausgezeichnet, weil er die Verhältnisse in Ostfranken und später in Italien stabilisiert.

Im Äußeren gilt es für den neuen König der Gefahr neuer ungarischer Einfälle energisch zu begegnen. Am 10. August 955 triumphiert das ottonische Heer auf dem Lechfeld über die Ungarn und bannt damit endgültig diesen für die östlichen Provinzen Ostfrankens seit zwei Generationen währenden Schrecken. In Magdeburg, einem künftigen Zentrum in Ottos Herrschaftszeit, gründet der König ein Erzbistum. Zum ersten Mal beginnt die römische Kirche nach Polen hinüberzustrahlen.

Durch seine Heirat mit Adelheid, der Witwe des italienischen Königs Lothar, erlangt Otto I. die langobardische Königskrone. Damit gehören nach Lothringen (das sein Vater Heinrich an das Reich gebunden hat) nun auch Nord- und Teile Mittelitaliens zum Herrschaftsbereich der Ottonen. Überhaupt hat die geschickte Heiratspolitik Ottos I. die wichtigen Beziehungen seines Reiches bis nach Byzanz und England positiv beeinflusst. Sein Sohn ehelicht die byzantinische Prinzessin Theophano, und er selbst ist in erster Ehe mit Edgitha, der Tochter des englischen König Eduards I., verheiratet.

Seit den Tagen der Karolinger gilt ohnehin, dass die großen Herrscherfamilien Europas durch vielfältige verwandtschaftliche Beziehungen miteinander verknüpft sind. Das bleibt bis zum Zusammenbruch der großen europäischen Monarchien im Ersten Weltkrieg so. Die Heiratsdiplomatie hat den Königen oder Herzögen, aber auch den kleineren Adelsfamilien im Laufe der europäischen Geschichte nicht selten bedeutendere territoriale Gewinne eingebracht als ein verlustreicher Krieg oder eine blutige Fehde. Besonders das Haus Habsburg, dessen Mitglieder bald für Jahrhunderte die deutsche Kaiserkrone tragen werden, weckt mit seiner sprichwörtlich gewordenen klugen Heiratspolitik den Neid vieler Nachbarn. »*Bella gerant alii, tu, felix Austria, nube!*« (»Kriege mögen andere führen, du, glückliches Österreich, heirate!«) wird zum überaus erfolgreichen Motto dieses Herrschergeschlechts.

Als Otto I. im Mai 973 stirbt, ist die Thronfolge für sein Haus gesichert. Unter seiner langen Regierungszeit hat sich eine Herrschaftsordnung entwickelt, die auch für seine Nachfolger Gültigkeit besitzt. Es gibt keine Ämter, die der Kaiser beliebig besetzen und kontrollieren kann. Unter den Ottonen wird der Herrschaftsanspruch des Adels, also der vielen Herzöge, Markgrafen und Grafen, nun endgültig selbstverständlich. Wichtig sind die persönlichen Beziehungen zwischen dem Monarchen und der sehr kleinen Gruppe privilegierter Herrschaftsträger in seinem Reich. Den hohen Klerus bedenkt er mit beachtlichen Schenkungen, um die Bistümer und Reichsabteien in den Dienst der Reichsverwaltung zu stellen. Unter Otto I. richtet sich der Blick des ostfränkischen-deutschen Kaisertums neben Italien auch stark nach Norden und Osten. In einer sehr offensiven Missionspolitik gründet er zahlreiche Klöster und die Bistümer Schleswig, Ripen, Aarhus und Oldenburg.

Otto II., schon 961 in Aachen zum König und 967 in Rom zum Kaiser gekrönt, folgt seinem Vater als Alleinherrscher. Seine kaiserliche Autorität wird sofort nach Übernahme der Regierung herausgefordert. Der bayerische Herzog Heinrich (mit dem bezeichnenden Beinamen »der Zänkerer« belegt) verbündet sich mit den Böhmen und den Polen gegen den jungen Herrscher. Hintergrund dieses Konflikts ist die Nachfolgefrage in Schwaben. Heinrich erhebt gegen den Willen des Kaisers Anspruch auf den schwäbischen Herzogsstuhl. Otto setzt sich schließlich durch und Heinrich verliert seine Herzogswürde.

Eine katastrophale Niederlage erleidet Otto II. im Kampf gegen die Araber. Im süditalienischen Cotrone fallen zahlreiche seiner wichtigsten Gefolgsleute und der Kaiser selbst kann nur mit knapper Not sein Leben retten. Bei einem Treffen in Verona stellen sich die überlebenden Großen des Reiches jedoch trotz oder gerade wegen dieser deutlichen Schwächung der Königsherrschaft hinter ihn und der erst dreijährige Sohn des Kaisers wird als Otto III. zum König gewählt.

Nur wenig später erheben sich die Elbslawen gegen die ottonische Herrschaft. Sie verbünden sich mit den Dänen. Mit ihrem Aufstand wenden sich die slawischen Stämme gegen die christliche Missionierung, die sie als Zwangsmaßnahme empfinden. Die Rebellion hinterlässt eine breite Spur der Zerstörung. Das Herrschaftssystem der Ottonen nordöstlich der Elbe bricht zusammen.

Der 28-jährige Otto II. stirbt während dieser Ereignisse am 7. Dezember 983 in Rom. Er ist der Einzige unter den deutschen Kaisern, der sein Grab in der Peterskirche findet. Sofort taucht Heinrich der Zänkerer wieder aus der politischen Versenkung auf, lässt sich zum König krönen und übernimmt die Kontrolle über den nur drei Jahre alten König Otto III. Die Krise löst sich erst, als die beiden Kaiserinnen, unterstützt von den Großen des Reiches, die Regentschaft stellvertretend für den Kindkönig ausüben. Zunächst leitet Ottos Mutter, Kaiserin Theophano, dann nach deren Tod seine Großmutter Adelheid die Regierungsgeschäfte.

994 nimmt der junge Herrscher sein Amt selbst in die Hand und lässt sich in Rom zum Kaiser krönen. Otto III. träumt von der Wiedererrichtung des karolingischen Reiches. In Aachen ordnet er die Öffnung des Grabes von Karl dem Großen an und demonstriert damit öffentlich, dass er den Karolinger als Heiligen verehrt. Mit seinem zweiten Italienzug versucht er die wirren Verhältnisse in Rom neu zu ordnen. Gegenpäpste und rebellische Adlige werden besiegt und grausam hingerichtet. Ein neues Weltreich – ein wieder erstandenes Römisches Imperium – will Otto III. errichten. Es soll von Kaiser und Papst gemeinsam regiert werden.

Kurz vor der Jahrtausendwende kommt in ganz Europa eine düstere Endzeitstimmung auf. Selbst ernannte Propheten und Schrecken verbreitende Prediger ziehen durch das Land und verkünden für das Jahr 1000 das Ende der Welt. Sie lösen an vielen Orten eine Massenhysterie aus. Otto III. setzt ein Zeichen. Er unternimmt eine viel beachtete Pilgerreise in die damalige polnische Hauptstadt Gnesen, wo ihn Boleslaw I. prunkvoll empfängt, und gründet dort einen Bischofsitz. Bald ist er wieder in Rom. Doch der römische Adel, immer bereit, sich gegen Papst oder Kaiser aufzulehnen, vertreibt ihn. So sucht er Zuflucht in Ravenna. Während er dort auf militärische Verstärkung wartet, stirbt er an der Malaria. Er ist unverheiratet und hinterlässt keinen Erben.

Der unvermutete, frühe Tod des Enkels von Otto I. stürzt das Reich in eine neuerliche Krise. Unter mehreren Thronkandidaten gelingt es schließlich Heinrich IV. von Bayern, dem Sohn von Heinrich dem Zänkerer und Urenkel von König Heinrich I., die Königswürde zu erringen. Er setzt sich gegen einige Konkurrenten durch, weil er sich nach dem Tod Ottos, den er zweimal nach Italien begleitet hat, sofort die Reichsinsignien aneignet und damit seinen Königsanspruch unübersehbar unterstreicht. Der Mainzer Erzbischof krönt ihn als Heinrich II. zum König.

1024 stirbt der inzwischen zum Kaiser gekrönte letzte Ottone und 22 Jahre später spricht ihn Papst Eugen III. heilig. Die Ehe mit der ebenfalls sehr frommen Kunigunde bleibt kinderlos und wieder beginnt die Königssuche. Die Kaiserwitwe, die führenden Herzöge des Reiches und die Mehrheit der Erzbischöfe befürchten, dass neuer Streit und Kampf bei der Kandidatenkür das Reich schwächen könnte. So einigt sich die Mehrheit der Königsmacher auf einem Treffen bei Oppenheim am Rhein noch im Todesjahr Heinrichs II. auf den Nachfolger. Es ist Konrad II. aus der Familie der Wormsgaugrafen. Um an ihre fränkische Herkunft zu erinnern, werden sie Salier genannt. Dieser Name verweist auf die älteste Aufzeichnung des fränkischen Rechts, die Lex Salica.

Die Salier stellen mit Konrad II. und seinen drei Nachfolgern, die den Namen Heinrich tragen, die deutschen Herrscher der nächsten knapp 100 Jahre. In der Regierungszeit Heinrich IV. ruft Papst Urban II. dann auch auf der Synode von Clermont zur Befreiung des heiligen Grabes in Jerusalem auf. Daraus entsteht mit dem Ruf »Gott will es!« eine Massenbewegung. Der Salier steht zu diesem Zeitpunkt unter Kirchenbann und beteiligt sich daher 1096 nicht am ersten Kreuzzug. Dabei sind vor allem normannische und französische Ritter. Das Heer von über 20 000 Mann führt der Herzog von Niederlothringen, Gottfried IV. von Bouillon.

In Goslar gründen die Salier den Mittelpunkt ihres Königtums. Auch sie treten immer wieder den Gang nach Italien an, wo die Herrscher die Kaiserkrone durch den Papst in Empfang nehmen. Überhaupt zieht die Macht der Kirche immer weitere Kreise – durch ganz Europa bis nach Jerusalem, das die Kreuzritter in Schutt und Asche legen.

Aber noch etwas ändert sich unter den ersten Saliern. Die Nachbarn im Süden und im Westen beginnen nun ganz selbstverständlich vom *Regnum Teutonicum,* also vom deutschen Reich, zu sprechen. Sie meinen damit das nördlich der Alpen gelegene Land, zu dem politisch auch Italien und Burgund gehören. Ihre Bewohner nennen sie *Teutonici.*

Hildegard von Bingen (1098–1179)

In den Regierungsjahren des letzten Salierkönigs Heinrich V. wird eine der wenigen Frauen des Mittelalters geboren, deren Leben und Wirken nicht vergessen worden ist: Hildegard von Bingen. Jenseits der Machtpolitik plädiert sie für ein Gott zugewandtes, klösterliches Leben nach strengen Regeln und ohne weltliche Genüsse. Als Tochter eines Grafen kommt sie in Bermersheim, Kreis Alzey, zur Welt. Mit acht Jahren wird sie in das in der Nähe von Bingen gelegene Kloster Disibodenberg geschickt. Hier hat die Nonne Jutta von Sponheim eine Frauenklause für Mädchen eingerichtet und das Kind kommt in die Obhut der von ihr bewunderten und verehrten Mentorin. Mit 16 entscheidet sich Hildegard, nach den Regeln des Benediktinerordens zu leben und wird Nonne. Nach dem Tod ihrer Lehrerin tritt sie im Alter von 38 Jahren deren Nachfolge an und steigt zur Äbtissin auf. 1147 gründet Hildegard in der Nachbarschaft das Kloster Rupertsberg. Wenig später wird das Kloster Eibingen von ihren Nonnen übernommen.

Als Äbtissin unterhält sie eine ungewöhnlich umfangreiche Korrespondenz mit Papst und Bischöfen, Kaiser und Fürsten, Äbten und Nonnen. Ihr Rat und ihr Zuspruch ist begehrt, eine Fülle von Anfragen aus vielen Ländern Europas erreicht sie. Etwa 300 Briefe Hildegards sind erhalten geblieben. Sie ermahnt ihre Briefpartner, ein gottgefälliges Leben zu führen, übt Kritik am Ordensleben, das vielerorts nur noch wenig mit Keuschheits- und Armutsgelübden zu tun hat, und fordert die weltlichen und geistlichen Herren zur inneren Umkehr auf. Wie damals üblich unternimmt Hildegard mehrere Predigerreisen, die sie in deutsche, französische oder italienische Klöster führen. In ihren Werken schreibt sie über die Schöpfung, die Folgen des Sündenfalls oder die Erlösung durch Christus. Sie veröffentlicht Singspiele und Lieder und macht sich mit ihren medizinisch-heilkundlichen Büchern einen großen Namen.

Hildegard von Bingen wird in der katholischen Kirche als Heilige verehrt. In einer Zeit, in der es in den Klöstern häufig sehr weltlich zugeht und die Kritik am Machtanspruch der Kirche wächst, ist sie ein Vorbild für ein gläubiges und dienendes Nonnenleben. Für ihre Kirche ist sie bis heute Prophetin, Predigerin und Künstlerin. Sie ist die erste deutsche Mystikerin, von der wir wissen. Sie verkörpert bewundernswert diese religiöse Glaubensrichtung, deren Anhänger versuchen, durch innere Hingabe und Versenkung zu einer persönlichen Vereinigung mit Gott zu kommen.

Alle Macht den Päpsten?

Die Kreuzzüge, zu denen die römischen Päpste die Christenheit im 11. und 12. Jahrhundert insgesamt sieben Mal aufrufen, tragen Feuer und Schwert bis in das

Heilige Land. Ein wilder Mob aus aller Herren Länder sammelt sich unter der Führung von Kaisern, Königen und Ritterschaft, um Jerusalem von der »heidnischen« Herrschaft der Muslime zu befreien. Die besetzen 1070 die Stadt, die Pilgerreisen zu den heiligen Stätten scheinen damit unmöglich, der Kaiser in Byzanz fühlt sich bedroht und sendet einen Hilferuf aus. Das ist das Signal zum Aufbruch für die christlichen Kämpfer. Armut, Abenteuerlust und religiöser Fanatismus treibt sie vorwärts. Ein Brennen und Morden begleitet die im Namen des Christentums geführten Feldzüge. Die Heereshaufen wälzen sich plündernd durch das Rheintal, ziehen an Neckar und Donau entlang über Ungarn und den Balkan nach Konstantinopel und weiter in den Nahen Osten. Fast alle Kreuzzüge bringen den jüdischen Gemeinden, die auf ihrem Weg liegen, Tod und Untergang. Schon bevor das Heilige Land erreicht wird, kommen aber auch zahllose eifernde und beutesuchende Kreuzzügler um.

Etwa zwei Jahrhunderte währt dieser Kampf um Jerusalem. Erstmals wird die Stadt 1099 von den Christen zurückerobert. Ritterorden bilden sich. Sie nennen sich die »Templer« oder die »Deutschherren«. Geführt von einem Großmeister, der nur dem Papst verantwortlich ist, geloben sie Armut und Keuschheit und schützen die christlichen Jerusalem-Pilger vor den Angriffen der muslimischen Heere. Schließlich unterliegen sie der Übermacht der Araber.

Politische Machtansprüche, Raffgier und Fanatismus haben die Päpste und die von ihnen gesalbten Kaiser und Könige zu diesen Kriegszügen verführt. Wer also zu Beginn des 21. Jahrhunderts rat- und fassungslos den Terroranschlägen und den Universalansprüchen des islamischen Fundamentalismus gegenübersteht, sollte die eigene Geschichte, besonders die Jahrhunderte der Kreuzzüge, nicht vergessen. Das Christentum hat zweifellos das abendländische Denken tief beeinflusst. Aber wir können bei unserem Blick zurück in die Vergangenheit nicht übersehen, dass es den von ihm selbst gesetzten moralischen Ansprüchen nicht genügte. Päpste, Bischöfe und die großen christlichen Kirchenväter predigten Nächstenliebe und Barmherzigkeit. Nur wenig davon ist im Leben der Völker erfüllt worden. Sicher ist es eine Utopie zu glauben, dass Gesellschaften auf solch wunderbaren und klugen Fundamenten zu existieren in der Lage sein könnten. Trotzdem bleibt die Tatsache, dass das Christentum in den zwei Jahrtausenden seiner Existenz die europäische Welt nicht befriedet hat. Das gilt nicht nur für die Zeit der Kreuzzüge. Wann immer die weltlichen Eliten im Mittelalter oder in der Neuzeit Kriege auslösten, war ihnen der Segen der Kirche gewiss.

Schon bald nach ihrer Erhöhung zur Staatsreligion stellt die römische Kirche weitreichende weltliche Machtansprüche, die sich nicht nur in dem symbolischen Akt erschöpfen, dass die Päpste den Kaisern und Königen die Krone aufsetzen. Päpste und Bischöfe fordern Geld und Land, in den Auseinandersetzungen der Könige und Fürsten suchen sie ihren eigenen Vorteil zu bewahren. Die Religionskriege der kommenden Jahrhunderte haben kaum etwas mit dem Glauben, aber umso mehr mit Machtfragen zu tun.

Das Christentum wird im Mittelalter im Gegensatz zur biblischen Lehre, wie sie sich beispielsweise in der Bergpredigt des Neuen Testaments widerspiegelt, zu einer Gewaltreligion. Die Kreuzzüge sind dafür nur ein Beispiel. Wer als weltlicher Herrscher nicht mit päpstlichem Einverständnis handelt, muss scheitern. Wer sich der Papstkirche gar widersetzt, wer auf dem Gebiet der Wissenschaften Entdeckungen veröffentlicht, die dem Wortlaut der Schöpfungsgeschichte oder den Dogmen, den unumstößlichen Kirchenlehren, widersprechen, wird als Ketzer verbrannt. Die Inquisition – wörtlich heißt dies nichts anderes als Untersuchung – beginnt im 12. Jahrhundert ihr blutiges Werk. Häretiker, also Männer und Frauen, die von der offiziellen Kirchenlehre abweichen, werden den Kirchenbehörden übergeben, gefoltert und zum Feuertod verurteilt.

Obwohl viele mittelalterliche Päpste und Bischöfe ein intensives Liebesleben führen, teilweise sogar entgegen dem Zölibatsgebot verheiratet sind, ist die römische Kirche sexualfeindlich. Die Lust ist Sache des Teufels, also eine Sünde, und Sex hat allein der Fortpflanzung zu dienen. In den städtischen Badehäusern des Mittelalters leben die Menschen zwar recht heiter und frivol ihre Triebe aus, aber gleichzeitig werden Frauen als Hexen denunziert und nach fürchterlicher Tortur auf dem Scheiterhaufen verbrannt. Die Hexenverfolgung reicht bis weit in die Neuzeit hinein und zählt zu den grausamsten Kapiteln der christlich-abendländischen Geschichte. Bis ins Jahr 1800 fallen ihr mehr als 70 000 Frauen zum Opfer.

Furcht vor Höllenstrafen und Aberglaube spielen im Mittelalter eine wichtige Rolle. Die künstlerischen Darstellungen in den Kirchen und die populären Bilder der Jahrmarkterzähler sind von Brutalität geprägt. Der Kreuzestod Jesu oder die vielen Heiligen, die als Märtyrer ihres Glaubens zu Tode gefoltert werden, werden in tausendfacher Form und mit drastischem Realismus dargestellt. Ebenso brutal sind die Abbildungen, die von den Peinigungen der Sünder in der Hölle erzählen. Die Welt ist von Dämonen und Teufeln bewohnt, die um die Seele der Menschen ringen und deren furchterregendes Aussehen täglich an Kirchenfassaden und auf Altarbildern zu begutachten ist. Bußprediger ziehen durch das Land. Sie beschwören den Weltuntergang und die ewige Verdammnis.

Hildegard von Bingen ist eine der wenigen bekannten Frauen des Mittelalters.
Ihr Rat und Zuspruch waren in vielen Ländern Europas begehrt.

Thymian
Pfefferminze
Minze

BARBAROSSA
774
Thüringer Wal
Main
Rhein

Der mittelalterliche Mensch, dem Sturm und Gewitter oder Pest und Cholera unerklärbar bleiben, sieht sich in seinem kurzen Erdendasein wohl ständig von den realen Schrecken des Diesseits, von Naturkatastrophen, Missernten, Hunger, Krankheit oder Krieg bedroht. Der Tod ist im Mittelalter ein alltäglich sichtbarer Begleiter. Krieg und Gewalt fordern regelmäßig hohe Menschenopfer. In der Bilderwelt der mittelalterlichen Kunst ist der Tod einer der Hauptakteure. Albrecht Dürers Darstellung der vier apokalyptischen Reiter – Krieg, Hunger, Pest und Tod – aus dem 15. Jahrhundert lässt uns ahnen, mit welchen Ängsten und Schrecken der mittelalterliche Mensch zu ringen hat. Die garstigen Höllenstrafen, die den sündigen Menschen erwarten, sind allgegenwärtig, auch in den Prophezeiungen der Kirchenprediger. Nur wenige Kaiser, Könige oder Ritter können Lesen und Schreiben. Erst recht gilt dies natürlich für die Masse des Volkes. Das Wissen der Menschen reduziert sich auf Mythen und mündlich überlieferte Geschichten, die Volks- und Heiligenlegenden. Und diese erzeugen nicht nur Angst und Schrecken, sondern auch Gehorsam – gegenüber der Kirche, die nur denen, die sich an die Gesetze des Christentums halten, eine Erlösung von den Höllenqualen verspricht.

»Die europäische Christenheit ist das Werk der Mönche«, schreibt in unseren Tagen der Historiker Ferdinand Seibt. Vielleicht ist diese These, wie er selbst einräumt, ein wenig übertrieben. Aber sie trifft doch einen Wahrheitskern. Die Klostergründungen, die im Abendland seit dem 6. Jahrhundert zu beobachten sind, haben ganz entscheidend die Religions- und Kulturgeschichte der Europäer beeinflusst. Ohne das Werk der Mönchsorden ist die christliche Missionierung gar nicht denkbar. Benedikt von Nursia und Franz von Assisi sind die bekanntesten Ordensgründer des Mittelalters. Armut, Keuschheit und Gehorsam verpflichten die Ordensgemeinschaft. Ihr Wirken greift stark in das Alltagsleben der Menschen ein. Der Kirchenbesitz umfasst im Hochmittelalter fast ein Drittel des bebauten und genutzten Bodens in Deutschland. Möglich wird er durch die zahlreichen Schenkungen der Kaiser und Könige, die sich durch ihre großzügigen Gaben einerseits weltliche Unterstützung, andererseits aber sicher auch Fürsprache im Jenseits erhoffen. Das macht die Kirchen reich. Mit ihrem umfangreichen Acker- und Weinanbau zählen die Klöster zu den wichtigen Arbeitgebern und Nahrungslieferanten ihrer Umgebung.

Viele Bauernsöhne treten nicht aus Glaubensüberzeugung in ein Kloster ein, sondern weil sie in der materiellen und geistigen Sicherheit einer Gemeinschaft der Armut zu entkommen suchen, in der sie aufwachsen. Die Äbte oder die Äbtissinnen, so nennt man die Klosterleiter, stammen dagegen häufig aus hochad-

Den Beinamen »Barbarossa« verdankt Friedrich I. seinem langen roten Bart.
Spektakuläre Ritterspiele und wirtschaftlicher Fortschritt prägten seine Zeit.

ligen Häusern. Sie sichern ihren Familien politischen Einfluss und dem zweit- oder drittgeborenen Sohn, der also nicht die Titel, das Schloss, die Ländereien des Vaters erben kann, beziehungsweise der unverheirateten Tochter ein ausreichendes Einkommen. Im Laufe der Jahrhunderte beobachten die Menschen immer wieder, wie tief der Graben zwischen Sein und Schein in den Klöstern ist. Nicht jeder Klosterbewohner lebt so vorbildlich wie Hildegard von Bingen. Häufig kümmern sich die Mönche und Nonnen weder um das Armuts- noch um das Keuschheitsgebot. Sie beuten die Bauern aus, fressen, saufen und huren. Reformversuche einzelner Äbte oder Päpste ändern die Lage nur zeitweise. Natürlich gibt es tief gläubige Mönche und Nonnen, die in den Armenspitälern die Kranken pflegen, oder Klöster, die von Missernten geplagte Bauern und ihre Familien mildtätig mit ihren Erzeugnissen vor dem Hungertod bewahren. Aber die Regel ist dies nicht.

Die Erzbischöfe und Bischöfe sind im Mittelalter ein politischer Machtfaktor. Sie besitzen einen erheblichen Einfluss auf die großen Staatsentscheidungen ihrer Zeit. Wer das Amt des Erzbischofs von Reims, Paris, Mainz, Köln, Bremen oder Magdeburg errungen hat, auf dessen Meinung müssen auch die Kaiser und Könige Rücksicht nehmen. Nicht zuletzt deswegen ist es während des gesamten Mittelalters eine höchst politische Frage, wer über die Besetzung der hohen Kirchenämter zu entscheiden hat: der Papst oder der Kaiser.

Diese sich über Jahrhunderte hinziehende Auseinandersetzung zwischen der römischen Kirche und den weltlichen Herrscherhäusern wird in der Geschichtsschreibung Investiturstreit genannt. Investitur heißt Einsetzung und darum geht es auch. Auf welche Seite sich die Waagschale in dem Machtkampf neigt, hängt in der Regel davon ab, wie stark die Persönlichkeit und die politische Position der jeweiligen Amtsinhaber ist. Papst Gregor II. beispielsweise steckt um das Jahr 800 in solchen Schwierigkeiten, dass er den Frankenkönig Karl um Hilfe bitten muss. Dieser zieht mit seinem Heer nach Rom, verteidigt die päpstliche Stellung und lässt sich als Preis dafür die Kaiserkrone aufs Haupt setzen. Den Kampf um die Macht hat damals also Karl der Große für sich entschieden.

Ein eindrucksvoller Höhepunkt der päpstlichen Macht ist dagegen der berühmte Gang von König Heinrich IV. nach Canossa. Warum muss Heinrich aber auch ausgerechnet den willensstarken Papst Gregor VII. provozieren und etwas unüberlegt in aller Öffentlichkeit über dessen Absetzung nachdenken? Gregor droht daraufhin seinerseits Heinrich mit Absetzung, aber der König gibt nicht nach und bekräftigt seinen Willen zum Sturz des Papstes durch die Wormser Synode im Januar 1076. Der belegt Heinrich IV. mit dem kirchlichen Bann und entbindet dessen Untertanen von ihrem Treueeid. Als sich auch die Fürsten und Bischöfe von Heinrich distanzieren, steht der König allein da. Ihm bleibt nur ein Ausweg und der heißt: Buße tun. Um die für ihn politisch höchst gefährliche Ächtung zu unterlaufen, zieht Heinrich im Januar 1077 im Büßergewand vor die Tore der italienischen Felsenburg Canossa, in der sich Papst Gregor aufhält. Drei Tage verharrt der König demütig in Schnee und Eis und leistet Abbitte, dann erreicht er die Auflösung des Kirchenbanns. Ein geschickter politischer Schachzug, denn Gregor bleibt gar nichts anderes übrig, als diesem Wunsch nachzukommen. Ein reuiger Sünder muss von der Kirche erhört werden, will diese nicht ihre eigenen Lehren verleugnen. Langfristig allerdings schadet Heinrichs Vorgehen dem Ansehen des Königshauses beträchtlich.

Der Tiefpunkt päpstlicher Machtlosigkeit ist erreicht, als 300 Jahre später Papst Clemens V. vor den inneren italienischen Wirren ins südfranzösische Avignon flüchtet. Ein Exil auf hohem Niveau, in einem prächtigen Palast, der von außen allerdings eher an eine Festung oder an ein Gefängnis erinnert. Clemens und seine Nachfolger werden dort 70 Jahre residieren und sich dafür mehr oder minder freiwillig in die Hand der französischen Könige begeben. Ein erniedrigender Zustand, bald ist in Anspielung auf die babylonische Gefangenschaft der Juden (586–538 v. Chr.) von der babylonischen Gefangenschaft der Kirche die Rede.

Papst und Kaiser – sie bleiben immer voneinander abhängig. Beide behaupten wechselseitig, dass sie ihre Geschäfte unmittelbar im Auftrag Gottes führen. Die tiefe Religiosität der mittelalterlichen Menschen begünstigt die Macht von Papst und Klerus dabei erheblich. Wer sein Leben in Furcht und Schrecken vor den Höllenqualen im Jenseits führt und eifrig den drastischen Worten der Kirchenprediger lauscht, wird kaum Einspruch erheben, wenn die Kirche auch ihren weltlichen Einfluss im Diesseits geltend macht. So kann kein Kaiser oder König ohne den Segen der Kirche langfristig seine Politik durchsetzen. Nur der gesalbte Herrscher hat die göttliche Einwilligung und Fügung auf seiner Seite, nur mit der Zustimmung des Papstes wird das Werk der Könige vom göttlichen Segen begleitet sein. Herrscher von Gottes Gnaden – mit dieser Formel haben noch Deutschlands Kaiser Wilhelm II. und der letzte Romanow, Russlands Zar Nikolaus II., ihre Völker bis zum Sturz der beiden Monarchien am Ende des Ersten Weltkriegs zu Gehorsam und Dienst gezwungen. Im Zeitalter des Glaubens, wie das Mittelalter auch häufig bezeichnet wird, gibt diese in uralten Menschheitsmythen wurzelnde »Partnerschaft« von Gottheit und Herrschern den Päpsten immer wieder die Möglichkeit, ihrem weltlichen Gegenspieler Zugeständnisse abzupressen. Andererseits ist der römische Bischof ohne Soldaten. Will er seine Interessen machtpolitisch und das heißt häufig mit militärischen Mitteln durchsetzen, braucht er die Heere der Kaiser und Könige.

Nie mehr werden die Kirche und der Klerus später eine solche gesellschaftliche Schlüsselrolle einnehmen wie in den Jahrhunderten des Hochmittelalters. Im Zeitalter des Humanismus und der ihm folgenden Aufklärung wird der Mensch wissender und mündiger. Den von der Kirche dogmatisch verkündeten Wahrheiten über Himmel und Hölle, Gott und Teufel, über die Schöpfung und die Bestimmung des Lebens stehen nun immer deutlicher die rationalen Erkenntnisse der Naturwissenschaften und die Vernunft und Toleranz einfordernden Schriften der neuzeitlichen Philosophen gegenüber. Die Verweltlichung der europäischen Gesellschaften wird im Laufe der nächsten Jahrhunderte die Kirche entmachten. Der Mensch entdeckt das Ich, er befreit sich vom Aberglauben, um in neuen Unfreiheiten zu erwachen. Gott ist tot, verkündet triumphierend der Philosoph Friedrich Nietzsche am Ende des 19. Jahrhunderts. Aber ist es nicht vielmehr so, dass sich nur eine tiefgreifende Verschiebung ergeben hat: Gott ist keine angeordnete gesellschaftliche, sondern eine individuelle Glaubensfrage geworden. Er ist nicht gestorben, sondern der Mensch hat die Freiheit, sich seinen eigenen Weg zu ihm zu suchen. Anfang des 12. Jahrhunderts jedoch ist von dieser Emanzipation des Menschen noch nichts zu spüren.

Tapfere Ritter und mächtige Staufer

Im Jahr 1184 erlebt die Stadt Mainz einen Hoftag, wie ihn glanzvoller das Mittelalter wohl bis dahin nicht gesehen hat. Mehr als 20000 Ritter aus Deutschland, Frankreich und England sind an den Rhein gekommen, um sich über Wochen hinweg in Turnieren und Kampfspielen miteinander zu messen. Anlass ist die Schwertleite, die Feier zur Mündigkeit und Waffenfähigkeit der beiden ältesten Söhne von Kaiser Friedrich I. In schimmernden Eisenrüstungen und mit buschigen Helmen, das lange Schwert an der Seite und die Lanze mit dem Wappenwimpel in der eisenbehandschuhten Faust, durchreiten die Ritter auf mit Decken und Panzern geschützten Pferden die Schranken des Turnierplatzes. Kaiser und Hofstaat, Fürsten und Erzbischöfe, ausländische Herrscher und Diplomaten, Stadträte und die edelsten Damen des Reiches sitzen angeregt plaudernd auf den Tribünen. Jenseits der Plätze der Großen des Reiches sammelt sich ein tausendfaches Publikum: Mainzer Bürger und Bauern aus dem Umland, Händler und Handwerker, Marktweiber und krakeelende Kinder. Im Gedränge der Menge lauern Taschendiebe auf Beute. Gaukler amüsieren mit ihren Späßen und akrobatischen Kunststücken. Huren wandern durch das Menschengetümmel und suchen nach freigiebigen Kavalieren. Es riecht nach Bratäpfeln, Menschenschweiß und Pferdekot. Ritter und Pferd werden beurteilt, Wetten auf den Sieger abgeschlossen und wenn einer der Turnierhelden in der Kampfarena erscheint, brandet Beifall auf. Außerhalb des Turnierplatzes reihen sich in unendlicher Vielfalt die Zelte und Ställe, zwischen denen es von Knechten und Dienern wimmelt. Festtagstimmung herrscht am Rhein.

Wenn dann endlich die Ritter zum Kampf aufsitzen, den Helm schließen und mit angelegter Lanze aufeinander zu galoppieren, geht ein Raunen durch die Reihen. Lanzen splittern und der helle Klang der aufeinander treffenden Schwerter mischt sich mit dem Schnauben der Pferde. Sinkt ein Kämpfer getroffen in den Staub der Turnierbahn, gellt ein Aufschrei über den breiten Strom. Mancher steht nie mehr auf, andere schleppen sich blutend und mit gebrochenen Knochen vom Platz. Wer aber siegt im gefährlichen Lanzenritt und Schwerterkampf, dem winkt weit über die Stadtgrenzen von Mainz hinaushallender Ruhm und möglicherweise sogar die Hand einer adligen Schönen. Und die Menge jubelt, wenn gar der Kaiser höchstselbst das Pferd besteigt und sich mit den Rittern seines Reiches misst.

Aus diesem Stoff sind die unzähligen Rittergeschichten gestrickt, die unser Bild vom Mittelalter geprägt haben. Allerdings kommen sie erst im Spanien des 15. Jahrhunderts so richtig in Mode und bald schreibt Miguel de Cervantes mit seinem *Don Quijote* eine liebevolle und großartige Parodie, die die übertriebene Ritterbegeisterung seiner Landsleute aufs Korn nimmt. Im 19. Jahrhundert idealisieren die Romantiker das Rittertum. Seine scheinbare Herrlichkeit und Größe soll sie über die als trist und unheroisch empfundene politische Wirklichkeit hinwegtrösten. Napoleon herrscht über Europa und die wachsende Sehnsucht der Deutschen nach nationaler Einheit bleibt unerfüllt. So vergessen sie das nüchterne Heute und begeistern sich nicht nur am Edelmut der Ritter und ihrer keuschen Minne, sondern auch an den Zauberern, Hexen, Feen, Elfen, Drachen und Dämonen, die ihnen während ihrer Streifzüge begegnen. In der Flut von Rittergeschichten geht es häufig recht seicht und sentimental zu. Den berühmtesten und vielleicht schönsten Ritterroman der Neuzeit aber schreibt der Schotte Walter Scott. Er erzählt von den Abenteuern des englischen Ritters *Ivanhoe* und der schönen Jüdin Rebecca, die ihn liebt.

Um das Rittertum ranken sich unzählige Legenden und Sagen. Im Hochmittelalter, vor allem in den Jahren, in denen die Staufer regieren, erlebt es in Europa seine glanzvollsten Zeiten. Seine Wiege liegt in Frankreich und England. Später übernehmen auch die deutschen Adligen seine Ideale. Über die Grenzen der Königreiche hinweg verbindet die Angehörigen des Ritterstandes eine gemeinsame Lebensform. Noch heute sprechen wir von einem ritterlichen Verhalten, wenn es gilt die anständige, ehrenvolle Handlungsweise eines unserer Mitmenschen herauszuheben. Bescheidenheit und Milde sind wichtige Tugenden, die der Ritter zu verwirklichen hat. Der Schutz der Kirche und der Schwachen zählen zu seinen vornehmsten Pflichten. Er folgt dem Heeresruf seines Lehnsherren und der Aufforderung des Papstes ins Heilige Land zu ziehen und Jerusalem zu befreien. So will es das ritterliche Ideal.

Von besonderer Bedeutung ist die höfische Minne, in der ein Ritter der Frau seines Herzens dient, für sie oder in ihrem Namen in den Kampf zieht. Da die Selbstzüchtigung ebenfalls zu den von ihm verlangten Tugenden zählt, soll die leidenschaftliche Anbetung des hochwohlgeborenen Herren die Grenzen einer platonischen Liebe nicht überschreiten. Wenn Frieden im Land herrscht, keine Turniere locken oder der Nachbar zu keiner Fehde herausfordert, leben die Ritter auf ihren Burgen, gehen auf die Jagd, schlagen sich die Zeit mit ihren Waffen- und Kampfübungen tot. In ganz Europa, etwa am Rhein, an der Donau, im schottischen Hochland und in der Bretagne stehen noch heute die mächtigen Ruinen ihrer Burgen.

Wolfram von Eschenbach (etwa 1170/80–1220)

Wolfram von Eschenbach lebt in der Blütezeit des Rittertums. Neben Hartmann von Aue, Walther von der Vogelweide und Gottfried von Strassburg ist er heute Bekannteste der mittelhochdeutschen Dichter. Über sein Leben wissen wir fast gar nichts. Nur seine Dichtungen geben über ihn Auskunft. Geboren ist er in Eschenbach (Mittelfranken) und er entstammt wahrscheinlich einer Familie, die zum Dienstadel gehört. Sein erstes Werk wird zugleich sein Berühmtestes. Es ist der höfische Roman *Parzival*. Er beginnt ihn im ersten Jahrzehnt des 13. Jahrhunderts.

Wolfram von Eschenbach bezeichnet sich selbst als dichtenden ritterlichen Laien, der kein Latein kann. Seine Texte stammen oder sind stark beeinflusst von der altfranzösischen Literatur, die er offenbar sehr genau kennt. Er soll über ein erstaunliches naturgeschichtliches, medizinisches und astronomisches Wissen verfügt haben. Dies weist darauf hin, dass er eine wissenschaftliche Ausbildung genossen hat. Wie fast alle mittelhochdeutschen Dichter schreibt Wolfram Auftragswerke. Da er materiell in bescheidenen Verhältnissen lebt, ist er auf die Förderung der Höfe angewiesen. Seine Dichtungen sind daher in erster Linie für die höfische Gesellschaft geschrieben. An den langen Winterabenden werden sie im Kreise des Burgherrn, seiner Familie und der Gäste vorgelesen und debattiert. Der *Parzival* beispielsweise soll von einigen fränkischen und nordbayerischen Adelfamilien »bestellt« worden sein. Wolframs unvollendet gebliebene Dichtung *Willehalm* beginnt er auf Wunsch des Landgrafen von Thüringen.

Vielleicht ist sein Ruhm darauf begründet, dass er eine der Grundfragen des mittelalterlichen Menschen so spannend, einfühlsam und trotz aller Frömmigkeit doch auch sehr eigenwillig beantwortet: Wie können wir unser weltliches Leben in Einklang mit dem Heil der Seele bringen.

Wolframs *Parzival* gilt bis heute als die erfolgreichste deutsche Dichtung des Mittelalters. Seine Erzählung geht über die allgemeine Darstellung der Ritterlichkeit eines Ritters in den zahlreichen und beliebten Romanen hinaus, die sich um die Tafelrunde von König Artus ranken. Für Wolfram ist die religiöse Frage von Selbsterkenntnis und christlicher Haltung wichtiger als die gesellschaftliche Frage des höfischen Benehmens. Er erweist sich damit als ein zeitloser und doch sehr moderner Autor. Der dichterische Ruhm des Wolfram von Eschenbach erlebt im 19. Jahrhundert eine neuerliche Steigerung. Der Revolutionär des europäischen Musiktheaters, Richard Wagner, greift in seinen Dramen verschiedentlich auf germanische Sagen oder mittelhochdeutsche Heldenepen zurück. So nimmt er sich in seiner letzten Oper des Parzival-Stoffes an und im Sängerkrieg auf der Wartburg, den Wagner in den Mittelpunkt seiner romantischen Oper *Tannhäuser* stellt, tritt Wolfram von Eschenbach sogar als Bühnenfigur auf.

Die Ritter bilden im Hochmittelalter das Zentrum der Heeresgefolgschaften der französischen, englischen oder deutschen Könige. In schwere Eisenpanzer eingehüllt reiten sie in die Schlacht. Die Lanze, das Schwert und der runde, mit Eisenzacken gespickte Morgenstern dienen ihnen als Waffen. Der Zweikampf zu Pferde ist die dem Rittertum eigene Kampfweise. Dabei geht es allerdings in der Regel nicht edel wie im höfischen Turnier und wohl auch nicht allzu heldenhaft, sondern überaus blutig zu. Die Schreie der verwundeten Menschen und Tiere, Hitze und Staub, Durst und Wundschmerzen, erlahmende Glieder und Todesangst – das ist die Wirklichkeit der Ritterschlachten. Wer vom Gegner aus dem Sattel gehoben wird, hat kaum eine Überlebenschance. Die schwere Rüstung macht es ihm fast unmöglich, wieder auf die Beine zu kommen. Der Wehrlose wird von den nachdrängenden Kriegsknechten niedergemetzelt.

Gerät ein Ritter in Gefangenschaft, wird er in der Regel ehrenvoll behandelt, und sein Lehnsherr oder seine Familie müssen ihn durch ein Lösegeld freikaufen. Ein solches Schicksal kann auch einen Herrscher ereilen. Der englische König Richard Löwenherz wird 1192 bei seiner Rückkehr von einem Kreuzzug in der Nähe von Wien überfallen und gefangen genommen. Nur gegen eine hohe Geldsumme lassen ihn seine Kidnapper nach einem Jahr wieder ziehen. So gut geht es dem Fußvolk im Heer meist nicht. Wer da überlebt und in die Hände des Gegners fällt, wird umgebracht oder in die Sklaverei verschleppt.

Im 13. Jahrhundert setzt der Niedergang des europäischen Rittertums ein. Der Hochadel beginnt neue Lebensformen zu entwickeln. Dem traditionellen Ritterstand gehören fast nur noch Mitglieder des niederen Adels an. Ihre wirtschaftliche Situation verschlechtert sich deutlich und viele Ritter leben in ärmlichen Verhältnissen. Sie verkommen zu Kriminellen, oder wie es in den Geschichtsbüchern heißt, zu Raubrittern. Wenn Kaufleute ihre Waren den Rhein hinunter oder auf den schmalen Leinenpfaden am Flussufer entlang transportieren, werden sie immer häufiger Opfer der Burgherren, die sich mit ihrem verlotterten Kriegshäuflein auf sie stürzen und ihre Waren rauben. Die Handelsmänner kommen durch die Zahlung eines Lösegeldes meist mit dem Leben davon. Entscheidend für das gesellschaftliche Ende des Rittertums ist schließlich die Entwicklung der Feuerwaffen. Die Schwert- und Lanzenkämpfer verlieren ihre militärische und damit auch politische Bedeutung.

Friedrich I., genannt Barbarossa (etwa 1122–1190)

In der deutschen Geschichte ist Kaiser Friedrich I., dem wir das geschilderte große Mainzer Ritterturnier zu verdanken haben, die vielleicht sagenumwobenste Gestalt des Mittelalters. Kaum mehr als 100 Jahre nach seinem Tod verbreitet sich die Legende, der alte Kaiser säße mit seinem langen roten Bart – daher sein Beiname Barbarossa – an einem großen Tisch im zwischen Harz und Thüringer Wald gelegenen Kyffhäuserberg und warte auf seine Wiederkehr. Er werde dann die zerstrittenen und von Krieg und Elend heimgesuchten Deutschen einigen und retten.

Wenn seine Landsleute später so viel Hoffung auf diesen Herrscher setzen, er so positiv in ihrer Sagenwelt auftaucht, dann sicher auch, weil die Erinnerung an seine Regierungszeit sich mit zunehmendem Abstand immer stärker verklärt. Das Königtum der Staufer dauert nur rund 120 Jahre. Seine großen Herrscher sind Friedrich I. und sein Enkel Friedrich II. In dieser Zeit blüht das Rittertum auf und die wirtschaftliche Entwicklung nimmt deutlich zu. Landausbau und neue technologische Entwicklungen vergrößern die landwirtschaftliche Produktion und verbessern die Ernährungslage der Bevölkerung. Die alte Zeit der Staufer, so glauben die Nachfahren, ist eine gute Zeit gewesen.

Friedrich I. ist von imposanter Gestalt. Sein vielfacher persönlicher Auftritt bei den Turnierkämpfen seiner Ritter löst Bewunderung aus und macht ihn populär. Er zeigt sich dem Volk als gläubiger Diener Gottes. Schließlich bleibt auch sein ungewöhnlicher Tod unvergessen: Auf dem Weg nach Jerusalem ertrinkt der Kaiser beim Baden in Kleinasien.

Als der erste Stauferkönig Konrad III. 1152 stirbt, fällt die Wahl der Kurfürsten etwas überraschend auf dessen Neffen Friedrich. Unter Umgehung der eigenen Söhne hat ihn der sterbende König selbst den Wahlmännern empfohlen. Erleichtert wird ihnen ihre Entscheidung, weil Friedrich sowohl aus dem Hause Staufen stammt, als auch durch seine Mutter ein Abkömmling der mächtigen Welfen ist. Diese besitzen die Herzogswürde in Bayern und herrschen bald auch in Sachsen. Es scheint fast so, als ob kein deutscher König in dieser Zeit ohne die Zustimmung der Welfen regieren kann. Zu den härtesten innenpolitischen Auseinandersetzungen, die Friedrich I. zu überstehen hat, gehört denn auch der Machtkampf mit dem Welfen Heinrich der Löwe. Der Kaiser wird seinen Widersacher schließlich in die Schranken weisen und entmachten.

Außenpolitisch verschärft sich unter Barbarossa der Streit mit den Päpsten und den italienischen Städten. Zu den großen Leistungen dieses Herrschers zählt es, dass er das Kaisertum ein Stück vom Einfluss der Kirche befreien kann. Er stärkt die Königsrechte in der Reichskirche und findet in den deutschen Bischöfen wichtige Unterstützer seiner Politik. Seine Ämter, so erklärt Friedrich I., seien ihm allein durch Gott verliehen. Dies ist natürlich ein Affront gegenüber dem Anspruch der Päpste, Vermittler zwischen Gott und Kaiser zu sein. Durch seine zweite Ehe mit Beatrix von Burgund erringt Friedrich I. die burgundische Königskrone. Er herrscht nun über Deutschland, Italien und Burgund. Am Ende seines Lebens ist der deutsche Stauferkaiser der unumstrittene Führer der abendländischen Christenheit.

Unter seinem Enkel Friedrich II. erlebt das Stauferreich seinen letzten Höhepunkt. Dieser Friedrich, der in Italien geboren wird, von Sizilien aus sein Reich regiert und nur wenige Male in Deutschland weilt, muss sich allerdings bereits mit Gegenkönigen und einem wieder gestärkten Papsttum auseinander setzen. Papst Gregor IX. verdammt ihn als Antichristen, Ketzer und Freigeist. In der Tat, Friedrich II. ist ein unabhängig denkender, von der antiken und der arabischen Philosophie tief beeindruckter Herrscher. Er schreibt ein Buch über die Falkenjagd und verfasst Gedichte. Ein ungewöhnlicher, geistvoller Mann, voller Kunstsinn und vom heiteren Klima des Südens geprägt. Als er stirbt, jubelt Papst Innozenz IV.: »O festlicher Tag, feierlicher Erinnerung würdig! O Tag der Freude und ungeheurer Fröhlichkeit! O willkommener Tod, erwünschter Tod!«

Das Ende der Staufer ist tragisch. Die Päpste bekämpfen Friedrichs Söhne. Konrad und Manfred sterben früh und glücklos. Der Enkel Konradin, gerade mündig geworden, bringt ein großes Heer zusammen, um gegen Karl von Anjou zu bestehen, mit dem sich der Papst verbündet und den er mit Sizilien, einem Besitz der Staufer, beleiht. Die entscheidende Schlacht geht für Konradin verloren. Er flieht nach Sizilien und gerät dort in Gefangenschaft. Am 29. Oktober 1268 wird er als Majestätsverbrecher auf dem Marktplatz in Neapel mit dem Schwert hingerichtet.

Auf dem Weg in die Neuzeit

Die 250 Jahre, die zwischen dem Ende der Staufer-Dynastie und der Regierung von Kaiser Maximilian I., einem Habsburger, liegen, haben in der Geschichtsschreibung keinen allzu guten Ruf. Es sind die Jahrhunderte der politischen Wirren und der wachsenden wirtschaftlichen Nöte. Mit dem Ende der Staufer erlebt Deutschland zunächst die zwei Jahrzehnte des so genannten Interregnums, einer politischen Zwischenzeit voller Unruhe und Umbrüche. Gegenkönige bekämpfen sich und die Zentralgewalt im Reich wird gefährlich geschwächt. Friedrich Schiller, der große Dramatiker und kenntnisreiche Historiker, wird später von der »schrecklichen, kaiserlosen Zeit« sprechen. 1273 beginnt dann eine neue Epoche: Mit Rudolf I. trägt erstmals ein Habsburger die deutsche Königskrone. Aber das Reich bleibt weiterhin durch die permanenten inneren Auseinandersetzungen gefährdet.

Im letzten Jahrhundert des Mittelalters drohen zudem von außen neue Stürme. In Böhmen und Mähren hat der Kirchenreformer und erste Rektor der Prager Universität Jan Hus eine große Anhängerschaft um sich geschart. Er fordert eine Neubesinnung der Kirche, lehnt deren Güterbesitz und die Verweltlichung des Klerus scharf ab. Berühmt und für die Obrigkeit gefährlich machen ihn jedoch vor allem seine nationalen Aktivitäten. So plädiert er für eine selbstständige böhmische Kirche und schafft eine einheitliche tschechische Schriftsprache. Der Papst exkommuniziert ihn. Auf Drängen von Kaiser Sigismund, der ihm freies Geleit garantiert, erscheint Hus auf dem Konzil von Konstanz, um seine Thesen zu verteidigen. Dort gilt das kaiserliche Versprechen wenig. Jan Hus wird 1415 verhaftet und auf dem Scheiterhaufen verbrannt. Ein Schrei der Empörung und ein Aufstand in Prag ist die Antwort. Von 1420 bis 1436 toben blutige, zahlreiche Landstriche verwüstende Kämpfe zwischen den Hussiten und den kaiserlich-päpstlichen Truppen. Erst interne Richtungskämpfe schwächen die aufbegehrenden Tschechen. Zum ersten Mal hat die römische Kirche in Europa eine gewaltige Reformbewegung erlebt, die deutliche nationale Züge trägt.

1453 erobern die Türken Konstantinopel. Ein Weltereignis. Das byzantinische Reich geht unter und an Europas Tore pocht wieder eine islamische Großmacht. Das Osmanische Reich wird bis 1922 bestehen. Sein Name kommt von dem Begründer der Dynastie Osman. Er und seine Nachfolger erobern nicht nur Anatolien und Mesopotamien, Syrien, Palästina und Ägypten, sondern expandieren bald auch nach Westen und besetzen die Balkanhalbinsel. Die »Türkengefahr«, ein damals angesichts der drohenden Invasion in ganz Deutschland viel verwendeter Begriff, wird in den kommenden Jahrhunderten zu einem europäischen Albtraum.

Die Jahre des Großen Schismas durchbrechen die universelle Macht des Papsttums. Die Kirchenspaltung hat eine verheerende Wirkung auf das Ansehen des höchsten Bischofsamtes. Ab 1378 erlebt Europa zahlreiche Doppel- und Gegenpäpste, die in Rom und in Avignon residieren. Sie bekämpfen sich bis aufs Messer. Schon in der Goldenen Bulle, die auf den Nürnberger Hoftagen 1356 verabschiedet wird und so etwas wie ein »Grundgesetz« des Reiches darstellt, finden der Papst und seine politische Rolle keine Erwähnung mehr. Mit dem Habsburger Friedrich III. wird 100 Jahre später zum letzten Mal ein deutscher Herrscher in Rom zum Kaiser gekrönt. Die Einfluss der Kirche auf die politischen und kulturellen Entwicklungen in Europa bleibt zwar noch lange erhalten, aber gegenüber den Jahren des Hochmittelalters ist er deutlich gesunken.

Im Kampf um die weltliche Macht in Deutschland schält sich immer klarer ein Dualismus zwischen König und Kurfürsten heraus. Bei aller kaum noch zu überschauenden Vielschichtigkeit gibt es eine Konstante, die die deutsche Geschichte bis in die Moderne hinein prägen wird: Die politischen Kräfte konzentrieren sich im deutschen Reichsgebiet auf kleine Räume. Der König wird von den sieben Kurfürsten gewählt. Es sind zunächst die Erzbischöfe von Mainz, Köln und Trier sowie der König von Böhmen, der Pfalzgraf bei Rhein, der Markgraf von Brandenburg und der Herzog von Sachsen. Später kommen noch die Kurfürsten von Bayern und Hannover hinzu. Diese Fürsten herrschen über große Territorien und sie bestimmen die Reichspolitik mit. Der Einfluss der Könige auf die Entscheidungen in den Fürstentümern ist dagegen nur gering.

Die Zentren des deutschen Königtums liegen bald nicht mehr im Kerngebiet des Reiches, sondern für lange Zeit in Böhmen und Österreich. Auch das weist auf die großen Schwierigkeiten hin, ein so ausgedehntes Imperium zentral zu regieren. Zumal in der königlichen Hofverwaltung kaum mehr als ein gutes Dutzend Kanzleibeamte beschäftigt sind. Während beim westlichen Nachbarn Frankreich die Nachfolgedynastie der Karolinger bis ins 14. Jahrhundert hinein regiert, haben sich im gleichen Zeitraum in Deutschland mehr als ein halbes Dutzend Adelsgeschlechter im Königsamt abgelöst. Das ist sicher nicht gerade ein Ausweis von politischer Stabilität. Alles in allem erscheint es also wie ein Wunder, dass eine so intensive Verlagerung der Macht in die einzelnen Regionen nicht zu einem völligen Zerfall des Reiches geführt hat.

Drei Großdynastien sind es vor allem, die im Spätmittelalter die deutschen Könige stellen: Die österreichischen Habsburger, die bayerischen Wittelsbacher und die Luxemburger. Häufig kommt es zu einem Doppelkönigtum. Es weist auf Uneinigkeit und Machtkämpfe im Gremium der Kurfürsten hin. Reichskrisen und eine weitere Schwächung des Königtums sind die Folgen. Schon 1254 taucht der Begriff »Heiliges Römisches Reich« auf. Darin spiegelt sich ein weiteres Mal die Verbindung von Christentum und Antike wider. Wie ihre Vorgänger sehen sich die deutschen Könige des Spätmittelalters als Beschützer der Kirche und in der Nachfolge des Römischen Imperiums. Obwohl das Reichsgebiet mit wechselnden Grenzverläufen auch romanische und slawische Territorien umfasst, wird ab dem 15. Jahrhundert der Zusatz »Deutscher Nation« angefügt. Die Deutschen betonen damit ausdrücklich ihren nationalen Anspruch auf die Herrschaft über das Imperium. Bis zum Jahre 1806 wird der Name »Heiliges Römisches Reich Deutscher Nation« seine Gültigkeit besitzen.

All diese Entwicklungen des Spätmittelalters formen das spätere Deutschland. Im Reich herrscht bis zum Zusammenbruch der Machtbastionen des Adels und der Kirche nur eine kleine politische Gruppe. König und Kurfürsten, bis zu einem gewissen Grad auch noch die Päpste entscheiden über Deutschlands politisches Schicksal. Diese Macht der ganz Wenigen wird die deutsche Geschichte bestimmen. Das unterscheidet die sich langsam bildende Nation von ihren großen Nachbarn England und Frankreich.

Deutschland bleibt politisch ein starres Land. Mitsprache für den unteren Adel oder das aufkommende Bürgertum gibt es nur in ganz beschränktem Ausmaß. Die Masse der Bauern, der städtischen Arbeiter und Handwerker bleibt vollends ohne Einfluss auf die Entscheidungen des Reiches oder des Herrschaftsgebietes, in dem sie leben. In England oder Frankreich herrscht natürlich gemessen an der Masse der Bevölkerung ebenfalls nur eine kleine Schicht. Aber es gibt in England immerhin schon 1215 die »Magna Charta«, in der König Johann seinen Baronen Kirchenfreiheit, die Kontrolle der königlichen Gerichtsbarkeit wie überhaupt der königlichen Gewalt zugestehen muss. Und Frankreich gewinnt sein Selbstbewusstsein durch ein Zentrum des Königtums, das in Paris liegt.

In der Mitte des 14. Jahrhunderts erleben die Europäer eine furchtbare Heimsuchung. Die Pest wütet fünf Jahre lang und ihr erliegt etwa ein Drittel der Bevölkerung. Ganze Landstriche und Städte werden entvölkert. Durch die Straßen ziehen die Pestkarren, auf denen Leichenberge liegen. Sie werden vor den Stadttoren in Massengräbern verscharrt. Die Häuser, in denen die Kranken unter schrecklichen Schmerzen leiden und vielfach dahinsterben, stehen unter Quarantäne. An den Leisten-, Achsel- und Halsdrüsen der Infizierten bilden sich schwarze Ausformungen. Die Beulenpest muss nicht immer tödlich sein. Die Lungenpest aber ist es mit hundertprozentiger Sicherheit. Aus dem Orient bringen die Handelsschiffe den Schwarzen Tod über das Mittelmeer nach Italien und von dort aus überrollt er den Kontinent. Die Pesterreger werden in der Regel durch Bisse von Rattenflöhen oder durch Tropfeninfektion von Mensch zu Mensch übertragen.

Bußprediger machen das sündige Leben für diese Strafe Gottes verantwortlich. Die herbeigerufenen Pestärzte sind ebenso hilflos wie die städtischen Obrigkeiten, die das große Sterben mit ihren Anordnungen nicht aufhalten können. Da die Menschen nicht wissen, woher die Krankheit kommt, machen sie die Juden für ihr Leiden verantwortlich. Sie hätten die Brunnen der christlichen Gemeinden vergiftet, behaupten viele Prediger und die Judenhasser hetzen ihre Mitbürger auf. Sie stürmen die Häuser der Juden, schlagen Männer, Frauen und Kinder tot. Wer Glück hat, kann noch rechtzeitig vor dem Pöbel fliehen.

Die Folgen der Großen Pest von 1347 sind für das Spätmittelalter weitreichend. Zumal große Hungersnöte, Heuschreckenplagen und einige Erdbeben die Lage noch weiter verdüstern. Diese Katastrophen und der massenhafte Pesttod lösen eine Wirtschaftskrise aus, die bis weit in das 15. Jahrhundert hinein ihre düsteren Schatten auch über Deutschland wirft. Die Felder verwildern, die Landschaften veröden, die Zahl der Siedlungen sinkt und der Handel geht deutlich zurück. Armut und Pessimismus machen sich breit.

In zahlreichen Regionen Europas erleben die Juden im Spätmittelalter Verfolgung und Vertreibung. Unter König Ferdinand I., der die letzten arabischen Stützpunkte auf der Iberischen Halbinsel zurückerobert, beginnt 1492 die Vertreibung der spanischen und bald auch der portugiesischen Juden. Da im 15. Jahrhundert generell neue Handels- und Kreditsysteme das christliche Zinsverbot zu unterlaufen beginnen, sind in vielen Städten West- und Mitteleuropas die Juden als Kreditgeber für ihre christlichen Nachbarn entbehrlich geworden. Der Judenhass bricht wieder offen und gewalttätig aus. Im Laufe der Zeit werden auch in Deutschland fast alle Judengemeinden vernichtet und ihre Mitglieder vertrieben. Sie wandern in die osteuropäischen Staaten aus. Mehr geduldet als willkommen geheißen, auch hier häufig verfolgt, leben sie in großer Armut und Abgeschlossenheit. Millionen ihrer Nachkommen fallen 500 Jahre später dem Holocaust zum Opfer. In Polen und Russland, den Zentren des Ostjudentums, bauen die Nationalsozialisten im Zweiten Weltkrieg ihre Vernichtungslager, in denen sie den Massenmord am europäischen Judentum durchführen. Bis zu dieser Zeit, also bis weit in das 20. Jahrhundert hinein, sprechen die Ostjuden Jiddisch. Eine Sprache, die ihre Vorfahren schon vor der Zeit ihrer Vertreibung aus Deutschland benutzt haben und deren Wortschatz aus dem Spätmittelhochdeutschen stammt.

Furcht und Elend sowie die irrationale Suche nach dem Sündenbock: Das ist geblieben aus diesen spätmittelalterlichen Jahrhunderten. Dagegen stehen auf der anderen, positiven, Seite die bedeutenden Kunstwerke der Gotik und der Frührenaissance. Für Deutschland sind die Münster und Dome in Straßburg, Köln oder Ulm Zeugnisse hoher Baukunst. Wundervolle Altarbilder und Kirchenkanzeln, in ihrer Ausführung unvergleichliche Stein- und Holzfiguren entstehen bei der Ausschmückung der Kirchen. Von Lübeck über Goslar bis Regensburg und Schwäbisch Hall finden wir glanzvolle Beispiele von Rathausbauten, die uns vom Selbstbewusstsein des frühen Stadtbürgertums erzählen. Am Ende jener chaotischen Jahre leben so bedeutende Künstler wie Tilman Riemenschneider und Hans Holbein. Die Druckgraphik erlebt im 15. Jahrhundert ihren ersten Höhepunkt. Die Holzschnitte und Buchillustrationen der Renaissance-Künstler sind bis heute weltberühmt. Das Papier findet als billiger Schreibstoff eine große Verbreitung. Und die Erfindung eines Mainzer Goldschmieds löst eine technische Revolution aus, die langfristig nicht nur die politische Welt, sondern das gesamte geistige Leben Europas verwandeln wird.

Johannes Gutenberg (etwa 1394–1468)

In Mainz druckt zwischen 1448 und 1455 ein Goldschmied namens Johannes Gutenberg die erste Bibel mit beweglichen Lettern. Dies ist nicht mehr und nicht weniger als die Erfindung des Buchdrucks. Gutenberg ist damit der umwälzende Durchbruch vom mühsam handgeschriebenen zum rasch zu vervielfältigenden Textprodukt gelungen. Das gedruckte Buch wird das Abendland verändern. Bald können die Verleger und Drucker Flugblätter, Zeitungen, Verträge oder amtliche Verlautbarungen in beliebig hohen Auflagen herstellen. Die frühe

Neuzeit, die kurz nach Gutenbergs Tod einsetzt, verdankt dem Buchdruck den entscheidenden geistig-politischen Schub, der die abendländischen Gesellschaften von der Unwissenheit befreien kann.

Das gilt nicht nur für die Gebildeten. Die Bauern erfahren nun in Flugblättern oder politischen Pamphleten von den Ungerechtigkeiten, die ihr Leben begleiten – auch wenn sie meist Analphabeten sind und sich die kursierenden Schriftstücke vorlesen lassen müssen. Von den fernen Handelsplätzen erreichen die Kaufleute genauer und schneller die neuen Börsenkurse und Warenpreise. Die Mediziner, Chemiker, Physiker und Astronomen veröffentlichen ihre Forschungsergebnisse, und auf ihren Erkenntnissen aufbauend gelingt es ihren Kollegen in anderen Ländern und Universitäten zu neuen wissenschaftlichen Ufern vorzustoßen. Politische und philosophische Denker machen ihre Weltsysteme einer immer breiteren Öffentlichkeit bekannt. So ist beispielsweise die Veröffentlichung der Werke des Humanisten, Philologen und Kirchenkritikers Erasmus von Rotterdam im frühen 16. Jahrhundert erstmals ein gesamteuropäisches Ereignis. Seine Thesen werden von den gebildeten Schichten Frankreichs, Englands oder Italiens nicht weniger leidenschaftlich diskutiert als von den Deutschen. Kaum eine Kanzlei in Europa, an der nicht Schüler dieses außergewöhnlichen Geistes arbeiten.

Die fürstlichen Verwaltungen und städtischen Behörden können mit ihren nun vielfach gedruckten Verordnungen und Gesetzestexten die Untertanen der Landesherren schnell und umfänglich erreichen. Luthers Reformationsthesen, seine Schriften über die Freiheiten des Christenmenschen verbreiten sich nach 1517 in Windeseile über den ganzen Kontinent. Bald lesen die Menschen die ins Deutsche (oder andere Völker die in ihre jeweilige Landessprache) übersetzte Bibel und sind nicht mehr abhängig von den Glaubensdeutungen der Prediger. Die alten scholastischen und geistlichen Autoritäten müssen sich jetzt stärker hinterfragen lassen. Ihre Behauptungen und Thesen werden überprüfbarer. Der Mensch der Neuzeit hat durch den Buchdruck die Chance, mündiger zu werden.

Viel wissen wir über den Mann, der am Anfang dieser – wie wir heute sagen würden – Kommunikationsrevolution steht, nicht. Er ist der Sohn des Mainzer Patriziers Friele Gensfleisch zur Laden. Der Name Gutenberg stammt von dem Haus, in dem die Familie wohnt. 1430 verlässt der Sohn Mainz und lebt für mindestens zehn Jahre in Straßburg. Dort beschäftigt er sich mit seinem erlernten Handwerk, der Goldschmiedekunst. Vor allem aber beginnt er über das Problem des Buchdrucks nachzudenken und entwickelt dafür neue Verfahren. Ein

Johannes Gutenberg erfand den Buchdruck. Diese technische Revolution ermöglichte den Menschen Bildung und Information.

Gutenberg

JAKOB FUGGER
KAISER MAXIMI
KAISER KARL V

teures Abenteuer, das er nur durch die Aufnahme beträchtlicher Kredite weiterführen kann. Nach Mainz zurückgekehrt, vollendet er seine Versuche: Die berühmte 42-zeilige lateinische Bibel entsteht, das erste gedruckte Buch des Abendlandes. An ihr sollen sechs Setzer etwa zwei Jahre gearbeitet haben. Von den insgesamt 180 Exemplaren sind nur noch 48 erhalten. Eines davon kann man heute im Mainzer Gutenberg-Museum bewundern.

Gutenbergs Versuch das Druckverfahren geheim zu halten scheitert rasch. Die Nachricht vom Bibeldruck verbreitet sich wie ein Lauffeuer – und ruft seine Konkurrenten auf den Plan. Johann Fust, der Gutenberg den Kredit für seine Unternehmung gewährt hat, klagt nun auf Rückzahlung. Wie der Prozess ausgegangen ist, ist unbekannt. Aber Fust unternimmt nun alles, um dem Erfinder der Buchdruckerkunst zu schaden und selbst einen Profit daraus ziehen. Er veröffentlicht Prachtdrucke ohne Gutenbergs Anteil daran zu nennen. So erntet dieser zwar den Ruhm der Geschichte, bleibt aber in großen finanziellen Schwierigkeiten. Rettung kommt vom Mainzer Erzbischof. Er nimmt den Erfinder in den Kreis seiner Hofleute auf und sichert ihm bis zu seinem Lebensende ein geregeltes Auskommen.

Auf in die Städte!

Für die politische Geschichte des Mittelalters sind die großen und zukunftsweisenden wirtschaftlichen Veränderungen nicht weniger entscheidend als die zahllosen Machtkämpfe von Staat und Kirche. Sie beginnen im 11. Jahrhundert, und am Anfang steht die Revolution in der Landwirtschaft. Die Entwicklung des vierrädrigen Wagens mit einer Drehvorrichtung an der Vorderachse macht den Transport von Gewichten bis zu drei Tonnen möglich. Das Zugvieh (Pferde, Maulesel und Ochsen) wird mit einer neuen Technik angeschirrt. Ein ledergepolsterter Holzkragen ersetzt den hergebrachten Lederriemen, der den Tieren bei schweren Lasten tief ins Fleisch schneidet. Durch das neue Kummet wird es möglich die Zugkraft zu verdoppeln. Der Schubkarren verbindet auf einfache und doch geniale Art Rad und Hebel, und auch er trägt zur Steigerung des Lastentransportes bei. Die Eggen erhalten eiserne Zinken, die Pflüge werden mit Rädern und einer eisernen Schar versehen. Die körperlich harte und mühselige Feldbearbeitung wird leichter und effizienter.

Ein zwar nicht neues, aber jetzt erheblich intensiver genutztes Flursystem er-

Jakob Fugger leitete eine der ersten europäischen Handelsdynastien.
Seine Waren gingen bis nach Indien, Afrika und Amerika.

möglicht es den Bauern, sich gegenseitig beim Früchteanbau zu unterstützen. Sie können nun die schon erwähnte Dreifelderwirtschaft erheblich konsequenter praktizieren. Winter- und Sommerfrucht sind möglich, das für ein Jahr brachgelegte Feldstück dient der Viehweidung und der natürlichen Düngung. All dies sind aus heutiger Sicht kleine Veränderungen. Aber für die damalige Zeit bedeuten sie eine gar nicht zu unterschätzende Revolution des Alltags der Menschen.

Im 11. und im 12. Jahrhundert werden die alten Siedlungsgebiete beträchtlich ausgeweitet. Gerodete Wälder, trockengelegte Sumpflandschaften und der Deichbau an den Küsten tragen erheblich zur Gewinnung neuer Anbau- und Wohnregionen bei. Es ist ein Wechselspiel: Die Agrarrevolution erzeugt eine bessere Versorgung der Menschen und das bewirkt einen Anstieg der Bevölkerung. Dieser wiederum erzeugt einen beträchtlichen Druck, der zum Landausbau zwingt. Es gibt nur ungefähre Schätzungen über die Bevölkerungsentwicklung im Mittelalter. Mit aller Vorsicht kann man sagen, dass sich zwischen dem Ende des 11. und der Mitte des 14. Jahrhunderts die Zahl der Menschen in Deutschland von 5 auf 15 Millionen erhöht hat. Die steigende Bevölkerungszahl erweitert nicht nur die Besiedlung, sondern sie verdichtet sie auch.

Eine besondere Rolle beim Landausbau spielt die Kolonisierung des Ostens durch deutsche Einwanderer. Sie beginnt schon unter Karl dem Großen und setzt sich unter den Ottonen, Saliern und Staufern verstärkt fort. Den kriegerischen Eroberungen folgen in der Regel bäuerliche Siedler, die sich später auch in Schlesien, Böhmen, Mähren, Ungarn, Polen oder Siebenbürgen niederlassen. Städte- und Klostergründungen verstärken diesen Landausbau im Osten. Es geht dabei nicht immer gewalttätig, sondern auch friedlich zu. So wollen die östlichen Landesherren ihre häufig nur dünn besiedelten Territorien wirtschaftlich stärken und laden deswegen die Deutschen ein, bei ihnen ansässig zu werden. In einigen dieser Regionen, in denen die Nachkommen der deutschen Frühsiedler leben, erhalten sich über die Jahrhunderte Sprache, Feiertagstrachten oder einige Volkssitten der Vorfahren. Das ist beispielsweise in Siebenbürgen so, bei den Banater Schwaben oder teilweise auch bei den Wolgadeutschen in Russland.

Der immer heftiger ausbrechende deutsche Nationalismus des 19. Jahrhunderts verklärt diese nüchterne historische Begebenheit aus den Zeiten des Mittelalters bald zur Propagierung einer chauvinistischen »Ostmarkpolitik«. Im Ersten Weltkrieg fordern die deutschen Eliten bei der Formulierung ihrer Kriegsziele auch die Rückkehr dieser angeblich alten deutschen Territorien ins Reich. Kurz darauf instrumentalisieren die Nationalsozialisten die Jahrhunderte zurückliegende Ostkolonisation ebenfalls, um damit ihre Expansions- und Germanisierungsideologie zu begründen. Missbrauch der Geschichte! Preußens König Friedrich der Große holt im 18. Jahrhundert die aus Frankreich vertriebenen Hugenotten ins unkultivierte und wirtschaftlich darbende Ostpreußen. Hat Frankreich deshalb Jahrhunderte später das Recht, dieses Land für sich zu reklamieren? Mit dem großen Landausbau im 11. und 12. Jahrhundert haben all diese nationalistischen Diskussionen der Moderne jedenfalls nichts zu tun.

An den großen Strömen Mittel- und Westeuropas, am Rhein und seinen Nebenflüssen, an der Donau, der Themse oder an der Seine entstehen in die Zukunft weisende Stadtlandschaften. Die Flüsse sind im Mittelalter die wichtigsten Handelsstraßen, da der Wassertransport erheblich billiger (und ungefährlicher) als der Landtransport ist. Der Rhein mit den dort gelegenen großen Handels- und Messeplätzen ist zwischen dem 10. und dem 13. Jahrhundert die Hauptschlagader Deutschlands. Köln oder Mainz behalten das gesamte Mittelalter hindurch ihre herausragende Bedeutung. Worms und Speyer treten hinzu. Am Main bleibt Frankfurt wichtigster Handelsplatz. An der Donau wachsen Regensburg und Wien, an der Lech die spätere Stadt der Fugger, Augsburg.

Nicht anders sieht es an den Küsten aus, wo Hafenstädte wie Amsterdam, Venedig oder Hamburg im Laufe des Hoch- und Spätmittelalters zu reichen und einflussreichen Handelsorten werden. Zwischen dem 12. und dem 15. Jahrhundert gewinnt die Hanse als Zusammenschluss der Kaufmannschaften mehrerer bedeutender europäischer Hafenstädte eine nicht nur wirtschaftlich, sondern auch machtpolitisch herausragende Position. Führend sind die Städte an den Küsten der Nord- und Ostsee. Lübeck, Hamburg, Bremen, Kiel, Stralsund, Rostock, Wismar, Reval, Riga, Nowgorod, London, Brügge oder Bergen werden zu Umschlagplätzen eines sich rasch über die Meere ausweitenden Fernhandels. In ihrer hohen Zeit reichen die Privilegien der Hanse bis weit in das Innere Deutschlands hinein und umfassen auch dort zahlreiche Orte, wie etwa Köln oder Magdeburg.

Neben den schon genannten Hafenstädten oder Siedlungen an den Flussufern zählen bald auch Nürnberg, Münster, Osnabrück oder später der Messeplatz Leipzig zu den bedeutenden Handelsmetropolen. In ihnen bilden sich Bürgergesellschaften heraus, deren Lebensart und Moralvorstellungen prägend für die kommenden europäischen Gesellschaften werden. Wie in Venedig, Florenz, Brüssel oder Lissabon beginnen auch in den deutschen Städten immer steilere, eng aneinandergebaute Steinhäuser das Stadtbild zu formen. Die alten Burgwälle und -zinnen, um die sich die frühen ersten Stadtbauten gruppieren, werden in den Hintergrund gedrängt. Die gotischen Rathäuser mit ihren Spitzbogen und Kreuzrippengewölben stehen bald den Kirchenbauten an Pracht und Kunstfertigkeit der Ausführung kaum nach. Sie zeugen vom Aufstieg einer immer selbstbewusster auftretenden Bürgerschicht. Im Spätmittelalter schließlich bauen sich die Fürsten und Grafen, die Freiherrn und der wohlhabendere niedere Adel teilweise prächtige Stadtpaläste. »Stadtluft macht frei«, wird es bald heißen. Gemeint ist damit das Freiheitsprivileg, das Grundherren, Fürsten oder Könige den Stadtbewohnern gewähren. Gewählte Rats- und Amtherren lenken die Geschicke, und sie bleiben in ihren Entscheidungen über die ureigenen Belange der städtischen Gemeinschaft tatsächlich ziemlich unabhängig. Jedenfalls stärker als die Dorfgemeinden, die weitgehend der Willkür ihrer Grund- und Gerichtsherren ausgeliefert sind. Das Stadtrecht entwickelt sich aus dem Kaufmannsrecht, denn die Kaufmannschaft ist die herrschende Schicht innerhalb der Stadtgrenzen. Bald lassen die Bürgermeister und Räte hohe Stadtmauern bauen, die ihrer Kommune Schutz vor Kriegseinfällen, rebellierenden Bauern oder der Habgier des umliegenden Landadels bieten. An den Toren muss sich jeder ausweisen, der in die Stadt hinein will. Wer sich noch »nach Jahr und Tag« in der Stadt aufhält und nicht von seinem Herrn zurückgefordert wird, kann den Schutz der Stadtfreiheit für sich beanspruchen.

Gleichheit aber gibt es auch in den Städten nicht. Eine kleine Führungsschicht, geleitet und gelenkt von der Kaufmannschaft und den Handwerkerzünften, hat das Sagen. Stadtfreiheit gilt für alle Einwohner, aber die weiter gehenden Bürgerrechte besitzt nur etwa ein Drittel der Stadtbewohner. Wer sie beanspruchen will, muss Haus und Hof oder eine recht bedeutende Steuerzahlung nachweisen.

Die Zünfte bilden Vereinigungen, in denen sich die einzelnen Handwerksberufe zusammenschließen. Der Sonderstatus der Verbände soll ihren Mitgliedern wirtschaftliche und gesellschaftliche Konkurrenz vom Leibe halten. Die Meister sind Vollgenossen, Gesellen und Lehrlinge bleiben von ihnen abhängig. Sie können nur den Meistertitel erwerben, wenn sie neben der handwerklichen Qualifikation auch das Glück haben, in einen Handwerksbetrieb einzuheiraten. Die Zünfte stützen sich durch Kranken- und Sterbekassen. Innerhalb der städtischen Miliz ist ihnen jeweils ein bestimmter Teil der Stadtbefestigung zur Verteidigung übertragen. Die Stadtmilizen wachsen im Laufe des Mittelalters zu Bürgerwehren heran, die auch den Berufsheeren der Könige und Adelsherren standhalten können. Flämische, lombardische und rheinische Städte schließen sich zu Bünden gegen die Fürsten zusammen, um ihre stets gefährdeten Rechte zu verteidigen. Sie gewinnen dabei bis in die Zeit des Absolutismus, also ins 17. Jahrhundert hinein, eine gewichtige politische Potenz, können aber langfristig dann doch nicht mit den straff geführten Fürstenarmeen mithalten.

Geld regiert Europa

Stadt- und Dorfentwicklungen rücken die Menschen näher aneinander. Zwischen den Märkten und Messen beginnt nun auf den nach wie vor schlechten Straßen ein reger Verkehr. In vielen Verträgen gilt es die Sicherheit des Handels durch die Schaffung von Friedenszonen zu verbessern. Überhaupt: Ab dem 11. Jahrhundert beginnt in Europa der Frühkapitalismus immer deutlicher an Gestalt zu gewinnen. Kaufmann und Händler, Banken und Börsen, Geld und Waren, Zins und Konto, Disagio und Lombard – eine neue Begriffswelt öffnet sich und Gewinn und Verlust verdrängen in den nächsten Jahrhunderten die Ritterideale und Heiligenlegenden. Der Kaufmann gründet die Fundamente der Bürgergesellschaft, die sich in den Städten bildet. Er transportiert seine vom Adel und den wohlhabenderen Stadtbewohnern begehrten Waren über Meere und Flüsse, über steile Alpenpässe und holprige Straßen. Luxusgüter sind es zunächst: Samt und Seide, Salz und Pfeffer, Damaszener Stahl und Edelmetalle. Dann die wichtigen Rohstoffe und wertvollen Baumaterialien, Holz, Stein und Keramik. Für den Alltag Leinentuch, Leder und Pelze. Im 14. Jahrhundert gewinnen die Getreidelieferungen an Bedeutung. Auch der Sklavenhandel ist im mittelalterlichen Europa keineswegs unbekannt.

Hoch ist das Risiko, hoch ist der Gewinn. Überall lauern Piratenschiffe, Räuberbanden und Raubritter. Ein Schiffsuntergang, ein Überfall auf den unsicheren Landwegen kann den wirtschaftlichen Ruin bedeuten. Erreichen die Waren ihr Ziel, locken gewaltige Gewinnspannen und Reichtum. Vom Mittelmeer her kommen die Kaufmannskarawanen über Marseille, Lyon und die Champagne in die flandrischen Städte. Die Pässe Sankt Gotthard und Sankt Bernhard führen über die Alpengipfel und werden schon im 13. Jahrhundert zu wichtigen Handelsstraßen, die den Weg zum Rhein öffnen. Der Handel verläuft zunächst von Süd nach Nord, dann werden mit der Anbindung Polens, Böhmens und der ferneren slawischen Länder an die europäische Wirtschaft die Ost-West-Wege immer wichtiger.

Die Väter und Gründer der großen Kaufmannsfamilien begleiten in der Regel noch ihre Warentransporte persönlich durch gefährliches Gelände. Sie wissen nicht nur zu rechnen, sondern auch mit dem Schwert zu kämpfen. Die Söhne und Enkel sitzen dagegen bald nur noch in den Kontoren, führen Buch, schreiben Briefe, feilschen um Kredite, treiben die Schulden ein. Das Geld gewinnt immer mehr an Macht. Die großen und kleinen Landesherren prägen Silbermünzen und sie verdienen daran. Vor allem wenn sie den Silbergehalt heimlich immer weniger werden lassen. Goldmünzen sind in ihrem Wert stabiler, aber auch da wird gemogelt und sie sind seltener. Gulden und Florentiner kennen wir noch im 20. Jahrhundert, aber da haben sie schon eine lange Geschichte hinter sich. Es herrscht ein ziemliches Währungsdurcheinander, denn fast jeder Herrscher bringt eigene Münzen in Umlauf. In den italienischen Handelsstädten – daher kommen ja fast alle Fortschritte im Geldhandel – beginnt die lange Geschichte des bargeldlosen Zahlungsverkehrs. Schuldverschreibungen und Schecks werden üblich und sie erleichtern den Handel. Neue Berufe gibt es: Bankiers und Wechsler.

Jakob Fugger (1459–1525)

Die berühmteste Kaufmannsfamilie des Mittelalters trägt den Namen Fugger. Seit 1367 sind ihre Mitglieder als Weber und Tuchhändler in Augsburg ansässig. Es ist eine Dynastie, die über einen Zeitraum von rund 400 Jahren auch politisch eine wichtige Rolle in Deutschland spielt. Immer wieder stellen die Fugger den Königskandidaten riesige Geldbeträge zu Verfügung, mit denen diese die fürstlichen Wahlmänner bestechen können. Das vielleicht bekannteste Beispiel ist Kaiser Maximilian I. Ohne die Kredite der Fugger wäre es ihm 1486 nicht gelungen, die Königswürde zu erringen. Das Gleiche gilt für Kaiser Karl V. Dessen Wahl zum König wird durch eine Bestechungssumme in Höhe von – nach heutigem Wert – etwa 25 Million Euro ermöglicht. Den größten Anteil steuert Jakob Fugger bei. Später wird Fugger den Monarchen selbstbewusst daran erinnern, wem er die deutsche Königswürde verdankt: »Ohne meine Hilfe hätte Eure Kaiserliche Majestät die Römische Krone nicht erlangen können.« Der Kaiser vergisst seinen Förderer nicht. Die Enkel des Jakob Fugger erhebt er in den erblichen Reichsgrafenstand.

Für den Papst finanziert das Haus Fugger den Ablasshandel vor, mit dessen Einnahmen der Petersdom in Rom gebaut wird. Es ist wahrscheinlich die größte Finanztransaktion des 16. Jahrhunderts, und sie wird zum Auslöser der Reformation werden. Immer ist es ein Handel auf Gegenseitigkeit. Die Fugger fordern und erhalten für ihre Darlehen königlich abgesicherte Privilegien, die ihren Reichtum mehren. Unter Jakob Fugger erhält das Augsburger Handelshaus Weltgeltung. Um das Zentrum Augsburg baut er ein Netz von Handelsstützpunkten auf. Die Handelskonzessionen des Hauses reichen bis in die überseeischen Kolonialgebiete. Vor allem seine Metallgeschäfte dehnen die Handelsverbindungen der Firma »Jacob Fugger und seiner Brüder Söhne« bis Indien, Afrika oder Amerika aus. Seine Waren gehen über die Ost- und Nordsee, lagern in Hamburg und Antwerpen. Ein wirtschaftliches Weltimperium ist entstanden.

Jakob Fugger beherrscht das Handels- und Bankgeschäft wie kaum ein anderer. In seinem Palast am Augsburger Weinmarkt herrscht er wie ein ungekrönter König. Kaiser und Kurfürsten steigen bei ihm ab. Jakob ist nach seiner kaufmännischen Ausbildung in Venedig in das Familienunternehmen eingetreten. 1512 wird er der Chef des Hauses. Bisher sind der Textilverlag und der Fernhandel die Stützen des Unternehmens. Jakob Fugger baut nun systematisch das Engagement der Firma im Bergbau und im Bankgeschäft aus. Klug und immer die Sicherheit seiner Geschäfte im Auge, nimmt er Depositengelder, also gegen Zins in seine Bank eingezahlte Beträge, nur von Fürsten oder anderen Angehörigen des Hochadels an. Die Gewinne seiner so erfolgreichen Geschäfte setzt Jakob Fugger für seine Kredite an Kaiser und Fürsten, Päpste und Bischöfe ein. Damit gewinnt er großen Einfluss auf die Wirtschaftspolitik der Landesherren. Zur Absicherung der Kredite lässt er sich die Schürfrechte im Blei-, Kupfer- und Quecksilberbergbau in den Habsburger Territorien übertragen. Zeitweise erringt er in diesen Bereichen eine Monopolstellung.

Unter Jakobs Leitung steigt der Gewinn des Unternehmens innerhalb von 16 Jahren um 1000 Prozent. Die Konkurrenz und der niedere Adel blicken nicht ohne Neid auf den Glanz des Hauses Fugger. Sie kritisieren die übermächtige Stellung der Familie heftig. Wie alle Fugger verwendet Jakob sein Vermögen aber auch, um Bibliotheken zu fördern, prachtvolle Kirchenbauten zu unterstützen oder Armenhäuser zu bauen. In Augsburg entsteht eine von Fugger finanzierte Armensiedlung, die bald 53 Häuser mit je zwei Wohnungen umfasst. Für seine Mitarbeiter richtet er eine Krankenpflege ein. Nicht zuletzt, um seinen Handelsvertretern zu helfen, die sich auf ihren Auslandsreisen an der Syphilis angesteckt haben. Jakob, der harte und egoistische Geschäftsmann, ist ein gläubiger Katholik. Seine soziale Großzügigkeit ist sicher auch aus der Hoffnung geboren, damit etwas für sein Seelenheil zu tun.

Die kulturellen Wurzeln des Kapitalismus liegen in diesen mittelalterlichen Jahrhunderten. Nicht der Adel, sondern Kaufleute wie Jakob Fugger schaffen sie. Kaiser, Könige und Fürsten gewähren ihnen die für ihren Handel notwendigen Freiheiten und lassen sich dies in der Regel sehr gut bezahlen. Sie selbst glauben über solchen profanen und ordinären Dingen wie Handel und Gewinn stehen zu können. Ein für ihren Stand folgenschwerer Irrtum. Das Ende der politischen Adelsherrschaft wird noch bis zu den großen europäischen Revolutionen im 17. und 18. Jahrhundert auf sich warten lassen. Aber schon an der Wende vom Mittelalter zur Neuzeit sind die Entscheidungen der Kaufleute kaum weniger wichtig geworden als die der Fürsten und ihrer Generale.

Vernachlässigt haben die früheren Historiker den Anteil der jüdischen Kaufleute an diesen Entwicklungen. Wenn sie diese Tatsache erwähnen, dann mit Ablehnung und heuchlerischer Empörung: Der Zins- oder Geldjude sauge das christliche Volk mit seinen Geldforderungen aus.

Im Land- und im Fernhandel des Mittelalters und der Neuzeit übernehmen die jüdischen Kaufleute bald eine herausragende Rolle. Das Geld- und Bankwesen ist von ihnen zunächst in Süd-, dann in West- und Mitteleuropa mitentwickelt und organisiert worden. Die Diffamierungen, die sie bis ins 21. Jahrhundert hinein dafür erleiden müssen, sind so dumm wie oberflächlich. Die Juden, von Fürsten und Bischöfen zeitweise gegen hohe Zahlungen in ihren Herrschaftsgebieten geschützt und geduldet, immer wieder aber auch verfolgt und verjagt, haben im Mittelalter keine Rechte, und sie dürfen in Deutschlands Städten und Dörfern bis in das 17. Jahrhundert hinein keine eigenen Gemeinden gründen. Auf dem 4. Laterankonzil – benannt sind diese mittelalterlichen Versammlungen katholischer Bischöfe nach ihrem Tagungsort, dem päpstlichen Lateran-Palast in Rom – beschließt das christliche Abendland 1295, dass Juden an ihrer Kleidung einen deutlich sichtbaren gelben Stoffflecken (Judenzeichen, Schandfleck) tragen müssen. In Deutschland wird er um 1400 eingeführt und die Nationalsozialisten werden ihn während der Jahre des Dritten Reiches wiederentdecken.

Die jüdischen Mitbürger werden bereits im frühen Mittelalter dazu gezwungen, ihre Wohnhäuser in einem Ghetto zu bauen, einem abgesperrten Teil der Städte. Zahllose Berufsverbote treiben sie in Armut und Elend. Da es christlichen Geldverleihern und Kaufleuten verboten ist, Zinsen für die von ihnen gewährten Kredite zu berechnen, öffnet sich hier neben dem Handel eines der wenigen Berufsfelder, auf denen Juden arbeiten dürfen und die ihnen einen Lebensunterhalt schaffen. Sie tun es teilweise erfolgreich und unter ständiger Bedrohung für Leib und Leben. Die Pogrome (aus dem Russischen für »Hetze«, »Ausschreitungen«), die die jüdischen Ghettos in allen Jahrhunderten regelmäßig heimsuchen, werden häufig von Menschen angestiftet, die sich durch ihre Gewalt- und Mordtaten von der Rückzahlung ihrer Schulden befreien wollen. Auch Könige und Herzöge leihen sich bei Juden Geld, um damit den Luxus des Hoflebens oder die Bestechung der entscheidenden Wahlmänner bei der Königsfindung finanzieren zu können.

Der Anteil der Juden an der Gesamtbevölkerung liegt in Deutschland im Mittelalter und in der Neuzeit immer unter einem Prozent. Die große Mehrzahl von ihnen lebt bis weit in das 19. Jahrhundert hinein – so wie auch die Mehrheit ihrer christlichen Nachbarn – in großer Armut. Die in Westeuropa lebenden Juden beginnen erst nach der Französischen Revolution, also nach 1789, die Ghettos zu verlassen und sich in einem längeren Assimilierungsprozess in den verschiedenen bürgerlichen Berufen zu etablieren. Reiche Westjuden, die ungerechterweise für die Judenhasser und Antisemiten zum klischeehaften jüdischen Negativbild stilisiert werden, gibt es nur sehr wenige. Sie haben ihr Vermögen weder moralischer noch unmoralischer zusammengetragen als die reichen Christen. Die »jüdische Gefahr« hat es immer nur in den Köpfen der christlichen und dann der rassistischen Ideologen gegeben. Wie die Geschichte bewiesen hat, sind sie und nicht ihre jüdischen Mitbürger für die Schrecken verantwortlich, die aus diesem Hass erwachsen sind.

Ein neues Denken erwacht

Das Mittelalter kennt natürlich nicht nur den Handel oder die Baukunst, sondern entwickelt auch eigene philosophische Denksysteme. Für sie wird im Allgemeinen der aus dem griechischen stammende Sammelbegriff Scholastik (Schulwissenschaft) verwendet. Seit dem 9. Jahrhundert versuchen die Scholastiker die Welt zu deuten und zu erklären. In ihrer Vorgehensweise ist ihr Denken nahezu vollkommen abhängig von den Vorgaben der Theologie. Die Scholastiker berufen sich in ihren Thesen auf die Texte der Kirchenväter und die Kirchenschriften. In ihnen sind die Glaubenswahrheiten bereits unumstößlich verkündet. Nun gilt es, die christlichen Dogmen rational zu begründen, zu verteidigen und zu systematisieren. Sie stützen sich dabei auch auf die antike Philosophie, im Besonderen auf die Werke des Aristoteles. Zu den bedeutendsten Scholastikern zählen der deutsche Dominikanermönch Albertus Magnus und sein Schüler, der italienische Adlige Thomas von Aquin. Beide leben und wirken im 13. Jahrhundert. Die Werke dieser Philosophen und Theologen sind wohl in allen geistlichen wie weltlichen Bibliotheken des Mittelalters zu finden. Der Einfluss des scholastischen Denkens zeigt sich nicht zuletzt darin, dass seine Vertreter die Lehrstühle in den mittelalterlichen Universitäten besetzen, die zunächst in Italien (Bologna 1154, Padua 1222), Frankreich (Paris 1174, Toulouse 1224), England (Oxford 1168, Cambridge 1209) oder auf der Iberischen Halbinsel (Salamanca 1224, Lissabon 1289) gegründet werden. Die Unterrichtssprache ist Latein. Deutsche Universitätsgründungen sind erst im 14. Jahrhundert zu verzeichnen. Ihre Älteste genehmigt Karl IV. 1348 in Prag. Wien folgt 1365 und Heidelberg 1386.

Die Scholastik hat das geistige Mittelalter geprägt und bereichert. In ihrer Spätzeit aber verkommt sie zur dogmatischen Berufung auf die Schriften der kirchlichen Autoritäten und wird zur erstarrten Schulweisheit. Sie verhindert geistige Kreativität, verliert sich in endlosen Zitaten und klammert sich engstirnig an das Wort. Im Prinzip ist diese Verengung der Spätscholastik, die letztlich einem Denkverbot gleichkommt, auch in der Neuzeit immer wieder anzutreffen. Das freie Denken, das Hinterfragen der geistigen und moralischen Vorgaben, Vorschriften und Ideologien der staatlichen oder religiösen Autoritäten hat noch im 20. und im beginnenden 21. Jahrhundert Millionen Menschen das Leben gekostet.

In der europäischen Geistesgeschichte, die ihre frühen Wurzeln im Mittelalter hat, spielt schließlich der so genannte Humanismus eine bedeutende Rolle. Hierunter verstehen wir eine geistige Bewegung, die den Menschen durch die Erschließung der griechischen und römischen Kulturwelt geistig und charakterlich bilden will. Zunächst von der Scholastik verdrängt, erlangt sie im 14. Jahrhundert vor allem in Italien eine große Bedeutung. Im Gegensatz zur Scholastik, die in erster Linie von Theologen gelehrt und verbreitet wird, erhält die humanistische Philosophie ihre wichtigsten Impulse von Staatsbeamten, Juristen, Lehrern, Schriftstellern oder sonstigen Angehörigen des Bürgertums. Zu den berühmten Humanisten dieser Zeit gehören die Italiener Petrarca und Boccaccio. Auch in Deutschland bilden sich rasch zahlreiche Humanistenkreise.

Die Blütezeit des Humanismus in Mittel- und Westeuropa hebt allerdings erst im 16. Jahrhundert an. Die humanistischen Denker Philipp Melanchthon, Ulrich von Hutten oder der berühmte Erasmus von Rotterdam gehören schon zu den Schriftstellern und Philosophen der Frühmoderne. Die Physik, die Chemie, die Medizin oder die Mechanik gewinnen dann ganz neue Dimensionen. Europa legt die ersten Fundamente der kommenden naturwissenschaftlichen Revolutionen, die unsere Welt so dramatisch verändern werden.

Die Humanisten finden in den teilweise zerstörten oder verwahrlosten Klöstern, in denen im Mittelalter die Mönche in den Schreibstuben alte Handschriften kopierten, verschollene Texte antiker Autoren. Diese werden zur Grundlage ihrer Auswertungen und philosophischen Abhandlungen. So erwächst aus dem Humanismus das Zeitalter der Renaissance, der Wiedergeburt des antiken Denkens, und der Reformation, der Umgestaltung und Erneuerung der christlichen Glaubensbewegung. Das ist der Beginn der Neuzeit.

Das Alte Reich

Am 3. August 1492 versammelt sich eine aufgeregte und sensationsgierige Menschenmenge im Hafen des südspanischen Städtchens Palos. Drei Schiffe, darunter das Flaggschiff »Santa Maria«, liegen dort segelbereit auf Reede. Die Mannschaften jubeln, als der Kommandant des Unternehmens auftaucht, für das die dickbäuchigen Karavellen ausgerüstet sind. Es ist der 41-jährige, aus Genua stammende Christoph Columbus. Im Auftrag von König Ferdinand I. und Königin Isabella soll er auf einer Fahrt in Richtung Westen den Seeweg nach Indien finden. An diesem Tag startet er seine erste von insgesamt vier Entdeckungsreisen.

Jahrelang hat der Italiener darum gekämpft, sich seinen Lebenstraum zu erfüllen. Die portugiesische Krone verweigert ihm jegliche Unterstützung und hält das Vorhaben für das Hirngespinst eines windigen Abenteurers. Das spanische Herrscherpaar, an das er sich nach dem Scheitern seiner Pläne in Lissabon gewendet hat, lässt ihn bis zum erfolgreichen Ende des Krieges gegen das maurische Granada auf eine Entscheidung warten. Am 17. April 1492 ist es endlich soweit: Der König und die Königin unterzeichnen mit dem immer ungeduldiger werdenden Columbus einen Vertrag, der die Ausrüstung seiner drei Schiffe sichert und ihn als Großadmiral dieser kleinen Flotte bestätigt. Für alle Länder, die er auf seiner Expedition im Namen Spaniens entdeckt, wird ihm das Amt des Vizekönigs zugesichert.

Columbus, dieser mutige Träumer und weitsichtige Fantast, entdeckt nicht den Seeweg nach Indien, sondern einen für Europa neuen Kontinent: Amerika. Er wird bald an den Machtkämpfen des spanischen Hofes scheitern und ziemlich elend und gedemütigt sterben. Aber er hat mit seiner Tat ein neues Kapitel in der Geschichte aufgeschlagen. Denn die Entdeckung Amerikas verändert die Welt. Andere Abenteurer folgen bald seinen Spuren. Spanien nimmt Süd- und Mittelamerika in seinen Besitz. Den brutalen Eroberern folgen die Missionare. In Peru oder in Mexiko gehen die großen alten Kulturen der Inkas und der Azteken unter, in Südamerika finden Völkermorde statt. Riesige Rohstoff- und Silberladungen erreichen bald Madrid. Spanien wird zur europäischen Großmacht. Für die Historiker ist die Entdeckung Amerikas eine epochale Wende in der abendländischen Geschichte. Mit dem Jahr 1492 tritt Europa in die Neuzeit ein.

Was ist historisch und gesellschaftlich gesehen eine Neuzeit? Natürlich ist ihr Beginn nicht an einem exakten Datum festzumachen. Wenn die Geschichtsschreiber das Jahr 1492 damit verbinden, dann ist das eine willkürliche Festsetzung, die nur zeigt, wie einschneidend das Ereignis, die Entdeckung Amerikas durch die Europäer, gewesen ist. Das Neue kommt nicht in einem spektakulären Augenblick, sondern schubweise. Es entwickelt sich in einem für die meisten Menschen lange Zeit nicht erkennbaren Veränderungsprozess. Es sind zunächst nur wenige Denker, Wissenschaftler, Erfinder oder Staatsmänner, die das Wagnis eingehen, neue Ideen und Erkenntnisse zu veröffentlichen oder gar in die Tat umzusetzen. Allmählich beginnen dann immer mehr Menschen zu fühlen, dass das Althergebrachte fragwürdig geworden ist, übermächtige geistige und praktisch-alltägliche Traditionen ihre Gültigkeit verlieren. Sie spüren die großen Umbrüche, die ihr gesellschaftliches und auch persönliches Leben verändern.

Im 16. Jahrhundert ist das der Fall. Der Buchdruck, der veränderte Blick der Humanisten auf die weltlichen und kirchlichen Denkgebäude, die Gewissheit, dass nicht die Erde, sondern die Sonne das Zentrum unseres Planetensystems bildet, die Reformation, die sich neu herausbildende Mächtebalance zwischen Königtum und den mitregierenden Ständen – das vielfältige Neue dringt in den Alltag der Menschen ein und schafft Distanz zu Traditionen, die über Jahrhunderte als unumstößlich gegolten haben. Vielleicht ist diese Zeit ein wenig mit der unsrigen zu vergleichen. Auch wir erleben technologische, wirtschaftliche und gesellschaftliche Einschnitte, die sich in den letzten Jahrzehnten des 20. Jahrhunderts angekündigt haben. Haben wir vor 40 Jahren wirklich gewusst, welche Rolle das Fernsehen bald für unseren Alltag, aber auch für die politische Meinungsbildung spielen würde? Haben wir vor 25 Jahren schon geahnt, dass der Computer unsere Arbeit in den Fabriken, Büros, Verwaltungen und unserer privaten Welt revolutionieren würde? Hat nicht das Internet und das Handy in den letzten zehn Jahren die Kommunikation in unserer Gesellschaft total verändert? Familienleben, Arbeitswelt, Unternehmenskultur, Kommunikation, die Suche nach einer neuen Weltordnung – nichts scheint mehr so zu sein, wie es gewesen ist. Nach 500 Jahren hat eine neue Neuzeit begonnen.

Das 16. Jahrhundert ist bald erfüllt vom Widerhall blutiger Glaubenskriege. Sie werden auch Frankreich, England oder die Niederlande erschüttern. Aber kein Land so wie Deutschland. Der Streit um den richtigen Glauben macht das geschwächte Land in der Mitte des Kontinents zum Kampfplatz der europäischen Mächte. Vom Süden her drängt Spanien nach Mittel- und Westeuropa. Im Westen versucht Frankreich die Landesgrenzen bis an den Rhein vorzuschieben. Im Osten ist ein mächtiges polnisches Reich entstanden und die Türkeneinfälle bleiben ein nicht nachlassender Schreckensmoment. Im Norden warten die Dänen und die Schweden auf den Augenblick, der ihnen das Tor nach Norddeutschland und Pommern öffnet.

Mit Blick auf Deutschland sprechen die Geschichtsschreiber häufig vom Alten Reich, wenn sie von den Jahren zwischen 1500 und 1806 berichten. Damit wollen sie einmal den langen Namen »Heiliges Römisches Reich Deutscher Nation« umgehen, zum anderen setzen sie diese Epoche damit vom neuen Kaiserreich ab, das 1871 gegründet wird. Um 1500 beginnt das Zeitalter, in dem sich die europäischen Nationalstaaten herausbilden, wie wir sie heute kennen. Frankreich, Spanien oder England entwickeln zentrale Herrschaftssysteme. Das Reich der Deutschen dagegen bleibt weiterhin machtpolitisch ein bunter Teppich. Es ist kaum mehr als der Dachverband, der den Territorien übergestülpt worden ist. Seine Kaiser und Könige werden später immer mehr zum Spielball der Kurfürsten und Landesherren. Zunächst aber bleiben sie noch ein Machtfaktor im deutschen Kräftespiel. Und die Religion übernimmt dabei in ganz Europa eine neue, wichtige, im Falle Deutschlands besonders verhängnisvolle Rolle.

Ein Jahr nachdem Columbus zu seiner legendären Seereise aufgebrochen ist, wird der Habsburger Maximilian I. deutscher König. Unter seiner Herrschaft kommt es auf Drängen der Kurfürsten zu wichtigen Reformbeschlüssen. Auf dem Reichstag von Worms verkünden sie den »Ewigen Landfrieden«. Er soll die Auseinandersetzungen zwischen den verschiedenen Gewalten, die in Deutschland herrschen, in friedlichere Bahnen lenken. Reichsfürsten, Reichsgrafen, die geistlichen Würdenträger, der Reichsrat, also die Vollversammlung der Reichsstände, dazu die sich weitgehend selbst regierenden Städte – hier sammeln sich die politischen Kräfte, die über die Geschicke Deutschlands bestimmen. Die wichtigsten Entscheidungen fallen auf den regelmäßigen Treffen der Kurfürsten, deren machtpolitisches Privileg die Königswahl ist. Sie sind die eigentlichen Herrscher im Reich.

Reichshofrat und Reichskanzlei werden in Wien angesiedelt, wo die Habsburger residieren. Von wenigen Ausnahmen abgesehen stellen sie bis 1806 die Kaiser des »Heiligen Römischen Reiches Deutscher Nation«. Damit gewinnt Wien eine große Bedeutung für die Reichspolitik, ein zentrales Machtzentrum wird die Stadt an der Donau dennoch nicht. Kaum weniger wichtig ist, was in Dresden, Stuttgart, München, Frankfurt oder Mainz entschieden wird. Frankreich begründet sein politisches Zentrum in Paris, England wird von London aus regiert. Für die Deutschen gibt es keine Hauptstadt.

Die Reformation spaltet das Land ...

Am Anfang sind es die Glaubensauseinandersetzungen, die in den Mittelpunkt des Geschehens rücken. Im Jahr 1517 veröffentlicht der Augustinermönch und Doktor der Theologie Martin Luther in Wittenberg seine 95 Thesen. Dies ist der Beginn der Reformation, die nicht nur die Kirche, sondern ganz Europa spalten wird. Besonders aber stürzt sie die deutsche Politik in einen Dauerkonflikt, der schließlich 100 Jahre nach Luthers Revolte gegen die römische Amtskirche in die Katastrophe des Dreißigjährigen Krieges einmündet.

Martin Luther (1483–1546)

Der in der thüringischen Kleinstadt Eisleben geborene Sohn eines Bergmannes zählt zweifellos zu den großen Gestalten der deutschen und auch der europäischen Geschichte. Ein erfülltes, leidenschaftliches und öffentliches Leben hat er geführt. Ein Jahr nach seiner Geburt zieht die Familie nach Mansfeld, wo der Vater eine Kupfermine pachtet. Er bringt es zu bürgerlichem Wohlstand und kann seinem Sohn eine gute Schulausbildung bieten. 1501 wird Martin Student in Erfurt. Von den damals klassischen Fakultäten Medizin, Jura und Theologie wählt er die Rechtswissenschaft. Auf einer Wanderung von Mansfeld nach Erfurt überrascht ihn ein Gewitter. Angesichts der Naturgewalten, so erzählt er später, habe er geschworen Mönch zu werden, wenn er das Unwetter überlebe. Was immer ihn dazu tatsächlich bewogen hat, dahinter steht ein wohl schon lange schwelender innerer Konflikt des Studenten. Er fragt sich immer wieder, wie er mit seinem Leben vor Gott bestehen kann. Am Ende dieser Suche tritt er in das Erfurter Augustinerkloster ein.

1507 wird Luther zum Priester geweiht. Seine Kirchenoberen versetzen ihn nach Wittenberg, der damals zweiten Residenz des kursächsischen Territoriums. Er erwirbt den Titel eines Doktors der Theologie. Ein intelligenter, kämpferischer und gläubiger Mönch beginnt nun an den Fundamenten der Papstkirche zu rütteln. Die Auseinandersetzungen zwischen Luther und der Amtskirche spitzen sich zu, als der Augustinermönch Professor an der Wittenberger Universität wird. Er greift nicht nur die Philosophie der rückwärtsgewandten Scholastiker an, nein, dieser Querulant kritisiert scharf den einträglichen Ablasshandel der Kirche. Mit Hilfe einer für die jeweiligen Sünden festgelegten Geldzahlung, die als Buße gilt, können sich die Menschen nämlich nach der Lehre der Kirche ihr Seelenheil zurückkaufen. »Sobald das Geld im Kasten klingt, die Seele aus dem Fegefeuer springt.« Was der Kirche beträchtliche Geldsummen in die Kassen spült, mit denen Papst Leo X. den Bau des prächtigen Petersdoms finanzieren will. Luther reagiert empört auf diese Verfallserscheinungen der Kirche. Er schickt seine 95 Thesen an den Mainzer und den Brandenburger Erzbischof, die sie nach Rom weiterleiten. Ob er sein Thesenpapier tatsächlich auch an der Wittenberger Kirchentür angeschlagen hat, ist nicht gesichert.

Der Papst droht mit einen Ketzerprozess und fordert den Rebellen auf, innerhalb von 60 Tagen in Rom zu erscheinen. Aber Kurfürst Friedrich der Weise, verärgert darüber, dass die Kirche sich in die Angelegenheiten seiner Universität einmischt, schützt den Wittenberger Professor. Hilfreich für Luther ist in diesen schwierigen Monaten die aktuelle politische Lage. Der junge Habsburger Karl, ein strenger Katholik, feilscht mit den Kurfürsten um seine Königswahl. Die Mehrheitsverhältnisse sind so, dass die Stimme des sächsischen Kurfürsten den Ausschlag geben wird. Friedrich nutzt diese Position, um seinen Schützling vor Schaden zu bewahren.

Luther jedoch ist nicht gewillt nachzugeben. In mehreren Disputen mit Abgesandten der römischen Kirche beharrt er auf seiner Kritik. Leo X. schickt eine Bulle, die ihm mit dem Kirchenbann droht. Auch das zeigt keine Wirkung. Am 10. Dezember 1520 verbrennt Luther öffentlich das päpstliche Schreiben sowie ein Exemplar des kanonischen Rechts. Der Bruch ist unvermeidlich geworden.

1521 fordert der nun gewählte Kaiser und König Karl V. ihn auf, beim Reichstag in Worms zu erscheinen. Es wird ihm freies Geleit zugesagt. Luther kommt an den Rhein, aber er widerruft nicht: »Mein Gewissen ist im Wort Gottes gefangen ... Ich kann nicht anderst, hie stehe ich, Gott helfe mir. Amen.« Es wird die Reichsacht über ihn verhängt. Das Wormser Edikt verbietet jede Unterstützung Luthers. Wer ihn beherbergt oder mit Essen und Trinken versorgt, verfällt ebenfalls der Acht. Den Anhängern des kämpferischen Theologen droht die Konfiskation ihrer Güter. Die Schriften des Ketzers sollen verbrannt werden. Um seinen Hochschulprofessor zu schützen, lässt ihn Kurfürst Friedrich der Weise

Intelligent und mutig oder jähzornig und streitsüchtig: Martin Luther war eine außergewöhnliche, aber auch schwierige Persönlichkeit.

MARTIN LUTHER

Friedrich der Große

auf dem Heimweg nach Wittenberg durch einen fingierten Überfall entführen und zur Wartburg bringen. Unter dem Decknamen Junker Jörg beginnt Luther hier mit seiner bahnbrechenden Bibelübersetzung.

Luther kehrt nach Wittenberg zurück. Dort nimmt er seine Lehrtätigkeit wieder auf. In den kommenden Jahren veröffentlicht er zahlreiche Schriften, die sich auch mit dem Ablauf des Gottesdienstes – er soll in deutsch gehalten werden – und des Abendmahls beschäftigen. Noch immer geht er keinem Streit aus dem Wege und meldet sich auch in tagesaktuellen politischen Fragen deutlich und nicht selten polemisch zu Wort. Über die Regeln der Kirche setzt er sich hinweg, sobald sie ihm unsinnig – das heißt: nicht von Gott, sondern von den Päpsten gewollt – erscheinen. 1525 heiratet er die ehemalige Nonne Katharina von Bora, die zusammen mit elf anderen aus dem Kloster Nimbschen bei Grimma geflohen ist. Drei Töchter und drei Söhne werden Luther und seiner resoluten Frau geboren, die er scherzhaft »mein Herr Käthe« nennt. In den letzten Lebensjahren bedrückt ihn ein Herzleiden, dem er bei einem Aufenthalt in seiner Geburtsstadt Eisleben erliegt. Luthers Grab ist in Wittenberg.

Eine außergewöhnliche, aber auch schwierige Persönlichkeit ist Luther immer geblieben. Intelligent und mutig vertritt er seinen Glauben und seine Kritik am Papsttum. Jähzornig und streitsüchtig kann er sein. Sein Humor ist häufig derb, und gegenüber Andersdenkenden argumentiert er mit einer Rücksichtslosigkeit und Härte, die nichts mehr von christlicher Milde und philosophischer Weisheit ahnen lassen. Der lebenslange Kampf ist nicht spurlos an ihm vorbeigegangen. Er leidet häufig an Depressionen und sieht sich ständig von Teufeln umringt.

Grundbegriffe der Lehre Luthers sind die »Gnade«, der »Glaube« und das »Wort«. Der Reformator befreit den Menschen von den Dogmen der römischen Kirche. Wir können uns nicht durch Beichte und Buße von unseren Sünden und Vergehen freikaufen, sagt Luther, allein das Geschenk der Gnade eines gerechten Gottes erlöst uns. Weil wir glauben, erfahren wir diese Gerechtigkeit Gottes, die wir nicht erfassen und bewerten können. »Der Gerechte lebt aus dem Glauben.«

Das ist theologischer Zündstoff. Buße und Beichte, Sünde und Vergebung durch Reue und Priesterspruch gehören zu den Fundamenten der Papst-Kirche. Sie, vor allem ihr Oberhaupt, steht nach eigenem Verständnis als Vermittler zwischen Gott und dem Menschen. Darauf ruht letztlich auch ihre politische Macht. Luther zerstört diese Position. Für ihn steht niemand zwischen Gott und den Christen, auch nicht der Papst. Für ihr Seelenheil brauchen die Christen keine päpstlichen Lehrsätze oder Beschlüsse von Konzilen. Nur das Wort, die

»Andere Staaten besitzen eine Armee, Preußen ist eine Armee«. Friedrich der Große besaß eine musische Ader und förderte Künste und Wissenschaft. Seine militärischen Raubzüge aber führte er herrschsüchtig und berechnend.

Bibel, führt zum Glauben. Nur daran sollen sich die Christen halten. Und deshalb übersetzt Luther auf der Wartburg die lateinische Bibel in seine Muttersprache, damit jeder deutsche Christ sich selbst über das Wort Gottes informieren kann. Sozusagen nebenher wird er dadurch zum Schöpfer der modernen deutschen Schriftsprache.

Luther ist ein Neuanfang, er überwindet das Denken des Mittelalters. Seine Individualisierung des Glaubens entmachtet die Kirche und erweckt ein verändertes Lebensgefühl. Etwas mehr als 100 Jahre danach wird die Aufklärung diesen Faden jenseits der Theologie weiterspinnen. Am Ende steht dann die Französische Revolution, die wieder einen neuen Anfang setzt, an dessen vorläufigem Ende unsere demokratischen Systeme stehen. Mit Luther, so lässt sich ein wenig pathetisch konstatieren, beginnt die Besinnung des Menschen auf seine Mündigkeit gegenüber den kirchlichen und weltlichen Autoritäten. Ein Anfang ist das, mehr nicht.

Es ist natürlich nicht Luther allein, der das Denken seiner Zeit zu revolutionieren beginnt. Seine Ideen liegen sozusagen in der Luft. Zeitgleich erklärt beispielsweise der im polnisch-deutschen Städtchen Thorn geborene Astronom Nikolaus Kopernikus einer erstaunten Welt, dass nicht die Sonne um die Erde, sondern die Erde um die Sonne kreise. Auch diese Erkenntnis erschüttert das Welt- und Schöpfungsbild der römischen Kirche. Der Mensch als Ebenbild Gottes ist nicht das Zentrum des Alls, die Erde ist nicht einzig, sondern ein Planet wie alle anderen auch.

Der Kritiker Roms denkt zunächst überhaupt nicht an die Gründung einer neuen Kirchengemeinschaft. Erst die harte Linie des Papstes und der Fortgang der Ereignisse in Deutschland, die bald auch eine weitreichende politische Dimension annehmen, führen ihn auf diesen Weg. Gleichzeitig aber löst Luthers Wirken bedeutende Reformen innerhalb des Katholizismus aus.

Martin Luther hat viel Licht gebracht, aber es gibt auch Schatten. Er ist ein Judenhasser und steht damit ganz in der Tradition der christlichen Kirche. 1543 veröffentlicht er seine berühmte, 200-seitige Streitschrift *Über die Juden und ihre Lügen*. Er rät den Christen in diesem schauerlichen, argumentativ ganz auf die Vorurteile der Zeit eingehenden Buch, sich in keinerlei Diskussionen mit Juden einzulassen und schreibt: »Darum wisse du, lieber Christ, und zweifle nicht daran, dass du nächst dem Teufel keinen bittereren Feind habest als einen rechten Juden, der mit Ernst Jude sein will.« Luther rät den Christen, man solle die Synagogen verbrennen, es den Juden verbieten, auf ihre Weise zu Gott zu beten, und am besten wäre es, wenn die Fürsten sie aus ihren Ländern vertreiben würden.

1524/25 erschüttern die Bauernkriege das Reich. Es gärt bereits lange in der Bauernschaft. Schon zu Beginn des Jahrhunderts bildet sich im oberen Rheintal eine Verschwörergruppe, die auf ihrer Fahne einen gebundenen Schuh gemalt hat und »Bundschuh« genannt wird. 1514 erschreckt eine Bauernbewegung, die den Namen der »Arme Konrad« trägt, die Dörfer Württembergs. Nicht zuletzt von den Ideen der Reformation beeinflusst, wenden sich Mitte der zwanziger Jahre die Bauern erneut gegen ihre Grundherren. Sie verlangen in den *Zwölf Artikeln der Bauernschaft in Schwaben* die Abschaffung der Leibeigenschaft. Die Bauern sprechen damit eine besonders krasse Form der Abhängigkeit an. Leibeigene können über ihr Leben und über ihre Arbeitskraft grundsätzlich nicht frei verfügen. Sie sind ihrem Herrn zu Diensten und Abgaben verpflichtet und dürfen nicht ohne dessen Einwilligung heiraten.

Obwohl Luther viele der Forderungen der Bauern anerkennt, ermahnt er sie, seine Lehre nicht politisch zu instrumentalisieren. Zudem empört ihn die Weigerung der Bauern, weiterhin den Kirchenzehnten zu zahlen. Luther spricht sich strikt gegen Gewaltaktionen aus. Als seine Rufe ungehört verhallen, veröffentlicht er 1525 die Schrift *Wider die räuberischen und mörderischen Rotten der andern Bauern*. Ein wüstes, völlig einseitig die Position der Obrigkeit verteidigendes Pamphlet ist es geworden. Indem die Bauern »Aufruhr anzetteln, berauben und plündern«, würden sie eine schwere Sünde begehen. Und Luther verurteilt, dass sich die Bauern in ihrem Handeln auf das Evangelium berufen. Seine Attacke mündet in einem Aufruf an die Fürsten: »Darum, liebe Herren,... steche, schlage, würge hier, wer da kann. Bleibst du darüber tot – wohl dir! Ein seligeren Tod kannst du niemals erreichen; denn du stirbst im Gehorsam gegen das göttliche Wort...«. Die Truppen des Schwäbischen Bundes, der die Interessen der Grundherrn vertritt, lassen sich das nicht zweimal sagen. Die schlecht bewaffneten Bauernheere werden im Sommer 1525 in offener Feldschlacht geschlagen. Etwa 100 000 Bauern fallen. Die Überlebenden werden grausam hingerichtet.

Der fatale Mordaufruf bleibt in den nächsten Jahrhunderten überaus folgenreich für das Verhältnis der protestantischen Kirchen zum Staat. Er rechtfertigt mit Hinweis auf das Evangelium die Gewalt der Obrigkeit gegen ihre Untertanen, im Falle der Bauern sogar auch dann, wenn sie um ihre Rechte kämpfen. Unterstrichen wird diese Haltung durch Luthers Zwei-Reiche-Lehre. In seiner Schrift *Von der weltlichen Obrigkeit, wie weit man ihr Gehorsam schuldig sei* heißt es: »Darum muss man die beiden Regimente sorgfältig voneinander unterscheiden und beide bleiben lassen: eins, das fromm macht, das andere, das äußerlich Frieden schafft und bösen Werken wehrt.« Nur dass diese Macht immer wieder selbst böse ist, das haben zumindest seine Anhänger gerne übersehen. Luther beruft sich im übrigen auch auf den Apostel Paulus, der in seinen Römerbriefen schreibt: »Jedermann sei untertan der Obrigkeit, die Gewalt über ihn hat. Denn es ist keine Obrigkeit außer Gott; wo aber Obrigkeit ist, die ist von Gott angeordnet.« Protestantische Kirchenvertreter werden bis in die Jahre des Nationalsozialismus hinein immer wieder auf solche Bibelzitate und auf die Äußerungen des Reformators hinweisen, wenn es gilt, das Handeln des Staates zu verteidigen oder sich gegenüber den Verbrechen der Obrigkeit in Schweigen zu hüllen.

Die Reformation, die in den kommenden 100 Jahren die politischen Ereignisse in Deutschland bestimmt, ist ohne Luther kaum denkbar. Aber schon sehr rasch beginnt die protestantische Bewegung sich zu zersplittern. Die Frage, wie das Abendmahl zu feiern sei und welche Bedeutung die Darreichung von Wein und Brot besitze, erregt deren Wortführer nicht weniger als die Debatte darüber, welche politischen Aufgaben die Gemeinde oder der einzelne Gläubige zu übernehmen habe. So treten neben Luther auch andere charismatische Führer des Protestantismus in den Vordergrund. Von Genf aus breitet sich die Lehre von Johann Calvin aus. In Zürich spielt für kurze Zeit Ulrich Zwingli eine wichtige Rolle. Thomas Müntzer wird zu einem der bekanntesten Wiedertäufer, der radikalsten Bewegung der Reformation.

Calvin ist neben Luther zweifellos der bedeutendste Protestant. Als er 1534 als Anhänger der Evangelischen Frankreich verlassen muss, geht er zunächst nach Basel, dann nach Genf. Dort übernimmt er ein Lehramt, wird bald jedoch wegen der von ihm gepredigten strengen Kirchenzucht ausgewiesen. Drei Jahre später kehrt er zurück und führt den Kampf gegen die Aristokratie in der Stadt an. Genf erhält eine neue Kirchenordnung. Für Johann Calvin ist die Kirche ein Ort für das »Volk der Auserwählten« und sie unterliegt daher strengen sittlichen Anforderungen. Zucht und Ordnung, Lehre und soziale Fürsorge sind wichtige Stichworte des Calvinismus. Unduldsamkeit gegenüber Andersdenkenden, moralische Bigotterie und Selbstgerechtigkeit werfen die Gegner den Calvinisten vor. Calvins Lehre beeinflusst die englischen Puritaner, die sie hinüber nach Amerika bringen, wo die Evangelisten noch heute eine mächtige und konservative politische Rolle spielen. Auch die französischen Hugenotten berufen sich auf Calvin. 1572 fallen viele ihrer Anhänger in der berühmt-berüchtigten Bartholomäusnacht einem Massaker zum Opfer, das die katholische Partei auslöst. Unter Ludwig XIV. werden sie 100 Jahre später aus Frankreich vertrieben.

Die Ethik des Calvinismus gewinnt für den sich in den nächsten Jahrhunderten entwickelnden modernen Kapitalismus eine erhebliche Bedeutung. Ihr Credo lautet: Wer reich und erfolgreich ist, auf dessen Leben und Wirken ruht der Segen Gottes. Im Umkehrschluss heißt das natürlich, dass Armut und Misserfolg auf ein nicht gottgefälliges Leben zurückzuführen sind. Diese Sicht der Welt gilt bald weit über den Kreis der Anhänger Calvins hinaus. Sie rechtfertigt im Denken der westlichen Gesellschaften die Reichtümer, die von den Wenigen auf Kosten der Vielen angesammelt werden und entlastet bis heute das Gewissen der Besitzenden.

Der Schweizer Ulrich Zwingli wird nach seinen Studien Pfarrer und kommt 1519 nach Zürich. Seine Begegnung mit Erasmus von Rotterdam, eine überwundene Pesterkrankung und die Schriften Luthers führen ihn an die Seite der Reformation. In Zürich provoziert er die Kirchenoberen mit einer spektakulären Aktion. Im März 1522 findet er sich mit Freunden zu einem deftigen Wurstfrühstück zusammen – und das während der Fastenzeit. Die Empörung ist groß, Zwingli verteidigt die in den Augen der Kirche sündige Tat und widerspricht öffentlich der geltenden Lehre. Der Züricher Stadtrat gibt nach und beschließt eine neue Kirchenordnung. Nichts soll bleiben, was nicht aus der Bibel zu begründen ist. Zwingli ist ein streitbarer Querkopf. In Marburg trifft er mit Luther zusammen und disputiert mit ihm über das richtige Verständnis des Abendmahls. Als er versucht, den Protestantismus in der ganzen Schweiz durchzusetzen, kommt es zum Krieg gegen die katholischen Kantone. Er stirbt auf dem Schlachtfeld.

Der Revolutionär und Theologe Thomas Müntzer hat später vor allem die Fantasie der modernen sozialistischen Denker beflügelt. Sie idealisieren ihn als einen der ersten Kommunisten der Neuzeit. Müntzer ist ein Radikaler, aber er bleibt mit seinem Denken und Handeln doch tief in seiner Epoche verhaftet. Zunächst Inhaber verschiedener Pfarrstellen, wird er von Luther an die Zwickauer Hauptkirche vermittelt. Obwohl hochgebildet gerät Müntzer immer stärker unter den Einfluss schwärmerischer Erweckungsbewegungen. Er schließt sich den Wiedertäufern an und wendet sich vom strengen Bibeldenken Luthers ab. Für Müntzer werden das »innere Wort« und die mystische Erleuchtung zu zentralen Punkten seines Glaubens. In seiner Kampfschrift *Wider das geistlose sanfftlebende Fleysch zu Wittenberg* bricht er endgültig mit seinem einstigen Förderer. In Mühlhausen versucht Müntzer eine Revolte zu entfachen, muss aber fliehen.

Er knüpft Verbindungen zu den aufständischen Bauern und kehrt wieder nach Mühlhausen zurück. Dort setzt er eine radikal-demokratische Verfassung durch und wird mit seinen Flugblättern und Schriften der ideologische Anführer der thüringischen Bauernrebellen. In der Schlacht bei Frankenhausen werden seine Anhänger vernichtend geschlagen, Müntzer gerät in Gefangenschaft. Nach furchtbaren Folterqualen widerruft er seine Lehren und wird mit 53 seiner Anhänger am 27. Mai 1525 enthauptet.

Thomas Müntzer stellt sich im Gegensatz zu Luther ohne Einschränkungen an die Seite der Bauern, deren Elend er öffentlich anklagt: »Ach Gott, die Bauern sind arme Leute. Sie haben ihr Leben damit verbracht, zu säen und zu ernten, damit sie den Tyrannen den Hals füllen können.« Er ist ein Realist und zugleich ein Schwärmer: »Wenn die Christenheit wiederaufgerichtet werden soll, dann muss das gemeine Volk bitten und auf einen neuen Johannes warten, auf einen gnadenreichen Prediger, welcher den Glauben allenthalben erfahren hat.« In der Rolle dieses »Johannes« sieht sich Müntzer natürlich selbst. Sein Denken und Handeln wird von der Gewissheit bestimmt, dass die Zeit zur Endzeit geworden ist. Mit dieser Haltung steht er keineswegs allein. Auch Luther rechnet mit einem baldigen Weltuntergang.

Nach dem Wormser Edikt von 1521 bestimmt die Reformation die deutsche Politik. Kaiser Karl V. herrscht über ein Reich, von dem schon seine Zeitgenossen sagen, dass in ihm »die Sonne nicht untergeht«. Es umfasst Spanien mit seinen amerikanischen Kolonien, Burgund, die Niederlande und das »Heilige Römische Reich Deutscher Nation«. Karl ist überzeugter Katholik und bis zu seinem freiwilligen Amtsverzicht kämpft er in den kommenden Jahrzehnten für die Wiederaufrichtung der Papst-Kirche als alleinige Verkünderin des wahren Glaubens. Er wird scheitern.

Spanien bleibt katholisch. Die dunkle Zeit der Inquisition erreicht unter Karl, vor allem aber unter seinem Nachfolger Philipp II. einen weiteren grausamen Höhepunkt. Die deutschen Kurfürsten jedoch sind gespalten. Die Landesherren, die sich zur Reformation bekennen, tun dies nicht nur aus Glaubensüberzeugung. Sie wollen es keinesfalls zulassen, dass die römische Kirche Einfluss auf die Politik in Deutschland gewinnt.

Mit der Reformation beginnt sich in Deutschland eine Sonderentwicklung abzuzeichnen. Neben Spanien ist auch Frankreich ein erzkatholisches Land. Dort ist der Katholizismus Staatsreligion. Die Protestanten sind eine unterdrückte Minderheit und die innerfranzösischen Glaubenskämpfe werden rasch und brutal zugunsten der Katholiken entschieden. In England bricht Heinrich

VIII. mit dem Papst und gründet eine eigene, an den Protestantismus angelehnte Staatskirche, deren Oberhaupt bis heute der englische König ist. Nur die schottischen Stuarts können für eine kurze Epoche den Katholizismus als politische Kraft nutzen. Die Niederlande werden nach der Befreiung von der spanischen Herrschaft ebenso protestantisch, wie es Dänemark und Schweden schon sind.

Deutschland dagegen bleibt konfessionell in den kommenden Jahrhunderten zweigeteilt. Nicht nur die vielen selbstständigen Fürstenherrschaften, sondern auch die Glaubensspaltung sind eine politische Hypothek, die das europäische Mittelreich anfällig für innere Unruhen und Bedrängungen von außen machen. In der Vollversammlung der Reichsstände, im Reichstag, kommt es bei fast allen Diskussionen und Gesetzesinitiativen zu heftigen Auseinandersetzungen zwischen den beiden konfessionellen Lagern. Ein Dauerproblem ist die Verbindlichkeit der Beschlüsse, die gefällt werden. Die evangelischen Mitglieder legen immer wieder Protest ein (daher der Begriff Protestanten), wenn die Katholiken ihre Mehrheit rücksichtslos zur Durchsetzung eigener Interessen nutzen. Das Misstrauen der Protestanten führt schließlich 1531 zur Bildung des Schmalkaldischen Bundes. Er ist als Verteidigungsbündnis gedacht, wird aber von Karl nicht ganz zu Unrecht als Provokation empfunden. Der Kaiser geht mit militärischen Kräften gegen die Evangelischen vor und besiegt sie. Aber die Lage bleibt gespannt, denn Karls Popularität in Deutschland ist inzwischen beträchtlich gesunken. Er kann nicht verhindern, dass Frankreich Metz einnimmt und bis an den Rhein vorstößt. Ohne Geld und ohne Truppen muss er in diesem Konflikt sogar über die Alpen nach Italien fliehen.

Katholiken und Protestanten blockieren sich auch nach der Niederlage des Schmalkaldischen Bundes. Der Schock, den Luthers Erfolge in Rom auslösen, führt zu katholischen Kirchenreformen, mit denen die verloren gegangene Glaubwürdigkeit von Papst und Klerus gestärkt werden soll. Der Erfolg dieser Gegenreformation ist beachtlich. 1534 gründet der Spanier Ignatius von Loyola den Orden der Gesellschaft Jesu. Ziel der Gemeinschaft ist die Festigung und die Verbreitung des katholischen Glaubens. Die Jesuiten unterhalten eigene Schulen und Universitäten, an denen sie ihren Nachwuchs geistig ausbilden und bestens geschulte Lobbyisten des Papstes erziehen. Mitglieder des Ordens werden an vielen katholischen Königs- und Fürstenhöfen Berater und Beichtväter. Ihr Einfluss auf die Politik ist kaum zu unterschätzen.

Das Machtvakuum, das im Reich immer deutlichere Züge annimmt, nutzen Markgrafen und andere Territorialherren zu Raubzügen in den Nachbarregionen. Der Kaiser kann aus der Sicht seiner Untertanen die ihm auferlegte Rolle als Friedensbewahrer in Deutschland nicht mehr glaubhaft ausfüllen. Karl braucht zudem die Stimmen der evangelischen Kurfürsten, um seine Nachfolge zu sichern. Er kann sich einen Dauerkonflikt mit den protestantischen Wahlherren nicht mehr leisten. Die Krise des Reiches erzwingt es schließlich, auf dem Augsburger Reichstag von 1555 einen Friedenskompromiss zu finden, dem auch der Kaiser zustimmen muss.

Karl V. resigniert und geht in ein Kloster. Die Verhandlungsführung in Augsburg überlässt er seinem zweiten Sohn Ferdinand. Die erhoffte Wahl des anderen Stammhalters, Philipp, zum kaiserlichen Nachfolger für das Gesamtreich, kann er bei den Kurfürsten nicht mehr durchsetzen. In Deutschland herrscht jetzt Ferdinand I. als Kaiser und König. Philipp II. erhält Spanien und die Niederlande.

Der Augsburger Religionsfriede schafft ein »Grundgesetz« mit 144 Paragraphen. Sein Hauptziel ist es, den konfessionellen Streit im Reich zu beenden. Katholiken und Lutheraner garantieren sich wechselseitige Toleranz. Die Freiheit des einzelnen Christenmenschen, sich zur Glaubensgemeinschaft seiner Wahl zu bekennen, gibt es allerdings nicht. Die Religionszugehörigkeit des Landesherren ist für seine Untertanen zwingend. Wer regiert, bestimmt, was zu glauben ist. Begehrt ein Landesbewohner dagegen auf, wird er zwar nicht mehr verbrannt, aber er muss auswandern. Siebzig Jahre wird dieser Kompromiss halten. Dann brechen die alten Wunden mit voller Macht wieder auf.

... und der Dreißigjährige Krieg verwüstet es

Warum brechen Kriege aus? In der Regel deswegen, weil die Kontrahenten nicht mehr bereit sind, die anstehenden Probleme und Konflikte durch Verhandlungen und Kompromisse zu lösen. Habgier, Dummheit, moralische Skrupellosigkeit oder – in seltenen Fällen – Selbstverteidigung spielen seit dem Beginn der Menschheitsgeschichte immer dann eine entscheidende Rolle, wenn die Diplomaten schweigen und die Waffen sprechen. Auch wenn es die gesellschaftlichen Eliten sind, die über Krieg oder Frieden entscheiden, völlig schuldlos sind die Völker nicht. Zu leicht lassen sich die Massen von Hass und Fanatismus treiben, zu schnell unterliegen sie der Propaganda der Kriegstreiber und Spekulanten, die auf mit Blut erkauften Gewinn setzen. Noch in unseren Tagen erleben wir, wie rasch es selbst in Demokratien gelingt, Feindbilder zu schaffen. Mit Lügen und Halbwahrheiten rechtfertigen politische Führungen die von ihnen beschlossenen Kriegszüge. Patriotismus und nationales Pathos werden beschworen, wo es in Wirklichkeit um Öl und Wahlsiege geht.

Auch der Dreißigjährige Krieg ist keine unabwendbare Katastrophe gewesen, sondern das Werk von Menschen, denen es um Macht und Geld geht. Trotzdem ist es in seiner ersten Phase vor allem ein Konfessionskrieg, der Deutschland verwüstet und für 100 Jahre aus dem Mächteparallelogramm Europas herauskatapultiert. Wie so oft, wenn Kriege ausbrechen, ahnt auch dieses Mal wohl keiner der Kontrahenten, welche militärischen und politischen Dimensionen der Aufstand der böhmischen Stände gegen ihren Habsburger Herrscher bald erreicht. Erst recht kann keiner glauben, dass er drei Jahrzehnte dauern wird.

Der entscheidende Auslöser ist die Unfähigkeit der Katholiken und der Protestanten, den beim Reichsfrieden in Augsburg gefundenen Ausgleich zu stabilisieren. Immer deutlicher zeigt sich, dass die Katholiken nicht bereit sind, ihre Vormachtstellung in Deutschland entsprechend den Augsburger Beschlüssen zurückhaltend zu gebrauchen. Sie besitzen mit dem Kaiser und dem traditionell zweiten Mann im Reich, dem Erzbischof von Mainz, die höchsten Ämter. In der Runde der Kurfürsten sind die Katholiken ebenso in der Mehrheit. Die Erfolge der Gegenreformation haben ihr Selbstbewusstsein gestärkt und da sie Gott ohnehin auf ihrer Seite wissen, denken sie gar nicht daran, die Ängste und Sorgen der Protestanten zu berücksichtigen. Diese fühlen sich in ihrer Minderheitenposition bedroht und beobachten mit wachsendem Misstrauen das Vorgehen der katholischen Partei. Die aktivsten Protestanten möchten die Reichsverfassung am liebsten unterlaufen, da sie auf den Reichs- und Kurfürstentagen gegen eine katholische Mehrheit stehen.

Die Polarisierung zwischen Katholiken und Protestanten ist der entscheidende Schritt, der zum Krieg führt. Klar wird dies schon im Jahr 1608, als der Reichstag von Regensburg wegen unüberbrückbarer Gegensätze der beiden Parteien platzt. Vorangegangen ist der Streit um die Reichsstadt Donauwörth. Hier leben überwiegend Protestanten. Die katholische Minderheit, es sind um die Jahrhundertwende noch 16 Familien, handelt so, wie die protestantischen Unionisten im heutigen Nordirland. Ihre jährlichen Heiligenprozessionen enden ganz bewusst auf dem Marktplatz der Stadt. Eine Provokation für die Evangelischen. Es kommt zu Prügelszenen und Fahnenschändungen. Der zuständige Bischof schaltet den Reichshofrat ein, dessen katholische Mehrheit verhängt die Reichsacht über die Stadt. Die Durchführung dieser Entscheidung wird in die Hände des bayerischen Herzogs Maximilian gelegt, obwohl Donauwörth im protestantischen Schwaben liegt. Eine bedenkliche Beugung des Rechts und eine neuerliche Demütigung für das nervöse evangelische Lager. Der bayerische Herzog verschärft die Situation noch einmal, indem er die Stadt seinem Herrschaftsbereich einverleibt.

Auf dem Reichstag in Regensburg kommt es dann zum Eklat. Der Konflikt um Donauwörth wird von der katholischen Seite heruntergespielt. Mehr noch, sie fordert, dass alle seit dem Augsburger Frieden von 1555 rechtswidrig angeeigneten Gebiete zurückgegeben werden. Die Protestanten, um deren Herrschaftsbereiche es geht, sehen mit diesem Vorstoß alle ihre Befürchtungen bestätigt und verlassen empört Regensburg. Bis auf eine Ausnahme wird der Reichstag, diese wichtige politische Klammer des Reiches, erst wieder 1640 zusammentreten. Die Reichsverfassung, auf die sich die Parteien in Augsburg geeinigt hatten, ist praktisch außer Kraft gesetzt.

Unmittelbare Folge dieses Dramas ist die Bildung zweier Bündnisse: der Evangelischen Union und der Katholischen Liga. Man stellt sich auf Krieg ein. Besonnene Mahner gibt es auf beiden Seiten, aber wie immer in solchen Zeiten aufgeheizter Stimmungen verhallen ihre Worte ungehört. Den Ton geben jetzt die Radikalen an, die unter Berufung auf Gott und Glauben das Land in den Krieg treiben.

Die (protestantischen) Böhmen proben den Aufstand, da sie sich durch verschiedene, von der Gegenreformation durchgesetzte Maßnahmen in ihren noch von Kaiser Rudolf II. gewährten Freiheitsrechten eingeschränkt sehen. Als der in Wien residierende Kaiser und böhmische König Ferdinand II. eine Gesandtschaft nach Prag schickt, um die rebellischen Untertanen zur Ordnung zu rufen, werfen diese die Wiener Diplomaten wütend aus dem Fenster der Prager Burg. Der »Prager Fenstersturz« wird zum unmittelbaren Anlass des Kriegsausbruchs. Die erschreckten Vertreter des Kaisers landen unsanft, aber lebendig auf den Heuhaufen, die unter den Fenstern liegen. Darauf schickt Ferdinand seine Truppen in Richtung Prag, wo sich die Führer der Revolte inzwischen auf die Wahl eines neuen Königs geeinigt haben. Es ist der Kopf der protestantischen Union, der pfälzische Kurfürst Friedrich V. Da seine Königsherrschaft nur einen Winter währt, geht er als »Winterkönig« in die Geschichtsbücher ein. 1620 kommt es vor den Toren Prags, am Weißen Berg, zur entscheidenden Schlacht. Die kaiserlichen Truppen bereiten den Böhmen eine verheerende Niederlage. Wenig später werden die Anführer des Aufstandes, es sind die bedeutendsten Vertreter des böhmischen Hochadels, auf dem Prager Marktplatz hingerichtet. Ihr Besitz wird enteignet und fällt in die Hände derjenigen böhmischen Familien, die sich gegen den Aufstand ihrer Landsleute gestellt und an der Seite Ferdinands gekämpft haben. Einer der großen Gewinner der Schlacht am Weißen Berg ist Albrecht Wenzel Wallenstein, der in den kommenden Kriegsjahren als kaiserlicher Heerführer eine herausragende Rolle spielen wird. Böhmen wird rekatholisiert und die Tschechen verlieren bis 1918 ihre Eigenständigkeit.

Eigentlich ist mit dem Sieg Ferdinands die Sache erledigt. Aber nun setzt ein Mechanismus ein, der den Krieg zu einer unendlichen Geschichte machen wird. Der bayerische Herzog fordert von Kaiser Ferdinand das pfälzische Kurfürstentum, das der nach London geflohene Ex-König von Böhmen verloren hat. Bayerische Truppen marschieren in der Pfalz ein, was die protestantischen Grafen von Mansfeld und Halberstedt motiviert, in den Krieg und für die Rechte Friedrichs V. einzutreten. Die Spirale der Gewalt ist nicht mehr zu stoppen. Katholisches Kreuzzugsdenken und protestantische Untergangsängste schüren den Flächenbrand, der nun in Deutschland ausbricht.

Was dem böhmischen Krieg folgt, ist in seiner Vielschichtigkeit verwirrend und eskaliert zu einer militärischen Kampagne, an der alle wichtigen europäischen Mächte beteiligt sind. Auf deutschem Boden tragen sie lange schwelende Konflikte aus, die immer weniger mit dem konfessionellen Streit zu tun haben, der noch am Anfang des Krieges gestanden hat. Spanien und Frankreich kämpfen um die Vormacht auf dem Kontinent; Dänemark und Schweden geht es um die Herrschaft über die Ostsee; die niederländischen Generalstaaten wollen die Gunst der Stunde nutzen und erheben sich gegen die spanischen Besatzer; England stellt sich – wenn auch weitgehend passiv – auf die Seite der Holländer, denn es will Spaniens Macht nicht länger an der gegenüberliegenden Küste dulden; Kaiser Ferdinand II. vertritt die Gegenreformation; Schwedens König Gustav Adolf den Protestantismus; die Generale Wallenstein und Tilly suchen Reichtum und Ruhm. Mancher wechselt in diesen Jahrzehnten die Frontlinien. Gustav Adolf, die große Hoffnung der Protestanten, fällt 1632 in der Schlacht bei Lützen. Ferdinand II., auch er stirbt schon 1637, schickt seinem so erfolgreichen, ihm und der Katholischen Liga aber bald zu mächtig werdenden General Wallenstein Meuchelmörder ins Quartier nach Eger.

Es gibt Perioden der Ermüdung in diesem scheinbar endlosen Krieg und Zeiten neuer heftiger Kampfeshandlungen. Nicht alle Regionen Deutschlands fallen der Zerstörung gleichermaßen zum Opfer. Norddeutschland, das Hessische, die Pfalz, Bayern oder der fränkische Raum aber gehören zu den Landstrichen, die immer wieder von Verwüstungen, Plünderungen und Schlachten heimgesucht werden. Schon 1620 erscheint ein Pamphlet, das die Lage Deutschlands bitterlich beklagt: »Wie viele stehen herum und warten, o Deutschland! Um sich in deine Gewänder zu teilen? Sind sie nicht schon vielen versprochen, die nur auf die Stunde deiner Zerstörung warten? Wie lange noch glaubst du im Wohlstand verbleiben zu können?«

Johann Hans Jakob Christoffel von Grimmelshausen (1621–1676)

Der Dreißigjährige Krieg ist für die Deutschen ein Trauma geblieben. Er wurde ihnen zum Symbol für mörderische Schlachten, Brandschatzungen, Folter und Vergewaltigungen. Erst die tiefen Zivilisationsbrüche der Kriege und Völkermorde des 20. und 21. Jahrhunderts haben die Bilder von diesem nun über 350 Jahre zurückliegenden Drama allmählich überdeckt. Dass er so lange mahnend und warnend in unserem Gedächtnis geblieben ist, verdanken wir neben zahlreichen Dokumenten und Flugblättern aus den Kriegsjahren nicht zuletzt auch einem Bestseller. Johann Hans Jakob Christoffel von Grimmelshausen veröffentlicht 1668 ein Buch unter dem Titel *Der abenteuerliche Simplicissimus Teutsch.* Er erzählt darin die Geschichte eines jungen Mannes, der in das Räderwerk des Krieges gerät und Zeuge des vielfachen Grauens wird, den er erzeugt. Simplizissimus, der Einfältige, wird als Zehnjähriger durch einfallende Landsknechte vom Hof seines Vaters im Spessart verjagt. Nach einigen Jahren bei einem Einsiedler gerät er nach Hanau und kommt dort unter die Obhut des Stadtkommandanten. Es beginnt seine abenteuerliche Reise durch den Krieg, an dem er zeitweise selbst aktiv teilnimmt. Grimmelshausen erzählt seine Geschichte in Ich-Form in der Tradition des spanischen Schelmenromans. Aber der Krieg als schicksalhafter Hintergrund der vielen Erlebnisse seines Helden bleibt immer präsent.

Der Verfasser wächst im hessischen Gelnhausen auf, einer kleinen protestantischen Reichsstadt, in der damals 1500 Menschen leben. 1634 erreicht ihn der Krieg, die Bevölkerung der Stadt flieht in die Festung Hanau. Der 14-jährige Knabe schließt sich dem Leibdragonerregiment des kaiserlichen Feldmarschalls Graf Hans von Götz an. Wie seine Romanfigur Simplicissimus nimmt er an verschiedenen Feldzügen teil. Nach dem Krieg tritt er zum Katholizismus über, heiratet eine wohlhabende Frau und erhält eine Amtsstelle im württembergischen Gaisbach. Später betreibt er eine Gastwirtschaft und erlangt schließlich 1667 die Schultheißenstelle im benachbarten Renchen. Wie am Anfang, so überschatten auch am Ende kriegerische Auseinandersetzungen sein Leben. Dieses

Mal ist es der niederländisch-französische Krieg, vor dessen Bedrückungen der Schultheiß seine Mitbürger zu schützen versucht. Am 17. August 1676 stirbt Grimmelshausen, der durch seinen *Simplicissimus* unsterblich geworden ist.

Am Ende versickert der Krieg in Landsknechtschrecken und Ermattung. 1648 wird endlich im katholischen Münster (mit Frankreich) und im protestantischen Osnabrück (mit Schweden) der Westfälische Friede unterzeichnet. Hat es Sieger gegeben? Zweifellos ist es den intriganten, schlauen und weitblickenden Kardinälen Richelieu und Mazarin als Kanzler Frankreichs gelungen, die Position ihres Landes im Krieg und dann in den Friedensverhandlungen erheblich zu stärken. Der Traum der französischen Außenpolitik, die »natürliche« Grenze am Rhein, hat sich fast verwirklicht. Unter König Ludwig XIV., der 1643 als fünfjähriges Kind den Thron besteigt und Frankreich bis zu seinem Tod 1715 regieren wird, verbreitet sich bald der Glanz des Hofes von Versailles über ganz Europa. Wie man sich dort kleidet, schminkt, welche Bücher, Schauspiele oder Opern dort diskutiert werden, das findet an allen europäischen Höfen ein lebhaftes Echo. Deutsche Groß- und Kleinherrscher pressen ihre Untertanen aus, um sich ihr eigenes Versailles bauen zu können. Französisch wird die Sprache der Gebildeten. Es beginnt nach dem Ende des Dreißigjährigen Krieges das französische Jahrhundert.

Spanien muss den Verlust seiner europäischen Vormachtstellung hinnehmen. Schon vor dem Friedensschluss spaltet sich Portugal ab und der Aufstand in Katalonien schwächt die Monarchie. Sie verliert in den Friedensverhandlungen endgültig die spanischen Niederlande. Der teure und verlustreiche Krieg mit Frankreich zieht sich bis 1659 hin. Spanien besitzt zwar noch seine amerikanischen Kolonien, aber die Macht endet jetzt an den schneebedeckten Gipfeln der Pyrenäen.

Der große Verlierer des langen Krieges aber ist das »Heilige Römische Reich Deutscher Nation«. So jedenfalls haben es die Historiker uns berichtet. Ganz jedoch stimmt das nicht. Die Klagen über die Zerstörung des Reiches durch den schrecklichen und langen Krieg stammen vor allem aus dem 19. Jahrhundert. Es ist die Zeit der nationalen Euphorie und die Geschichtsdeuter wollen ein besonders düsteres Bild der vergangenen Jahrhunderte malen, damit das Licht der preußischen Reichs- und Einigungspolitik um so heller erstrahlen kann. Richtig ist natürlich, dass die endlosen Feldzüge zahlreiche Regionen in Deutschland ruiniert und Millionen von Menschen nicht nur um ihr Hab und Gut, sondern um ihr Leben gebracht haben. Wenn Wallenstein, Tilly oder die evangelischen Heeresführer mit ihren Truppen in eine Region einmarschieren und wie Tilly zum Beispiel die Stadt Magdeburg 1631 komplett niederbrennen, holen sich die Landsknechte Proviant, Beute und Frauen von den Höfen der Bauern oder aus den Häusern der besetzten Städte. Ihre Opfer werden gefoltert, damit sie versteckte Viehherden oder Schmuckstücke preisgeben. Der Mord an Zivilisten gehört zum Alltag des Krieges. Die Menschen verrohen, Elend breitet sich aus. Nach 30 Jahren Krieg ist die Bevölkerung um ein Drittel geschrumpft, ganze Landstriche sind entvölkert. Viele Felder liegen brach und verwildern. Die Reichsstädte sind nur noch ein Schatten ihrer einstigen Größe. Deutschland liegt wirtschaftlich am Boden. Diejenigen, die mit dem Leben davongekommen sind, leiden Hunger und bangen um ihre Existenz.

Aber – und das ist zunächst einmal das Wichtigste – es herrscht endlich Frieden im Reich. In den Abkommen von Osnabrück und Münster werden die Beschlüsse von Augsburg aus dem Jahr 1555 nicht nur bestätigt, es gibt auch erhebliche Verbesserungen. Die von den Katholiken immer wieder bestrittenen Besitzstände der evangelischen Seite werden bestätigt. Wenn künftig ein Herrscher die Konfession wechselt, können die Untertanen bei dem einst eingeführten Glauben bleiben. In Augsburg hatte die calvinistische Glaubensgemeinschaft noch keine Stimme, seit den Unterschriften unter den Friedensverträgen stehen die Calvinisten gleichberechtigt neben den Katholiken und Lutheranern. Das Reich ist befriedet worden und so haben es die Menschen trotz aller Not damals auch empfunden.

Armut im Land, Macht und Reichtum bei den Fürsten

Unter den ökonomischen und politischen Folgen des Dreißigjährigen Krieges werden die Deutschen jedoch noch lange zu leiden haben. Die ersten Nachkriegsjahrzehnte sind äußerst schwierig. Die Kaisermacht ist deutlich geschwächt. Der Absolutismus der Landesfürsten wird zum herrschenden politischen Prinzip. Unter verschärfter Berufung auf die schon vor dem Krieg gültige »Teutsche Liberalität« betonen die Territorialherren ihre Unabhängigkeit. Der Kaiser ist nun bei allen Regierungsentscheidungen an die Zustimmung der Reichsstände gebunden. Diese können dagegen unabhängig vom Votum des Kaisers Bündnisse schließen, wenn sie nicht gegen ihn oder das Reich gerichtet sind.

Doch schon bald zeigt sich, dass sich der Kaiser keineswegs zur Marionettenfigur der Fürsten degradieren lassen muss. In der fast 50-jährigen Herrschaftszeit von Leopold I., die 1658 beginnt, erringt die Reichsspitze wieder eine bedeutende politische Rolle. Die Kurfürsten sind untereinander zerstritten, und die Herrscher der kleineren, schwächeren Fürstentümer scharen sich um den Kaiser. Sie suchen angesichts der Machtambitionen der Großen den kaiserlichen Schutz und wehren sich daher aus verständlichem Eigeninteresse gegen eine Lockerung der Reichsbande. Der Konflikt zwischen dem Kurkolleg, dem Gremium der Kurfürsten, und dem Fürstentag, der Versammlung der kleineren Territorialherren, stärkt die Kaisermacht.

Hinzu kommen neue außenpolitische Bedrohungen. Die Türken stehen 1683 vor den Toren von Wien. Die Stadt war 1529 schon einmal belagert worden, doch jetzt sieht es so aus, als ob die Truppen von Großwesir Kara Mustafa tatsächlich einmarschieren würden. Die Reichsfürsten scharen sich um den Kaiser. Erst der glänzende Sieg des Prinzen Eugen über das osmanische Heer beendet den 200 Jahre währenden Albtraum. Die Türken sollen so schnell vor den habsburgischen Soldaten geflüchtet sein, dass sie ihre Kaffeesäcke in der Hektik des Rückzugs einfach stehen ließen. Im Westen versucht sich Frankreich unter Ludwig XIV. erneut in Richtung Rhein auszudehnen. Französische Truppen marschieren in den Niederlanden ein, verwüsten die Pfalz und zerstören das Heidelberger Schloss.

Die außenpolitischen Bedrohungen und der innenpolitische Zwist zwischen den Territorialherren hat das Auseinanderfallen des Reiches nach dem Dreißigjährigen Krieg verhindert. Leopold I. leistet durch das geschickte Ausbalancieren der verschiedenen Länderinteressen dazu einen erheblichen Beitrag. Seinen Nachfolgern gelingt dies nicht mehr. Die Habsburger dehnen nach dem Sieg über die Türken ihre Herrschaft auf den Balkan aus. Die Kaiser in Wien sind künftig mit dem Regieren ihrer Erblande so intensiv beschäftigt, dass sie sich nicht mehr um die Reichspolitik kümmern können oder wollen. Mit der Zeit wachsen Österreich, Preußen, Sachsen, Hannover und auch Bayern zu Mächten heran, deren politische Größe den Reichsverband sprengt. Preußen wird unter Friedrich dem Großen zu einer europäischen Großmacht, dessen militärische Stärke die Nachbarn zwischen Bewunderung und Furcht hin und her schwanken lässt. Der Wettiner August der Starke, Kurfürst von Sachsen, wird auch König von Polen. Der Kurfürst von Hannover besteigt als König Georg I. den englischen Thron. Selbst die bayerischen Wittelsbacher versuchen gelegentlich europäische Großmachtpolitik zu betreiben. Auch die prächtigen Kaiserkrönungen im Frankfurter Dom können nicht darüber hinwegtäuschen, dass die Reichsspitze im politischen Alltag nur noch ein Papiertiger ist. Andere Mächte beginnen jetzt den Fortgang im Reich zu bestimmen.

Im 18. Jahrhundert zeigt sich zudem eine neue politische Werteskala: Nicht mehr herkömmliche Privilegien, altgewohnte Herrschertraditionen oder Ständeordnungen bestimmen die Kraft und Größe eines Staates. Jetzt entscheiden die verfügbaren Ressourcen eines Landes über seine außenpolitischen Möglichkeiten. Wie groß die Bevölkerungszahl ist, wie sich die Wirtschafts- und Wehrkraft entwickelt, das bestimmt nun immer stärker die Politik der Mächte. Damit wächst die Überlegenheit Preußens und Österreichs gegenüber den kleineren deutschen Mächten. Wien und Berlin berufen sich immer selbstbewusster auf ihre Eigenstaatlichkeit. Den Reichsverband empfinden beide Regierungen nur noch als störend und lästig. Am Ende schauen alle gebannt auf das Kräftemessen zwischen diesen beiden Giganten.

Absolutistisch regieren die Landesherren ihre Territorien, verschwenden das von den Untertanen erarbeitete und abgepresste Vermögen mit ihren Mätressen, bauen sich Schlösser und Lusthäuser und legen sich Bilder- und Skulpturensammlungen zu. Das Mäzenatentum der Fürsten hat uns herrliche Kunstwerke hinterlassen. Aber der Preis, den die Menschen der damaligen Zeit dafür zahlen müssen, ist sehr hoch. Denn der einfache Bauer – und im 17. und 18. Jahrhundert leben immer noch 80 Prozent der Deutschen auf und von dem Land – kämpft gegen die bittere Armut, die sein ganzes Leben begleitet. Hunger und Elend herrscht in den Dörfern und Hütten. Auf den Schlössern blendet den Adel dagegen ein scheinbar nie endender Reigen von Maskenbällen, Komödien- und Ballettaufführungen, Wasserspielen und Feuerwerken, illustren Jagdgesellschaften und Galadiners. Mancher deutscher Fürst wird bald viele seiner Landeskinder als Soldaten nach Amerika verkaufen, um die vom Luxusleben geleerten Schatullen wieder zu füllen.

Eine Besonderheit in Deutschland sind nach dem Dreißigjährigen Krieg die »Hofjuden«. Die exzessive Hofhaltung der Fürsten verschlingt Unsummen, weshalb sie ständig auf der Suche nach neuen Geldquellen sind. So holen sie sich im Bank- und Finanzgeschäft kundige Juden an ihre Höfe. Diese haben häufig weit verzweigte Geschäftsverbindungen, die sie für die eigenen und die Geschäfte ihrer Landesherren nutzen. Aufgabe ist es, den Staatsschatz durch Kredite und die ihnen überlassene Eintreibung der Steuern zu vermehren. Als Gegenleistung erhalten sie eine Vielzahl von Privilegien. Dazu gehört in der Regel die Befreiung des jüdischen Hofmannes und seiner Handelswaren von allen inländischen Gebühren und besonderen Judenabgaben. Ihren persönlichen Kontakt zum Landesherren versuchen viele von ihnen zu nutzen, um die jüdischen Gemeinden vor neuen Sonderbelastungen oder gar der Vertreibung zu schützen.

Diese Erfolge an den Fürstenhöfen bedeuten für Deutschland eine Zäsur in der Entwicklung des Verhältnisses der Juden zu ihrer Umwelt. Es handelt sich bei den an den Höfen wirkenden Juden zwar nur um eine kleine Minderheit, aber ihre herausgehobene Tätigkeit beschert den Gemeinden nach einer langen Periode des wirtschaftlichen Niedergangs wieder einen Aufwärtstrend im Wirtschaftsgefüge des Reiches. Waren die Juden in der Vergangenheit in ihrer Berufstätigkeit eingeengt und diskriminiert, öffnet das Auftreten der Hofjuden vielen ihrer Glaubensgenossen ein erweitertes Berufsspektrum. Das ist der Anfang eines Emanzipationsprozesses, der den deutschen Juden im Laufe des 19. Jahrhunderts zumindest die formale Gleichberechtigung bringt.

Die andere Seite ist düster. Steuereintreiber und Fürstenknechte sind im Volk nie beliebt. Gleichgültig ob es sich um Juden oder Christen handelt. Da es hier aber um Geldgeschäfte geht, verstärkt das Wirken der Hofjuden alle alten Vorurteile der Judenhasser. Sie machen die jüdischen Bankiers für die auf Befehl der Fürsten erfolgten Bedrückungen des Volkes verantwortlich.

Joseph Süß Oppenheimer (etwa 1698–1738)

Das vielleicht berühmteste Beispiel für den Aufstieg und Fall eines deutschen Hofjuden ist Joseph Süß Oppenheimer. Geboren wird er als Sohn eines jüdischen Händlers in Heidelberg. Seine Karriere als Kaufmann und Bankier führt ihn von dort nach Frankfurt. Im Jahr 1732 lernt er bei einem Kuraufenthalt den württembergischen Erbprinzen Karl Alexander kennen. Dieser dient als Offizier im kaiserlichen Heer, kämpft an der Seite des berühmten Prinzen Eugen von Savoyen vor Belgrad gegen die Türken und lebt, wenn er nicht im Feldlager ist, in Wien. Der jüdische Kaufmann und Karl Alexander verstehen sich gut. Süß Oppenheimer wird Schatullenverwalter des Erbprinzen und stellt ihm einen Kredit in Höhe von 80 000 Gulden zur Verfügung. Eine kluge Investition, denn als Karl Alexander Herzog wird, macht er den Wächter über sein Privatvermögen zum Geheimen Finanzrat. Oppenheimer unterstützt seinen Förderer in den Auseinandersetzungen mit den württembergischen Ständen und hilft ihm bei der Errichtung einer absolutistischen Herrschaft. Der Finanzrat ist Anhänger des damals in vielen europäischen Staaten gültigen Merkantilismus, also eines vom Staat gelenkten Wirtschafts- und Handelssystems.

Oppenheimer verstärkt den Aufbau von Porzellan- und Seidenmanufakturen, gründet eine Bank und führt in Württemberg das Salz-, Wein- und Tabakmonopol ein. Für sich pachtet er eine Lotterie. Und nicht nur der Losverkauf an die Württemberger wird für ihn zu einem einträglichen Geschäft. All diese Unternehmungen kommen der Kasse des Herzogs und nicht zuletzt seinem eigenen Geldbeutel zugute. Als Oppenheimer beginnt das agrarische Württemberg in einen modernen Wirtschaftsstaat umzuwandeln, erfährt das Land einen ungeahnten Aufschwung. Doch die Neuerungen, die der Finanzrat einführt, haben ihre Schattenseiten, denn sie sind mit vielen Härten für die Landesbewohner verbunden. Heftige Widersprüche gegen Oppenheimers Politik werden laut, Neid und Missgunst regen sich, und rasch ist »der Jude« wieder an allem schuld.

Noch am Tag des plötzlichen Todes von Herzog Karl Alexander wird Joseph Süß Oppenheimer verhaftet. In einem langwierigen Staatsprozess werfen ihm seine selbst ernannten Richter vor, sich auf Kosten des Landes bereichert zu haben. Am Ende steht ein Willkürurteil: Vor den Toren Stuttgarts wird Oppenheimer am 4. Februar 1738 am Hohen Eisernen Galgen aufgehängt. In den folgenden Jahrzehnten beschäftigt sich eine Flut von judenfeindlichen Flugschriften und Broschüren mit den angeblichen »Verbrechen« des herzoglichen Hofjuden, was den allgemeinen Hass auf die Juden weiter schürt. Der deutsche Schriftsteller Lion Feuchtwanger, dessen Bücher von den Nazis verbrannt werden, schildert 180 Jahre später in seinem einfühlsamen und erfolgreichen Roman *Jud Süß* das traurige Schicksal Oppenheimers. Hitlers Propagandaminister Joseph Goebbels dagegen wendet die Geschichte ins Klischee vom gierigen und geilen Hofjuden und lässt in den Jahren des Zweiten Weltkriegs den antisemitischen Film *Jud Süß* drehen.

Nach dem Dreißigjährigen Krieg gibt es im Alten Reich mehr als 1800 Territorien, die einer eigenen Herrschaft unterliegen und – zumindest an den Höfen – ein prachtvolles Gegenbild zur Realität des Elends der einfachen Menschen errichten. Zu einer einheitlichen Nation kommt es im Zeitalter des Absolutismus nicht. Wegen dieser in unerreichbare Ferne gerückten politischen Einigung wird Johann Gottfried Herder noch im späten 18. Jahrhundert die These von der Kulturnation propagieren. Denn wenn es schon keine politische Einigung gebe, dann verbinde doch Literatur und Sprache alle Menschen, die in deutschen Landen leben. In Wirklichkeit aber kocht jeder Fürst in Deutschland sein eigenes politisches Süppchen.

Auf die Frage, ob es für die Deutschen ein Unglück gewesen ist, dass sie im 17. und 18. Jahrhundert nicht wie die meisten europäischen Mächte einen Nationalstaat gebildet haben, lässt sich nur schwer eine eindeutige Antwort finden. Der Föderalismus hat sicherlich die kulturelle Vielfalt verstärkt und keineswegs zum Schaden des Selbstbewusstseins der Regionen gibt es in den einzelnen Ländern viele fruchtbare Eigenentwicklungen. Andererseits haben die vielen Zoll- und Mautgrenzen oder die unterschiedlichen Landesgesetze und -vorschriften den Handel und die Industrialisierung gebremst. Das Reich gerät gegenüber England und Frankreich wirtschaftlich ins Hintertreffen. Die ungeheure Dynamik der deutschen Wirtschaft entfaltet sich erst, als die Deutschen in einem geeinten Nationalstaat leben.

Manche Historiker führen den aggressiven und schließlich in die Diktatur des Dritten Reiches einmündenden deutschen Nationalismus im 19. und 20. Jahrhundert auf die »verspätete« Gründung des Nationalstaates zurück. Weil sie sich von den großen Nachbarnationen ständig angegriffen fühlen und angesichts ihrer staatlichen Zersplitterung immer etwas selbstmitleidig glauben im Konzert der Mächte zu kurz zu kommen, seien die Deutschen schließlich besonders wilde Nationalisten geworden. Sicher ist, dass der deutsche Nationalstaat, so wie er sich dann zwischen 1890 und 1945 entwickelt, dem eigenen Volk und seinen Nachbarn nicht zum Glück ausgeschlagen ist.

Die Pracht des Barock

Die Jahrhunderte des Alten Reiches bringen auch in der Kunst- und Geistesgeschichte eine Loslösung vom mittelalterlichen Denken. Italien erlebt vorher eine atemberaubende Hochrenaissance, deren Bauwerke noch heute Millionen Touristen nach Florenz oder Siena, nach Venedig oder Rom locken. Dann überwältigt in der ersten Hälfte des 16. Jahrhunderts die Pracht des Barock die europäischen Höfe und Städte. Es ist die letzte einheitliche, über einen langen Zeitraum währende Kunstepoche, die Europa kennt. Zunächst sind es vor allem die italienischen Baumeister, die von den Fürsten gerufen werden, um die Residenzen auszubauen, Schlösser, Paläste und Kirchen mit ihren ausladenden barocken Fassaden zu errichten. Die katholische Kirche ist gestärkt aus den Glaubenskämpfen hervorgegangen, was sich im Glanz der üppigen kirchlichen Innenräume widerspiegelt. Gewaltige mit Putten verzierte und bunt bemalte Kuppeln, prächtige Altäre, weit geschwungene Kanzeln und strahlende Heiligen- und Christusbilder: Der Glaube erweist sich auch als ein Triumph der Ästhetik. Die Protestanten dagegen werden zu radikalen Bilderstürmern, karg und farblos sollen ihre Gotteshäuser sein. Die Gläubigen sollen sich von den Bildern nicht blenden lassen und nur auf das Wort, die Bibel, vertrauen. Im evangelischen Holland und Flandern aber führen Rembrandt, Franz Hals, Jan Vermeer und viele andere die Malerei auf einen neuen Höhepunkt. Düsterer sind die Bilder im katholischen Spanien.

Anders sieht es in Deutschland aus. Nach Albrecht Dürer, der 1520 stirbt, bleibt die deutsche Malerei im 16. Jahrhundert ohne bemerkenswerte Leistungen. Die weltliche Architektur dagegen erreicht auch bei uns beachtliche Höhen. Bald zeugen in Bremen oder Augsburg prachtvolle Rathäuser vom Selbstbewusstsein der Stadtbürger. Die Territorialherren bauen ihre Residenzstädte aus – Stuttgart, Mannheim, Karlsruhe, München oder Dresden. Mathematische Logik und Rationalität leiten das Denken der Städtebauer: Kerzengerade Straßenzüge und eine Stein gewordene Geometrie der Wohnviertel, gewaltige, in ihren Ausmaßen wohl proportionierte Adelspaläste, hinter denen sich abgezirkelte Schlossanlagen ausdehnen, und die von neuem Reichtum zeugenden Handelshäuser prägen die barocke Architektur.

Das Barock entfernt sich von den dunklen Prophezeiungen drohender Weltuntergänge. Die konfessionellen Konkurrenz- und Machtkämpfe sind keineswegs überwunden, auch der Aberglaube der Menschen sitzt noch tief. Daneben jedoch macht sich der Optimismus der absolutistisch herrschenden Elite bemerkbar, die zu glauben beginnt, es gebe für die Menschheit Hoffnung und Fortschritt und das Leben sei ein ununterbrochenes, rauschendes Fest. Für die Wohlhabenden im Land sind die düsteren Zeiten vorüber. Das neue Lebensgefühl verschafft sich Ausdruck in Kunst und Kultur. Die Musik wird strahlender und verkündet eine neue Harmonie des Klangs. Der Venezianer Claudio Monteverdi findet den Übergang vom sakralen Gesang zur weltlichen Oper, die im 17. Jahrhundert ihren Triumphzug durch die Theater Europas antritt. Heinrich Schütz begründet einen Neuanfang der deutschen Musik, die bald Weltgeltung erringt. Die Passionen Johann Sebastian Bachs und die Oratorien Georg Friedrich Händels bringen die Wende von der Kirchenmusik des Mittelalters zur Welt des Liedes und des Tanzes. Am Ende, das Rokoko wird zur letzten Überspitzung des Barock, verzaubern die Serenaden, Symphonien und Opern von

Haydn und Mozart ein immer größer werdendes Publikum, das sich zu Konzerten in den Schlössern oder zu Opernbesuchen in den Hoftheatern versammelt.

Johann Sebastian Bach (1685–1750)

Mit dem in Eisenach geborenen Sohn eines Geigers und Hofmusikers beginnt eine lange Reihe bedeutender deutscher Musiker, die bis heute die Konzertprogramme in aller Welt mit ihren Werken ausfüllen. Johann Sebastian Bach ist zunächst und vor allem Kirchenmusiker, und seine Werke geraten nach seinem Tod weitgehend in Vergessenheit. Erst im 19. Jahrhundert wird der Leipziger Komponist Felix Mendelssohn-Bartholdy Bachs Passionen wieder öffentlich zur Aufführung bringen und damit den überwältigenden Nachruhm dieses Musikers begründen. Der Philosoph Friedrich Nietzsche – er komponiert selbst – schreibt 1870 enthusiastisch an einen Freund: »In dieser Woche habe ich dreimal die Matthäuspassion gehört, jedes Mal mit dem selben Gefühl der unermesslichen Bewunderung. Wer das Christentum völlig verlernt hat, der hört es hier wirklich wie ein Evangelium.«

Der Lebensweg dieses Musikers ist unspektakulär. Noch gibt es nicht den Geniekult, der Organist und Komponist Bach fühlt sich zeit seines Lebens als Handwerker und nicht als Künstler. Früh wird er Waise und kommt nach dem Besuch der Eisenacher Lateinschule und des Lyzeums in Ohrdruf 1700 nach Lüneburg. Dort tritt er in den Chor der Michaelisschule ein und wird im Alter von 18 Jahren Violinist im Kammerorchester des Herzogs von Sachsen-Weimar. Der Protestant Bach macht seine Orgelprüfung in der Neuen Kirche von Arnstadt. In den kommenden Jahrzehnten wird er seinen Lebensunterhalt vor allem als Kantor und Kirchenorganist verdienen. Fast alle seine Werke – die vielen Orgelstücke, Kantaten und Arien, die Passionen – komponiert er für den sonntäglichen Gottesdienst oder für Aufführungen an den großen christlichen Festtagen Ostern und Weihnachten.

Bach nimmt verschiedene Organisten- und Orchesterstellungen in Weimar, Mühlhausen und Halle an. 1723 wählt ihn die Gemeinde der Thomaskirche in Leipzig zum Kantor. Ein Jahr später wird die Johannespassion aufgeführt. Fünf Jahre darauf erklingt zum ersten Mal die Matthäuspassion.

Bach reist viel, ist ein begehrter Orchestermusiker und Organist. 1736 wird er »Hof-Compositeur« des sächsischen Kurfürsten. Die Familie wächst, Bach ist zweimal verheiratet und zwanzig Kinder werden geboren. Neun von ihnen überleben. Seine Söhne werden ebenfalls Musiker und vor allem die Symphonien und Kantaten von Carl Philipp Emanuel finden eine beachtliche Zuhörerschaft. 1750 stirbt Johann Sebastian Bach an einem Schlaganfall.

Er ist ein gläubiger Mensch und praktizierender Lutheraner. Seine private Bibliothek enthält zahlreiche geistliche Werke. Musik, so sagt er einmal, sei »anders nicht, als nur zu Gottes Ehre und zur Recreation des Gemüths« gedacht. Seine Biografen erzählen, dass er von dem Gedanken an den Tod geradezu besessen gewesen ist. Im alltäglichen Kampf um ein ausreichendes Auskommen und in seinen öffentlichen Bekundungen erweist er sich als braver Stadtbürger. Ein ernster Mann ist dieser Johann Sebastian Bach, von protestantischer Pflichterfüllung beseelt und sparsam bis zum Geiz. Er gilt als starrköpfig, jähzornig und schwierig. Aber ein großer Musiker ist er geworden. Der Komponist Max Reger schreibt 140 Jahre nach Bachs Tod an einen Bekannten: »Glauben Sie mir, all die harmonischen Sachen, die man heutzutage zu erfinden sucht und die man als so großen Fortschritt anpreist, die hat unser großer unsterblicher Bach schon längst viel schöner gemacht!«

Fast vergessen ist heute die deutsche Barockliteratur. Denn was sagen uns noch Namen wie Martin Opitz oder Andreas Gryphius? Allenfalls der treue Gottesdienstbesucher kennt noch einige Lieder von Paul Gerhardt, zum Beispiel das feierliche »Oh Haupt voll Blut und Wunden ...«. Und natürlich, aber davon ist schon erzählt worden, den Grimmelshausen und seinen *Simplicissimus.* Die barocke Literatur steht noch ganz im Zeichen der dreißig Jahre währenden Kriegserfahrung, die in den Köpfen der Menschen noch nicht verwunden, von der Pracht der Höfe jedoch überstrahlt wird. Sie spiegelt die Spannung zwischen Diesseits und Jenseits wider, in der die Menschen des 17. Jahrhunderts leben. Lebensfreude und Todessehnsucht, die Wahrheit des Scheins und der Schein der Wahrheit sind die Pole, zwischen denen sich die Texte der barocken Dichter bewegen: Alles ist vergänglich und wir leben in einem großen Welttheater.

Von Preußen bis zur Paulskirche

Der Aufstieg des Landes, das schließlich zur beherrschenden Macht im deutschen Reich werden wird, beginnt erst nach dem Dreißigjährigen Krieg. Es ist das von der Hohenzollern-Dynastie regierte Preußen. Die Geschicke Deutschlands sind bald untrennbar mit den Entwicklungen dieses Staates verbunden. Am Anfang steht Friedrich VI., Burggraf von Nürnberg. 1411 ernennt der deutsche Kaiser Sigmund seinen treuen Hauptmann zum Verwalter der Mark Brandenburg. Er wird Kurfürst und setzt durch, dass seine Söhne und Enkel ihn beerben. Preußen, die dünn besiedelte, arme und fern vom Kerngebiet des Reiches liegende Provinz im Osten, wird 1618 mit Brandenburg vereinigt. Kurz danach kommt das niederrheinische Kleve hinzu. Die Territorien des Kurfürsten sind über das Reich verstreut, und so bleibt es in den kommenden Jahrhunderten das Ziel, eine Landbrücke zu schaffen, die die Herrschergebiete verbindet. Denn Preußen will eine Vormacht werden, nicht nur im Norden des Reiches.

»Andere Staaten besitzen eine Armee, Preußen ist eine Armee«

1640 übernimmt Friedrich Wilhelm I., der »Große Kurfürst«, die Regierung. Bei den Friedensverhandlungen in Osnabrück gewinnt sein Kurfürstentum Halberstadt, Minden und Magdeburg hinzu. Friedrich Wilhelms Plan, sich ganz Pommern einzuverleiben, scheitert allerdings. 1675 kommt es im Krieg mit Schweden zur Schlacht von Fehrbellin, die später von der preußischen Geschichtsschreibung mit starken nationalistischen Tönen hochgejubelt wird. Zu Unrecht: Obwohl der Große Kurfürst ein schlagkräftiges Heer aufgebaut hat, aus dem dann die preußische Armee hervorgehen wird, endet die Schlacht unentschieden. Außer vielen gefallenen Landeskindern hat sie den Brandenburgern nichts eingebracht. Am Ende der Kämpfe muss Friedrich Wilhelm das eroberte Vorpommern wieder herausrücken.

Der Große Kurfürst hat diesen Ehrentitel wohl deswegen erhalten, weil er mit dem Aufbau einer effizienteren Verwaltung, mit der ersten Ansiedlung der aus Frankreich vertriebenen Hugenotten, der Gründung von Manufakturen und dem Bau von Kanälen entscheidende Anstöße für die wirtschaftliche und staatliche Entwicklung Brandenburgs gegeben hat. Friedrich Wilhelm stärkt die absolutistische Zentralgewalt in seinem Kurfürstentum. Die preußischen Historiker feiern ihn als Begründer der preußischen Großmacht, obwohl das Land in seiner Regierungszeit noch weit davon entfernt ist, eine herausragende Rolle in Europa zu spielen.

Sein Sohn Friedrich muss sich mit innerfamiliären Machtkämpfen auseinander setzen, aber es gelingt ihm, die Einheit des Landes zu erhalten. Die Heiratsdiplomatie treibt Preußens Aufstieg weiter voran. Friedrich ehelicht die intelligente Sophie Charlotte, die Tochter des Kurfürsten von Hannover. Dieser ist ein Urenkel des schottischen Königs Jacob I., Sohn der auf Befehl von Königin Elisabeth I. hingerichteten Maria Stuart. Nach dem Aussterben der Stuarts wird der Hannoveraner 1714 als Georg I. König von England. Da er zugleich Kurfürst bleibt, wird England durch die Doppelfunktion seiner Herrscher künftig erheblichen Einfluss auf die Reichspolitik in Deutschland nehmen können. Aber zunächst einmal nutzt der Machtzuwachs des Hannoveraners seinem Schwiegersohn im fernen Preußen.

1701 wird Friedrich I. der erste König Preußens. Diesen Herrschertitel verleiht ihm Kaiser Leopold I. als Dank für die Unterstützung, die Brandenburg-Preußen im spanischen Erbfolgekrieg den Habsburgern gewährt. Frankreich auf der einen und Österreich und England auf der anderen Seite streiten sich um den verwaisten spanischen Königsthron. Friedrich profitiert davon. Beim Friedensschluss in Utrecht kann Preußen sein Herrschaftsgebiet im Westen ausweiten. Friedrich ist eitel und verschwenderisch. Er liebt die barocke Repräsentationspracht des Absolutismus. Das kostet mehr Geld, als die Staatskasse hergibt. Seine geistvolle Frau fördert Wissenschaft und Künste. Die bald berühmte Berliner Akademie der Wissenschaften wird begründet und im noch recht ländlichen Berlin entwickelt sich barockes Bildungsstreben.

König Friedrich Wilhelm I. ist das genaue Gegenteil des die Staatsfinanzen überfordernden Vaters. Ein knorriger, geistig schlichter Mann sitzt seit 1713 auf dem preußischen Thron. Berlin erlebt keine glänzenden Hoffeste und Paraden mehr. Der neue preußische König spart eisern. In kurzer Zeit hat er den Landeshaushalt wieder ins Gleichgewicht gebracht. Seine ganze Leidenschaft gilt dem Militär. Er rüstet Preußen auf und voller Stolz lässt er täglich seine »langen Kerls« exerzieren. Das körperliche Mindestmaß, das die Soldaten seiner Leibgarde aufweisen müssen, ist aus heutiger Sicht keineswegs überwältigend. Aber damals gilt ein Mann von 1,75 Metern schon als kleiner Riese. Als »Soldatenkönig« geht dieser Friedrich Wilhelm in die Geschichtsbücher ein und als harter Vater des Mannes, der Preußen im Laufe seiner Regierungszeit gleichberechtigt an die Seite der Großmächte Frankreich, England und Österreich zu stellen weiß.

Friedrich der Große (1712–1786)

Kaum ein anderer Herrscher der Neuzeit hat die Fantasie der Deutschen mehr beschäftigt als Preußens König Friedrich II. Sein Lebensweg, sein politischer Erfolg und seine eigenwillige Persönlichkeit machen es schwer, ein gerechtes Urteil über das Wirken dieses Herrschers zu fällen. Unstreitig hat er Preußen machtpolitisch mehr gestärkt als alle seine Vorgänger. Seine militärischen und diplomatischen Erfolge, seine Wirtschaftspolitik und die von ihm energisch vorangetriebene Entwicklung Ostpreußens haben den Staat der Hohenzollern neben dem Österreich der Habsburger zum wichtigsten Land im Reich aufsteigen lassen. Friedrich fühlt sich als aufgeklärter Herrscher. Er schafft 1740 in Preußen die Folter ab und bereitet ein Allgemeines Landrecht vor, das zum ersten (und in der Geschichte einzigen) Mal alle Gesetze in einem Werk vereinigen soll. Seine aufgeklärten Bildungsideen führen zu einer Verbesserung des Volksschulunterrichts und der Lehrerausbildung.

Die Kehrseite der Medaille: Friedrich II. raubt Österreich in drei langen und verlustreichen Kriegen Schlesien. Seine risikoreichen und – wie wir heute sagen würden – völkerrechtswidrigen militärischen Unternehmungen fordern einen hohen Blutzoll unter seinen Soldaten und verwüsten große Teile des Staates. Seine Unternehmungen führen Preußen an den Rand des Abgrunds. Nur ein Glücksfall, der Tod seiner Erzfeindin, der Zarin Elisabeth, und damit der Zusammenbruch der anti-preußischen Koalition, retten ihn und seinen Staat vor dem Untergang. Friedrich gibt sich zwar als Freund der Aufklärung, bleibt aber ein absoluter Herrscher. Er behandelt seine Umgebung – den Adel, die Generäle, die Verwaltungsbeamten – mit autoritärer Verachtung. Das Wort des Königs steht über dem Gesetz. Die jungen preußischen Männer werden unter Friedrich zu jahrelangem, von grausamen Strafen begleitetem Soldatendienst gezwungen.

Herangewachsen ist Friedrich in der spartanischen und strengen Umgebung des Soldatenkönigs. Während dieser in Berlin mit einigen auserwählten Generälen und adligen Hofbeamten beim abendlichen Tabakskollegium herbe Scherze pflegt oder sich am Paradeschritt seiner langen Kerls freut, tanzt der musisch begabte und sensible Kronprinz auf Schloss Rheinsberg die Nächte durch oder spielt zum Ergötzen seiner Hofgesellschaft eigene Kompositionen auf der Flöte. Begierig liest er die Schriften der französischen Aufklärer und träumt von einem Königtum, an dessen Hof Geist und Bildung herrschen. Er will ein ganz anderer König werden als der ungeliebte Vater.

Dieser, immer erregter und zorniger über die Lebenshaltung des Sohnes, greift ein und zwingt den Kronprinzen, sich mit Fragen des Militärs und der Verwaltung auseinander zu setzen. »Er ließ nicht mit sich spaßen«, wird Friedrich Jahrzehnte später über seinen Vater sagen, »wer ihm bei schlechter Laune unglücklicherweise in die Quere kam, bedachte er plötzlich mit Stockhieben und Tritten in den Hintern.« Schlimmer noch, der cholerische Herrscher demütigt den Thronfolger vor seinen Generälen, Ministern oder der Dienerschaft immer wieder mit wüsten Beschimpfungen.

Friedrich, erdrückt von der Übermacht und den Gewalttätigkeiten des Soldatenkönigs, versucht sich ihm gegenüber zu verstellen, ihn durch scheinbare Unterwerfung zu täuschen. Die Verschlagenheit, mit der er dann später als König seinen Gegnern häufig gegenübertritt, sie mag mit dieser so früh eingeübten und erzwungenen Lebenshaltung zu tun zu haben. Das gilt auch für Friedrichs viel gerühmten Durchhaltewillen. In seiner Jugend muss er alle Erniedrigungen und Quälereien geduldig ertragen, bis seine Stunde, die Übernahme des Königsamtes, kommen wird. Nicht anders empfindet er in den niederschmetternden Stunden des Krieges, als nach mehreren Niederlagen auf dem Schlachtfeld scheinbar alles verloren ist. Wieder, wie in den bitteren Jugendjahren, wartet er auf den Augenblick, der sein Schicksal wendet.

Höhepunkt des Vater-Sohn-Konflikts ist ein Fluchtversuch des jungen Friedrich, zu dem er seinen Freund, den Leutnant von Katte, überredet. Die Sache scheitert, auf Befehl des Vaters wird Katte vor den Augen Friedrichs hingerichtet und der Kronprinz wird in strenger Haft gehalten. Friedrich bricht zusammen und gibt äußerlich jeden Widerstand gegen die väterlichen Anordnungen auf. Nach Küstrin beordert, wo er auf ausdrücklichen königlich-väterlichen Befehl keine französischen Bücher lesen und keine Musik spielen darf, hat er sich dem Studium von Militär und Verwaltung zu widmen. Er akzeptiert auch die vom Vater geforderte Heirat mit der ungeliebten Elisabeth Christine von Braunschweig.

1740 hat die schlimme Zeit ein Ende. Friedrich wird König. Kurz darauf stirbt in Wien Kaiser Karl VI. Seine Nachfolge soll die Tochter Maria Theresia antreten. Ein umstrittenes Unterfangen, denn die Thronfolge ist ursprünglich nur einem männlichen Erben vorbehalten. Der preußische König nutzt die Schwierigkeiten der jungen Habsburgerin kalt aus und marschiert in Schlesien ein. Für den Raubzug steht ihm das vom Vater aufgebaute und bestens ausgebildete Heer zur Verfügung. An seine Seite treten Frankreich und Bayern. Es kommt zu den beiden Schlesischen Kriegen, denen dann 1756 der Siebenjährige Krieg folgt. Friedrichs Kriegspolitik entwickelt sich schließlich zu einem militärischen Dauerkonflikt, dessen Beben auch in Nordamerika zu spüren ist. Franzosen und Engländer, die mit und gegen Preußen kämpfen, liefern sich in ihren nordamerikanischen Kolonien zahlreiche Schlachten. In ihren Reihen kämpfen viele Hessen oder Sachsen, die von ihren Landesherren an die Kriegsparteien nach Amerika verkauft worden sind.

In allen diesen Kriegen steht Preußen übermächtigen und wechselnden Koalitionen gegenüber. Für die gläubige Katholikin Maria Theresia ist der Landräuber in Berlin der Teufel. Den Verlust Schlesiens verschmerzt sie nie. Friedrich nutzt die konfessionellen Spannungen im Reich geschmeidig für seine Interessen aus, stilisiert sich als Gegenspieler der Wiener Hofburg und kann so einen breiten Widerstand der Reichsstände gegen den Kaiser mobilisieren. Militärische Triumphe und bittere Niederlagen begleiten ihn auf seinen Kriegszügen. Die Ortsnamen der Schlachten – Zorndorff, Rossbach, Hochkirch oder Kunersdorf – gehen in die preußischen Geschichtsbücher ein. Der König wird zur Legende und steht für die Nachfahren leider bald für ein Preußen, das es so nie gegeben hat. Auch Adolf Hitler konnte damit noch erfolgreich bei den Deutschen hausieren gehen.

1763 kommt es zum Frieden von Hubertusburg. Preußen behält Schlesien, und seine Großmachtrolle wird bestätigt. Jetzt kann sich Friedrich der Große dem inneren Aufbau Preußens zuwenden. Alle Anweisungen und Verwaltungsinitiativen gehen vom absolut herrschenden König aus. Die Beamtenschaft hat seine Befehle und Anordnungen strikt auszuführen. Für Eigeninitiativen gibt es in Preußen weder in der Verwaltung noch beim Militär viel Raum. Der Adel stellt die Offiziere und die höheren Verwaltungsbeamten, um Handel und Gewerbe haben sich die Bürger zu kümmern. Die bevölkerungsarme Region Ostpreußen – Westpreußen gehört zu Polen – wird besiedelt, Sumpflandschaften ausgetrocknet, Seiden- und Textilmanufakturen auf königlichen Befehl gegründet. Friedrichs Bewunderer preisen diese Taten überschwänglich. Das ist nicht ganz falsch, aber solche Entwicklungen liegen völlig im Trend der Zeit.

Der König ist rastlos tätig. In den letzten Lebensjahrzehnten wird es trotzdem immer einsamer um den »Alten Fritz«. Frauen spielen in seinem Leben seit jeher keine Rolle. Die Ehefrau wird von ihm unmittelbar nach seiner Thronbesteigung aus seiner engeren Umgebung verbannt. Er ist kinderlos, und Freunde hat ein Herrscher wie er nur ganz wenige. Wie seinem Bruder Heinrich sind auch Friedrich II. homoerotische Neigungen nicht fremd. Menschenverachtung gegenüber seiner Umwelt bestimmt die Haltung dieses Königs. Über seine hämischen Witze können die, die er damit treffen und demütigen will, nur schwer lachen. Er spricht und schreibt französisch. Für die deutsche Kultur und Sprache hat der König nur Spott und Hohn übrig. Zeitweise lebt der berühmte französische Aufklärer Voltaire an seinem Hof, bis Friedrich ihn glaubt in die Schranken weisen zu müssen und verjagt. Am Ende, von körperlichen Schmerzen geplagt, sitzt er mit seinen Windhunden auf der Terrasse seines Potsdamer Schlosses Sanssouci und wartet auf den Tod.

Für viele Generationen ist Friedrich und das von ihm geprägte Preußen zum Vorbild geworden. Seine mit Gewalt durchgesetzten Eroberungen bilden die Grundlage für die Entwicklung des preußischen Militarismus. Schon Honoré de Mirabeau, Präsident der französischen Nationalversammlung in den Revolutionstagen von 1789/91, formuliert den treffenden Satz: »Andere Staaten besitzen eine Armee, Preußen ist eine Armee.« Bis 1945 spielt die Armee in der deutschen Gesellschaft eine entscheidende und verhängnisvolle politische Rolle. Friedrichs so enthusiastisch gefeierter Durchhaltewillen in den Schlesischen Kriegen ist im Grunde nichts anderes gewesen, als der verzweifelte Versuch sich dem durch eigene Leichtfertigkeit drohenden Sturz in den Abgrund zu entziehen. Im Ersten und im Zweiten Weltkrieg werden die militärischen und politischen deutschen Führungseliten sich immer wieder auf diese Haltung des preußischen Königs berufen, um die unabwendbare Niederlage unter hohen Blutopfern um Jahre hinauszuzögern. Für viele Generationen deutscher Väter und Lehrer wird die Erziehung des jungen Friedrich, die ihn seelisch zweifellos tief verstört hat, ebenfalls zum Vorbild. Hat der Soldatenkönig nicht bewiesen, dass ein verweichlichter Flötenspieler und schöngeistiger Tänzer nur hart angefasst werden muss, damit er dann im Erwachsenenleben seine Pflicht tut?

Friedrich der Große ist ein Herrscher des aufgeklärten Absolutismus gewesen. Sein Handeln und sein Denken bleibt der Zeit verhaftet, in der er lebt. Er ist also nicht verantwortlich dafür zu machen, dass die Nachgeborenen sein Lebenswerk und seinen Charakter für ihre eigenen nationalistischen Ideologien idealisieren und instrumentalisieren. Ein Herrschervorbild ist dieser preußische

König aber sicherlich nicht. Nur wer glaubt, dass der Machtzweck jedes Mittel heiligt, kann ein Verehrer dieses letztlich skrupellosen Politikers sein. Jedenfalls haben die vielen Legenden von den angeblichen »preußischen Tugenden« – Pflichtbewusstsein, Ehrlichkeit, Pünktlichkeit, Tapferkeit – seiner Eliten in Adel und Beamtenschaft den Deutschen nicht gut getan. Am Ende verneigt sich dieses Preußen auch vor dem Emporkömmling Hitler. Der letzte Generalfeldmarschall der Hohenzollern, Paul von Hindenburg, ernennt als Reichspräsident im Januar 1933 Hitler zum Reichskanzler. Die Offiziere der deutschen Wehrmacht, die sich immer wieder auf ihre friderizianische Tradition berufen, folgen ihrem Oberbefehlshaber und Führer fast widerspruchslos in einen verbrecherischen Vernichtungskrieg. Ehrenvoll haben die wenigen deutschen Männer und Frauen gehandelt, die in den Jahren des Dritten Reiches unter Einsatz ihres Lebens versucht haben, Deutschland vor der Barbarei zu bewahren oder den Verbrechen des Dritten Reiches eine Ende zu machen. Darunter sind auch preußische Adlige und Bewunderer Friedrichs des Großen gewesen.

In den letzten Lebensjahren Friedrichs II. erreicht Preußen einen ersten Höhepunkt. Mit der Eroberung Schlesiens katapultiert sich der Staat an die Spitze der deutschen Länder. Nur noch Österreich kann mithalten und versucht in den kommenden Jahrzehnten Preußens Einfluss auf die deutsche Politik in Grenzen zu halten. Friedrichs Nachfolger verspielen aber auch ohne Zutun der Habsburger vieles von dem, was für Preußen erreicht worden ist. Friedrich Wilhelm II., sein Neffe, liebt die Frauen mehr als sein Land. Ihm folgt Friedrich Wilhelm III., der 43 Jahre lang die preußischen Geschicke zu lenken versucht. Ein zögerlicher, ängstlicher Herrscher in für Preußen schweren Zeiten.

Freiheit, Gleichheit, Brüderlichkeit!

Nach dem Tod Friedrichs des Großen rücken ganz andere Orte und Geschehnisse in das Zentrum der europäischen und deutschen Geschichte. Am 14. Juli 1789, der Preußenkönig ist drei Jahre vorher gestorben, stürmt der Pariser Pöbel die Bastille, das Staatsgefängnis der französischen Hauptstadt. Es ist das Signal für den Beginn einer historischen Wende: Die Französische Revolution beendet die über Jahrhunderte währende Herrschaft des Adels in Frankreich. Der Ruf

»Freiheit, Gleichheit, Brüderlichkeit« erschüttert die europäischen Throne und Fürstenhäuser. Ein epochales Ereignis findet statt, denn es wird nicht nur die Geschichte des 19., sondern auch die des 20. Jahrhunderts beeinflussen.

Die Französische Revolution ist nicht vom Himmel gefallen. Ihr vorausgegangen ist das Zeitalter der Aufklärung. Zunächst sind es Wissenschaft und Kunst, Philosophie und Technologie, die neue Perspektiven eröffnen. Dann beginnen die Ideen der Aufklärung politisch zu wirken. Vor allem in Frankreich, England und Deutschland erscheinen Bücher und Schriften, die ein neues Welt- und Menschenbild entwerfen. Den Naturwissenschaftlern gelingen bahnbrechende Neuentdeckungen. Mit der Produktion von Schwefelsäure, Soda und Chlor werden beispielsweise die Grundlagen der modernen Chemie geschaffen. Leonhard Euler und Pierre Simon Laplace entwickeln die Anfänge der modernen Zahlentheorie und bieten den Kollegen aus den Nachbarwissenschaften mathematische Grundlagen, die zur Berechenbarkeit und Verallgemeinerung ihrer Experimente und Erfindungen unabdingbar sind. Die Brüder Montgolfier steigen mit einem Heißluftballon in die Lüfte und machen einen Menschheitstraum wahr. James Watt baut die erste Dampfmaschine. Jahrtausende hat der Mensch schwere Handarbeit leisten müssen, die nun eine Maschine mit vielfach stärkerer Kraft für ihn übernehmen kann. In England setzt die Industrialisierung ein, die in den kommenden 200 Jahren das Leben der westlichen Zivilisation verändern wird. Der Schotte Adam Smith schreibt sein Buch *Der Wohlstand der Nationen* und begründet damit die Theorie des modernen Kapitalismus. Eine Volkswirtschaft wird sich nur dann optimal entfalten, meint er, wenn jeder an sich selbst zuerst denkt und versucht, einen möglichst hohen Gewinn zu erzielen. Ein solcher Egoismus zerstört nach der Theorie des Schotten die sozialen Grundlagen einer Gesellschaft nicht, weil es den Tauschhandel gibt: »Gib mir, was ich brauche, und du sollst haben, was du brauchst.« Der Kapitalismus ist bis heute die beherrschende Gesellschafts- und Wirtschaftsideologie der westlichen Staaten geblieben. Lauter neue, aufsehenerregende und vom rationalen Denken befruchtete Ideen gebiert das 18. Jahrhundert. Die Welt wandelt sich.

In Frankreich sind es die so genannten »Enzyklopädisten«, die ein »aufgeklärtes« neues Bild von der Welt entwerfen. Unter der Federführung des Schriftstellers Denis Diderot schreiben und veröffentlichen sie eine vielbändige und übersichtliche Gesamtdarstellung der Wissenschaften und Künste, die kurz die *Enzyklopädie* genannt wird. Das in einem Zeitraum von 30 Jahren entstandene Werk erläutert Begriffe und philosophisch-gesellschaftliche Erkenntnisse, Erfindungen und Entdeckungen, die den Leser ahnen lassen, welche Veränderungen die Gesellschaften erleben. Zum Kreis der Autoren gehört auch Jean-Jacques Rousseau, der in Genf geborene Sohn eines hugenottischen Uhrmachers. In seiner berühmten Schrift *Du contrat social* (zu Deutsch *Der Gesellschaftsvertrag*) preist er den politisch mündigen Bürger, der sich freiwillig dem Willen der Allgemeinheit unterwirft und so den idealen Staat schafft. In seinem damals viel gelesenen Roman *Emile* plädiert er leidenschaftlich für die natürliche und freie Erziehung der jungen Menschen. Auch Voltaire, der Dichter, Philosoph, Polemiker und Gesprächspartner des preußischen Königs Friedrichs des Großen, wird zum Vorbild für die Enzyklopädisten. Seine Kirchenkritik, die Forderung nach mehr menschlicher Wohlfahrt und die Berufung auf die Ideen der Vernunft machen ihn unter den Gebildeten seiner Zeit ungemein populär und empören die Obrigkeit. Voltaire muss viele Jahre im Exil leben.

Die Werke der Enzyklopädisten sind ein weit hörbarer Aufruf zur Befreiung des Einzelnen – aus der eigenen wie aus der gesellschaftlichen Unmündigkeit. Vernunft soll an die Stelle von Aberglauben und Unterwerfung treten. Der Mensch ist zum Guten fähig und angesichts der Errungenschaften des Geistes, die sich in den neuen Erfindungen und Denkmodellen widerspiegeln, schreitet die Menschheit nach vorn. Die Aufklärung ist optimistisch, und der Glaube an den Fortschritt wird das 19. Jahrhundert beherrschen.

Aus England und Frankreich strahlt die Aufklärung rasch auch hinüber nach Deutschland. Der Dramatiker Gotthold Ephraim Lessing, der in Berlin lebende jüdische Philosoph Moses Mendelssohn und der Universitätsprofessor im fernen Königsberg, Immanuel Kant, sind ihre berühmtesten Vertreter. Toleranz, Vernunft und die sich aus ihr entwickelnden moralischen Anforderungen an das Individuum stehen im Zentrum ihrer Werke.

Immanuel Kant (1724–1804)

Kant wird als viertes von neun Kindern eines armen Sattlermeisters im ostpreußischen Königsberg geboren. Die Eltern sind fromme Pietisten. Das Leben eines gottesfürchtigen Menschen besteht für sie aus Arbeit, Pflicht und Gebet. Im Werk des Sohnes werden diese Grundsätze in aufgeklärter Form eine wichtige, teilweise zentrale Rolle einnehmen. Das gilt auch für seine persönliche Existenz. Kant wird als Philosoph und Hochschullehrer äußerst unauffällig leben und Königsberg praktisch nie verlassen. Der tugendhafte Mann, schreibt er einmal, ist so sehr Herr seiner Leidenschaften, dass er sich kaum von ihnen beeinflussen lässt. Er ist gegenüber der Macht und dem Ansehen in der Welt so gleichgültig, dass er sie gemessen an der Pflicht für bedeutungslos hält. Kant richtet seine Existenz nach diesen Grundsätzen aus.

Die Jugend ist schwierig und der berufliche Aufstieg in der Gelehrtenwelt langwierig. »Viele Leute denken, ihre Jugendjahre seien die besten und die angenehmsten ihres Lebens gewesen«, meint er rückblickend. »Aber dem ist wohl nicht so. Es sind beschwerliche Jahre, weil man da unter der Zucht ist, selten einen eigentlichen Freund und noch seltener Freiheit haben kann.« Kant studiert in Königsberg Naturwissenschaften, Mathematik und Philosophie. Nach seiner Habilitation muss er 15 Jahre warten, bis er zum Professor für Logik und Metaphysik ernannt wird. In einem genau geregelten Tagesablauf verbringt er sein Leben zwischen dem Hörsaal in der Universität und dem häuslichen Schreibtisch, an dem seine philosophischen Schriften entstehen.

Hier formuliert er jene programmatischen Sätze, die Geschichte machen: »Aufklärung ist der Ausgang des Menschen aus seiner selbstverschuldeten Unmündigkeit. Unmündigkeit ist das Unvermögen, sich seines Verstandes ohne Leitung eines anderen zu bedienen. Selbstverschuldet ist diese Unmündigkeit, wenn die Ursache derselben nicht am Mangel des Verstandes, sondern der Entschließung und des Mutes liegt, sich seiner ohne Leitung eines anderen zu bedienen. Sapere aude! Habe Muth, dich deines eigenen Verstandes zu bedienen! ist also der Wahlspruch der Aufklärung.« Kant ist ein weit blickender Mann, der die Menschen zwingt, ihre alten Abhängigkeiten über Bord zu werfen. Den Mut zu haben, in religiösen, politischen, gesellschaftlichen, wissenschaftlichen oder philosophischen Fragen eigenständig zu denken, ist eine der wichtigsten, nach wie vor unerfüllten anti-ideologischen Forderungen der Moderne geworden. Mit seinem »kategorische Imperativ« bestimmt der Philosoph ein fundamentales sittliches Gesetz: »Handle so, dass die Maxime deines Willens jederzeit zugleich als Prinzip einer allgemeinen Gesetzgebung gelten könne.« Wenn wir so handeln, wie wir wollen, dass an uns gehandelt wird, folgen wir der Vernunft. Denn wer dieser Forderung nachkommt gehorcht nicht nur der Pflicht, sondern er geht auch den Weg der Freiheit. Sittlichkeit im Sinne des kategorischen Imperativs »befreit« den Menschen von den Mechanismen der Natur. Modern ausgedrückt heißt dies, dass der freie Mensch sich nicht seinen Trieben unterwirft. Grenzenlos ist die Freiheit trotzdem nicht. Die Beschränkung besteht darin, dass wir die Freiheit aller anerkennen müssen. Jeder Mensch, so verkündet Kant uns hoffnungsvoll, kann sich durch tägliche Übungen und selbst erworbene Überzeugungen bestimmte Handlungs- und Lebensregeln zu eigen machen. Sie werden ihm Kraft und Fähigkeit verleihen, den Lebensalltag zu bewältigen.

Persönliche Freiheit bis an die Grenzen der Freiheit des Mitmenschen, Eigenverantwortung und Verantwortung für das große Ganze der Gesellschaft – Kant ist seiner Zeit weit voraus, wenn man bedenkt, wie sehr sich nicht nur die preußischen Herrscher seines Landes, sondern auch deren selbst ernannte Nachfolger über diese Prinzipien hinwegsetzen. In seiner kleinen Schrift *Zum ewigen Frieden* hebt Kant Grundsätze hervor, deren Erfüllung uns die Verbrechen des 20. Jahrhunderts erspart hätte. »Es soll kein Friedensschluss für einen solchen gelten, der mit dem geheimen Vorbehalt des Stoffs zu einem künftigen Krieg gemacht worden«, heißt es da. Oder: »Stehende Heere sollen mit der Zeit ganz aufhören.« Oder: »Kein Staat soll sich in die Verfassungen und Regierung eines andern Staats gewalttätig einmischen.«

Bald werden sich die großen deutschen Dichter auf Kants idealistische Grundsätze berufen. Sie finden Eingang in ihre dramatischen Werke, die von Freiheit und Toleranz erzählen und den geistigen und politischen Despotismus der Fürsten geißeln. Berühmte Beispiele sind Lessings Stück *Nathan der Weise* und Schillers Schauspiel *Die Räuber*. Vor allem Schiller, im 19. Jahrhundert der auf deutschen Bühnen meistgespielte Dramatiker, ist ein Kantianer, dessen Figuren die Zuschauer moralisch und politisch herausfordern. Später wird der Idealismus vielfach mit platten patriotischen oder kriegerischen Forderungen gleichgesetzt. Der Glaube junger Menschen an die Ideale der Freiheit, ihr vaterländischer Enthusiasmus oder ihre Sehnsucht nach nationaler Gemeinschaft führen allzu häufig zu einem schrecklichen Erwachen. Nicht weil der Versuch, unsere Existenz aus Idealen und Ideen abzuleiten, falsch ist, sind Millionen auf den Schlachtfeldern geblieben, sondern weil Kants Sittengesetze und zivile Hoffnungen von den gewalttätigen Verführern missbraucht worden sind.

Die Aufklärung ist die Antwort der europäischen Intelligenz auf die Krise des Absolutismus. Dieser gibt sich in seiner letzten Phase zwar aufgeklärt, aber die Wirklichkeit des gesellschaftlichen und politischen Alltags kennzeichnen Erstarrung und Verfall. Die Armut der breiten Massen wächst in nahezu allen absolutistisch regierten Staaten ebenso wie deren Verschuldung. Die neuen Ideen und Kräfte sind trotz aller Unterdrückung nicht mehr zum Schweigen zu bringen.

1772 geschieht jenseits des Atlantiks etwas Außergewöhnliches: Die amerikanischen Siedler empören sich gegen die Steuerpolitik ihrer Kolonialherren in London. Es kommt zum Unabhängigkeitskrieg, und 1775 veröffentlichen die Rebellen eine von Thomas Jefferson verfasste Unabhängigkeits- und Menschenrechtserklärung. In ihr lösen sich 13 nordamerikanische Staaten von England. Die Erklärung verkündet Sensationen: Alle Menschen sind gleich geschaffen und von ihrem Schöpfer mit unveräußerlichen Rechten wie Leben, Freiheit und Streben nach Glückseligkeit ausgestattet. Um diese Rechte zu sichern bestehen Regierungen. Diese aber sind ohne die Zustimmung ihrer Untertanen machtlos. Werden die Menschenrechte verletzt, kann das Volk die Regierung abwählen und eine neue bestellen. Unglaublich! So etwas hatte es bisher noch nicht gegeben. Dies sind die Grundlagen, auf denen heute noch unsere modernen Demokratien beruhen.

Um ihrem Konkurrenten England im Kampf um die Vormachtstellung in Europa zu schaden, liefert die französische Monarchie Waffen an die Revolutionäre in Nordamerika. Indirekt schaufelt sie sich damit ihr eigenes Grab. Die Ideen der Aufständischen werden in Frankreich heftig diskutiert und liefern das theoretische Fundament der Revolution von 1789. Ein teures Unternehmen ist es außerdem. Frankreichs Staatsfinanzen sind ohnehin überbelastet, jetzt droht ein Staatsbankrott. 1787 ist König Ludwig XVI. gezwungen, die seit über 150 Jahren nicht mehr tagende Notabelnversammlung einzuberufen. In ihr sitzen Vertreter aus dem vermögenden Adel und der gebildeten Geistlichkeit. Der König hofft mit ihrer Hilfe eine Steuerreform durchsetzen zu können, die den Staat saniert. Da die Steuerpläne aber sogar den Adel zur Kasse bitten, stoßen sie auf Ablehnung. Der König muss die »Generalstände« mobilisieren. Neben den Angehörigen des Hochadels und des Klerus sitzen in dieser Versammlung auch Angehörige des so genannten Dritten Standes, die aus dem niederen Adel oder dem begüterten Bürgertum stammen. Deren Macht wächst in den kommenden Wochen sprunghaft an. Der Dritte Stand wird zum Motor der Revolution. Die Menschen haben das Vertrauen in die Regierenden verloren. Sie haben genug von der ewigen Bevormundung und Ausbeutung. Auflehnung liegt in der Luft. Der Historiker Alexis Tocqueville bringt es auf den Punkt: »Die Franzosen begnügten sich nicht mehr mit dem Wunsch, dass ihre Angelegenheiten besser betrieben würden, sie wollten sie selbst in die Hand nehmen.«

Dann entlädt sich der Unmut, die über die Jahrhunderte hinweg angestaute Wut auf die absolutistischen Herrscher, die letztlich nur das eigene Wohl und nicht das ihrer Untertanen im Sinn haben. »Wir lassen uns von unseren Plätzen nur durch die Macht der Bajonette vertreiben!«, hat Graf Mirabeau, der den Widerstand organisiert, gerufen. Jetzt nehmen ihn die Massen beim Wort. Der Sturm der Bastille am heutigen französischen Nationalfeiertag, dem 14. Juli, gerät zur blutigen Abrechnung mit der Obrigkeit, an dessen Ende die Gefängnisbesatzung massakriert und der aufgespießte Kopf des Kommandanten als Siegessymbol durch die Pariser Straßen getragen wird. Radikale Kräfte gewinnen unter der kurzen Herrschaft der Jakobiner und ihres Führers, des Rechtsanwalts Robespierre, bald die Oberhand. Tausende Mitglieder der Oberschicht gehen ins Exil. Die Monarchie wird abgeschafft. Ludwig XVI. und seiner Frau Marie Antoinette, eine Tochter der Habsburgerin Maria Theresia, wird der Prozess gemacht. Sie sterben auf der Guillotine. Zahlreiche Adlige und bald auch viele gemäßigte Vertreter der Revolution erleiden das gleiche Schicksal. Der Terror, den Robespierres »Wohlfahrtsausschuss« ausübt, endet mit dem Sturz des Aufrührers. Seine Hinrichtung zieht eine weitere Welle der Gewalt nach sich, die erst durch den Aufstieg des aus Korsika stammenden Generals Napoleon Bonaparte beendet wird.

Auch wenn dieser zunächst eine neuerliche Kaiserherrschaft errichtet und von Paris bis Moskau alle Völker seinem diktatorischen Regime unterwerfen will: Die Ideen der Revolution sind nicht mehr aus der Welt zu schaffen. Sie werden alle freiheitlichen Strömungen des 19. und 20. Jahrhunderts bewegen. In den von Ludwig XVI. einberufenen Generalständen hat sich erstmals der Dritte Stand energisch zu Wort gemeldet. Im Zuge der Industrialisierung wächst dann der Vierte Stand, die Arbeiterschaft, allmählich zu einer wichtigen gesellschaftlichen Macht heran. Das liberale Bürgertum beruft sich nicht weniger auf die 1789 beschworene Freiheit und Gleichheit, wie die nach 1848 aufkommende sozialistische Bewegung.

Rahel Varnhagen (1771–1833)

In den neunziger Jahren des 18. Jahrhunderts ist nicht nur in Paris, sondern auch in Berlin eine neue Kommunikationsform zu beobachten: Man trifft sich in den privaten Salons wohlhabender Bürger und diskutiert über Literatur, Theater oder Mode, klatscht über die letzte Liebesaffäre in der preußischen Hauptstadt. Freizügig sind die Gäste auch in ihren Liebesbeziehungen. Da wechselt schon gelegentlich der Partner oder die Partnerin. Die Bälle oder Tabakskollegien, die Diskussionsrunden und Gesprächskreise, das sind gesellschaftliche Formen des Meinungsaustausches und der Verbreitung von Informationen, die bislang dem Adel vorbehalten gewesen sind. Nun beginnt das aufstrebende Bürgertum sich seine eigenen Foren zu schaffen.

Das ist auch eine Folge der Aufklärung. Man liest, man diskutiert, man wird »mündig«. Der Diplomat und Gelehrte Wilhelm von Humboldt, einer der berühmten Salongäste, schreibt euphorisch: »Es hat nie eine Epoche gegeben, wo überall und auf allen Punkten die alte und die neue Zeit in so schneidenden Kontrast getreten sind.« Das Besondere: Es sind Frauen, die in den Salons endlich einen Weg sehen, sich zu emanzipieren, teilzunehmen an der öffentlichen Debatte, zu zeigen, dass sie durchaus in der Lage sind, auch bei Themen zu brillieren, die sich bislang die Männer vorbehalten haben. Natürlich ist das keine breite Bewegung. Aber Frauen wie Bettina von Arnim, die eine wichtige Rolle in der Frühromantik spielt, oder Dorothea Schlegel, die Tochter des Philosophen Moses Mendelssohn, weisen auf ein neues Bewusstsein der Frauen hin. Es handelt sich um eine doppelte Emanzipation: Denn es sind vor allem die Salons der Berliner Jüdinnen, in denen man sich trifft, plaudert, kokettiert und über alles diskutiert. Es sind nur etwa hundert Menschen, die die neue Salonkultur in Berlin pflegen. Zu den zwei berühmtesten laden Henriette Herz, Tochter eines hoch angesehenen jüdischen Arztes, und Rahel Levin, Tochter eines wohlhabenden jüdischen Bankiers, ein. Henriette und Rahel sind vorzüglich ausgebildet, sprechen Französisch, Englisch, Latein und Hebräisch, spielen Musikinstrumente und sie lesen jeden neuen Roman, den die Weimarer Klassiker und die Frühromantiker auf den Markt bringen. Goethe bewundert, wie kenntnisreich Rahel über seinen Wilhelm-Meister-Roman spricht, Prinz Louis Ferdinand komponiert am liebsten oben in der Dachkammer der Gastgeberin, wenn diese neben dem Klavier sitzt. Die Berliner Salons überwinden sogar teilweise die Klassenschranken. Es sind vor allem Schauspieler, Sänger, Schriftsteller, Gelehrte die kommen, aber auch der gebildete niedere Adel, Kaufleute, Ärzte und Juristen sind dabei. Das ist neu. In der Jägerstraße, dem Haus der Levins, ist Rahel der Mittelpunkt.

1806 stirbt nicht nur Prinz Louis Ferdinand, der Star von Rahels Salon, auf dem Schlachtfeld, sondern die Niederlage Preußens und die Besetzung Berlins durch die Franzosen lässt auch die Salons verwaisen.

1814 wird Rahel den 14 Jahre jüngeren Diplomaten Karl Varnhagen von Ense heiraten. Diese geistig so offene, aufgeklärte Frau lebt zu früh. Ihre Einsamkeit, die Grenzen, die ihr als Frau ihre Zeit immer noch unumstößlich setzt, lassen viele ihrer aufgeklärten Träume und Ideale zerbrechen. Dem eigenen Judentum steht sie ablehnend gegenüber, empfindet es als »Geburtsmakel«, lässt sich später taufen, ohne damit etwa die gewünschte und geforderte gesellschaftliche Anerkennung als Frau zu finden. Geblieben sind viele hundert Briefe, die noch einmal zeigen, wie weltoffen, menschenliebend, geistig interessiert Rahel Varnhagen gewesen ist. Sie stirbt ein Jahr nach Goethes Tod. Dieser von ihr so hoch Verehrte sagt einmal über Rahel: »Sie ist stark in ihren Empfindungen und doch leicht in ihrer Äußerung. Jenes gibt ihr eine hohe Bedeutung, dies macht sie angenehm.«

Napoleon und die Folgen

Napoleon hat fast ganz Europa umgekrempelt. In Frankreich beseitigt er im November 1799 mit einem Staatsstreich das regierende Direktorium. Er wird erster Konsul auf zehn Jahre, dann Konsul auf Lebenszeit. 1804 lässt er sich zum Kaiser krönen. Er hat die Revolution beerbt und die Herrschaft ihrer immer korrupter agierenden Vertreter beendet. Dennoch kehrt er nicht zu den alten feudalen Verhältnissen zurück. Im Gegenteil, Napoleon modernisiert die Verwaltung und das Rechtssystem und vor allem: Er saniert die französischen Staatsfinanzen.

Seinen politischen Aufstieg verdankt der Korse der steilen militärischen Karriere, die er in den Revolutionsjahren durchläuft. Als General erringt er grandiose Siege in Italien, das er für Frankreich erobert, und später in Österreich. Zupackend, als Militärstratege seinen Gegnern weit überlegen, umgibt ihn bald die Aura der Unbesiegbarkeit. Sie wird ihm zum Sprungbrett für seine politischen Erfolge.

Die Kaiser- und Königshäuser in England, Deutschland, Spanien und Russland reagieren entsetzt auf die neuen Verhältnisse in Frankreich. Allerdings endet ihr Feldzug gegen die Revolutionäre erbärmlich. Die französischen Volksheere kämpfen enthusiastisch für die neu errungenen Freiheiten. Sie werden geführt von jungen Generälen, die verwegen und ohne Rücksicht auf veraltete Lehren der Militärstrategie vorgehen. 1792 zieht sich das preußisch-österreichische Koalitionsheer in der Kanonade von Valmy, einem Ort in der Champagne, ohne Gegenwehr zurück. Die Monarchien akzeptieren einen Friedensvertrag mit den verhassten Revolutionären in Paris.

Napoleon versteht es in den kommenden Jahren glänzend das französische Heer zu führen, und er eilt von einem militärischen Triumph zum anderen. Preußen, Österreich und Russland werden in zahlreichen Schlachten immer wieder geschlagen und müssen demütigende Friedensbedingungen hinnehmen. Napoleon wird zum Herrn über Europa. Nur England kann er nicht besiegen.

Alle Versuche, die Insel durch Diplomatie oder Krieg seinen Plänen gefügig zu machen, scheitern. Die Kontinentalsperre, die Londons Handelsverkehr unterbinden und den Inselstaat aushungern soll, kann den Feind nicht in die Knie zwingen. Admiral Nelson vernichtet bei Trafalgar Frankreichs Flotte. Damit gehören die Meere der Seemacht England.

Auf dem Festland ist Napoleon erfolgreicher. Besonders für die Politik in Deutschland bleibt sein Wille zur Eroberung nicht ohne Konsequenzen. Die Nachrichten von den revolutionären Ereignissen in Frankreich werden von den Deutschen zunächst mit großer Begeisterung aufgenommen. So entsetzt die Monarchen und Fürsten sind, die Mehrzahl der Bürger und Bauern jubelt. Paris wird zur Pilgerstätte vieler deutscher Liberaler. In Mainz rufen der Weltreisende Georg Forster und andere eine Republik aus. Schon in den späten Jahren des Absolutismus haben die Dichter und Denker das feudale Herrschersystem verurteilt, das auch auf den deutschen Ländern lastet. Lessing nennt sein Theaterstück *Emilia Galotti* ebenso ein »Trauerspiel« wie Friedrich Schiller sein Drama *Kabale und Liebe*. Beide Schauspiele entstehen vor dem Ausbruch der Französischen Revolution und klagen Untaten des Feudaladels an. Mit dem Beginn des Terrors und den Berichten über die immer schneller arbeitende Guillotine kippt die Begeisterung vielerorts in Skepsis, Ablehnung und Erschrecken um. Der Dichter Christoph Martin Wieland wird in Weimar bald verächtlich vom »Sturm einer rachschnaubenden Volksmenge« sprechen und Goethe meint noch 1824 in einem Gespräch, er sei »kein Freund der Französischen Revolution«.

Napoleons Auftritt in Deutschland trifft also auf eine zwiespältige Stimmungslage. Die Patrioten, die im geschlagenen Preußen oder am Wiener Hof ihre Wunden lecken, sehen in ihm nur den verhassten Eroberer. Die rheinischen Liberalen dagegen begrüßen den »Code Napoleon«, ein auch in einigen deutschen Ländern eingeführtes Rechtssystem, das viele Errungenschaften der Revolution festschreibt: die Gleichheit vor dem Gesetz etwa oder die Trennung von Staat und Kirche. Da man am Rhein die Preußen ohnehin nicht besonders schätzt, ist man zunächst gar nicht unzufrieden mit den neuen Verhältnissen.

Napoleon hat das linke Rheinufer an Frankreich angegliedert. Zum Ausgleich für die Verluste der bislang dort regierenden Fürsten wird Deutschlands Landkarte grundlegend verändert. Bis auf das Kurfürstentum Mainz werden die geistlichen Fürstentümer säkularisiert, also dem Besitz der Kirche entzogen. Die meisten Reichsstädte verlieren ihre Unabhängigkeit und müssen sich der Landeshoheit unterwerfen. All diese Gebiete werden den Territorialstaaten zugeschlagen. Bayern, Württemberg, Baden, Hessen-Darmstadt und Preußen sind die Gewinner. Im Süden entstehen geschlossene Mittelstaaten, die in der Zeit nach Napoleon vergeblich versuchen werden, zwischen Preußen und Österreich ein kraftvolles »Drittes Deutschland« zu bilden.

Am 16. Juli 1806 unterzeichnen 16 deutsche Staaten in Paris die Gründungsakte des Rheinbundes. Seine Mitglieder erklären ihren Austritt aus dem alten Reichsverband. Sie verpflichten sich, Napoleon im Kriegsfall 63 000 Mann zur Verfügung zu stellen. Die Könige und Fürsten des Rheinbundes sind Vasallen des französischen Kaisers geworden. Auch Preußen und Österreich hängen vom guten Willen des Eroberers ab. Folgerichtig legt der Habsburger Franz II. die deutsche Kaiserkrone nieder. Das »Heilige Römische Reich Deutscher Nation« verschwindet aus der Geschichte.

Preußen begehrt schließlich unter dem Druck vieler Napoleon-Gegner auf und schickt ein Ultimatum zur Räumung der rechtsrheinischen Gebiete nach Paris. Schlecht gerüstet und von Russland nur halbherzig unterstützt erleidet es in den Schlachten bei Jena und Auerstedt zwei verheerende Niederlagen. König Friedrich Wilhelm III. und Königin Luise fliehen bis Königsberg, und die Franzosen besetzen Berlin. Preußen wird halbiert. Es verliert alle seine westlichen Gebiete.

Im Westen ordnet Napoleon die Errichtung des Königreichs Westfalen an, das er einem seiner Brüder übergibt. Braunschweig, Teile Kurhessens, Hannovers und Preußens gehören zu dem neuen Königreich. 1810 werden nicht nur Holland, sondern auch das Herzogtum Oldenburg und das norddeutsche Küstengebiet mit den Städten Hamburg, Bremen und Lübeck Frankreich einverleibt. Der kleine Korse entlässt und engagiert die deutschen Könige und Fürsten wie Angestellte und schürt damit gleichzeitig den heimlichen Widerstandsgeist seiner neuen Untertanen.

Es sind die Jahre, in denen der deutsche Patriotismus eine immer stärkere Rolle zu spielen beginnt. Die Niederlagen der preußischen und österreichischen Heere, die als demütigend empfundene Besetzung vieler deutscher Regionen durch französische Truppen und Verwaltungsbeamte wecken in Deutschland ein bisher nicht gekanntes Nationalbewusstsein. Vor allem in den Burschenschaften, den Zusammenschlüssen von Studenten, und in den Kreisen des liberalen Bürgertums regen sich die neuen nationalen Kräfte. Im Winter 1807/08 hält der Philosophieprofessor Johann Gottlieb Fichte an der Berliner Universität seine *Reden an die deutsche Nation*. Er fordert darin seine Landsleute in leidenschaftlichen Formulierungen auf, die französische Fremdherrschaft abzuschütteln und die deutsche Jugend national zu erziehen. Fichtes Reden lösen einen Begeisterungssturm aus. Friedrich Ludwig Jahn gründet 1811 die deutsche Turnbewegung. Sie wird bald zum Sammelbecken einer patriotischen Jugend, für die körperliche Ertüchtigung auch eine Antwort auf die Niederlage deutscher Heere ist. Ernst Moritz Arndt fragt, was des Deutschen Vaterland sei, und gibt selbst die Antwort: »Das ganze Deutschland soll es sein.« Heinrich von Kleist lässt seinem Napoleon-Hass in einem Gedicht freien Lauf: »Schlagt ihn tot, das Weltgericht / fragt Euch nach den Gründen nicht.« Es trägt den Titel *Germania an ihre Kinder*.

Der französische Eroberer hat den deutschen Nationalismus erwachen lassen. Napoleon, selbst ein Produkt des sich in den Revolutionsjahren entwickelnden nationalen Stolzes der Franzosen, übersieht diese Entwicklung oder vernachlässigt sie doch zumindest. Dabei wird sie einen wichtigen Anteil an seinem Untergang haben. 1812 geht seine ruhmreiche Grande Armée in Russlands eisigen Weiten unter. Wenige Monate später wechseln die Preußen die Seite, und eine begeisterte deutsche Jugend zieht in die Befreiungskriege. In der zweitägigen Völkerschlacht von Leipzig siegen die verbündeten Österreicher, Russen und Preußen. Napoleon hat ausgespielt. So klug dieser Eroberer auch seine politischen Karten einsetzt, so überlegen er als Feldherr die Armeen der europäischen Großmächte niedergerungen hat – in all diesen ruhmreichen Jahren will er nicht wahrhaben, dass ein neues Zeitalter angebrochen ist. Das nationale Pathos hat alle Völker mehr oder weniger stark erfasst. Er wird in den kommenden 150 Jahren die Bildung von wirtschaftlich mächtigen Großstaaten ermöglichen, aber gleichzeitig viel Unglück über Europa bringen. Im Kampf gegen Napoleon ist er jedoch noch unschuldig.

Metternich schafft klare Verhältnisse – für den Adel und für Österreich

Napoleon muss abdanken und wird nach Sankt Helena verbannt. Als Sieger über den »Tyrannen« feiert Europa Zar Alexander I. Schließlich hat dieser Napoleons Armee beim Feldzug gegen Russland eine vernichtende Niederlage zugefügt und damit das Ende des Despoten eingeläutet. Die neue Machtverteilung müsste sich also künftig gen Osten orientieren, wäre da nicht Klemens Wenzel

Fürst von Metternich, der an Österreichs Spitze regiert. Metternich ist ein kluger, verschlagener und machtbewusster Diplomat. Lange zögert er, bis er Österreich an die Seite der Koalition gegen Napoleon stellt, um nicht doch noch die Siegesfeier zu verpassen. Bei der Suche der europäischen Diplomaten nach einer politischen Neuordnung wird er und nicht der Zar zur zentralen Gestalt der europäischen Politik. Er vermag es die Verhandlungen zwischen den Siegern über Napoleon so zu lenken, dass Österreich zur deutschen Führungsmacht aufsteigt.

Und was ist mit Preußen? Das von den französischen Eindringlingen arg gebeutelte Land führt Reformen durch. Unter den Kanzlern Karl vom und zum Stein und Karl August Hardenberg erhält es eine moderne Verwaltungsstruktur. Die preußischen Binnenzölle fallen, die Gewerbefreiheit wird eingeführt und der Handel kann sich endlich entfalten. Die Generäle Gerhard von Scharnhorst und August Graf Gneisenau organisieren das Heer neu. Da König Friedrich Wilhelm III. auf Drängen der Reformer gerade noch rechtzeitig die Seite wechselt und das ihm von Frankreich aufgezwungene Bündnis aufkündigt, gelingt es Preußen auf den nachnapoleonischen Kongressen seine Rechte auf die verlorenen Gebiete im Westen durchzusetzen. Der Versuch, auch Sachsen unter seine Herrschaft zu bringen scheitert allerdings.

Schließlich gehört noch England zu den Siegern. Der Herzog von Wellington hat in Spanien und dann bei der letzten Schlacht, die der Korse schlug, im belgischen Waterloo, den Franzosen militärisch erfolgreich widerstanden. Die Londoner Diplomaten versuchen bei den Friedensverhandlungen ein Mächtegleichgewicht auf dem Kontinent zu etablieren. Es soll verhindern, dass England erneut von einem so übermächtigen Gegner bedroht werden kann, wie es das Frankreich Napoleons gewesen ist.

In Deutschland macht sich unter den Patrioten, die gerade noch ihr Leben im Kampf gegen die Fremdherrschaft eingesetzt haben, schon bald große Enttäuschung breit. In der Stunde der höchsten Not versprechen die deutschen Fürsten ihren Untertanen neue Verfassungen. Sie hoffen damit den Kampfeswillen ihrer Völker in der entscheidenden letzten Auseinandersetzung mit Napoleon herauszufordern. Was auch gelingt. Nach dem Sieg aber wollen sie davon nichts mehr wissen. Im Gegenteil, unter der Führung von Metternich kehren sie zu den vorrevolutionären Machtverhältnissen zurück. So herrschen in den nächsten 40 Jahren in Deutschland recht finstere Zeiten. Es ist das Zeitalter der Restauration, des Versuchs, die alte politische und soziale Ordnung wieder aufzurichten.

Klemens Wenzel Fürst von Metternich (1773–1859)

Bis zum Jahr 1848, in dem eine neue Revolution ihn aus dem Amt jagt, wird der österreichische Kanzler für die deutschen Liberalen zum Symbol fürstlicher Unterdrückung. Und das nicht ohne Grund. Geht es nach Metternich, sollen die Fürstenregierungen undurchdringliche Dämme gegen alle Verfassungs- und Demokratiebestrebungen des Bürgertums errichten. Er versucht die Zeit anzuhalten, die Privilegien des Adels zu sichern und die Errungenschaften der Französischen Revolution rückgängig zu machen. Doch letztlich stemmt sich der österreichische Politiker vergeblich gegen den Zeitgeist. Er kann die Entwicklungen für einen historischen Augenblick aufhalten, zu verhindern jedoch sind sie nicht. Spätestens mit der Industrialisierung in den deutschen Ländern verschieben sich die Machtverhältnisse. Trotzdem bleiben die Deutschen im Gegensatz zu den Franzosen und Engländern politisch unmündig. Sie leben bis 1918 unter autoritär geführten Regierungen. Dies nicht zuletzt, weil ihre Versuche, auch in Deutschland demokratische Fortschritte durchzusetzen an Metternichs antiparlamentarischer Politik scheitern.

Metternich wird 1773 in Koblenz geboren. Er stammt aus einem alten rheinisch-katholischen Adels- und Diplomatengeschlecht. Als Jüngling erlebt er in Frankfurt noch die Kaiserkrönung von Leopold II. und ist auch dabei, als dem letzten Kaiser des »Heiligen Römischen Reiches Deutscher Nation«, Franz II., die Krone überreicht wird. Er ist also durch und durch ein Mann der alten, vorrevolutionären Zeit. Seine Heirat mit der Enkelin des bedeutendsten Kanzlers aus der Epoche Maria Theresias, Fürst Kaunitz, führt ihn in die höchsten Adelskreise Österreichs und öffnet ihm die Tore des Hauses Habsburg. Er wird Gesandter in Dresden, Berlin und Paris. Hier begegnet er mehrmals Napoleon, dessen Politik und Persönlichkeit er genau studiert. 1809 wird Metternich Außenminister und nach der Völkerschlacht von Leipzig erhebt ihn König Franz I. in den Fürstenstand. 1820 wird er österreichischer Kanzler.

Metternich wird reich und der hoch gewachsene, gut aussehende Mann bleibt ein Liebling der Frauen. Der Erfolg macht ihn eitel. »Ich habe mich niemals geirrt«, schreibt er einmal einem Briefpartner. Nach einem Auftritt in der Frankfurter Bundesversammlung berichtet er seiner Frau: »Ich kam nach Frankfurt wie der Messias, um die Sünder zu retten. Der Bundestag nahm ein neues Aussehen an, sobald ich mich mit seinen Angelegenheiten beschäftigte.« »Ich war ein Fels in der Ordnung«, behauptet er am Ende seines Lebens. Als »Kutscher Europas« sieht er sich.

So selbstgefällig und unbescheiden diese Äußerungen auch klingen, es tragen tatsächlich nahezu alle außenpolitischen Entscheidungen jener Jahre Metternichs Handschrift. Der Wiener Kongress, zu dem vom 3. Oktober 1814 bis zum 9. Juni 1815 alles in der Donaumetropole zusammenkommt, was in Europa Rang und Namen hat, ist sein Meisterstück. Denn im Hintergrund der prunkvollen Hofbälle, auf denen die europäische Elite festlich gestimmt ein nachnapoleonisches Stelldichein feiert, wird handfeste Politik betrieben. Metternich gelingt es gemeinsam mit den englischen Diplomaten in zähen Verhandlungen, die Ansprüche des Zaren, ganz Polen unter seine Krone zu stellen, und die Forderung des preußischen Königs, Sachsen zu Preußen zu schlagen, zurückzuweisen. Der unter seiner Leitung stehenden Herrscher- und Diplomatenversammlung glückt das beinahe Unmögliche: Sie schafft ein Gleichgewicht der Mächte in Europa, das dem Kontinent einen fast hundertjährigen Frieden schenkt.

Zwischen 1815 und 1848 ist Metternich Deutschlands wichtigster Politiker. Erst die Massendemonstrationen und Barrikadenkämpfe im Wien des Jahres 1848 leiten den Sturz des Kanzlers ein. Der »Schutzwall«, den seine Politik zwischen Adel und Bürgertum aufgerichtet hat, ist offenbar nicht hoch genug. Bei Nacht und Nebel verlässt er Österreich und geht ins englische Exil. Die letzten Jahre lebt er auf Schloss Johannisberg im Rheingau, das ihm einst sein dankbarer Monarch Franz I. geschenkt hat.

Die deutschen Fürsten beschließen auf dem Wiener Kongress und unter Metternichs sanftem Druck die Gründung des Deutschen Bundes. Ihm gehören 35 Einzelstaaten und vier freie Städte an. Der Nachfolger des 1806 untergegangenen Heiligen Römischen Reiches Deutscher Nation ist ein föderaler und dezentraler Staatenbund. Der Sitz des Bundestages ist Frankfurt am Main. Dorthin entsenden die Mitgliedsländer ihre Vertreter, die jeweils eine genau festgelegte Stimmenzahl bei den Abstimmungen in die Waagschale werfen dürfen. Scheinbar eine demokratische Angelegenheit. Aber außenpolitisch ist der Bundestag kaum entscheidungsbefugt, und in Bezug auf die Entwicklungen in Deutschland hängt fast alles vom Votum der beiden Führungsmächte Österreich und Preußen ab. Der Deutsche Bund ist die Klammer, die die Territorialstaaten zusammenhält. Er soll dazu dienen, die unterschiedlichen Machtinteressen seiner Mitglieder durch einen friedlichen Ausgleich miteinander zu versöhnen. De facto jedoch ist er für die österreichische Politik vor allem ein nützliches Instrument, um Wiens Vormachtstellung zu sichern.

Politische Friedhofsruhe

Die Hoffnung auf Demokratie und Gleichberechtigung, die sich nach der Französischen Revolution auch in deutschen Landen geregt hat, ist trotz des neuen Deutschen Bundes schnell dahin. Die Bürger, die im Kampf gegen Napoleon für den Adel den Kopf hingehalten haben, sind wütend – und keineswegs bereit, die Festschreibung der alten Ordnung einfach hinzunehmen. Am 23. März 1819 betritt der 24-jährige Theologiestudent Karl Ludwig Sand die Mannheimer Wohnung des Schriftstellers und Publizisten August von Kotzebue. Wenige Minuten später sticht der sich mit falschem Namen vorstellende Eindringling das völlig überraschte und wehrlose Opfer mit dem Ruf »Hier, du Verräter des Vaterlandes!« nieder. Kotzebue stirbt an seinen Verletzungen. Sand wird vor Gericht gestellt, verurteilt und dem Henker übergeben.

Was hat Kotzebue getan? Der populäre Dramatiker ist kein Freund von patriotischer Romantik. Er hält nichts davon, die bestehenden Verhältnisse zu ändern und verspottet in seinem *Literarischen Wochenblatt* laut die Träume der Demokraten und Liberalen. Das ist zu viel in dieser angespannten Situation. Sand ist ein patriotischer Burschenschafter, der wie viele seiner Kommilitonen über die politischen Entwicklungen Deutschlands tief enttäuscht ist. Die gebrochenen Verfassungsversprechen der Fürsten und die nicht zuletzt durch Metternichs Politik verhinderte nationale Einigung Deutschlands radikalisieren die Studenten. Schon auf dem Wartburgfest, wo sich 1817 am vierten Jahrestag der Völkerschlacht von Leipzig Studenten der evangelischen Universitäten versammeln, werden vaterländische Reden gehalten und unter lauten Verdammungsrufen Symbole des Absolutismus wie der Prachtzopf oder der österreichische Korporalstock ins Feuer geworfen, auch Bücher unliebsamer und aus der Sicht der Burschenschafter unpatriotischer Autoren. Sand ist beim Wartburg-Spektakel dabei. Unter den verbrannten Büchern sind Kotzebues Spott-Schriften. Die kosten ihn das Leben.

Doch Sands Tat erzeugt Gegengewalt. Metternich nämlich wartet nur auf eine Chance, um mit den unruhigen Studenten und liberalen Schriftstellern und Journalisten abrechnen zu können. Der Kanzler ist Kurgast im böhmischen Karlsbad, als ihn die Nachricht vom Mord an Kotzebue erreicht. Er trifft sich mit König Friedrich Wilhelm III., und beide entwerfen die berüchtigten Karlsbader Beschlüsse, die der Frankfurter Bundestag absegnet. Die Burschenschaften werden verboten, die Universitäten unterliegen der staatlichen Überwachung, alle Schriften unter »20 Bogen«, das sind 320 Druckseiten, unterliegen fortan der

Zensur. Es beginnt eine allgemeine »Demagogenverfolgung«. Was nichts anderes bedeutet, als die häufig langjährige Inhaftierung vieler Untertanen, deren einziges Vergehen es ist, sich gegen die Politik der Fürsten oder für eine Veränderung des Regierungssystems eingesetzt zu haben. Dunkle Zeiten, die auch von wirtschaftlichen Krisen begleitet werden, brechen an. Überall schleichen Polizeispitzel durch die Menge, um Verbotenes zu erlauschen und diejenigen zu denunzieren, die sich nicht einschüchtern lassen und weiterhin offen ihre Meinung sagen. Die Zensurbehörden greifen ein, streichen verdächtige Textstellen oder verbieten die Aufführung von angeblich aufrührerischen Theaterstücken. Wer sich widersetzt, wandert ins Gefängnis oder flüchtet ins Exil nach England, Paris oder in die Schweiz. Von politischer Friedhofsruhe sprechen spätere Generationen.

Die scheinbare Gemütlichkeit des Biedermeier, wie diese Zeit zwischen dem Wiener Kongress von 1815 und der Revolution von 1848 später genannt wird, täuscht. Was da so treuherzig, scheinbar naiv und voller Landschaftsromantik auf den Bildern von Caspar David Friedrich oder Carl Spitzweg dem Beschauer farbenfroh entgegenleuchtet, ist vielfach ironische und aufmüpfige Reaktion auf eine Zeit, in der der Spießbürger sich resignierend von der Politik ab- und dem Privaten zuwendet.

Es geht nicht harmlos zu im Biedermeier. Eine Umbruchzeit ist es. Verunsicherung macht sich breit. Das Neue in der Arbeitswelt, in der die ersten Maschinen zum Einsatz kommen, oder die Nachrichtenflut, die durch die nun massenhaft erscheinenden Anzeigenblätter und Zeitungen über die Menschen hereinströmt – Fortschrittsbegeisterung steht neben Zukunftsängsten. Die Romantik, teilweise eine Abwendung von der unschönen gesellschaftlichen Wirklichkeit der Restaurationsjahre, spiegelt den Verlust der Geborgenheit und die Suche nach Orientierung wider. Leblose Eisflächen, seltsame Mond- und Waldlandschaften entdecken die Maler. Schauerliche Nachtträume, verderbliche Zauberwerke und unglücklich Liebende reizen die Opernkomponisten. Immer spielt dabei die Sehnsucht nach dem Nationalen mit. Carl Maria von Webers *Freischütz*, 1821 uraufgeführt, hat nicht zuletzt deswegen so einen ungeheuren Erfolg, weil die Theaterbesucher eine »deutsche Volksoper« zu sehen glauben, in der dunkle Schluchten, der geheimnisvolle deutsche Wald und markiger Chorgesang aus deutschen Jägerkehlen eine Hauptrolle spielen.

Das Bürgertum beginnt seinen Aufstieg. Aus manchem der vielen kleinen Handwerksbetriebe und Manufakturen entwickelt sich im Zuge der Industrialisierung eine Fabrik. Mitglieder der reich gewordenen Kaufmannsfamilien wirken in der Kommunalpolitik mit und sitzen als Abgeordnete in den Landtagen. Neues Selbstbewusstsein macht sich breit. Die berufliche Leistung und der materielle Erfolg bestimmen aus der Sicht der Bürger die gesellschaftliche Stellung des Staatsbürgers, nicht die Geburt, wie es über Jahrhunderte der Adel gewohnt ist. Die Verfassungsanträge, die in den Landesparlamenten gestellt werden, stammen vorrangig von den liberalen bürgerlichen Vertretern. Bei den fürstlichen Regierungen stoßen sie regelmäßig auf Ablehnung.

Eine gespaltene Zeit ist es. Während an den Fürstenhöfen der Adel so tut, als ob sich nichts verändern würde und Metternichs Unterdrückungsapparat fleißig arbeitet, debattieren die Bürger in den neu aufgekommenen Kaffeehäusern, in ihren Musik-, Museums- oder Lesevereinen über Demokratie und politische Mitsprache, die Entwicklung der Getreidepreise und der Handelsspannen. Die wichtigen Entscheidungen fallen in diesen Jahrzehnten nicht auf dem Schlachtfeld, sondern in den Kaufmannskontoren und Handelshäusern, auf den großen Messen und in den Finanzministerien. Preußen sieht sich 1828 plötzlich mit einem feindlich gesinnten Mitteldeutschen Handelsverein konfrontiert. Sachsen, Hannover, Kurhessen und einige thüringische Kleinstaaten wollen mit diesem Zusammenschluss den preußischen Handel boykottieren. Die Antwort aus Berlin kommt schnell. Preußen schließt einen Zollvertrag mit dem Herzogtum Hessen-Darmstadt. Aus ihm wird später der Deutsche Zollverein hervorgehen. Noch ahnen Österreichs Kaiser Franz I. und sein Kanzler Metternich so wenig wie die Könige von Bayern oder Württemberg, die Großherzöge und Herzöge der vielen anderen Mittelstaaten, dass es dieser Zollverein sein wird, der dann in erweiterter Form und unter energischer preußischer Führung Österreich im deutschen Kräftespiel schachmatt setzt.

Das erste gefährliche politische Grollen ist wieder in Frankreich zu hören. Die Bourbonen, die nach Napoleons Sturz wieder auf den französischen Thron gelangt sind, bleiben glück- und erfolglos. 1825 leidet das Land nach einer kurzen Phase der industriellen Expansion unter schweren Finanz-, Wirtschafts- und Agrarkrisen. Die Getreide- und Brotpreise schnellen in die Höhe. Arbeitslosigkeit, Hunger und Elend schüren die Unruhe im Land. Der Funke wird zum Feuer, im Juli 1830 gehen in Paris die Massen auf die Straße und König Karl X. muss abdanken. Aus Angst vor einer Ausweitung der Unruhen entscheidet sich Frankreichs Großbürgertum nicht für einen Präsidenten, sondern hebt den Herzog von Orléans auf das Schild. Als »Bürgerkönig« Louis Philippe herrscht er in den nächsten 18 Jahren. Bei den Protesten tritt erstmals eine zahlenmäßig noch nicht sehr große gesellschaftliche Klasse ins Rampenlicht: die Arbeiterschaft.

Die revolutionären Ereignisse in Paris schwappen rasch über in andere europäische Länder. In Brüssel kommt es zu verlustreichen Straßenschlachten, und der Massenaufstand führt schließlich zur Gründung eines eigenständigen belgischen Staates. England überrollt eine Flut von Reformvorschlägen, und die Unterhauswahlen im Juli 1830 beherrscht die Frage eines neuen Wahlrechts. Soziale Unruhen zwingen die alten Parlaments- und Adelseliten zu Konzessionen, um das bestehende politische System in eine neue Phase bürgerlicher Vorherrschaft hinüberzuretten. In Russland ist noch das Beben des Dekabristen-Aufstandes vom Dezember 1825 zu spüren. Es sind junge adlige Offiziere, die nach dem Tod Alexanders I. einen Aufstand gegen das autokratische, unumschränkt herrschende Zarenregime auslösen. Sie scheitern und die Erschießungskommandos haben viel Arbeit. In Polen lösen die Patrioten einen Befreiungskrieg gegen die russische Oberhoheit aus, der die deutschen Liberalen in Begeisterung versetzt.

In ganz Europa gärt es. Auch in Deutschland. In mehreren Bundesstaaten brechen Unruhen und Aufstände aus. In Braunschweig brennen die Aufständischen das Schloss des unbeliebten und selbstherrlich regierenden Königs von Hannover nieder. Zwei Jahre zuvor hat Ernst August mit einem absolutistischen Staatsstreich die Verfassung aufgehoben und damit landesweit Empörung ausgelöst. In Kurhessen sind es vor allem soziale Nöte, die die Menschen auf die Straße treiben. Sie vermischen sich bald mit politischen Forderungen. Kurfürst Wilhelm II. provoziert seine in Not lebenden Landsleute durch seine teure Mätressenwirtschaft, in die er offenbar mehr zu investieren bereit ist als in seine Untertanen. Korruption, bürokratische Bevormundung und polizeistaatliche Verhältnisse prägen den Alltag in Kassel. Das kurfürstliche Regime ist diskreditiert. In Hannover, das noch in Personalunion mit England verbunden ist, gilt der Protest dem an mittelalterliche Verhältnisse erinnernden feudalen System, das der leitende Minister Graf Münster eingeführt hat. In Sachsen wiederum überwiegen die sozialen Proteste. Nur in Österreich und Preußen ist es noch ruhig. Die beiden größten Staaten des Deutschen Bundes bleiben für dieses Mal vom Revolutionsfieber verschont.

Eine Revolution mit weitreichenden Konsequenzen wie 1789 ist es wieder nicht. In Braunschweig und Kurhessen müssen die fürstlichen Herrscher zurücktreten. Ihre Nachfolger sind allerdings von gleichem Holz wie ihre gestürzten Väter. Andernorts greift das Militär ein. Dass die Unruhen nicht ausufern, ist den Vertretern des Bürgertums zu verdanken. Es misstraut den radikalen Kräften, befürchtet mit den Arbeitern in einen Topf geworfen zu werden und sorgt sich um die eigenen Privilegien. Die Verfassungen werden etwas liberalisiert, einige Zugeständnisse werden angekündigt. Das ist alles. Denn die deutschen Landesherren denken gar nicht daran, nach dem Abflauen der Demonstrationen und Märsche ihre Versprechen einzulösen.

So bleibt auch nach 1830 die Lage gespannt. Nach außen hin lässt man sich befrieden, aber hinter vorgehaltener Hand schwelt das revolutionäre Feuer nach wie vor. Da politische Vereinigungen verboten sind, breitet sich in Deutschland eine ganz neue Festkultur aus. Auf von Tausenden besuchten Sängertreffen oder auf den »Polenfeiern« für die polnischen Freiheitskämpfer, die sich im November 1830 gegen den ihr Land regierenden russischen Zaren auflehnen, wird nicht nur viel Bier getrunken. Die Festredner erheben handfeste politische Forderungen und beklagen mit aufsässigen Worten die Lage in Deutschland. Einen Höhepunkt bildet das Hambacher Fest. Im pfälzischen Neustadt, unterhalb der Ruine des Hambacher Schlosses, versammeln sich am 27. und 28. Mai 1832 etwa 30 000 Menschen. Studenten, Handwerker, liberale Anwälte, Ärzte, Hochschullehrer und sogar Bauern aus der Umgebung bilden die Mehrzahl. Die verbotene schwarz-rot-goldene Fahne, in den napoleonischen Befreiungskriegen die Farben der jungen Freiwilligen, und der weiße Polenadler wehen. An die 20 Reden werden gehalten. Darin geht es um Freiheit und freie Meinungsäußerung, um nationale Einheit und die Beseitigung der Fürstenherrschaft. »Denn vor der Tyrannen Angesicht / Beugt länger der freie Deutsche sich nicht«, reimt der republikanische Publizist Philipp Jakob Siebenschläfer, und die in Hambach Versammelten jubeln. Es gibt Streit über die politischen Wege, die eingeschlagen werden sollen, aber die republikanische Brüderlichkeit wird überschwänglich gefeiert. Über die Einsetzung einer provisorischen Volksvertretung können sich die »Feiernden« jedoch nicht einigen. Nicht zu überhören sind judenfeindliche und aggressive nationalistische Töne. Die Hauptredner werden unmittelbar nach den Tagen in Hambach verhaftet, sofern ihnen nicht die Flucht ins Ausland gelingt.

In Frankfurt stürmen am 3. April 1833 Studenten und Handwerker die Hauptwache. Sie wollen am Sitz des Bundestages eine revolutionäre Zentralgewalt errichten und mit ihrem Putsch ein Signal zum allgemeinen Aufstand gegen die Fürstenherrschaft geben. Die Wache wird erobert, es gibt einige Tote und Verwundete. Die Frankfurter Stadtbehörden sind durch einen Verräter von dem Unternehmen unterrichtet worden. So kann das rasch anrückende Militär dem Spuk ein Ende machen. Auch diese Episode löst unter den Liberalen und Demokraten ein weithallendes Echo aus.

Georg Büchner (1813–1837)

An der Straßburger Universität studiert ein schmal gewachsener junger Mann zur Zeit des Frankfurter Wachensturms Medizin, Geschichte und Philosophie. Er kennt einige der Wachenstürmer und ist über den Putschversuch vorher informiert. An seine Eltern schreibt er: »Meine Meinung ist die: Wenn in unserer Zeit etwas helfen soll, so ist es Gewalt. Wir wissen, was wir von unseren Fürsten zu erwarten haben. Alles, was sie bewilligen, wurde ihnen durch die Nothwendigkeit abgezwungen. Und selbst das Bewilligte wurde uns hingeworfen, wie eine erbettelte Gnade und ein elendes Kinderspielzeug, um den ewigen Maulaffen Volk sein zu eng geschnürte Wickelschnur vergessen zu machen.« Zum Wachensturm meint er: »Man wirft den jungen Leuten Gewalt vor. Sind wir aber nicht in einem ewigen Gewaltzustand? Weil wir im Kerker geboren und großgezogen sind, merken wir nicht mehr, dass wir im Loch stecken mit angeschmiedeten Händen und Füßen und einem Knebel im Mund.«

Diese bitteren und die Zeit treffend schildernden Sätze stammen von Georg Büchner. Er wird als Sohn eines Arztes in Goddelau bei Darmstadt geboren. 1831 beginnt er sein Medizinstudium in Straßburg. Nach dem Wechsel an die Gießener Universität findet er schon bald Kontakt zur radikalen politischen Freiheitsbewegung, die im Hessischen eine starke Basis hat. 1834 gründet Büchner die geheime »Gesellschaft für Menschenrechte«. Im Juli desselben Jahres schreibt er eine revolutionäre Kampfschrift, den *Hessischen Landboten*. Die Auflage ist klein, der Text aus der Feder eines großen Dichters. Es ist ein fulminanter Aufruf zum Kampf der Armen gegen die Reichen: »Friede den Hütten! Krieg den Palästen!« Ein sozialrevolutionäres Motto, dem Büchner seine geschliffen formulierten Fürstenanklagen folgen lässt. »Im Jahr 1834 siehet es so aus, als würde die Bibel Lügen gestraft. Es sieht aus, als hätte Gott die Bauern und Handwerker am 5ten Tage, und die Fürsten und Vornehmen am 6ten Tage gemacht, und als hätte der Herr zu diesen gesagt: Herrschet über alles Gethier, das auf Erden kriecht, und hätte die Bauern und Bürger zum Gewürm gezählt. Das Leben der Vornehmen ist ein langer Sonntag, sie wohnen in schönen Häusern, sie tragen zierliche Kleider, sie haben feiste Gesichter und reden eine eigene Sprache; das Volk aber liegt vor ihnen wie Dünger auf dem Acker. Der Bauer geht hinter dem Pflug, der Vornehme aber geht hinter ihm und dem Pflug und treibt ihn mit dem Ochsen am Pflug, er nimmt das Korn und lässt ihm die Stoppeln. Das Leben des Bauern ist ein langer Werktag; Fremde verzehren seine Äcker vor seinen Augen, sein Leib ist eine Schwiele, sein Schweiß ist das Salz auf dem Tisch des Vornehmen.«

Zu jener Zeit beschäftigt sich Büchner intensiv mit der Französischen Revolution. Der Grund: Er arbeitet an dem Stück *Dantons Tod* und greift darin das Schicksal des Revolutionärs Georges Jacques Danton auf, der später, als er zur Mäßigung aufrief, unter das Fallbeil kam – wie die Adligen, die er bekämpfte. Als die zweite Auflage seines *Hessischen Landboten* erscheint, ist die Geduld der Obrigkeit erschöpft. Die Polizei schlägt zu. Viele von Büchners Gefährten werden verhaftet und erleiden langjährige Gefängnisstrafen. Er selbst wird steckbrieflich gesucht, kann aber kurz vor seiner Festnahme in die Schweiz fliehen. In Zürich arbeitet der so hoch Begabte, der den revolutionären Kräften im Deutschen Bund seine Stimme gegeben hat, an einer Habilitation als Privatdozent für vergleichende Anatomie. Das Thema: »Über Schädelnerven«. Erst 24-jährig stirbt er an Typhus.

Die dramatische Kraft seiner Theaterstücke, die Modernität, mit der Büchner seine Figuren zeichnet, hat erst das 20. Jahrhundert erkannt. Auch in unserer Zeit reizt es die Regisseure immer wieder, die Werke neu zu interpretieren. Büchner ist heute nach Schiller der auf deutschen Bühnen wohl am meisten gespielte Autor des 19. Jahrhunderts.

Büchner ist sicher der Radikalste unter den deutschen Dichtern der Restaurationsjahre. Aber auch andere Schriftsteller melden sich kritisch zu Wort. Der jüdische Autor Ludwig Börne und der Publizist Karl Gutzkow veröffentlichen ihre Artikel in verschiedenen Zeitungen. Sie werden bald als Mitglieder des Jungen Deutschland berühmt und berüchtigt. Eine Ausnahmeerscheinung ist Heinrich Heine. In Düsseldorf geboren, studiert er in Göttingen, lebt in Hamburg und Berlin, schreibt wunderschöne Gedichte und eine ironische, funkelnde Prosa. Auch er ist Jude, wird vielfach diffamiert und ist selbst ein begnadeter Polemiker. Wie Börne, der im Frankfurter Ghetto aufgewachsen ist, geht er nach der Revolution von 1830 ins Pariser Exil. Kämpferische Journalisten und brillante Feuilletonisten sind sie, die ihren Landsleute den Spiegel vorhalten. Die Lust an literarischen Fehden verlieren sie nie. Sie kränken sich bis aufs Blut.

In jenen Jahren entsteht auf Helgoland auch ein Gedicht, dessen wechselvolle Geschichte die Geschichte der Deutschen reflektiert. Der Autor ist August Heinrich Hoffmann von Fallersleben. Wegen seiner *Unpolitischen Lieder*, die entschieden demokratisch sind, verliert er 1842 sein Professorenamt. In den folgenden Jahren wird er wegen seiner nationalliberalen Haltung verfolgt und fast 40 Mal aus verschiedenen deutschen Territorialstaaten ausgewiesen. 1841 schreibt er sein *Lied der Deutschen.* Es ist Ausdruck des Wunsches nach einem einigen, demokratischen deutschen Reich in den Grenzen des Deutschen Bundes: »Von der Maas bis an die Memel / Von der Etsch bis an den Belt.« In den damaligen Grenzen, wohlgemerkt. Später missbrauchen die nationalistischen und demokratiefeindlichen Obrigkeiten Fallerslebens Text. Die Soldaten unter Wilhelm II. bekunden mit diesem Lied ihren weltweiten Eroberungswillen, bevor sie in die Schlachten des Ersten Weltkriegs ziehen, und die Nationalsozialisten besingen damit ihre chauvinistischen Allmachtsfantasien. Die wahre demokratische Tradition des Liedes würdigen dagegen die Vertreter der deutschen Republiken. Friedrich Ebert macht es 1922 zur Nationalhymne der Weimarer Republik, und in der Bundesrepublik gilt seit 1952 die dritte Strophe als offizielle Hymne.

Die Aufsässigkeit der Liberalen und der Künstler, die vielen Geheimbünde und die Umsturzversuche lassen die autokratischen Regierungen in den Ländern immer nervöser reagieren. Metternich fordert von den Bundesmitgliedern neue Repressionsmaßnahmen. Die rechtsstaatlichen und liberalen Freiheiten einiger Bundesländer, wie beispielsweise die des Großherzogtums Baden, werden auf Beschluss des Bundestages eingeschränkt. 1837 endet die Personalunion zwischen England und Hannover. Ernst August von Cumberland wird König von Hannover. Er beginnt seine Regierungszeit mit einem Staatsstreich und erklärt die Verfassung des Landes für ungültig. Damit sind auch die Staatsbeamten aus ihrem Verfassungseid entlassen. Sieben mutige Professoren der Göttinger Universität, darunter die Brüder Jacob und Wilhelm Grimm, erklären, sie fühlten sich an die alte Verfassung gebunden. Ernst August tobt und entlässt die Göttinger Sieben fristlos aus dem Universitätsdienst. Drei von ihnen müssen das Land verlassen. Der Vorgang löst in ganz Deutschland öffentliche Proteste aus. Das Verhalten des Königs wird allgemein als Beispiel für fürstliche Willkür gesehen. Die politische Polarisierung wächst.

Jacob und Wilhelm Grimm (1785/86–1859/63)

Auch fast 200 Jahre später beweist sich noch ihre Unsterblichkeit. Selbst wenn heute die Abenteuer der »Drei ???«-Detektive oder des Zauberlehrlings Harry Potter Kinder und Jugendliche faszinieren – wer kennt nicht die Geschichten von Hänsel und Gretel, Rotkäppchen oder Rapunzel. Die »Kinder- und Hausmärchen«, die uns mit leichten Gruselgefühlen in den Schlaf begleiten, sie sind nicht zuletzt auch ein Produkt der deutschen Romantik. Die beiden Philologen und Dichter Jacob und Wilhelm Grimm haben sie in den Jahren gesammelt, als die Deutschen sich selbst suchen und so gar nicht finden wollen. Der Stoff, aus dem ihre Märchen sind, ist uralt und hat sich über Generationen mündlich überliefert. Nachdem 1812 der erste und 1815 der zweite Band erschienen ist, wird er bald für unendlich viele Kinder zur ersten Begegnung mit der Literatur.

Jahrelang gehen die beiden Brüder auf Spurensuche. »Gib mir doch«, schreibt Jacob Grimm 1809 an einen Jugendfreund, »auf die Sitten, Gebräuche deiner Gerichtsuntergebenen acht; besonders examinier alle Spitzbuben über Diebs- und Räuberlieder, über abergläubische Dinge, Sprüche genau und vollständig aus. Fischer, Köhler und alte Weiber such vorzugsweise als Zeugen und dergleichen zu admittieren, weil sie viel mehr zu erzählen wissen als andere.«

Ihre Märchensammlung hat die Grimms berühmt gemacht. Aber nicht weniger wichtig ist das gewaltige Grimmsche Wörterbuch, das die Herkunft und literarische und historische Verwendung sämtlicher deutscher Wörter zu erklären versucht. Die Brüder kommen über die ersten beiden Bände nicht hinaus. Erst 123 Jahre später, 1961, wird dieses monumentale Gelehrtenwerk mit dem 32. Band beendet.

Die beiden Brüder werden im hessischen Hanau geboren, studieren in Marburg, und sie gelten als die Begründer der Germanistik. In Göttingen übernehmen beide einen Lehrstuhl, bis sie dann die Politik einholt. Jacob wird aus Hannover verbannt und muss das Land binnen zwölf Stunden verlassen. Als er die Grenze überschreitet, hört er, wie eine Großmutter zu ihrem Enkel sagt: »Gib dem Herrn eine Hand, er ist ein Flüchtling.« Wie schön wäre es, wenn auch die Großmütter im 21. Jahrhundert dies ihren Enkeln sagen würden, wenn sie einem Asylbewerber begegnen. Wilhelm kann zwar bleiben, hat aber kein Amt mehr. Keine andere deutsche Regierung wagt es, die Göttinger Sieben mit einem Lehramt zu betrauen. Erst König Friedrich Wilhelm IV. von Preußen beruft sie als Mitglieder in die Akademie. Aber das ist ihm sichtbar unangenehm.

Bis zu ihrem Tode arbeiten Jacob und Wilhelm an ihren Werken über die *Deutsche Mythologie,* die *Deutschen Rechtsaltertümer* und natürlich am *Wörterbuch.* Mit den beiden Brüdern Grimm tritt ein selbstbewusstes neues Bürgertum in der deutschen Gesellschaft auf, das Gelehrsamkeit mit patriotischer Haltung verbindet.

Revolution!

Im Bundestag blockieren die beiden deutschen Großmächte Österreich und Preußen immer stärker die Arbeit der Ländergesandten. Auch wenn Preußen den offenen Konflikt scheut, versucht es seine Position zu stärken. Ein wichtiges Feld ist dabei die Zollpolitik. Schon 1833 ist unter Preußens Führung der Deutsche Zollverein gegründet worden, dem zunächst 18 deutsche Staaten mit insgesamt 23 Millionen Bürgern angehören. Österreich bleibt auf ausdrücklichen Wunsch Berlins ausgeschlossen. Metternich ist sich offenbar nicht bewusst, welch ein mächtiges politisches Instrument er damit Preußen überlässt. Denn Deutschland beginnt sich im Zollverein wirtschaftlich zu vereinigen – und Österreich steht draußen.1835 berichten die Zeitungen von einem besonderen Ereignis im bayerischen Franken. Auf der Strecke Nürnberg-Fürth findet die erste Eisenbahnfahrt in Deutschland statt. Kaum jemand ahnt, was dieses Spektakel bedeutet. Die Eisenbahn revolutioniert nach 1850, wenn das deutsche Streckennetz zügig ausgebaut wird, das Alltags- und das Wirtschaftsleben. Über Jahrhunderte haben die meisten Menschen in der engen Region gelebt, in der sie geboren und aufgewachsen sind. Postkutschenreisen sind teuer und gefährlich. Die Eisenbahn öffnet jetzt die Welt. In wenigen Stunden ist der Reisende in Berlin, Hamburg oder München. Kaufleute schicken ihre Waren schnell und sicher über Hunderte von Kilometern und finden dadurch neue Absatzmärkte. Ganz neue Militärstrategien sind möglich, denn die Eisenbahn kann riesige Truppentransporte durchführen. Mit der Eisenbahn beginnt in Deutschland die Industrielle Revolution. Sie wird das Land in den nächsten fünfzig Jahren mehr verändern, als es die letzten 500 Jahre getan haben.

Doch zunächst wird ganz Europa in den vierziger Jahren von einer schweren Wirtschafts- und Agrarkrise heimgesucht. Fabriken müssen schließen, die Lebensmittelpreise steigen stark an und in vielen Regionen brechen Hungersnöte aus. Am schlimmsten trifft es Irland, wo Hunger und die Flucht vor dem Elend die Bevölkerung halbieren. Die Gründe für diese Entwicklung sind vielfältig. Missernten, die besonders den für die Ernährung der ärmeren Volksschichten wichtigen Kartoffelanbau treffen, Finanzspekulationen und die Probleme in den Handwerksbetrieben, die der Konkurrenz der Fabriken zunächst kaum etwas entgegensetzen können, treffen in diesen Jahren zusammen.

Ein Warnzeichen für die Brisanz der Lage in Deutschland sind schon 1842 die Hungerrevolten der schlesischen Weber. Die sich als Heimarbeiter durchschlagenden Weberfamilien leben schon immer am Rande des Existenzminimums. Hohe Zölle auf Textilien, die Einführung der ersten englischen Webmaschinen und die harte Haltung der Tuchfabrikanten, auf deren Aufträge die Weber angewiesen sind, lassen sie bald noch schlimmere Arbeits- und Einkommensbedingungen befürchten. Straßendemonstrationen beginnen, Webmaschinen werden zerstört, eine Fabrikantenvilla geht in Flammen auf. Berlin schickt seine Soldaten. Sie ersticken in Peterswalde und Langenbielau, den Zentren der Weberproteste, die Unruhen mit Gewalt. Die vorrevolutionären Spannungen in Deutschland wachsen.

Wieder beginnt es in Paris. Im Februar 1848 marschieren protestierende Arbeiter und Handwerker durch die Straßen der Hauptstadt. Ein strenger Winter und hohe Arbeitslosigkeit liegen hinter den Menschen. Die Großbourgeoisie, neureiche Börsenspekulanten und der Altadel haben die Regierung des »Bürgerkönigs« Louis Philippe korrumpiert. Trotz der eingeschränkten Pressefreiheit berichten die Zeitungen über die schlechte Lage des Kleinbürgertums. Die Schriftsteller Honoré de Balzac und Victor Hugo üben in ihren viel gelesenen Romanen scharfe Sozialkritik. Reformunfähigkeit der herrschenden Schichten, rücksichtslose Jagd nach Profit auf der einen, elende Wohnquartiere, Kinderprostitution, Trunksucht und Armut auf der anderen Seite: In Paris explodiert eine soziale Krise. Die Regierung lässt auf die Menge schießen, die jedoch lässt sich nicht mehr einschüchtern. Barrikaden werden gebaut, und nach zwei Tagen muss Louis Philippe den Thron aufgeben. Frankreich wird Republik.

Die Aufstände in Paris lösen einen europäischen Flächenbrand aus. Deutschland, Österreich, Ungarn und Italien erleben Massendemonstrationen, Straßenschlachten und Barrikadenkämpfe. In England drohen neue Streiks, die die Regierung nur durch Reformen verhindern kann. In Preußen hat Friedrich Wilhelm IV. 1840 den Thron bestiegen. Als Kronprinz ist er die große Hoffnung der Liberalen, die glauben, mit ihm gehe endlich die Zeit der Restauration zu Ende. Bitter haben die Demokraten auch die Abhängigkeit seines Vorgängers Friedrich Wilhelms III. von der Politik Metternichs kommentiert. So wird der neue König zunächst von breiter Zustimmung getragen. Voller romantischer Ideen über das Verhältnis zwischen Monarchie und Volk beginnt er seine Regierungszeit. Doch auch wenn Friedrich Wilhelm IV. die Zensur lockert und ein Zeichen setzt, indem er dem einst verjagten Nationaldichter Ernst Moritz Arndt seinen Bonner Lehrstuhl zurückgibt: Die Liberalen übersehen, dass der neue König keineswegs einer der ihren ist, sondern fest an das Gottesgnadentum eines Monarchen glaubt. Schon bald zeigt sich, welch tiefer Graben zwischen den Forderungen der Demokraten und dem preußischen König liegt. 1847 gibt Friedrich Wilhelm

IV. in seiner Thronrede zur Eröffnung des Landtags ein Bekenntnis ab: »Es drängt mich zu der feierlichen Erklärung, dass es keiner Macht der Erde je gelingen soll, Mich zu bewegen, das natürliche, gerade bei uns durch seine innere Wahrheit so mächtig machende Verhältnis zwischen Fürst und Volk in ein konventionelles, konstitutionelles zu wandeln, und dass ich es nun und nimmermehr zugeben werde, dass sich zwischen unseren Herrn Gott im Himmel und dieses Land ein beschriebenes Blatt, gleichsam als eine zweite Vorsehung, eindränge, um uns mit seinen Paragraphen zu regieren und durch sie die alte, heilige Treue zu ersetzen.« Was hier so umständlich und pathetisch gesagt wird, ist im Klartext eine Absage an jede parlamentarische Reform.

Im März 1848 erfährt Friedrich Wilhelm eine Demütigung, die er nie mehr vergessen wird. Es sind kalte, sonnige Tage, als in Berlin die Massen auf die Straße gehen, um gegen die herrschenden sozialen und politischen Verhältnisse zu protestieren. Barrikaden werden gebaut, die Gewalt eskaliert, und am 18. März lässt der König seine Truppen auf die Demonstranten schießen. 303 Tote bleiben auf dem Straßenpflaster liegen. Einen Tag später versammelt sich eine Menschenmenge auf dem Schlossplatz, auf den die Leichen der gefallenen Barrikadenkämpfer gebracht worden sind. Die Menge ruft nach dem König und als dieser auf dem Balkon erscheint, fordert sie die Freilassung der am Vortag festgenommenen Männer. Am 21. März zur Mittagsstunde reitet Friedrich Wilhelm durch Berlin, am Arm die verhasste und noch wenige Tage zuvor verbotene schwarz-rot-goldene Binde. Vor dem Pferd des Königs flattert die Revolutionsfahne. Am Ende seines Rundritts verneigt er sich öffentlich vor den toten Barrikadenkämpfern. Zuvor schon erlässt er eine Proklamation, in der er die »Märzforderungen« der Liberalen erfüllt: Versammlungs-, Rede- und Pressefreiheit, politische Gleichberechtigung aller Staatsbürger, Volksbewaffnung, unabhängige Justiz und die Einberufung eines deutschen Nationalparlaments. Die preußischen Demonstranten haben gesiegt.

Fast überall in Deutschland gehen in diesen Frühlingswochen die Menschen auf die Straßen, bauen Barrikaden und kämpfen für die Erfüllung der »Märzforderungen«, die in allen Ländern deckungsgleich sind. In Mannheim wird eine badische Volksversammlung einberufen, in Wien herrschen die Studenten und Bürgerwehren, Metternich verlässt fluchtartig die Stadt, etwas später flieht der österreichische Kaiser Ferdinand I. nach Innsbruck. In München tritt König Ludwig I. zurück. In Dresden kommt es zu besonders schweren Barrikadenkämpfen, und Sachsens König weicht in die Provinz aus. Die Revolution überrollt Deutschland. Niemand weiß, an welchem Punkt sie zu stoppen sein wird. In kürzester Zeit geben die Fürsten nach, stimmen den geforderten Freiheiten zu und setzen so genannte »Märzregierungen« ein. Ihre Mitglieder kommen vielfach aus dem Lager des liberalen Bürgertums. Es ist eine Nationalrevolution in Deutschland ausgebrochen und folgerichtig tritt in der Frankfurter Paulskirche dann auch bald ein Nationalparlament zusammen. Es ist ein großer Augenblick in der Geschichte der Deutschen.

Am 31. März bildet sich mit Zustimmung des Bundestages ein aus 574 Mitgliedern bestehendes Vorparlament. Es beschließt die Einberufung einer Nationalversammlung, die eine Reichsverfassung erarbeiten und verabschieden soll. Ein vom Vorparlament gewählter Fünfziger-Ausschuss tagt als eine Art Übergangsgremium, das die Wahlen zur Nationalversammlung vorbereiten soll. Ein allgemeines, gleiches Wahlrecht, das freilich die Frauen ausschließt, soll entscheiden, wer als Parlamentarier einen Platz in der Paulskirche erhält. Am 18. Mai wird die deutsche Nationalversammlung eröffnet.

Es sind etwa 585 Abgeordnete, die nun über die Zukunft Deutschlands entscheiden sollen. Die Zahl schwankt, weil beispielsweise die Böhmen sich weigern, ihre Abgeordneten zu wählen. Sie wollen damit gegen die Herrschaft der Habsburger über ihr Land protestieren. Einige Gewählte erscheinen gar nicht erst in Frankfurt. Die Paulskirchen-Parlamentarier stammen aus allen Schichten der Bevölkerung, aber Angehörige des wohlhabenden Bürgertums, Juristen, Verwaltungsbeamten, Professoren sind in der Mehrheit. Parteien, wie wir sie kennen, gibt es in Frankfurt noch nicht. Aber viele Abgeordnete schließen sich in lockeren Bündnissen zusammen, die nach den Orten in der Mainmetropole benannt sind, an denen sie sich treffen. Im »Deutschen Hof« sammelt sich die Linke, ihre radikale Gruppierung im Lokal »Donnersberg«. Im »Steinernen Haus«, dann im »Café Milani« trifft sich die Rechte. Die zahlenmäßig stärkste, allerdings in sich zersplitterte Gruppe der Mitte tagt in der »Mainlust«. Alle drei Gruppierungen wollen Veränderungen. Die Konservativen setzen sich für eine starke, mehr ständisch als parlamentarisch kontrollierte Monarchie ein. Die bürgerlichen Liberalen plädieren für eine freiheitliche Verfassung, die neben den Grundrechten besonders auch die Handels- und Berufsfreiheit berücksichtigt. Die Linken sind gespalten. Die Vorstellungen der Radikalen gehen in sozialen Fragen weit über das hinaus, was die bürgerlichen Abgeordneten wollen. Zum »Reichsverweser« wird der Habsburger Erzherzog Johann gewählt, ein Sohn von Kaiser Leopold II.

Über Monate debattieren die Männer in der Paulskirche über die Grundrechte. Es ist eines der Hauptthemen ihrer Beratungen. Später, als wieder die

Demokratieverächter in Deutschland das Sagen haben, kommt der Vorwurf auf, diese lange Diskussion habe zu viel Zeit gekostet, und die Gegner in den Herrscherhäusern hätten das zu ihren Gunsten nutzen können. Eine »Schwatzbude« sei die Paulskirche gewesen und ein »Professorenparlament«, spotten die Kritiker. Das ist sicher falsch, denn was diese von sehr unterschiedlichen politischen und ideologischen Interessen geleiteten Männer schließlich verabschieden, ist ein beachtlicher Katalog demokratischer Grundrechte. Mit ihm, der 14 Artikel aus 60 Paragrafen enthält, findet Deutschland endlich Anschluss an die westeuropäische Demokratie. Die Grundrechte der Paulskirche gehen 1919 in die Verfassung der Weimarer Republik und 1949 in das Bonner Grundgesetz ein. Das Hauptgewicht liegt auf der Sicherung der persönlichen und der politischen Freiheiten. Presse-, Versammlungs- und Vereinsfreiheit werden garantiert. Gewerbefreiheit und Niederlassungsrecht treten hinzu. Das Parlament erklärt alle Lehens-, Untertanen- und Hörigkeitsverbände, die grundherrliche Polizei, persönliche Frondienste und Abgaben für aufgehoben. Für die Bauern endet 1848 in Deutschland verfassungsrechtlich das Mittelalter.

Die Reichsverfassung wird am 28. März 1849 vollendet. Am 14. April 1849 nehmen 28 Länder sie ohne Einschränkungen an. Es fehlen Österreich und Preußen, Bayern, Sachsen und Hannover. An diesen Staaten wird das Parlament in der Paulskirche machtpolitisch scheitern. Sie tragen die Verantwortung für den autoritären Weg, den Deutschland in den nächsten knapp 100 Jahren gehen wird.

Nach dem Willen der Mehrheit soll es künftig wieder einen deutschen Kaiser geben. Natürlich eingebunden in ein konstitutionelles, an die Verfassung gebundenes Regierungssystem. Diese Ehre wird dem preußischen König Friedrich Wilhelm IV. angetragen. Er lehnt hochmütig ab. Diese Krone »mit ihrem Ludergeruch von Revolution«, diesen »imaginären Reif aus Dreck und Lehm gebacken« könne ein »legitimer König von Gottes Gnaden« nicht annehmen, lässt der Mann seine Vertrauten wissen. Rückwärtsgerichtet hält er an der sakralen Fürstenherrlichkeit des Mittelalters fest.

Die Revolution von 1848 und die Männer in der Paulskirche haben sich nicht durchsetzen können. Die Gegenkräfte beginnen schon nach einem kurzen Augenblick des Schreckens ihre Kräfte zu sammeln. Es ist nicht die Unfähigkeit zum Kompromiss gewesen, die die Parlamentarier in die Defensive getrieben hat. Ihr Beitrag zum Scheitern ist in erster Linie ihre nationale Unvernunft, die sie immer angreifbarer macht. In der Euphorie der Stunde fordern sie ein Deutschland, das von vier Meeren umgrenzt sein soll. Wo immer deutsch gesprochen wird, so tönen die Redner in der Paulskirche, da hat die deutsche Flagge zu wehen. Es ist ihnen offenbar gleichgültig, ob es da möglicherweise um Gebiete geht, in denen mehrheitlich wie in der Region Posen polnische, in Böhmen tschechische oder in der Provinz Limburg niederländische Bewohner leben. Die Frankfurter Abgeordneten werden zum Opfer des in ganz Europa grassierenden nationalistischen Zeitgeistes.

In den beiden nördlichen Herzogtümern Schleswig und Holstein herrschen seit langem komplizierte Machtverhältnisse. 1846 erklärt der dänische König Christian Schleswig wegen schwieriger Erbfolgefragen im Königshaus für einen Teil Dänemarks. Damit droht eine Abspaltung dieses Landes von Holstein. Als die Revolution in Deutschland beginnt, fordert die deutsche Bewegung in Schleswig und Holstein Mitglied des Deutschen Bundes zu werden. Der Bundestag stimmt dem zu. Kopenhagen erklärt die Annexion Schleswigs. Eine provisorische deutsche Regierung in Kiel bittet Preußen um Hilfe. Friedrich Wilhelm hofft auf eine nationale Führungsrolle Berlins und lässt seine Armee in Jütland einmarschieren. Die Paulskirchenversammlung jubelt. Aber Russland und Großbritannien blicken ohnehin kritisch auf das, was sich da in Sachen deutsche Einigung tut. Voller Sorge, Preußen könne sich die für die Kriegs- und Handelsschifffahrt strategisch wichtige Region am Sund einverleiben, zwingen sie Friedrich Wilhelm mit erheblichem diplomatischen Druck zum Rückzug seiner Truppen. Berlin will einen großen Krieg vermeiden und lenkt ein. Das Parlament ist entrüstet und erklärt die Schleswig-Holstein-Frage zu seiner Sache. Nur hat es leider keine eigenen Truppen. Und da Preußen unbeirrt von den nationalen Rufen aus Frankfurt Waffenstillstandsverhandlungen aufnimmt, sind die Parlamentarier in der Paulskirche blamiert. Preußen unterzeichnet ein Abkommen, das die Bedingungen der Nationalversammlung völlig unberücksichtigt lässt. Schließlich müssen die Frankfurter das Friedensabkommen in einer Abstimmung auch noch ausdrücklich billigen. Nichts kann die Schwäche der Demokratie deutlicher zeigen als diese Entwicklung. Von dieser Niederlage wird sich das Parlament nie mehr erholen.

Vor allem in Wien und Berlin sinnt man schon lange vor der Verabschiedung der neuen Verfassung auf Gegenrevolution. Die Radikalisierung, die immer zur Gewalt führt, spielt den konservativen Kräften in die Hände. Im April 1848 erheben sich die Südbadener. In Wien brechen neue Unruhen aus. In Prag proben die Tschechen den Aufstand. Im September kommt es in Frankfurt zu einem Volksaufstand. Die Abgeordneten Fürst Lichnowsky und Hans von Auerswald werden vom Mob ermordet. Die Autorität der Paulskirchen-Versammlung ist erschüttert: In der Schleswig-Holstein-Frage kann sie sich nicht gegen die Staatsregierungen durchsetzen, und den Gewalttaten der radikalen Linken steht sie ebenfalls hilflos gegenüber.

Die Wende wird in Wien eingeleitet. Nach achttägigen heftigen Kämpfen nehmen kaiserliche Truppen die Stadt ein. Die Armee greift brutal durch. Der linke Paulskirchen-Abgeordnete Robert Blum, der sich in Wien aufhält, wird standrechtlich erschossen. In Berlin rücken die Truppen des General Wrangel ein, der König befiehlt die Auflösung der preußischen Nationalversammlung.

Das Ende ist bitter. Die Nationalversammlung muss nach Stuttgart ausweichen, und das dort tagende Rumpfparlament, nur 100 Abgeordnete haben durchgehalten, wird von württembergischen Soldaten auseinander gejagt. In der linksrheinischen Pfalz, in Baden, Dresden und an anderen Orten wird weiter für die Demokratie gekämpft. Vergebens: Die Könige und ihre Helfer unterdrücken alle Aufstände. Die deutsche Freiheit ist nach nur 15 Monaten eines gewaltsamen Todes gestorben.

Karl Marx (1818–1883)

Im Jahr 1847 gründet sich ein Verein, der den Namen »Bund der Gerechten« trägt. Hauptinitiatoren sind ein Rechtsanwaltssohn aus Trier und der Sohn eines Wuppertaler Textilunternehmers. Ein Jahr später veröffentlichen sie das *Kommunistische Manifest*, das mit dem Aufruf endet: »Proletarier aller Länder vereinigt euch!« Es ist der Beginn einer Bewegung, die 100 Jahre später einen bedeutenden Teil der Welt beherrscht. Karl Marx und Friedrich Engels sind die Urväter des Kommunismus. Kein politisch-philosophischer Theoretiker des 19. Jahrhunderts hat eine solche Wirkungsgeschichte erlebt wie Karl Marx. In seinem Namen erobern die Bolschewisten im Winter 1917 Petersburg und dann Russland. Der Marxismus wird zur absoluten Wahrheit in allen Ländern Osteuropas erhoben, als Stalin einen Eisernen Vorhang quer durch Europa zieht. Im Deutschland der Weimarer Republik, in Frankreich oder in Italien entstehen Kommunistische Parteien, die in freien Wahlen einen großen Zulauf erhalten. Zahlreiche Staaten Afrikas und Asiens sind nach ihrer Befreiung vom Kolonialismus fest davon überzeugt, nur ein kommunistisches Wirtschafts- und Sozialsystem könne ihre Völker aus Not und Armut herausführen. Millionen und Abermillionen Menschen in aller Welt haben geglaubt, der Marxismus werde die Ideale der Französischen Revolution verwirklichen: Freiheit,

Gleichheit, Brüderlichkeit. Der Traum endet in Unterdrückung und Elend, in Terror und Blut.

Karl Marx wird an der Mosel geboren. Beide Eltern stammen aus alten jüdischen Rabbinerfamilien. Die Familie tritt zum Protestantismus über, da der Vater glaubt, damit beruflichen Schwierigkeiten aus dem Weg zu gehen. Sohn Karl studiert Staatswissenschaften, Philosophie und Geschichte in Bonn und Berlin. 1841 macht er seinen Doktor an der Universität Jena. Eine Universitätskarriere jedoch ist ihm wegen seiner politischen Haltung, mit der er nicht hinter dem Berg hält, verschlossen. Also geht er nach Köln, wo er seine Jugendliebe Jenny von Westphalen heiratet und Chefredakteur der linksliberalen *Rheinischen Zeitung* wird. Gleich in seinen ersten Artikeln kritisiert er die Pressezensur. Das hat Konsequenzen: Schon bald nach seinem Eintritt in die Redaktion wird die Zeitung von den preußischen Behörden verboten und Marx geht nach Paris. Dort macht er unter anderem die Bekanntschaft Heinrich Heines. Und er trifft den Mann, mit dem er in den kommenden Jahren eng zusammenarbeiten wird: Friedrich Engels.

Intensiv setzt Marx sich mit den Ideen der englischen und französischen Sozialisten auseinander. Seine Veröffentlichungen führen zur Ausweisung durch die französischen Behörden. Die nächste Station heißt nun Brüssel. Im Revolutionsjahr 1848 wird er wegen seiner Tätigkeit im Bund der Kommunisten verhaftet, weshalb er auch Belgien verlassen muss. Über Paris kehrt er nach Deutschland zurück und übernimmt die Leitung der radikaldemokratischen *Neuen Rheinischen Zeitung*. Natürlich wettert Marx weiter gegen die Metternichschen Kontrollinstanzen, er macht sich stark für eine einheitliche Republik und einen Krieg gegen das reaktionäre Russland. Dann scheitert die Revolution, und der notorische »Ruhestörer« wird abermals ausgewiesen. Erst in London, wohin er nun emigriert, findet er für die nächsten 35 Jahre eine dauerhafte Bleibe.

Zeit seines Lebens ist Marx ein armer Mann. Die Honorare, die er für seine Zeitungsartikel erhält, und die Unterstützung seiner Freunde und Kampfgefährten ernähren ihn und seine stetig wachsende Familie am Existenzmininum. Immer wieder ist er auf die materielle Hilfe seines Freundes und Gefährten Engels angewiesen, der nach 1848 in der Filiale der väterlichen Textilfabrik in Manchester arbeitet. Doch das alles kann Marx nicht schrecken. Die Probleme seines eigenen Alltags überlässt er weitgehend seinen Mitmenschen, während er die schlechten Lebensbedingungen einer ganzen Gesellschaftsklasse, der Arbeiterschaft, analysiert und an den Pranger stellt. Bis zu seinem Tod sitzt er im Lesesaal der berühmten British Library in London und schreibt an seinen philosophischen, gesellschafts- und wirtschaftspolitischen Werken.

Marx ist ein Visionär, aber schwierig im Umgang und kompromisslos dazu. Im Laufe seines Lebens bricht er mit fast allen sozialistischen Gruppierungen. In ihm, der die Gleichheit aller Menschen fordert, schlummert privat ein Despot. Für sich und Engels beansprucht er die Führungsrolle in der sozialistischen Bewegung. Jeden Abweichler überschüttet er mit Beschimpfungen und polemischen Pamphleten. Denkerisch ein großer Analytiker, scheint er als Mensch nicht allzu sympathisch gewesen zu sein. Als ziemlich autoritärer Ehemann und Vater wird er von seinen nichtkommunistischen Biografen geschildert. Heute würden wir ihn wohl als Macho und Familienpatriarchen bezeichnen, der seiner Ehefrau Jenny nicht nur kaum erträgliche Lebensumstände zugemutet, sondern sie auch tyrannisiert und betrogen hat. Sein Tod findet in der sozialistischen Arbeiterbewegung und auch in ihrer größten Partei, der deutschen Sozialdemokratie, ein lebhaftes Echo. Aber wohl niemand hat 1883 geahnt, welche Bedeutung die Bücher dieses Gelehrten einmal erhalten würden.

Das riesige, heute kaum noch gelesene Werk setzt sich mit der deutschen Philosophie, vor allem mit Georg Wilhelm Friedrich Hegel und Ludwig Feuerbach auseinander, um dann immer stärker von der Entfremdung des Arbeiters von seiner Arbeit, von der Ausbeutung des Menschen durch den »Mehrwert«, vom Materialismus, von der Klassengesellschaft und von der kommenden Revolution zu sprechen. Die Kapitalisten, so meint Marx, nähren ihre eigenen Totengräber: die immer größer und stärker werdende Arbeiterschaft. Am Ende des langen Weges liegt für Marx der Sieg des Proletariats über die Herrschenden. Die bürgerliche Gesellschaft, und damit das Ziel der Revolutionäre seiner Zeit, ist nur ein Übergang. Marx will mehr, für alle Menschen. Auf den sterbenden Staat folgt, so der Theoretiker in London, die klassenlose Gesellschaft, in der alle gleiche Rechte und gleiche Chancen haben werden.

Ein hohes, kaum zu realisierendes Ideal, das Marx da vertritt. Genau das ist seiner Theorie dann letztlich zum Verhängnis geworden. Marx hat zweifellos die sozialen Verhältnisse seiner Zeit sehr genau erkannt und seine Kritik an den zerstörerischen Kräften des Kapitalismus wird sich in den nächsten Jahrzehnten bestätigen. Seine Schwäche aber liegt in eben jenen Prophezeiungen, mit denen er selbstgewiss erklärt, wie sich die Gesellschaft entwickeln wird und welche Zukunft uns erwartet. Auch die Rezepte, mit denen er die Überwindung des Kapitalismus propagiert, halten der Wirklichkeit nicht stand. Das Gefährliche seiner Theorien liegt darin, dass er sie als Kind des wissenschafts- und fortschrittsgläubigen 19. Jahrhunderts mit der Aura einer unumstößlichen Gewissheit versieht. Damals scheint alles möglich, da sich alles ändert. Von seinen Anhängern wird er denn auch wie ein Ersatz-Gott verehrt und seine Thesen haben für sie das Gewicht päpstlicher Unfehlbarkeit. Im Namen der reinen kommunistischen Lehre sind unendlich viele Ketzer verfolgt und hingerichtet worden. Gescheitert ist der Marxismus in der politischen und gesellschaftlichen Realität am Menschen. Auch dem Kommunismus ist es nicht gelungen ihn neu zu erschaffen.

Karl Marx und Friedrich Engels stehen mit ihren Ideen und Forderungen keineswegs allein. In Frankreich werden die Schriften des Sozialisten Pierre Joseph Proudhon diskutiert. »Eigentum ist Diebstahl!«, verkündet dieser. Eine »positive Anarchie«, in der fast unbeschränkte Freiheit herrsche, werde die Gesellschaft in eine glückliche Zukunft führen. Nicht Geld, sondern Tauschbons soll es für die Waren geben. Der französische Kommunist Louis Auguste Blanqui kämpft 1830 und 1848 auf den Barrikaden. 30 Jahre seines Lebens verbringt er im Gefängnis. Blanqui ist ein Berufsrevolutionär, weniger ein Theoretiker. Aber auch seine Schriften beschäftigen sich mit Fragen der Volkswirtschaft und der Verbesserung der sozialen Verhältnisse. Er fordert die Volksdiktatur, um die sozialistischen Umwälzungen durchzusetzen. Ein scharfer Kritiker des Kapitalismus ist gleichfalls Louis Blanc. Dieser führe zu Arbeitslosigkeit und Überproduktionen, meint er. In England fordert Robert Owen die Errichtung von Genossenschaften. Der Handwerker Wilhelm Weitling aus Magdeburg schließt sich 1836 in Paris dem Bund der Geächteten an und er glaubt durch einen gerechten Verteilungskommunismus sei der Kapitalismus zu überwinden. Die sich immer schneller entwickelnde Industrialisierung löst in allen Ländern Gegenreaktionen aus. Gewaltige Bevölkerungsverschiebungen weg vom Land hin zu den industriellen Zentren und die Entstehung einer neuen Klasse, der Arbeiterschaft, verschärfen die sozialen und gesellschaftlichen Konflikte.

In der Revolution von 1848 spielen die Arbeiter erstmals eine gewisse Rolle. Wenn es auch richtig ist, von einer bürgerlichen Revolution zu sprechen – denn im Parlament der Paulskirche sitzt noch kein einziger Arbeiter –, so sind diese auf den Barrikaden und bei den sich rasch radikalisierenden Volksaufständen nicht mehr zu übersehen. Unter den am 18. März getöteten 303 Berliner Barrikadenkämpfern befinden sich 214 »Arbeitsleute und Proletarier«, Gesellen, Lehrlinge, Diener und Kleinhändler. Von den Protestaktionen, die zwischen März und April 1848 in Deutschland stattfinden, entstehen immerhin 10 Prozent durch Arbeitskonflikte. Und trotzdem: Erst nach 1848, als die Industrielle

Revolution Deutschland mit ganzer Wucht erreicht, wird sich die Arbeiterschaft politisch und gewerkschaftlich so organisieren, dass sie zu einer eigenen Kraft wird.

Friedrich List (1789–1846)

Der Fortschritt hat immer zwei Seiten. Wenn sich gesellschaftliche Umwälzungen ankündigen, scheiden sich die Geister. So ist es schon damals: Auf der einen Seite stehen die Mahner und Kritiker wie Marx und Engels und vor allem die Arbeiter, auf deren Rücken der Wohlstand der Industriezentren wächst. Auf der anderen Seite des wirtschafts- und gesellschaftspolitischen Spektrums steht ein Schwabe, der früher als die meisten seiner Landsleute und realistischer als die Propheten des Sozialismus erkennt, welche ungeahnten wirtschaftlichen Möglichkeiten der Bau der Eisenbahn und ein Deutschland ohne Zollgrenzen eröffnen. Er sieht das nicht nur, sondern setzt sich mit unglaublicher Energie dafür ein. Friedrich List ist zwar in den Geschichtsbüchern nicht vergessen worden, aber die wirkliche Bedeutung dieses Mannes ist nur wenigen bewusst. Der Schweizer Wirtschaftshistoriker Edgar Salin meint 100 Jahre nach Lists Tod, er sei in seinen späteren politischen Schriften zum einzigen ernsthaften deutschen Gegenspieler von Karl Marx geworden.

Geboren wird er in Reutlingen. Obwohl er ohne jede akademische Vorbildung ist, beruft ihn die württembergische Regierung im Alter von 28 Jahren als Professor für Staatswirtschaft an die Universität Tübingen. Zwei Jahre später gründet er gemeinsam mit einigen Kaufleuten den Deutschen Handels- und Gewerbeverein. List setzt sich für gemäßigte Schutzzölle und die Aufhebung der Zollschranken innerhalb des Deutschen Bundes ein. Eine Forderung, die die Regierung in Stuttgart nicht teilt, weshalb sie List die Professur entzieht. Als Abgeordneter seiner Heimatstadt Reutlingen kämpft er für die Einführung demokratischer Verwaltungsreformen und sieht sich bald mit einem Prozess »wegen staatlicher Aufreizung« konfrontiert. List wird zu Festungshaft verurteilt, flieht und stellt sich zwei Jahre später den Behörden. Erst als er verspricht in die Vereinigten Staaten auszuwandern, muss er die Haft nicht antreten. In Amerika führt List seine Aktivitäten weiter. Er macht als Kohlengrubenbesitzer ein Vermögen und verliert es bald wieder. Er gibt eine deutsche Wochenschrift heraus und engagiert sich für die amerikanische Schutzzollbewegung.

1832 kehrt er nach Deutschland zurück, und es beginnt sein Kampf um den

Eisenbahnbau. Der arbeitswütige Plänemacher überschüttet verschiedene deutsche Landesregierungen mit Vorschlägen und Entwürfen, die sich mit der Zukunft der Eisenbahn beschäftigen. List ist ein Visionär, der mit beiden Beinen in der Wirklichkeit steht. »Er ist in keiner Gruppe unterzubringen, er steht zwischen ihnen, wie er zwischen den Zeiten steht – man könnte an ihm den Begriff und das Schicksal des ›Unzeitgemäßen‹ ablesen«, schreibt 100 Jahre nach seinem Tod sein Biograf und schwäbischer Landsmann, Altbundespräsident Theodor Heuss.

Das Ende ist tragisch. In den letzten Jahren lebt List in ärmlichen Verhältnissen als Schriftsteller in Augsburg. Müde, überarbeitet, von Geldsorgen bedrückt, will er 1846 in Italien neue Kraft schöpfen. Aber er kommt nur bis Kufstein. Friedrich List geht in die Berge, es schneit und er erschießt sich.

»Proletarier aller Länder, vereinigt euch!«, so endet das *Kommunistische Manifest* von Karl Marx und Friedrich Engels. Die Kritik am Kapitalismus hat sich vielfach bestätigt, doch auch der Kommunismus ist gescheitert.

Karl Marx.

R.W.

Das Kaiserreich

Nach dem Ende des Paulskirchenparlaments ziehen wieder dunkle Zeiten für die Liberalen und Demokraten in Deutschland herauf. Die Könige und Fürsten ersetzen die »Märzregierungen« durch konservative Kabinette und versuchen die Aufmüpfigen in Bürgertum und Arbeiterklasse mit Repressionen zum Schweigen zu bringen. Doch die Errungenschaften von 1848 können sie nicht vollständig rückgängig machen, vor allem nicht in den Köpfen der Menschen. Dort bleiben die Revolutionsmonate und die Ideen der Paulskirche unvergessen. Die liberalen Verfassungen der einzelnen Länder werden revidiert, aber zumindest formal bleiben verschiedene Wahl- und Grundrechte erhalten. Der Presse allerdings werden enge Zügel angelegt, und die Versammlungsfreiheit wird drastisch eingeschränkt. Zahlreiche Demokraten müssen hohe Haftstrafen antreten. Nach der Niederschlagung des Aufstandes in Baden gehen an die 80000 Einwohner des Landes ins Exil. Das sind über 5 Prozent der Bevölkerung. Der sächsische Hofkapellmeister Richard Wagner oder der Architekt Gottfried Semper, fliehen im letzten Augenblick nach Frankreich. Noch mehr wandern in das Land der unbegrenzten Möglichkeiten aus, in die Vereinigten Staaten von Amerika. Der rheinländische Publizist Carl Schurz beispielsweise, der zuvor in einer spektakulären Aktion seinen Bonner Hochschullehrer Gottfried Kinkel aus dem Gefängnis befreit.

Richard Wagner (1813–1883)

Viele deutsche Künstler sind in den Jahren des Deutschen Bundes und unter dem System Metternich auf Distanz zu einem Staat gegangen, der sie mit Zensur und Ausweisung, wenn nicht gar mit Haftstrafen bedroht. Heinrich Heine lästert über den deutschen »Spießbürger« und kritisiert die politischen Verhältnisse. Schon 1819 reimt er: »Schau ich jetzt von meinem Berge / In das deut-

Richard Wagner hinterließ allerorten hohe Schulden, die sein Gönner, Ludwig II. von Bayern, beglich. Friedrich Nietzsche war zuerst ein Bewunderer Wagners; später ein scharfer Kritiker.

sche Land herab: / Sehe ich nur ein Völklein Zwerge, / Kriechend auf der Riesen Grab.« Selbst der ehemalige Minister im herzoglichen Weimar Johann Wolfgang von Goethe, durchaus kein Freund demokratischer Entwicklungen, meint im Gespräch mit seinem Sekretär Johann Peter Eckermann über die Zustände in Deutschland: »Und dann! Bedarf es denn im Leben eines Staatsdieners in Behandlung der Menschen nicht auch der Liebe und des Wohlwollens? – Und wie soll einer gegen andere Wohlwollen empfinden und ausüben, wenn es ihm selber nicht wohl ist?«

Auf den Barrikaden, die 1848 errichtet werden, kämpfen viele Schriftsteller und Journalisten, Architekten, Maler oder Musiker. In Dresden ist der junge Kapellmeister Richard Wagner dabei, als die Sturmglocken der Revolution läuten. Nur mit knappster Not entkommt der steckbrieflich gesuchte Komponist seinen Häschern. Er muss ein langes Exil in Frankreich und in der Schweiz ertragen. König Ludwig II. von Bayern wird ihn dann retten, bevor seine Geldschulden ihn erdrücken. Am Ende seines Lebens hat er sich in der kleinen Residenzstadt Bayreuth sein eigenes Theater errichtet, an dem nur seine Opern gespielt werden dürfen.

Geboren wird Richard Wagner in Leipzig. Der Vater stirbt früh, und die Mutter heiratet den Schauspieler und Dichter Ludwig Geyer. Wagner wächst also in einer künstlerischen Umgebung auf. Seine musikalische Begabung entdeckt er aber erst relativ spät, jedenfalls ist er kein »Wunderkind« wie Mozart. Er studiert Musik in Leipzig und begibt sich auf ein rastloses Wanderleben. Wagner wird Chordirektor in Würzburg, Musikdirektor in Magdeburg und Königsberg und zieht schließlich mit seiner Geliebten, der Schauspielerin Minna Planner, nach Riga. Dort beginnt er mit der Komposition seiner Oper *Rienzi*. Hohe Schulden veranlassen ihn abermals zur heimlichen Abreise. Auf der stürmischen Überfahrt nach London findet er die ersten musikalischen Motive zum *Fliegenden Holländer*, dessen Geschichte ihm aus dem Werk Heinrich Heines bekannt ist.

Als das Dresdner Hoftheater seinen *Rienzi* annimmt, siedelt Wagner in die sächsische Metropole über. Er tritt die Stelle eines Königlich-Sächsischen-Hofkapellmeisters an und komponiert die romantischen Opern *Tannhäuser* und *Lohengrin*. Die Inhalte, die sich um einen Sängerkrieg auf der Wartburg und ein Gottesurteil zur Zeit König Heinrichs I. ranken, entlehnt er aus der mittelhochdeutschen höfischen Literatur. Der *Rienzi* ist ein voller Erfolg, aber wieder kann Wagner nicht bleiben. Seine Beteiligung an den revolutionären Ereignissen, die 1848/49 auch Dresden erreichen, ist weniger politisch als künstlerisch motiviert. Wagner will das Operntheater und nicht unbedingt die politischen Verhältnisse revolutionieren. Seine Flucht, bei der ihm der in Weimar lebende Pianist und Komponist Franz Liszt ein treuer Helfer ist, endet in Zürich.

Er lebt hier mit Minna, unterstützt von dem Kaufmann Otto Wesendonck, und beginnt mit den Entwürfen zum *Ring des Nibelungen*. Erneut ist es ein mittelalterlicher Stoff, dieses Mal aus dem *Nibelungenlied* und der altisländischen *Edda*, den der Komponist bearbeitet. Wie bei allen seinen Opern schreibt Wagner das Libretto selbst und gibt den Geschichten einen ganz eigenen Sinn. Es geht um Gold und Macht, gesellschaftliche Ordnung und deren Zusammenbruch. Der *Ring* ist Wagners Antwort auf die Moderne, den Kapitalismus und den Werteverfall, den viele seiner Zeitgenossen angesichts der atemberaubenden Veränderungen zu verspüren glauben. Die Partituren der ersten beiden Teile, *Das Rheingold* und *Die Walküre*, werden vollendet.

Wagner liest in Zürich die Schriften des Philosophen Arthur Schopenhauer, dessen pessimistisches Weltbild sein Denken und damit sein ganzes künftiges Werk stark beeinflusst. Erste Entwürfe zur Oper *Tristan und Isolde* entstehen. Deren Gegenstand – eine tragische Liebesgeschichte – findet ihren Widerhall in der Realität. Sein leidenschaftliches Verhältnis zu Mathilde Wesendonck, der Ehefrau seines Gönners, führt zu familiären Zerwürfnissen und später zur Trennung von Minna. 1858 verlässt Wagner Zürich und reist nach Venedig. Für zwölf Jahre unterbricht er die Arbeit am *Ring*, stattdessen komponiert er *Tristan und Isolde*. Den Stoff nimmt er wie stets aus dem Mittelalter. Es wird ein Musikstück um Liebe und Tod, Treue und Schopenhauers Verneinung der Welt. Die Partitur des *Tristan* ist eines der revolutionärsten Werke der Musikgeschichte.

Wiederum folgen unruhige Jahre, in denen es Wagner nach Paris, Wien und Mainz verschlägt. Überall hinterlässt er Schulden. Immerhin werden seine Werke allmählich bekannt und an vielen Opernhäusern aufgeführt. Er komponiert *Die Meistersänger von Nürnberg*. Doch als er 1864 nach Wien reist, bedrängen ihn die Gläubiger. Eine Schuldhaft droht. Wagners Weg führt weiter nach Stuttgart. Endlich erreicht ihn eine Botschaft des bayerischen Königs Ludwig II. Dies ist die Rettung. Der romantische, scheue und homoerotisch veranlagte Monarch, ein von Wagners Opern überwältigter Bewunderer, zahlt alle Schulden und bietet dem Komponisten in München ein materiell gesichertes Leben. Gleich darauf stürzt Wagner sich in ein neues Abenteuer. Er beginnt eine Liaison mit Cosima von Bülow, der Frau des Dirigenten Hans von Bülow und Tochter von Franz Liszt. Eine heimliche Beziehung, die schließlich zum Münchner Klatsch gerät. Da sich Wagner zudem noch ungeschickt und seine Position überschätzend in die bayerische Politik einmischt, bringt der Favorit des Königs

Hof und Gesellschaft gegen sich auf. Das Kabinett überzeugt den König, dass sein Schützling die Residenzstadt verlassen muss. In Tribschen bei Luzern findet Wagner für die nächsten sechs Jahre ein neues Asyl. Cosima, von der er bereits zwei Töchter hat, verlässt ihren Mann und folgt ihm in die Schweiz. Die zwei letzten Teile des *Ring – Siegfried* und *Götterdämmerung* – werden komponiert.

Sein rastloses Leben findet 1872 in Bayreuth einen Ruhepunkt. Die Stadt überlässt ihm einen Bauplatz, wo er sein Festspiel-Theater und am Rande des Schlossparkes die Villa Wahnfried errichtet. Nach zahlreichen Krisen, die der großzügige und nicht nachtragende Ludwig II. mit viel Geld zu überwinden hilft, werden 1876 die ersten Bayreuther Festspiele eröffnet. Seitdem ist die fränkische Stadt, in der einst die Schwester Friedrichs des Großen als Markgräfin residierte, zum Mekka der Wagnerianer geworden. In diesen Jahren komponiert Wagner seine letzte Oper *Parsifal*. Wagner stirbt am 12. Februar 1883 in Venedig.

Richard Wagner ist der berühmteste deutsche Künstler des 19. Jahrhunderts. Über keinen aus dem Reich der Kunst ist im deutschen Sprachraum so viel geschrieben und gestritten worden, wie über ihn. Totale Verdammung und glühende Verehrung begleiten sein Werk und seine Person. Unerschöpflich scheinen die musikalischen, politischen und gesellschaftlichen Deutungen seiner Operntexte zu sein. Noch heute eilen die Kritiker in die Opernhäuser von Toronto und Sidney, von Buenos Aires und New York, von Paris und London, wenn die Neuinszenierung einer Wagner-Oper auf dem Programm steht. Aber das ist nur die eine Seite seiner unglaublich breiten Wirkungsgeschichte. Denn auch der politisch und gesellschaftlich argumentierende Richard Wagner erhitzt die Gemüter, spaltet schon zu Lebzeiten die Meinungen. Er ist Antisemit. Seine 1850 erstmals veröffentlichte Schrift *Über das Judentum in der Musik* ist voller Vorurteile und falscher Interpretationen: Die Polemik eines Künstlers, der um seine Anerkennung ringt, ohne Geld in Paris sitzt und mit Neid auf die Erfolge der von den Franzosen umjubelten Opern des jüdischen Komponisten Giacomo Meyerbeer reagiert. Als er diese Schrift 1869 wieder auflegt, ist er schon bekannt und das Echo ist vielfältig.

Wagners Judenfeindschaft wird aber erst nach seinem Tod richtig virulent. In den *Bayreuther Blättern*, die die Wagner-Vereine herausgeben, wird der Ton gegen die Juden noch schärfer und gemeiner. Sein Schwiegersohn, der britische Schriftsteller Houston Stewart Chamberlain, schreibt eine antisemitische Kulturgeschichte, die zum Bestseller wird. Kaiser Wilhelm II., ebenfalls ein Antisemit, liest sie mit Begeisterung. Bald liegt dieses Buch auf den Nachttischen der deutschen Bildungsbürger. Der arbeitslose Herumtreiber Adolf Hitler besucht nach der Jahrhundertwende in Wien Aufführungen von Wagners Opern. Sie werden sein Bild von der Welt, von Kampf und Untergang, von Rasse und Deutschtum mitprägen. Wagner-Takte erklingen im Radio des Dritten Reiches, wenn die verlorene Schlacht von Stalingrad dem Volk pathetisch als deutsches Heldenepos verkündet oder einer der Nazi-Heroen mit einem Staatsbegräbnis verabschiedet wird.

In seinen letzten Lebensjahrzehnten ist der einstige Revolutionär zum Monarchisten geworden. Sein Urteil über den preußischen Machtstaat bleibt schwankend, aber einen starken Staat hält er für notwendig. Auf den Ausbruch des deutsch-französischen Krieges von 1870/71 reagiert Wagner chauvinistisch. Als die deutsch-preußischen Truppen Paris belagern und die Menschen in der eingeschlossenen Stadt hungern, schreibt er ein höhnisches Gedicht *An das deutsche Heer vor Paris* und die üble Farce *Eine Kapitulation*, in der er sich über die Eingeschlossenen lustig macht. Pflichtschuldigst lässt er diese Pamphlete Bismarck überreichen. Tief gekränkt ist er, als der Reichskanzler später auf seine Bitten, die Bayreuther Festspiele zu unterstützen, ihn nicht einmal einer persönlichen Antwort für würdig erachtet.

Wagner ist jenseits seiner revolutionären Bedeutung für die Musik ein nicht untypischer Intellektueller seiner Zeit. Gigantomanie macht sich breit. Nicht nur in der Politik und in der Wirtschaft, sondern auch in der Kunst. Wagner will das »Gesamtkunstwerk« schaffen, sein Orchester nimmt eine Größenordnung an, die bisher in den Konzertsälen und Opernhäusern unbekannt gewesen ist. Anton Bruckners und Gustav Mahlers Symphonien benötigen noch viel mehr Orchesterinstrumente. Als der einsiedlerische Philosoph Arthur Schopenhauer sein Hauptwerk *Die Welt als Wille und Vorstellung* an den Verleger Brockhaus in Leipzig schickt, schreibt er: »Mein Werk also ist ein neues philosophisches System: aber neu im ganzen Sinn des Wortes: nicht neue Darstellung des schon Vorhandenen: sondern eine im höchsten Grad zusammenhängende Gedankenreihe, die bisher noch nie in eines Menschen Kopf gekommen.« Friedrich Nietzsche, zuerst Bewunderer und dann scharfer Kritiker Wagners, verheißt in seinem Buch *Also sprach Zarathustra*: »Ich lehre euch den Übermenschen.« Der Philosoph und Philologe Nietzsche ist nach der Jahrhundertwende einer der meistgelesenen, allerdings bald auch sehr platt interpretierten, deutschen Denker.

Das Bayreuther Musikgenie äußert sich 1866 mit einer Bemerkung der ein gewisser Größenwahn nicht fremd ist: »Wäre in Deutschland eine Spur von deutschem Geist, von Achtung für Großes und Edles, so würde es nicht solch künstlicher Umwege bedürfen, um einen Mann wie mich, zwischen Fürst und Volk wirkungsvoll zu platzieren.«

Bismarck führt Krieg gegen Frankreich – und gründet ein Reich

Als politischer Sieger aus den revolutionären Wirren von 1848/49 geht zunächst Österreich hervor. In Wien übernimmt der junge Franz Joseph I. die Kaiserkrone, und er wird mehr als ein halbes Jahrhundert das Reich der Habsburger regieren, das in seinen Herrscherjahren dem Ende entgegendämmert. Berlin versucht 1850 durch die Bildung einer »Union« eine kleindeutsche Einheit herbeizuführen, von der Österreich ausgeschlossen bleiben und Preußens angestrebte Vormacht in Deutschland abgesichert werden soll. Gemeinsam mit Sachsen und Hannover schließt Friedrich Wilhelm ein Dreikönigsbündnis, das sich in Erfurt auf eine Reichsverfassung einigt. Österreich ist alarmiert und tritt den preußischen Plänen energisch entgegen. Ein Fürstenkongress in Berlin kann sich zwar auf keinen Unionsvertrag einigen, aber Wien beruhigt das nur wenig. Als es in Kurhessen zu einem Verfassungsstreit kommt, in den Preußen eingreifen will, und Berlin Holstein im Konflikt mit Dänemark erneut unterstützt, droht der Ausbruch eines Krieges zwischen Österreich und Preußen. Friedrich Wilhelm weicht zurück, verzichtet auf eine Intervention in Kurhessen und gibt seine Unionspolitik auf. Bei den Verhandlungen im mährischen Olmütz kapituliert Preußen und akzeptiert die Forderungen Österreichs. Ein Krieg ist vermieden worden, aber Berlin wird in den kommenden Jahren den Namen Olmütz als Symbol einer politischen Demütigung beklagen.

In den nächsten zehn Jahren bestimmt erneut Wien die Politik in Deutschland. Im Frankfurter Bundestag führt der österreichische Gesandte das Wort und sein preußischer Kollege nickt freundlich. Der Ruf nach der Gründung eines einheitlichen Reiches erhebt sich aber immer lauter. Als sich 1859 Friedrich Schillers 100. Geburtstag jährt, feiert ganz Deutschland seinen Nationaldichter mit patriotischen Großveranstaltungen. Zwei Jahre vorher reimt der Dichter und Dramatiker Friedrich Hebbel spöttische Verse über die deutsche Kleinstaaterei: »Es flog in X. mein Hut mir ab, / Natürlich über die Grenze, / Und als ich, ihn wieder zu holen lief, / Da gab's vertrackte Tänze. / Ich durfte den deutschen

Nachbarstaat / Nicht ohne Paß betreten, / Und da ich bloß spazieren ging, / So hatt' ich mir keinen erbeten.« Am Ende nutzt ihm auch der nicht: »Was half mir nun der gute Paß,/ den ich in X. genommen? / Zehn neue braucht' ich in Einem Tag, / Da war nicht nachzukommen.« Die nationalen Sehnsüchte, die sich auch in den vielen ironischen, bitteren und patriotischen Gedichten, Schriften, Zeitungsartikeln oder Landtagsdebatten bemerkbar machen, sie können nur von Preußen erfüllt werden.

Österreich wird durch seine Verwicklungen im Krim-Krieg geschwächt, an dem es sich 1854 an der Seite Englands und Frankreichs leichtfertigerweise beteiligt. Es geht um Konflikte zwischen Konstantinopel und St. Petersburg, und die europäische Koalition stützt die Türken, um den Zaren nicht zum Erben des sterbenden Osmanischen Reiches werden zu lassen. Auch in seinen italienischen Regionen gerät Wien in die Defensive. In Italien herrscht wie in Deutschland nationale Begeisterung. 1859 wird das österreichische Heer bei Solferino, einer kleinen Stadt in Oberitalien, von den verbündeten Armeen der Franzosen und des piemontesischen Königreichs geschlagen. Wien verliert die Lombardei, Modena und die Toskana. Zwei Jahre später wird das Königreich Italien gegründet. In der Schlacht von Solferino ist übrigens ein Schweizer dabei. Er ist so entsetzt von dem Gemetzel auf dem Schlachtfeld, der Hilflosigkeit der Verwundeten und Verstümmelten, dass er beschließt, eine Hilfsorganisation ins Leben zu rufen. Der Mann heißt Henri Dunant. In seiner Heimatstadt Genf gründet er das Rote Kreuz.

Preußens neuerlicher Aufstieg ist so auch die Folge der Überstrapazierung der österreichischen Kräfte. Die Niederlagen in Italien zeigen dies schon sehr früh. Das Reich der Habsburger ist ein Vielvölkerstaat, in dem Ungarn, Tschechen, Polen, Slowaken, Serben, Kroaten, Bulgaren, Rumänen, Italiener und Deutsche leben. Alle diese Völker sind vom nationalistischen Bazillus infiziert. Sie fordern kulturelle Freiheit, die Anerkennung ihrer Sprache in den Behörden und Ämtern, sie schaffen eine eigene Nationalliteratur und eine eigene Nationaloper. Bald wollen sie ihren eigenen Staat. Es fällt Wien immer schwerer, diese nationalen Bewegungen in Schach zu halten. Sturmzeichen werden sichtbar, die dann im neuen Jahrhundert zum Orkan werden.

Auch die Wirtschafts- und Handelspolitik wird Berlins Position allmählich wieder stärken. Hannover und andere norddeutsche Territorien schließen sich dem von Preußen geführten Zollverein an. Österreich hat kaum noch Chancen, wirtschaftlich Anschluss zu halten, denn auf dem Balkan oder im Armenhaus Galizien bleiben die Uhren stehen. Ganz anders in Deutschland. Die industrielle Entwicklung, vor allem in den zu Preußen gehörenden wirtschaftlichen Zentren an Rhein und Ruhr und in Oberschlesien, gewinnt an Schwungkraft. 1850 umfasst der Eisenbahnverkehr bereits 7123 Streckenkilometer. Schon in den vierziger Jahren steigt der Personenverkehr von 62 Millionen Kilometer auf 782 Millionen, der Güterverkehr von 3,2 Millionen auf 302 Millionen. Am Ende des Jahrzehnts sind 178000 Menschen im deutschen Eisenbahnbau beschäftigt. 1843 baut August Borsig in Berlin seine erste Lokomotive. Kommen in diesem Jahr noch 88 Prozent der in Deutschland eingesetzten Lokomotiven aus England, stammen 1850 bereits zwei Drittel aus deutschen Maschinenbaufabriken. Eisenwalzwerke müssen den dadurch sprunghaft ansteigenden Bedarf an Stahl stillen. Die Eisenbahn wird mit Kohle betrieben. Es entstehen die großen Kohlebergwerke an der Ruhr, an der Saar und in Oberschlesien. 1838 reist der junge Alfred Krupp nach England in das Eldorado der Industriellen Revolution. Als er zurückkommt, beginnt der sagenhafte Aufstieg der Krupp-Dynastie. Der Sitz ihres Stahlwerkes liegt im Ruhrgebiet.

In Berlin übernimmt 1857 Prinz Wilhelm die Regentschaft. Sein Bruder, König Friedrich Wilhelm IV., ist geistig erkrankt und unfähig, seinen Aufgaben weiterhin nachzukommen. Der neue Mann an der Staatsspitze ist ein überzeugter Konservativer. Als im März 1848 die Berliner Demonstranten vor das Schloss marschieren, ist er auf königlichen Befehl zunächst nach Spandau und dann ins Exil nach England geflohen. Beim Niederschlagen der Aufstände in der Pfalz und in Baden im Sommer 1849 hat Wilhelm die preußischen Truppen angeführt. Sein hartes Vorgehen trägt ihm den Namen »Kartätschenprinz« ein. Kartätschen sind mit Blei gefüllte Artilleriegeschosse und Prinz Wilhelm hat sie in Baden mit rücksichtslosem Eifer eingesetzt. Mit der Übernahme der Regentschaft durch Wilhelm können sich also die konservativen Kräfte im Land mit Recht gestärkt sehen. Ihre Führer sitzen auf den ostpreußischen Gütern und stellen die Spitze der preußischen Beamtenschaft und der Armee.

Wilhelm ist ein begeisterter Militarist. Sein wichtigstes politisches Ansinnen ist die Stärkung des Heeres. 1860 bringt Kriegsminister Albrecht von Roon eine entsprechende Heeresvorlage ein, die vom Parlament gebilligt werden muss. Die liberale Mehrheit der Abgeordneten fordert als Ausgleich für die Erhöhung der Militärausgaben verstärkte Rechte des Parlaments bei der Verabschiedung des Landeshaushaltes und den Verzicht auf eine dreijährige Dienstzeit für Wehrpflichtige. Wilhelm weigert sich, auf diesen Handel einzugehen und Preußen steckt in einer schweren Verfassungskrise. Als sich nach zwei Jahren immer noch keine Lösung abzeichnet, Wilhelm lieber zurücktreten als nachgeben will, schlägt die Stunde des Otto von Bismarck. Bekannt als ziemlich rüde auftretender Gesandter im Frankfurter Bundestag und wortgewaltiger Anhänger einer aggressiven und autoritären Staatsauffassung scheint er Preußens Konservativen in diesem schwierigen Augenblick der richtige Mann, um mit der liberalen »Kanaille« aufzuräumen und die Verfassungskrise zu beenden. Wenn es sein muss, auch mit Hilfe eines Staatsstreichs.

Otto von Bismarck (1815–1898)

Der neue preußische Ministerpräsident wird die Krise bewältigen, drei Kriege auslösen, das Reich einigen und es gleichberechtigt neben die anderen europäischen Großmächte stellen. Dies alles in einem Zeitraum von knapp zehn Jahren. Dann verwaltet er das neue Kaiserreich und weist die sozialen und liberalen Kräfte, die sich gegen die politische Entmündigung des Volkes wehren, mit vielen parlamentarischen Tricks und harter Hand in ihre Schranken. Die Mehrheit der Deutschen jubelt dem Reichseiniger zunächst zu. Als er ewig zu regieren scheint, Arbeiter und Katholiken verfolgen lässt und immer starrer an seinen konservativen Dogmen festhält, wird er ihnen allmählich lästig. 27 Jahre ist Bismarck die mächtigste politische Figur in Deutschland. Nach seinem Sturz setzt ein Nachruhm ein, wie ihn kein anderer deutscher Politiker bis dahin erfahren hat. Bismarck-Denkmäler schießen wie die Pilze aus dem Boden. Professoren- und Studentendelegationen ziehen vor seinen Alterssitz Friedrichsruh und halten Preisreden. Veteranenvereine erzählen sich immer wieder dieselben Geschichten über den Mann, der sie nach Paris geführt hat. Seine Geburtstage werden zu Gedenktagen. Die Deutschen bewundern ihren Eisernen Kanzler bald wieder wie keinen sonst. Er selbst hat nicht allzu viel übrig für seine Landsleute. Ein Menschenverächter ist er in seinem langen Leben ohnehin geworden.

Geboren wird Otto von Bismarck in Schönhausen, nahe der Elbe. Aufgewachsen ist er aber auf dem Gut Kniephof in Pommern, das der Vater ein Jahr später kauft. Die Bismarcks gehören zum Landadel der Altmark, nicht besonders reich, aber stolz auf das brandenburgisch-preußische Erbe und die lange Offizierstradition. Die Mutter stammt aus einer Familie von Gelehrten und hohen Beamten. Die freie Kinderzeit im ländlichen Pommern endet, als Bismarck sechs Jahre alt ist. Die Mutter, voller Bildungsehrgeiz für ihre Kinder, schickt Otto nach Berlin. Er besucht eine »Lehranstalt« und anschließend das Gymnasium, wo er sein Abitur macht. Ein schlechter Schüler ist er und lange einsame

Jahre fern dem geliebten Landleben bringt er in Berlin zu. Das Studium in Göttingen entschädigt ihn: Er trinkt viel, lernt wenig und macht sich als »toller Junker« bei den Kommilitonen einen Namen. Nach dem juristischen Staatsexamen, das er in Berlin ablegt, wird er Regierungsreferendar in Aachen und in der preußischen Hauptstadt. Er langweilt und verliebt sich, nimmt lange Urlaube und verliert große Summen am Spieltisch. Schon nach zwei Jahren verlässt er den Staatsdienst.

Bismarck wird Landwirt in Kniephof und Schönhausen. Auch hier bleibt er der »tolle Junker« und mischt sich mit erzkonservativen Bemerkungen in die politische Diskussion ein. Im Grunde ist er auf der Suche. Unbefriedigt von seiner Tatenlosigkeit in Hinterpommern, ist er innerlich spannungsgeladen, was seine Aggressivität und seine gelegentlichen Ausbrüche aus den Konventionen seines Standes erklärt. Seine Umgebung hält ihn für arrogant und »einen Ausbund an Wildheit«. 1842 kommt er mit dem Gutsbesitzer Adolf von Thadden-Trieglaff in Kontakt, der einen Pietistenkreis um sich schart. Hier findet Bismarck so etwas wie Ruhe, beginnt sein Leben auf neue Art zu reflektieren. Und er entwickelt eine große Zuneigung zur Tochter des Gutsherrn, Maria von Thadden, die mit einem Jugendfreund des Junkers verlobt ist. Maria ist vom Charme ihres Bewunderers angetan, hält aber an ihrem Verlobten fest. Sie versucht erfolgreich Bismarcks Interessen auf ihre Freundin Johanna von Puttkammer zu lenken. Im November 1846 stirbt die inzwischen verheiratete Maria, und die Erschütterung über diesen Tod verändert Bismarck. Er wird ernster und religiöser, auch wenn es sicher kein »Erweckungserlebnis« gewesen ist, wie er und manche seiner frühen Biografen es andeuten.

1847 heiratet er Johanna. Sie ist eine fromme, ein wenig schüchterne und schlichte Frau. Keine Schönheit, aber er findet in dieser Ehe einen großen Halt. Die liebevollen Briefe an Johanna zeigen den Menschen Bismarck von seiner besten Seite. Hier öffnet er sich wie sonst nirgendwo. Der Rückzug in die Familie wird später für den überarbeiteten, sich mit tausenderlei Intrigen und Entscheidungen herumplagenden Kanzler zum lebenswichtigen Quell. Derb ist der Ton am Familientisch. Über andere zu spotten und zu lästern macht allen Bismarcks, auch Johanna, offenbar einen Heidenspaß. Der Sohn Herbert wird später als Diplomat und Helfer des Vaters mit seinen arroganten und groben Umgangsformen in seiner Umgebung viel Ärger verursachen.

Im Jahr der Hochzeit beginnt in Berlin Bismarcks politische Karriere. Er übernimmt ein Abgeordnetenmandat im Vereinigten Landtag. Das ist keine sehr ausfüllende Tätigkeit, aber der Jungpolitiker ist begeistert: »Die Sache ergreift mich viel mehr als ich dachte.« Zum ersten Mal mag Bismarck in diesen Monaten erkannt haben, dass die Politik alle seine Leidenschaften in eine Richtung kanalisiert. Als im März 1848 die Revolution ausbricht, ist er in Schönhausen. Sofort ruft er seine Bauern zusammen und teilt Jagdgewehre aus. Ein Marsch auf Berlin, wo er seinen König in den Händen der Aufständischen wähnt, will der spontane und aufbrausende Junker unternehmen. In Potsdam angekommen, klären ihn die Militärs über die Sinnlosigkeit seines Unterfangens auf. So erwirbt sich Bismarck mit seinen Auftritten und verbalen Entgleisungen rasch den Ruf eines bedenkenlosen Scharfmachers. Was er in diesen Jahren auch ist.

1851 wird er für acht Jahre Gesandter Preußens im Frankfurter Bundestag. Es ist die Zeit der neuerlichen Repression in Deutschland und der Verschärfung des politischen Konkurrenzkampfes zwischen Preußen und Österreich. Mit Bismarck sitzt dem österreichischen Gesandten ein scharfzüngiger Gegner gegenüber, der ihn in den Debatten ständig mit provokativen Reden reizt. Mit seiner Familie, zwei Söhne und eine Tochter sind inzwischen geboren, wohnt Bismarck in einer Villa in der Bockenheimer Landstraße. Schon damals trinkt er große Mengen Champagner und unterhält seine gelegentlich entsetzten Gäste mit klugen, ironischen und häufig auch polternden Reden. Für den Bundestag hat er nur Spott übrig: »Ich habe nie daran gezweifelt, dass sie alle mit Wasser kochen; aber eine solche nüchterne, einfältige Wassersuppe, in der auch nicht ein einziges Fettauge von Hammeltalg zu spüren ist, überrascht mich. Kein Mensch, selbst der böswilligste Zweifler von Demokrat, glaubt es, was für Scharlatanerie und Wichtigtuerei in dieser Diplomatie steckt.« Das schreibt er Johanna und die findet solche Bemerkungen Ottos wunderbar.

Mit dem Beginn der Regentschaft des Prinzen Wilhelm beginnt für den preußischen Gesandten eine schwere Zeit. In Berlin gibt es wie immer, wenn der Herrscher wechselt, Machtkämpfe der Höflinge. Bismarck hat schlechte Karten. Wilhelm verkündet eine »Neue Ära«. In seiner Thronrede erklärt er, dass Preußen in Deutschland »moralische Eroberungen« machen will. Es ist mit Blick auf Österreich der Versuch, die Sympathien der deutschen Länder für die preußische Sache zu gewinnen. Die angesichts der Restaurationspolitik unruhiger werdenden Gemüter im Land sollen durch eine liberalere preußische Regierung besänftigt werden. Da passt der »Reaktionär« Bismarck nicht ins Bild.

Er wird nach Petersburg und zwei Jahre später als Gesandter nach Paris abgeschoben. Bismarck reagiert in persönlichen Krisenzeiten mit Krankheiten und Unpässlichkeiten. Sein Nervenkostüm ist dünn, Depressionen lassen ihn an

Rücktritt oder gar Selbstmord denken. Doch der Zorn verraucht und er richtet sich in seiner neuen Lage ein. In all diesen Jahren verliert er die Berliner Politik und die Entwicklungen am Hof nicht aus den Augen. Er will keine Chance zum Neueinstieg in die preußische Politik verpassen. Trotz seiner Ungeduld sind die Gesandtenjahre im Ausland eine wichtige Lehrzeit. Nie hätte er bessere Einblicke in das Innenleben der Kaiserhöfe seiner Gastländer erhalten können als in dieser Zeit. Er sieht, wie rückständig Russland ist. In Paris studiert er den kaiserlichen Emporkömmling Napoleon III., damals noch einer der starken Männer Europas, bald Bismarcks Gegner.

Am 18. September 1862 erreicht ihn in Paris ein Telegramm von Kriegsminister Roon: »Gefahr im Verzug, beeilen Sie sich!« Bismarck wirft sich in den Zug und am 22. September steht er vor seinem Monarchen, der ein Jahr zuvor in Königsberg gekrönt worden ist. Wilhelm hat lange gezögert, den von ihm – und vor allem von Königin Augusta – wenig geliebten Diplomaten als Ministerpräsidenten in Erwägung zu ziehen. Die Verfassungskrise lässt ihm jedoch kaum eine andere Wahl, wenn er den schon ernsthaft erwägten Rücktritt vom Königsamt doch noch vermeiden will. Bismarck weiß, dass sich in dieser Begegnung sein Schicksal entscheidet. »Ich fühle mich wie ein kurbrandenburgischer Vasall, der seinen Lehnsherr in Gefahr sieht«, erklärt er dem König pathetisch. Geschickter hätte er Wilhelms konservative Seele nicht berühren können. Auf seine Fragen, was er als Leiter der Regierung zu tun gedenke, macht Bismarck ohne wenn und aber klar, dass er als Ministerpräsident die Heeresvorlage durchsetzen werde. Es gehe hier – Wilhelm ist entzückt – um ein Prinzip: »Königliches Regiment oder Parlamentsherrschaft.« Das überzeugt den Monarchen und Bismarck ist am Ziel. Er wird Regierungschef.

Das Gespräch ist der Anfang eines langen Bündnisses zwischen Wilhelm und seinem Ministerpräsidenten und späteren Kanzler. Bismarck kann sich in den ununterbrochenen politischen Kämpfen und Krisen seiner Amtszeit letztlich nur durchsetzen, weil es ihm immer wieder gelingt, die Unterstützung des Königs und Kaisers für seine Politik zu gewinnen. Es gibt zwischen dem Monarchen und Bismarck ständig heftige Auseinandersetzungen. Der geradlinige und die diplomatischen Finessen seines obersten Helfers nicht durchschauende Wilhelm steht vielen seiner Entscheidungen ablehnend gegenüber. Der Streit löst bei Bismarck häufig nervöse Weinkrämpfe und Rücktrittsdrohungen aus. Am Ende jedoch kann er den König stets aufs Neue überzeugen und ihm die Zustimmung zu seinen Plänen abringen. Als Wilhelm stirbt, muss auch Bismarck bald gehen. In Preußen hat bis 1918 der Monarch das letzte Wort.

Bismarck führt die preußische Regierung in den nächsten vier Jahren gegen eine parlamentarische Mehrheit und vielerlei Hemmnisse. Der Staatshaushalt ist ohne verfassungsmäßige Billigung. Der Ministerpräsident steht mehrfach kurz vor seinem politischen Sturz, aber er kann den häufig verzagten und zögernden König zum Durchhalten bewegen. Die Sprache im Abgeordnetenhaus wird zunehmend schärfer. Bismarck greift die Liberalen an, droht unverschleiert mit einem Staatsstreich, und die Tumulte in den Sitzungen häufen sich. In der Außenpolitik stellt sich Preußen bei der Niederschlagung eines polnischen Aufstandes auf die Seite Russlands. Dabei haben sich die Abgeordneten in dieser Frage für eine klare Neutralität ausgesprochen.

Den ersten Durchbruch für Bismarck bringt der Krieg, den Preußen und Österreich 1864 gemeinsam gegen Dänemark führen. Kopenhagen versucht, die bestehenden Vereinbarungen über Schleswig-Holstein für ungültig zu erklären, worauf Wien und Berlin ihre Soldaten marschieren lassen. Die Preußen erstürmen die Düppeler Schanzen. Es folgen Friedensverhandlungen, und Dänemark muss die Herzogtümer Schleswig, Holstein und Lauenburg an die beiden Siegermächte abtreten. Der Krieg um Schleswig-Holstein ist in Deutschland ungemein populär. Er öffnet wieder einmal alle nationalen Schleusen. Der Sieg stärkt daher Bismarcks Prestige und entlastetet ihn in der Innenpolitik. Auch dass er die Pläne Wiens für eine österreichische Zollunion mit den deutschen Südstaaten zu verhindern weiß, wird im preußischen Abgeordnetenhaus wohlwollend zur Kenntnis genommen.

Sofort steuert der preußische Ministerpräsident auf sein nächstes Ziel zu: die Annexion der von Dänemark losgelösten Herzogtümer. Ihm ist klar, dass er dafür nie die freiwillige Zustimmung Österreichs erhalten wird. Eine Lösung, so Bismarcks Kalkül, kann nur ein neuer Krieg bringen. Er soll gleichzeitig auch den seit den Tagen Friedrichs des Großen und der Kaiserin Maria Theresia schwelenden Dualismus Österreich-Preußen beenden. Er will Österreich aus Deutschland herausdrängen. Seinem Sekretär diktiert er: »Die schleswig-holsteinische Frage und die große deutsche Frage hängen so eng zusammen, dass wir, wenn es zum Bruch kommt, beide zusammen lösen müssen.«

Bismarck trickst Österreich aus. Im Bundestag lässt er den preußischen Gesandten einen Antrag vorlegen, in dem Berlin für Deutschland freie und direkte Wahlen für die Zusammensetzung eines Nationalparlaments fordert. Nichts liegt Bismarck ferner, aber er weiß, dass Österreich als Vielvölkerstaat eine solche Wahl nicht überleben würde und den Antrag ablehnen muss. Als am 7. Mai 1866 in Berlin auch noch ein Attentäter auf Bismarck schießt und der Ministerpräsident ohne Schaden davonkommt, schlagen die Wogen hoch. Am 1. Juni überträgt Österreich die Entscheidung über die Zukunft Schleswig-Holsteins an den Bundestag. Preußen antwortet vertragswidrig mit dem Einmarsch seiner Truppen in Holstein. Eine ungeheure Provokation. Der Bundestag beschließt auf Antrag Wiens am 14. Juni die Mobilmachung gegen Preußen. Bismarck setzt wieder alles auf eine Karte und gewinnt. Eine einzige Schlacht entscheidet. Am 3. Juli 1866 werden die Truppen Österreichs in der Nähe der böhmischen Stadt Königgrätz vernichtend geschlagen. In kürzester Zeit ist ein jahrzehntelanges Ringen um die Vormacht in Deutschland entschieden.

Bertha von Suttner (1843–1914)

Miterlebt hat diese Schlacht die böhmische Adlige Bertha Freifrau von Suttner. Wie in Solferino Henri Dunant, erschüttert auch sie das schreckliche Morden. Sie bekennt sich zum Pazifismus und ist eine der ersten großen Gestalten des 19. Jahrhunderts, die sich für die Frauenbewegung engagieren. Sie wird zwar als Gräfin Kinsky in Prag geboren, gehört also dem hohen böhmischen Adel an, aber ihre Bücher und Schriften und ihr Denken sind tief verwurzelt in der deutschen Sprache und im deutsch-österreichischen Kulturraum. Sie heiratet den Romanschriftsteller Freiherr Arthur von Suttner und veröffentlicht bald auch zahlreiche Gesellschaftsromane. 1889 erscheint ihr zweibändiger Roman *Die Waffen nieder.* Er wird ein Bestseller und macht die Pazifistin und Schriftstellerin weltberühmt.

Das Buch wird in zwölf Sprachen übersetzt und stößt in der chauvinistischen Männergesellschaft, die ihre Ideale im Militärischen findet, auf scharfe Ablehnung. Die Autorin wird als »hysterischer Blaustrumpf« oder »Megäre des Friedens« beschimpft und verspottet. Nichts aber kann sie von ihrem Kurs abbringen. 1891 gründet sie die Österreichische Gesellschaft der Friedensfreunde und wird Vizepräsidentin des Internationalen Friedensbüros in Bern. Sie gehört zu den Mitorganisatorinnen der ersten internationalen Friedensdemonstration der Frauen 1899 in Den Haag. Für Bertha von Suttner bilden die Friedensbewegung und die Frauenfrage eine Einheit: »Beide sind ihrem ganzen Wesen nach ein Kampf für die Macht des Gesetzes und gegen das Gesetz der Macht.« Ihren Ruhm und ihre Herkunft nutzt sie, um in Diskussionen mit Politikern und Diplomaten für ihre Ideen zu werben. So gelingt es ihr 1892, den schwedischen Chemiker und Sprengstofffabrikanten Alfred Nobel dazu zu überreden, einen Friedenspreis zu stiften. Sie selbst wird für ihr Engagement 1905 mit dem Friedensnobelpreis ausgezeichnet.

Die herausragende Rolle von Bertha von Suttner wird besonders deutlich, wenn man die Zeit, in der sie lebt, richtig einordnet. Frauen sind Ende des 19. Jahrhunderts nicht gleichberechtigt. Sie dürfen nicht wählen und allgemein wird ihnen als unpassendes Benehmen angerechnet, wenn sie sich politisch äußern. Noch mehr gilt dies für den Kreis, aus dem Bertha von Suttner stammt. Für adlige Frauen ist die Politik ein Tabuthema. Sie selbst erlebt die Katastrophe vom 1. August 1914, vor der sie in allen ihren Schriften und Reden so leidenschaftlich gewarnt hat, nicht mehr. Sechs Wochen vor dem Ausbruch des Ersten Weltkriegs stirbt Bertha von Suttner.

Im Frieden von Prag muss Österreich keine Gebiete abtreten, aber der Auflösung des Deutschen Bundes zustimmen und eine hohe Entschädigungssumme zahlen. Wien hat mit dem Ende des Frankfurter Bundestages jedes Mitbestimmungsrecht in der deutschen Politik verloren. So kann Bismarck Deutschland neu ordnen. Preußen annektiert Hannover, Kurhessen, Nassau und Frankfurt am Main. Unter der Führung Berlins wird der Norddeutsche Bund gegründet. Ihm gehören zunächst 17 norddeutsche Kleinstaaten an, dann treten ihm auch Hessen-Darmstadt, Sachsen und Sachsen-Meiningen bei. Der Reichstag wird nach dem allgemeinen, gleichen und direkten Wahlrecht gewählt und Bismarck wird Bundeskanzler. Im Zollverein kommt es zum Zusammenschluss zwischen dem Norddeutschen Bund und vier süddeutschen Staaten. Damit beherrscht Preußen ganz Norddeutschland und die Konturen eines einheitlichen deutschen Staates werden sichtbarer.

»Aber besiegt habe ich Alle! Alle!« Bismarck triumphiert. Selbst seine liberalen Gegner verstummen. Das preußische Abgeordnetenhaus entlastet am 3. September 1866 die Regierung mit 230 gegen 75 Stimmen und billigt den Staatshaushalt. Damit ist der vierjährige Verfassungskonflikt beendet, der Bismarck an die Regierungsspitze gebracht hat. Schon unmittelbar nach dem Krieg gegen Österreich macht dieser im Kreise seiner Vertrauten klar, dass die Mainlinie für ihn keine ewige Grenze ist. Zielstrebig steuert er auf das Ziel einer kleindeutschen Reichslösung zu. Kleindeutsch heißt: Ein von Preußen geführtes Deutsches Reich ohne Österreich. Eine solche Reichsgründung verändert das Mächtegleichgewicht in Europa. Es geht jetzt also nicht mehr allein um Entscheidungen in den deutschen Ländern, sondern Bismarck muss damit rechnen, dass bald auch in Paris, London und Petersburg alle Alarmglocken klingeln.

Entscheidend ist der unmittelbare Nachbar im Westen: Frankreich. Hier hat sich ein Neffe Napoleons I. an die Spitze des Staates geputscht. Im Dezember 1848 gewinnt er in der II. Republik zunächst die ersten Präsidentenwahlen, um dann drei Jahre später seine Stellung durch einen Staatsstreich zu sichern. 1852 lässt er sich durch eine Volksabstimmung als Napoleon III. zum Kaiser der Franzosen krönen. Paris erlebt unter seiner Regierung eine neue, in ganz Europa bewunderte Glanzzeit. Der Präfekt der Hauptstadt, Georges Haussmann, lässt die historische Altstadt abreißen und die breiten, prächtigen Boulevards errichten, die Paris heute noch auszeichnen. Die Weltausstellung von 1867 gerät zum Triumph imperialer Machtentfaltung, die sich in den für dieses Ereignis gebauten Ausstellungspalästen und Industriepavillons widerspiegelt. Das Theaterpublikum ist von den Operetten- und Singspielmelodien des aus Deutschland eingewanderten Jacques Offenbach hingerissen, der Cancan erobert die bürgerlichen Ballsäle und die Arbeiterkneipen. Die Maler entdecken den Impressionismus. Paris ist in den sechziger Jahren die laute, morbide und schöne Hauptstadt Europas.

Napoleon III. ist politisch ehrgeizig wie sein berühmter Onkel. Und er ahnt, dass er in den Augen seiner Landsleute nur bestehen kann, wenn er ihren nationalen Ehrgeiz befriedigt. Kaum ein Konflikt in Europa, in den er sich nicht einmischt. Das gilt für den Krim-Krieg ebenso wie für die Auseinandersetzungen zwischen Österreich und Italien. Er gewinnt Nizza und Savoyen für Frankreich, schickt eine Expedition nach Senegal, beginnt mit der Eroberung Vietnams, unterstützt den Bau des Suez-Kanals und interveniert im mexikanischen Bürgerkrieg auf der Seite des unglücklichen Kaisers Maximilian, den die Aufständischen nach seiner Gefangennahme erschießen. Zunächst lassen sich die Franzosen vom schönen Schein des neuen Kaiserreiches blenden. Aber Napoleon überfordert das Land. Der Neuaufbau von Paris kostet ein Vermögen, die militärischen Abenteuer belasten die Staatskasse, und es häufen sich die außenpolitischen Rückschläge. Börsenskandale erschüttern das neureiche Großbürgertum. Sie schaden auch dem Ansehen des Kaiserhauses.

Und jetzt auch noch Bismarck. Frankreichs Nationalisten haben auf den Sieg Berlins im Krieg gegen Österreich mit preußenfeindlichen Parolen reagiert. Sie sehen darin – nicht zu Unrecht – eine Verschiebung des europäischen Mächteverhältnisses zugunsten Preußens. »Rache für Sadowa (Königgrätz)« schwören die Politiker in ihren Parlamentsreden und die Journalisten in ihren Zeitungsartikeln.

Frankreich verlangt einen territorialen Zugewinn als Ausgleich. Das Großherzogtum Luxemburg soll es sein, eine Bundesfestung, in der eine preußische Garnison liegt. Bismarck lässt in Paris den Eindruck entstehen, Berlin habe nichts gegen eine Abtretung einzuwenden. Aber Frankreich müsse direkt mit den Niederlanden verhandeln, die mit Luxemburg in Personalunion verbunden sind. Gleichzeitig verkündet der preußische Ministerpräsident ein Schutzbündnis mit den süddeutschen Staaten und lässt die Presse Hetzartikel gegen die Franzosen veröffentlichen. Er selbst hält im Norddeutschen Reichstag ebenfalls wohl kalkulierte antifranzösische Reden. Der Konflikt wird in einer Londoner Konferenz beigelegt, Luxemburg erhält einen neutralen Status und Berlin muss seine Truppen abziehen.

Frankreich fühlt sich erneut von Preußen übertölpelt und in seiner nationalen Ehre getroffen. Jedenfalls liest es sich so in den Pariser Zeitungen. Die Unzufriedenheit in den französischen Parteien und in der Öffentlichkeit wächst. Wo immer über die politische Lage diskutiert wird, ist die Befürchtung zu hören und zu lesen, es müsse etwas getan werden, um den Niedergang des internationalen Ansehens aufzuhalten. Da Parlamentswahlen vor der Tür stehen, entwickelt sich eine nervöse und gereizte Atmosphäre. Das Militär, durch die Ausrüstung mit neuen, modernen Infanteriegewehren selbstbewusster geworden, dringt ungeduldig auf Entscheidungen. Bismarck stellt nüchtern fest, dass Kaiser Napoleon nicht mehr Herr der Lage sei, er müsse »vielmehr als abhängig von den Strömungen der Parteileidenschaften betrachtet werden.«

Zwei Jahre nach dem Luxemburger Zwischenspiel entzündet sich neuer Streit. Auf einen Vorschlag Preußens kandidiert ein Hohenzoller für den spanischen Thron. Für Frankreich eine undenkbare Lösung – was Bismarck natürlich weiß. Ob er tatsächlich langfristig auf einen Krieg gegen Frankreich hingearbeitet hat, ist schwer zu sagen. Riskiert hat er ihn mit seinen permanenten Provokationen sicherlich. Zumal er nach dem Sieg über Österreich zu seiner Enttäuschung registrieren muss, dass die süddeutschen Staaten, allen voran das Königreich Bayern, nicht seinen Erwartungen entsprechen und begeistert den Anschluss an den Norddeutschen Bund suchen. Das mag ihn endgültig davon überzeugen, dass seine Reichspläne ohne Krieg mit Frankreich nicht zu realisieren sind. Jedenfalls erklärt er schon Anfang 1870 einem Gesprächspartner gegenüber, der Krieg mit Frankreich sei »eine unabweisliche Notwendigkeit«.

Was folgt, ist ein Kabinettsstück Bismarckscher Schläue und Skrupellosigkeit. Als am 2. Juli die Thronkandidatur des Hohenzollern öffentlich bekannt wird, erklärt der preußische Ministerpräsident, das sei eine rein dynastische Angelegenheit, damit hätten er und sein König nichts zu tun. In Frankreich bricht ein

Sturm aus. Der Außenminister erklärt im Parlament, es gehe um das europäische Gleichgewicht und noch mehr um Frankreichs Ehre. Die Presse überschlägt sich und ruft die Regierung mit populistischen Schlagzeilen zu Taten auf. Bismarck ist zufrieden. Es läuft alles so, wie er es erhofft hat.

Fast alles: Angesichts der europaweiten Diskussion über die spanische Thronfolge fühlt sich der arme hohenzollerische Kandidat unter Druck. Schließlich erklärt er seinen Verzicht. Bismarck ist wütend und glaubt seine Pläne seien durchkreuzt worden. Da kommt ihm die emotional aufgeputschte französische Öffentlichkeit zu Hilfe. Der Thronverzicht allein reicht ihr nicht; die Regierung steht einem Kriegsfieber gegenüber, das ganz Frankreich erfasst hat. Sie reagiert. Während eines Kuraufenthaltes des preußischen Königs in Bad Ems überreicht der französische Botschafter ein Schreiben, in dem von Wilhelm ein ausdrücklicher und »ewiger« Verzicht der Hohenzollern auf den spanischen Thron gefordert wird. Zudem soll er bitte öffentlich erklären, er habe die Ehre und die Interessen Frankreichs nicht verletzen wollen. Der König weist ein solches Ansinnen in gemäßigter, aber entschiedener Form zurück. Als Bismarck das Telegramm erhält, in dem ihm Wilhelm die Sache schildert, gibt er dem Text durch geschickte Verkürzungen eine dramatische Zuspitzung. »Seine Majestät der König hat es darauf abgesehen, den französischen Botschafter nochmals zu empfangen und demselben durch den Adjutanten vom Dienst sagen zu lassen, dass seine Majestät dem Botschafter nichts weiter mitzuteilen habe.« Bismarck hat Paris ganz bewusst provoziert. Er hält den Krieg im Interesse Preußens für nötig und die politischen Umstände erscheinen ihm im Sommer 1870 dafür günstig. Frankreich aber soll vor aller Welt als der Aggressor dastehen. Nach der Veröffentlichung dieser Fassung der »Emser Depesche« erklärt der französische Außenminister Antoine Gramont erregt, dies sei ein Schlag ins Gesicht Frankreichs. Napoleon III. reagiert am 19. Juli mit einer Kriegserklärung.

Der Kaiser ist zu dieser Zeit schon krank und verbraucht. Er ahnt, dass der Krieg nicht zu gewinnen ist. Aber die öffentliche Meinung ist seit Jahren erregt, und Bismarcks Politik hat den französischen Nationalismus endgültig zum Sieden gebracht. Napoleon III. hat keine andere Wahl. Bismarcks Bewunderer preisen ihn wegen dieser Ausgangslage zu Kriegsbeginn als großen Diplomaten und gewieften Strategen. Die vielen toten jungen Männer, die auf den Schlachtfeldern zurückgeblieben sind, haben davon nicht viel gehabt.

Der Krieg dauert sechs Monate, aber der Sieger steht schon nach wenigen Wochen fest, denn Napoleon ist allein. Er hat auf die Hilfe Österreichs gehofft, mit dem man seit Jahren über ein Bündnis verhandelt. Als es zum Schwur kommt, erklärt Wien jedoch, nur wenn Russland an die Seite Preußens trete, werde es zu den Waffen greifen. Petersburg bestätigt Berlin auf Anfrage, es werde mit 300 000 Mann in Galizien einmarschieren, sobald Österreich eingreife. Die Drohkulisse überzeugt Kaiser Franz Joseph: Er lässt eine Neutralitätserklärung veröffentlichen. Dem von beiden Seiten umworbenen England geht es um die Unabhängigkeit Belgiens. Napoleon erklärt sofort, sein Land werde die belgischen Interessen respektieren. Bismarck aber hat ein handschriftliches Papier des französischen Botschafters in den Akten, in dem dieser einige Jahre zuvor eine gewaltsame Annexion Belgiens und Luxemburgs zur Debatte stellt. Dieses Geheimpapier spielt der Preuße der Zeitung *Times* zu, und in London denkt niemand mehr ernsthaft über eine Unterstützung Frankreichs nach. Bismarck hat richtig kalkuliert. Er ist sicher, dass es nicht zu einem großen europäischen Krieg kommen wird. London, Wien und Petersburg haben seine Erwartungen bestätigt.

Die süddeutschen Staaten stellen sich ebenfalls auf die Seite Preußens. Frankreich kann dort schon seit den Tagen, als die Truppen Ludwig XIV. die Pfalz verwüstet haben, nicht mehr mit großen Sympathien rechnen. Als 1840 die französische Regierung in innenpolitische Schwierigkeiten gerät, versucht sie sich durch eine nationalistische Außenpolitik zu retten. Sie gibt die Devise aus, der Rhein sei die natürliche Grenze Frankreichs. In Deutschland geht es sofort nicht weniger aufgeregt zu. Ein Herr Schneckenburger dichtet die bald an allen deutschen Stammtischen gesungene *Wacht am Rhein*: »Es braust ein Ruf wie Donnerhall, / Wie Schwertgeklirr und Wogenprall. / ›Zu Rhein, zum Rhein, zum deutschen Rhein! / Wer will des Stromes Hüter sein?!‹ / Lieb Vaterland, magst ruhig sein, / Fest steht und treu die Wacht am Rhein!« Das gehört auch 1870 noch zum festen Liedgut deutscher Männer und Frauen. Als also die »Emser Depesche« in Bismarcks Fassung erscheint, da sehen das auch die Herrscher in München, Stuttgart oder Karlsruhe als eine Beleidigung der mächtigsten deutschen Dynastie an. Auch wenn sie Preußen nicht lieben, die süddeutschen Fürsten können die allgemeine Volksstimmung nicht übergehen.

Preußens Generalstabschef Helmuth von Moltke sucht eine schnelle Entscheidung. Die Eisenbahn ermöglicht einen raschen Truppenaufmarsch, und nach einigen erfolgreichen Gefechten schließen die Preußen die französische Hauptarmee in der Festung Metz ein. Ein zur Hilfe heranrückendes Heerescorps wird bei Sedan geschlagen. Napoleon III. gerät in Gefangenschaft und wird nach Kassel gebracht. Aber Sedan wird kein zweites Königgrätz. Die siegreiche Schlacht führt dieses Mal nicht zum Waffenstillstand. Es ist nicht wie früher ein reiner Krieg der Politik, also kein Kabinettskrieg, sondern ein Krieg der Nationen, der auf französischem Boden ausgefochten wird. Die preußischen Eindringlinge stoßen auf erbitterten Widerstand in der Bevölkerung und werden in verlustreiche Gefechte verwickelt. Im September schließen die deutschen Truppen Paris ein. Frankreich ruft die Dritte Republik aus, und die Verteidiger der Hauptstadt halten fünf Monate durch. Bismarck ordnet die Beschießung der Stadt an und die Bewohner von Paris hungern.

Die Franzosen kapitulieren schon allein deswegen nicht sofort nach den Niederlagen in Metz und Sedan, weil sie den deutschen Ruf nach einer Angliederung der französischen Provinzen Elsass und Lothringen nicht überhören können. Am 28. Januar 1871 aber bricht der Widerstandswille zusammen. Entschädigungszahlungen in Höhe von 5 Milliarden Franken und Elsass-Lothringen sind der Preis, den Frankreich für die Niederlage zahlen muss. Den Verlust ihrer beiden Provinzen werden die Franzosen nie vergessen. Bismarck hat mit diesem Raub einen verhängnisvollen Fehler begangen. Immer muss das Deutsche Reich bei künftigen Bündnisfragen die Todfeindschaft Frankreichs voraussetzen. Wenn Deutschland im August 1914 beim Ausbruch des Ersten Weltkriegs weitgehend isoliert dasteht und sich einer übermächtigen feindlichen Allianz gegenübersieht, dann nicht zuletzt auch, weil die Bismarcksche Tat von 1871 das Reich einholt.

An die Opfer und möglichen Folgen von Bismarcks Kriegspolitik denkt damals in Deutschland niemand. Das Reich lebt im Taumel. Am 18. Januar 1871, zehn Tage vor der Kapitulation Frankreichs, versammeln sich die deutschen Fürsten im Spiegelsaal des Schlosses von Versailles und rufen das Zweite Deutsche Reich aus. Der preußische König wird als Wilhelm I. zum Kaiser proklamiert. Kurz vorher kommt es wieder einmal zu einer Szene zwischen dem Monarchen und Bismarck, da sich Wilhelm als Preuße fühlt und deswegen nicht den Titel »Deutscher Kaiser« tragen will. Durch die spontane Formel »Kaiser Wilhelm«, die im Spiegelsaal benutzt wird, überspielt man das Problem elegant. Aber Bismarck ist in der Stunde seines größten Triumphes wegen der Auseinandersetzung mit Wilhelm tief gekränkt.

Die Graue Eminenz und die Sozialdemokratie

Ein politischer Traum ist in Erfüllung gegangen. Das über Jahrhunderte zersplitterte Land ist geeint. Bismarck verwaltet und konsolidiert das neue Reich in den nächsten 18 Jahren. Er wird Reichskanzler und Außenminister, bleibt außerdem preußischer Ministerpräsident. Eine neue Verfassung wird beschlossen. Zum ersten Mal gibt es allgemeine freie Wahlen für den Reichstag. Aber die politische Macht der Abgeordneten ist gering.

Deutschland erlebt einen gewaltigen wirtschaftlichen Aufschwung und wird neben England zum mächtigsten Staat in Europa. Nach drei Kriegserfolgen genießt das preußisch-deutsche Militär einen legendären Ruf. Der Offizier wird nicht nur von den Dienstmädchen angehimmelt, sondern er versetzt auch das Bürgertum in devote Verzückung. Selbst die so lange skeptischen und oppositionellen Liberalen sind von den Erfolgen Bismarcks überwältigt. Zwei Gruppen der Gesellschaft allerdings stehen dem Reich nach wie vor distanziert gegenüber: die Sozialisten und die Katholiken. Letztere leben nun in einem mehrheitlich protestantisch geprägten Staat. Und die Arbeiterbewegung, die in Gestalt der Sozialdemokratischen Partei zu einer innenpolitischen Kraft heranwächst, bleibt ausgeschlossen.

Die erste große Auseinandersetzung, die Bismarck als Kanzler provoziert und die die deutsche Gesellschaft für lange Zeit spaltet, ist der »Kulturkampf«. Den Hintergrund bildet die Konjunkturkrise, die 1873 nach dem großen Börsenkrach das Wirtschaftswachstum bremst. Die Aktienkurse stürzen in den Keller, eine Welle von Konkursen rollt über das Reich. Die so genannte »Gründerkrise« formt zwei Feindbilder: Der alte, aber sich jetzt neu formende Antisemitismus behauptet, die Juden, angeblich Herren über Banken und Börsen, seien an dem Desaster schuld. Bismarck dagegen, ohnehin immer von Ängsten über irgendwelche Verschwörungen gegen seine Politik und das Reich geplagt, lenkt den Blick auf die Katholiken. Nach der Reichsgründung finden diese sich plötzlich in der Minderheit und sammeln sich in einer politischen Partei, dem Zentrum. Schon bei den ersten Wahlen wird die katholische Partei hinter den Nationalliberalen zweitstärkste Kraft im Reichstag. Für Bismarck ist das nichts anderes als die »Mobilmachung der Partei gegen den Staat«. Zumal der Führer der Zentrums-Fraktion, Ludwig Windthorst, in den Reichstagsdebatten als scharf formulierender Gegner des Kanzlers auftritt. Dieser reagiert harsch. Die Beziehungen zum Vatikan werden auf Eis gelegt, katholische Schulen unterliegen fortan der Staatsaufsicht, der Jesuitenorden wird verboten, Bischöfe und Geistliche werden abgesetzt, und manche von ihnen kommen sogar ins Gefängnis. Schon bald jedoch muss Bismarck zurückrudern, denn er hat die Widerstandskraft der Katholiken unterschätzt. Dank der Unterstützung durch Papst Leo XIII. kommt es 1879 zum Burgfrieden. Was bleibt, ist eine schwere innenpolitische Niederlage für den Kanzler sowie eine bis in die

Jahre der Weimarer Republik nachwirkende Distanz des Katholizismus zum deutschen Staat.

Und was wird aus den Arbeitern? Am 23. Mai 1863 gründet sich in Leipzig der Allgemeine deutsche Arbeiterverein. Zum Präsidenten wählen die Delegierten den Rechtsanwalt Ferdinand Lasalle. Ein Jahr später kommt dieser Pionier der deutschen Arbeiterbewegung in einem Duell ums Leben. Seine Idee aber, dass sich die Arbeiter in einer politischen Organisation sammeln müssen, wird zu einer Erfolgsgeschichte. Sechs Jahre nach seinem Tod heben der Drechsler August Bebel und der ehemalige Barrikadenkämpfer von 1848, Wilhelm Liebknecht, in Eisenach die Sozialdemokratische Arbeiterpartei aus der Taufe. Im Mai 1875 vereinigen sich die »Lassalleaner« und die »Eisenacher« auf dem Parteitag in Gotha zur Sozialistischen Arbeiterpartei Deutschlands. 1890 wird daraus die Sozialdemokratische Partei Deutschlands. Das Programm, das man in Gotha verabschiedet, fordert die sozialistische Umgestaltung von Staat und Gesellschaft, die Verbesserung der Lebensbedingungen, Arbeitsschutzgesetze und vieles mehr. Die Sozialisten geben sich im Kaiserreich ein marxistisches und verbal ziemlich radikales Ansehen, vertreten aber in der Praxis überaus pragmatisch und gemäßigt die Interessen der Arbeiterschaft. Unterstützung finden sie bei den Gewerkschaften, die allerdings erst ab 1900 im Reich anerkannt sind.

August Bebel (1840–1913)

Als ein Arbeiter in Hamburg 1893 Kaiser Wilhelm II. lobt, unterbricht ihn ein Kollege mit der Bemerkung: »Mein Kaiser ist Bebel!« Mit dieser beherzten Entgegnung spricht er vielen Genossen aus der Seele. August Bebel ist die sozialdemokratische Leitfigur des Kaiserreiches. Seine Haltung in den innerparteilichen Auseinandersetzungen ist konsequent, aber auch pragmatisch. Er ist ein mitreißender Redner, und als er 1868 wegen »Verbreitung staatsgefährdender Lehren« zu drei Wochen Gefängnis verurteilt wird, ist er in Parteikreisen sozusagen »geadelt«. Auch während des deutsch-französischen Krieges 1870 sitzt er in Untersuchungshaft. Später muss er wegen »Majestätsbeleidigung« eine zweijährige Festungshaft verbüßen. Für Bebel sind dies Zeiten zum intensiven Studium der sozialistischen Literatur. So kann er auf das Erfurter Programm der SPD ebenso wie auf die Parteipresse, insbesondere auf den *Vorwärts*, starken Einfluss ausüben. Im Streit »Marxismus und Revolution gegen Revisionismus und Reformen« stellt er sich auf die Seite der Marxisten.

Geboren ist Bebel in Köln. Sein Vater ist Unteroffizier, und so wächst er in der Kaserne eines preußischen Infanterieregimentes auf. Nach einer Drechslerlehre geht er auf Wanderschaft und lässt sich in Leipzig nieder, wo er einen eigenen Handwerksbetrieb gründet. Ab Frühjahr 1867 ist er Mitglied des Norddeutschen Reichstags. Schon dort macht er mit radikalen Formulierungen auf sich aufmerksam. Er wolle, erklärt er am 24. April 1869, mit allen Mitteln so lange kämpfen, »bis dieses System in Grund und Boden zerschlagen und zertrümmert ist«. Bebel ist einer der Gründungsväter des Allgemeinen Deutschen Arbeitervereins und beteiligt sich in den kommenden Jahren federführend an allen Neugründungen und Verschmelzungen der Arbeiterorganisationen.

Bismarck sind diese Sozialisten ein Dorn im Auge. Wie fast alle Konservativen ist er vom Revolutionswillen der SPD überzeugt. Ein fehlgeschlagenes Attentat auf den Kaiser bietet ihm den willkommenen Anlass, um die Partei der Arbeiter als Machtfaktor auszuschalten. Wider besseres Wissen schiebt er den Genossen die Schuld in die Schuhe und erlässt 1878 die Sozialistengesetze. Sie sind Bismarcks Kampfansage an die Sozialdemokratie. Die Partei und ihre Presse, die Gewerkschaftsverbände und überhaupt alle politischen Versammlungen werden verboten. Viele führende Parteimitglieder gehen in die Emigration. Doch dieses Mal scheitert die Intrigenpolitik des Reichskanzlers. 1890 hebt Kaiser Wilhelm II. die Sozialistengesetze auf. Die Partei erringt bei den darauf folgenden Reichstagswahlen mit 1,4 Millionen die meisten Wählerstimmen.

August Bebel ist als Reichstagsabgeordneter vor den Verboten und einer Ausweisung geschützt, was ihn nicht davon abhält, die Untergrundarbeit der Partei mit zu organisieren. In den internen Richtungskämpfen der SPD bewährt sich Bebel als geschickter Taktiker. Zwischen den ungeduldigen, radikalen Kräften und dem auf Legalität setzenden Flügel vermittelt er immer wieder erfolgreich. So hält er die in permanente theoretische Debatten verwickelte Partei zusammen. Erst im Streit um die Kriegskredite wird sich die SPD im Ersten Weltkrieg spalten. Aber da ist Bebel schon tot.

Als Bismarck seinen harten Kurs aufgibt und versucht mit einer neuen Sozialgesetzgebung die Arbeiterschaft für das Reich zu gewinnen, verweigert Bebel im Reichstag nicht seine Mitarbeit. Ab 1883 verabschieden die Abgeordneten Gesetze zur Unfall-, Kranken-, Invaliditäts- und Altersversicherung. Ihre materielle Wirkung ist zwar sehr gering, aber Deutschland hat damit als erster Industriestaat soziales Neuland betreten. Die Distanz der Arbeiter, vorrangig der sozialdemokratischen Parteimitglieder, zum Kaiserreich kann Bismarck damit allerdings kaum verringern.

Bebel bleibt auch nach der Aufhebung der Sozialistengesetze der »Zuchtmeister« der Partei. Als Fraktionsvorsitzender der SPD im Reichstag betreibt er eine ebenso fundamentale wie konstruktive Opposition. Bei aller radikalen Rhetorik bleibt er immer Realist. Deutlich sieht er, dass der Reichstag allenfalls eine Kontrollinstanz ist, aber kein Reichstagsbeschluss ohne die Zustimmung des von den Monarchen des Reiches beherrschten Bundesrats Gesetzeskraft erlangen kann. »Mit einer solchen Verfassung«, erklärt er im November 1871 im Reichstag, »kann allerdings ein jeder Minister regieren; das ist keine Verfassung für das Volk, das ist weiter nichts als der Scheinkonstitutionalismus in rohester Form.«

Zu den Schriften, die Bebel veröffentlicht, gehört auch *Die Frau und der Sozialismus.* Der sozialdemokratische Parteivorsitzende erkennt früher als viele seiner Genossen die wichtige Rolle, die Frauen künftig in der Gesellschaft spielen werden. Mit Rosa Luxemburg und Clara Zetkin, zwei rhetorisch und intellektuell begabten Frauen vom linken Parteiflügel, diskutiert er viel und kontrovers. Dabei schätzt er sowohl ihre Persönlichkeit als auch ihr Engagement für die Partei.

Bis zum Ende des 19. Jahrhunderts bleibt die Lage der Arbeiter überaus schwierig. Zwar steigen die Löhne nach der Reichsgründung an, aber ihnen steht bis 1900 eine Geldentwertung von rund 30 Prozent gegenüber. Armut herrscht in zahlreichen Arbeiterfamilien. Ohne die Mithilfe von Frau und Kindern können sie nicht überleben. Für die Kinder bedeutet das: statt Schulbildung harte Arbeit, zum Beispiel in den engen, feuchten Bergwerksstollen. Knapp 65 Prozent der Industriearbeiter in Sachsen, so weist eine Statistik aus, haben um die Jahrhundertwende ein Jahreseinkommen bis 950 Mark. Davon kann eine vierköpfige Familie nur notdürftig existieren. Um die Not richtig einschätzen zu können, zwei Vergleiche: 57 Prozent der Angestellten haben zum gleichen Zeitpunkt ein Jahreseinkommen von 13 700 Mark, 61 Prozent der Selbstständigen kommen auf 34 800 Mark. Ausgaben für Nahrungsmittel beanspruchen in einer Arbeiterfamilie mit zwei Kindern 55 Prozent des Monatslohns. Für Kleider und Schuhwerk ist da kaum Geld übrig. Im Durchschnitt leben fünf Personen auf einer Wohnfläche von 18 Quadratmetern. Eltern und Kinder wohnen also zusammengepfercht in nicht mehr als einem kleinen Zimmer, ohne Privatsphäre und nur mit dem Allernötigsten versorgt. Dabei sind die Verhältnisse nicht nur beengt, sondern auch kalt, zugig und nicht sehr hygienisch. Wird der Familienernährer krank oder invalide, folgt der endgültige Sturz ins Elend. Eine Spirale der Armut, aus der sich kaum jemand befreien kann.

Den Kanzler des Kaiserreiches ficht das nicht sonderlich an. In all seinen Regierungsjahren instrumentalisiert Bismarck die Parteien, um seine Interessen durchzusetzen. Dabei geht es ihm nicht in erster Linie um Deutschland, sondern um Preußen und die Machterhaltung der Eliten. Zunächst umwirbt er die Nationalliberalen. Denn die Entwicklung des Kaiserreiches hängt ganz entscheidend davon ab, ob es gelingt, die neuen Schichten aus Wirtschaft, Bildung und Kultur, also das aufstrebende Bürgertum, mit den Kräften der alten Ordnung, dem Adel, den ostpreußischen Gutsherren und den Militärs zu versöhnen. 1848 ist dies misslungen. Um ein neuerliches Scheitern zu verhindern, spannt Bismarck die Liberalen für sich ein. 1879 wendet er sich dann den Konservativen zu und bricht nun öffentlich mit seinen bisherigen Partnern. Das neue Bündnis setzt mit seiner Reichstagsmehrheit Schutzzölle und eine Tabaksteuererhöhung durch.

In der Außenpolitik hat für Bismarck die Beruhigung der europäischen Mächte oberste Priorität. Er muss die Wogen glätten, die der deutsch-französische Krieg und die Reichsgründung in Europa geschlagen haben. Deutschland sei »saturiert«, lässt er London, Wien und Petersburg wissen. Mit anderen Worten: Man habe keine Ambitionen, neuerlich anzugreifen. Das gilt auch für die Kolonien, die England und Frankreich in Afrika und Asien gründen. Dort besitzen sie gewaltige, teilweise rohstoffreiche Gebiete. Bismarck dagegen überhört zunächst alle Rufe, die auch für Deutschland Kolonien fordern. Einem Befürworter deutscher Kolonialbestrebungen entgegnet er: »Ihre Karte von Afrika ist ja sehr schön, aber meine Karte von Afrika liegt in Europa. Hier liegt Russland, und hier liegt Frankreich, und wir sind in der Mitte; das ist meine Karte von Afrika.« Eine sehr vernünftige Haltung, die Bismarck später allerdings aufgeben wird.

Der Kanzler behält die schwierige mitteleuropäische Lage des Reiches immer im Blick. Deutschland vor übermächtigen feindlichen Koalitionen seiner Nachbarn zu bewahren bildet die Basis seiner Bündnispolitik. Er weiß, dass Frankreich auf Revanche und die Rückholung von Elsass-Lothringen sinnt. Deswegen sucht er den Anschluss an Österreich und Russland. Seine Albträume kreisen um eine Mächtekonstellation, die das Reich von Westen und von Osten gefährdet. So entwickelt er ein kompliziertes Koalitionspuzzle: Dreikaiserabkommen mit Russland und Österreich, Zweibundvertrag mit Österreich, Dreikaiservertrag Russland-Österreich-Deutschland, Dreibund Österreich-Italien-Deutschland, Rückversicherungsvertrag mit Österreich. Nach allen Seiten hin absichern, heißt seine Devise.

Auf diese Weise gelingt es Bismarck, das Kaiserreich vor weiteren Kriegen zu bewahren. Zumindest vorläufig. Denn dass sein System langfristig nur ein Flickwerk sein kann, bleibt einigen seiner Zeitgenossen nicht verborgen. Der engste Bündnispartner, die Habsburg-Monarchie, ist unter den europäischen Großmächten zugleich die schwächste. Der Konflikt um das Erbe des Osmanischen Reiches auf dem Balkan muss irgendwann zwischen Russland und Österreich explodieren. Wird dann der Zar nicht automatisch mit dem auf die Rückeroberung seiner an Deutschland verlorenen Provinzen lauernden Frankreich handelseinig werden? Steht das Reich dann vor einem Zweifronten-Krieg? Als größte Handelsmacht der Welt beherrscht zudem England mit seiner gewaltigen Flotte die Meere. Nur ein Deutschland, das sich mit dem politisch Erreichten begnügt, wird seine exponierte strategische Lage ohne Schaden überstehen können. Der Außenpolitiker Bismarck hat dies gewusst. Seine Nachfolger werden es angesichts der schwindelerregenden Handels- und Industriestatistiken, die sich auf ihren Schreibtischen häufen, vergessen. Sie betreten den Weg des Untergangs.

Der »Wilhelminismus« oder: Was kostet die Welt?

Am 22. März 1887 feiert Kaiser Wilhelm I. seinen 90. Geburtstag. 85 Könige, Großherzöge, Großfürsten, Herzöge, Kronprinzen, Prinzen und sonstige Hoheiten erscheinen zur Gratulationskur. 3 000 Berliner Studenten ziehen mit Fackeln am Alten Palais Unter den Linden vorbei. In seinen letzten Lebensjahren erfreut sich der Monarch einer großen Beliebtheit. Der alte Herr, der seine Geschäfte sparsam und bedächtig führt, jovial aus der Kutsche winkend täglich durch den Tiergarten fährt, hat den »Kartätschenprinzen« von 1848 vergessen lassen. Im Herbst ist er zum Flottenbesuch in Kiel und es herrscht stürmisches Wetter. Was ihn nicht davon abhalten kann, sich den Matrosen auf der Kommandobrücke zu zeigen. Von der Erkältung, die er sich bei diesem Besuch holt, wird der Greis sich nicht mehr erholen. Am 9. März 1888 stirbt der Kaiser. Er ist noch ein Kind gewesen, als er 1806 mit seinen Eltern Friedrich Wilhelm III. und Königin Luise vor Napoleon nach Königsberg fliehen musste und Preußen einen Tiefpunkt seiner Geschichte erreichte. Zum Zeitpunkt seines Todes ist Deutschland unter preußischer Führung eine europäische Großmacht.

Wilhelms Sohn, der 56-jährige Kronprinz Friedrich, hat lange und ungeduldig auf den Augenblick der Thronbesteigung warten müssen. Als er dann endlich Kaiser wird, ist er ein todkranker Mann. Die Ärzte haben Kehlkopfkrebs diagnostiziert. Nach 99 Tagen stirbt Kaiser Friedrich III. Dabei haben die Liberalen so viele Hoffnungen in ihn gesetzt. Friedrichs Gattin ist als Tochter der englischen Königin Victoria in der weltoffenen Atmosphäre des damaligen England aufgewachsen. Sie und durch ihren Einfluss auch der Kronprinz leben in ständiger Spannung zum Reichskanzler, dessen konservativer Innenpolitik sie kritisch gegenüberstehen. Aber Friedrich neigt zu romantisch rückwärtsgewandten Vorstellungen, und wie alle Hohenzollern bewundert er das Militär. In den Einigungskriegen gegen Österreich und Frankreich bewährt er sich als Armeeführer. Es ist fraglich, ob sich Deutschland anders entwickelt hätte, wenn Friedrich III. nicht so früh gestorben wäre.

Sicher ist allerdings, dass Friedrichs Sohn Wilhelm, der nun in den Mittelpunkt der Reichsgeschichte rückt, eine völlig andere Persönlichkeit als der Vater ist. Er besteigt im Alter von 29 Jahren den Thron, und seine Untertanen sind zunächst überaus angetan vom Optimismus und den schwungvollen öffentlichen Auftritten ihres neuen Kaisers. »Mit Volldampf voraus!«, verkündet er am Beginn seiner Herrschaft. Er trifft damit in die Herzen der Deutschen. Sie sind ihres zwar respektierten, aber doch nicht mehr so recht in die Zeit passenden Eisernen Kanzlers Bismarck ein wenig müde geworden. Seine düsteren Warnungen vor den vielen Gefahren, denen das Reich zum Opfer fallen könnte, wollen sie nicht mehr hören. Ist die Welt nicht herrlich und geht es in Deutschland nicht steil bergauf?

Was so ganz falsch nicht ist. Zwischen 1890 und 1914 entwickelt sich das Kaiserreich zur größten Industriemacht Europas, die darüber hinaus die stärkste Landarmee des Kontinents unterhält. Im Welthandel kann nur noch England das Reich übertreffen. Die deutschen Anteile an der Weltproduktion bei der damals für die Entwicklung der Industrie so wichtigen Stahl- und Roheisenherstellung und beim Kohleabbau liegen schon kurz nach der Jahrhundertwende höher als die der englischen Wirtschaft. Die Firmen Siemens und AEG führen Deutschland an die Spitze auf dem Weltmarkt der Elektroindustrie. In Ludwigshafen, Leverkusen und Höchst am Main entwickelt sich die Chemieindustrie steil nach oben. In Berlin wird das Kaiser-Wilhelm-Institut für die Eliteforschung gegründet und in Deutschland werden mehr Patente angemeldet als in jeder anderen Nation.

Die Städte wachsen. In Berlin sind es 1910 4,8 Millionen Einwohner. Die rasche Zuwanderung stellt die Kommunen vor schier unlösbare Probleme. Billige

Wohnblocks werden aus dem Boden gestampft, die hygienischen Verhältnisse sind zwar besser als in den vorausgegangenen Jahrhunderten, aber immer noch schlimm. Viele Wohnungen haben kein fließendes Wasser, es gibt nur Gemeinschaftstoiletten und die Abfallberge verschärfen die Ansteckungsgefahr. In die riesigen Reihen der dunklen Hinterhöfe dringt kein Sonnenstrahl. Dafür wachsen in den Vierteln der Vornehmen die Villen und in den besseren Gegenden die im historistischen Stil gebauten stattlichen Häuserreihen für das Bürgertum.

Von 1870 bis 1910 wächst die Einwohnerzahl in Deutschland um fast 60 Prozent auf knapp 65 Millionen Menschen. Es gibt viele Gründe für dieses Wachstum: Der Arzt Robert Koch entdeckt das Tuberkulosebakterium und den Choleraerreger. Impfungen verhindern Massenepidemien. Die Kindersterblichkeit sinkt dank der Erkenntnis deutlich, dass bessere hygienische Verhältnisse besonders die Kleinkinder schützen. Die durchschnittliche Lebenserwartung steigt. Vom Osten wandern Millionen von Landarbeitern in die Industriezentren des Westens. Bevorzugte Ziele sind die Rhein-Main-Region und das Ruhrgebiet. Noch heute erinnern in Essen, Dortmund oder Gelsenkirchen die vielen polnischen Familiennamen an die Zuwanderung der Bergleute, die wir als Gastarbeiter bezeichnen würden.

1907 gibt es im Reich 17,8 Millionen Arbeiter und 6,4 Millionen Arbeiterinnen. Aber diese Gruppe ist nicht so einheitlich, wie die Sozialisten es glauben. Facharbeiter und Hilfsarbeiter, Industriearbeiter und Arbeiter in Handwerksbetrieben haben oft ganz unterschiedliche Interessen zu verteidigen. Das Einkommen ist in den wilhelminischen Jahren knapp, auch wenn die Löhne in Deutschland im Durchschnitt etwas höher liegen als in England oder Frankreich. Wohl deshalb steht die Arbeiterschaft dem Kaiserreich in seiner Endphase nicht so völlig ablehnend gegenüber, wie die radikalen Äußerungen der Sozialdemokraten es erscheinen lassen. Hinzu kommen die Angestellten, deren Zahl in den Behörden und Verwaltungen bis 1907 auf 3,17 Millionen ansteigt. Insgesamt sind damit nahezu 28 Millionen Menschen in Deutschland erwerbstätig. Immer noch sind die meisten von ihnen in Kleinbetrieben beschäftigt. Betriebe mit mehr als 200 Mitarbeitern gibt es im Bergbau, in der Hüttenindustrie und im Maschinenbau. Die Großen haben mehr als 1 000 Arbeiter. Die Giganten unter ihnen sind Krupp mit 64 300 Beschäftigten oder die Gelsenkirchner Bergwerks Aktien-Gesellschaft mit 31 250. Die wichtigsten deutschen Banken sind schon 1848/56 und 1869/72 gewachsen. Jetzt werden die »Deutsche Bank«, die »Dresdner Bank«, die »Diskonto-Gesellschaft«, die »Berliner-Handels Gesellschaft« oder die »Commerzbank« mit schwindelerregenden Bilanzsummen zum Treibriemen der Reichsindustrie.

All diese Zahlen zeigen, dass Deutschland in der Regierungszeit von Kaiser Wilhelm II. umwälzende Veränderungen erlebt. Aus dem Agrarstaat, den Bismarck einigt, ist ein gewaltiger Industriestaat geworden. Das geht natürlich nicht spurlos an der deutschen Politik vorüber. Die Historiker werden später vom »ruhelosen« oder »nervösen« Reich sprechen, wenn sie seine Geschichte erzählen. Sie meinen damit vor allem die Jahrzehnte zwischen 1890 und 1914.

Aber gilt die These von der unruhigen Angespanntheit, der wachsenden Nervosität nicht für ganz Europa? Wird das Bild der Menschen von sich und von der Welt, in der sie leben, um die Jahrhundertwende nicht erneut mit Entdeckungen und Entwicklungen konfrontiert, die alle Gesellschaften verwirren und verunsichern? In Wien, in der Berggasse19, lebt der Arzt Sigmund Freud. Seine ersten Schriften über das »Unbewusste« und die dunklen Tiefen unseres Ichs erscheinen in den neunziger Jahren. Freuds Psychoanalyse entzaubert unser stolzes Selbstbildnis. 1900 veröffentlicht Max Planck seine Quantentheorie. Da geht es um Atome, Moleküle und Elektronen, um Dinge, die unserem Auge bisher verborgen waren. Es ist der Anfang einer Physik, die für das 20. Jahrhundert Fluch und Segen, Fortschritt und Zerstörung bereithält. 1903 gelingt den Brüdern Wright der erste Motorflug. Der Mensch kann fliegen. 1905 entwickelt Albert Einstein die Relativitätstheorie und stellt unsere Vorstellungen von Zeit und Raum auf den Kopf. Nur ein Jahr darauf komponiert der Österreicher Arnold Schönberg seine *Kammersinfonie 1*, die in unseren Harmonie gewohnten Ohren atonal klingt. 1908 öffnet in Paris die erste Kubistenausstellung ihre Tore. Die Kunst beginnt, die Welt in ihre Einzelteile zu zerlegen. Der in Deutschland lebende russische Maler Wassily Kandinsky schafft 1910 das erste abstrakte, gegenstandslose Bild der Kunstgeschichte.

Der Klang der Welt ist nicht mehr harmonisch, die Ästhetik nicht mehr »schön«. Wissenschaftler und Künstler entlarven gültige Gewissheiten als Schein und zeigen, dass hinter der erkennbaren Wirklichkeit unbekannte Wahrheiten warten. Zumindest die Gebildeten in den europäischen Staaten spüren die Zeitenwende und ihre Antworten lassen tiefe Ratlosigkeit ahnen. Die wachsende Aggressivität macht sich in allen Bereichen bemerkbar, in Politik und Wirtschaft ebenso wie in den dekadenten, Kraft, Erotik und Todessehnsucht preisenden Werken der Kunst und Literatur. Sie ist die Reaktion auf die Verunsicherungen und Zukunftsängste, die sich angesichts einer angeblich schlaff gewordenen, unheroischen Gegenwart mehr und mehr rühren. Ist es da so verwunderlich, dass die Menschen beim Ausbruch des Ersten Weltkriegs am 1. August 1914 auf den Straßen der europäischen Metropolen tanzen? Dass sie die Väter, Ehemänner und Söhne blumenbekränzt auf die Reise in den Tod schicken? »Auf Wiedersehen in Paris!« steht mit Kreide auf den Eisenbahnwaggons geschrieben, in denen die Soldaten fröhlich winkend in die Schlacht fahren. Endlich gibt es eine Antwort auf die pessimistische Endzeitstimmung des Fin de Siècles. Niemand ahnt damals, wie blutig diese Antwort letztlich ausfallen wird. Thomas Mann schreibt 1915: »Krieg! Es war Reinigung, Befreiung, was wir empfanden, und eine ungeheure Hoffnung.« Unzählige Menschen in Europa haben so gedacht und empfunden.

Wilhelm II. (1854–1941)

Der Kaiser, der 1888 den deutschen Thron besteigt, hat seinem Zeitalter den Namen gegeben, weshalb wir heute von »Wilhelminismus« oder dem »wilhelminischen Reich« sprechen. Wilhelm II. prägt mit seinem Auftreten diesen Staat in seiner öffentlichen Darstellung wie kein anderer. Denn er repräsentiert in seinen Regierungsjahren das Reich in so auffälliger Weise, dass die Nachbarn stets das Bild des Kaisers vor Augen haben, wenn sie an Deutschland denken.

Er ist überall dabei und er redet über alles. Keine Denkmalseinweihung, keine Schiffstaufe, kein Heeres- oder Flottenmanöver, keine Hochschulgründung, kein Schulkongress, keine Ausstellungseröffnung, kein Festgottesdienst, kein größeres Firmenjubiläum ohne den Kaiser und seine Festreden. Er weist seine Generäle auf die richtige Manöverstrategie hin und erzählt den Universitätsprofessoren oder Studienräten, was es in ihrem Fach Wissenswertes zu vermitteln gilt. Er schwadroniert von der »Rinnsteinkunst« und kündigt sein Abonnement, als Gerhart Hauptmanns naturalistische Dramen im Berliner Schauspielhaus aufgeführt werden, weil er zum Beispiel in den *Webern* sehr drastisch auf die Bühne bringt, was diese unter dem Fortschritt der Industrie erleiden müssen. Er mahnt die Untertanen, ein moralisches Eheleben zu führen und gottesfürchtig zu sein. Die amtlichen Akten, die ihm vorgelegt werden, versieht er mit einer Fülle besserwisserischer und nicht ungefährlicher Anmerkungen.

Wilhelm II. ist ein Monarch, der die technologischen Errungenschaften seiner Zeit begeistert begrüßt und nicht ohne Sachverstand beurteilt. Er ist ein Schulreformer, der sich erfolgreich für den Ausbau des Realgymnasiums einsetzt. Es soll den Schülern das naturwissenschaftliche und technisch-mathematische Wissen zeitgemäß vermitteln und an die Seite des herkömmlichen, Latein und Griechisch paukenden Humanistischen Gymnasiums treten. Das Kaiser-Wilhelm-Institut, aus dem in den kommenden Jahrzehnten die bahnbrechendsten naturwissenschaftlichen Forschungen hervorgehen, trägt den Namen seines Begründers. Neue Maschinen, verbesserte Verfahren beim Kohleabbau oder bei der Stahlerzeugung, die ersten Autos, die ersten Flugzeuge werden vom Kaiser gepriesen. Er besichtigt mit großem Interesse die Kohlegruben im Ruhrgebiet und die Industriewerke, die im Rheinland, in Sachsen oder Oberschlesien aus dem Boden wachsen. Die Archäologie ist sein großes Hobby.

Der Kaiser ist intelligent und seine Interessen sind breit gestreut. Aber er ist sprunghaft. Kein konsequenter Aktenarbeiter, schnell bereit ein Urteil zu fällen, leicht beeinflussbar. Über die Hälfte des Jahres ist er fern von Berlin. Jährliche, wochenlange Fahrten in den hohen Norden auf seiner luxuriösen Yacht, Besuche von Flottenparaden in Kiel oder bei den königlichen Verwandten in England, die Jagd in der ostpreußischen Rominter Heide oder in den Revieren der Habsburgischen Erzherzöge – das alles hält den Monarchen auf Trab. Gegenüber seinem Onkel Nikolaus I., dem russischen Zaren, klagt er voller Selbstmitleid: »Wir armen Herrscher haben keinen Anspruch auf Ferien.«

Er ist eitel. Seine Verkleidungssucht ist grotesk. Zu jeder passenden oder unpassenden Gelegenheit tritt er in bunten Husaren-, Admirals- oder Generalsuniformen, gelegentlich gar in Schottentracht oder historischer Kostümierung auf. Die Paraden an den Kaisergeburtstagen amüsieren die Berliner. Hoch zu Ross und mit wehendem Helmbusch nimmt der Monarch – an der Seite die wachsende Zahl seiner Söhne – den Vorbeimarsch seiner Truppen ab. In Kiel sind es nicht Soldaten, sondern Kriegsschiffe, die an dem begeisterten Kaiser vorbeiparadieren.

Auf seinen Nordlandfahrten begleiten ihn die Mitglieder des Hofstaates. Der Kaiser traktiert seine Gäste mit pubertären Scherzen und kindischen Spielen. Ein extremer Vorfall spielt sich bei einer dieser Herrentouren ab: Ein alter Militär tanzt vor den amüsierten Mitreisenden im Ballettröckchen und bricht tot zusammen. Homoerotische Gefühle sind dem Kaiser nicht fremd. Sein ihm nächster Freund und wichtigster politischer Einflüsterer, Fürst Philipp von Eulenburg, ist 1908 in einen Homosexuellenskandal verwickelt, der zum Politikum wird und die Position des Kaisers erschüttert. Denn damals ist Homosexualität strafbar. Der englische Dichter Oscar Wilde muss etwa zur selben Zeit deswegen für zwei Jahre ins Zuchthaus.

Wie seine Vorfahren ist Wilhelm vom Gottesgnadentum des Monarchen überzeugt. In einer Festansprache erklärt er: »Dass wir Hohenzollern Unsere Krone vom Himmel nehmen und die darauf beruhenden Pflichten dem Himmel gegenüber zu vertreten haben – von dieser Auffassung bin auch ich beseelt, und nach diesem Prinzip bin auch ich entschlossen zu walten und zu regieren.« So modern er einerseits ist, so rückwärtsgewandt propagiert er die Ideale des Mittelalters. Er lässt einige Burgen, die auf den Rheinhöhen als Ruinen überlebt haben, wieder aufbauen. Bei Danzig entsteht die Marienburg neu, die alte Wehr- und Schutzstätte des Deutschen Ordens im Osten. Vom Vasallentum redet er und vom Treueverhältnis der Untertanen.

Verhängnisvoll wirkt sich der unruhige, schillernde und überhebliche Charakter des Kaisers in der Politik aus. Wilhelm erstaunt die Nachbarn mit seinen arroganten, prahlerischen und häufig peinlichen Reden. Bald verärgert er sie auch. Obwohl im Grunde ein weicher und friedliebender Mensch, übermannt ihn immer wieder ein unerklärlicher Redezwang, der die deutschen Diplomaten ins Schwitzen bringt. Den Engländern erklärt er ungebeten, ohne Not und öffentlich, wie sie im Burenkrieg, der Londons Regierung 1901 im Süden Afrikas in arge Not bringt, vorzugehen haben. Dem Burenführer Ohm Kruger schickt er ein Glückwunschtelegramm, das im englischen Außenministerium Wutanfälle auslöst. Kein Wunder, dass der Bündnisvertrag nicht zustande kommt, den das Kaiserreich gerne mit dem mächtigen Inselstaat abschließen möchte.

Im Jahr 1900 bricht in China der Boxeraufstand gegen die Fremdherrschaft im Land aus. Die von Ausländern gebauten Eisenbahnlinien werden zerstört, Konsulate gestürmt und der deutsche Gesandte von Ketteler wird in den Straßen Pekings ermordet. Der Kaiser schickt seine Soldaten mit martialischen Worten auf den Rachefeldzug: »Pardon wird nicht gegeben! Gefangene werden nicht gemacht! Wer euch in die Hände fällt, der sei euch verfallen! Wie vor tausend Jahren die Hunnen unter ihrem König Etzel sich einen Namen gemacht ... so möge der Name Deutscher in China auf tausend Jahren durch euch in einer Weise bestätigt werden, dass niemals wieder ein Chinese es wagt, einen Deutschen auch nur scheel anzusehen.« Es ist ein internationales Expeditionskorps, das nach China geschickt wird. Nach Wilhelms unsäglichen Sätzen spricht dennoch bald alle Welt von den »deutschen Hunnen«.

Doch es kommt noch schlimmer. 1908 gibt der Kaiser einem englischen Journalisten ein Interview. In ihm erklärt Wilhelm, er sei in Deutschland der einzige Freund Englands. Er sei es schließlich gewesen, der den Plan für den siegreichen

Feldzug gegen die Buren ausgearbeitet habe. Natürlich sei es auch seinem Eingreifen zu verdanken, dass Russland und Frankreich die Buren nicht unterstützt hätten. Die beiden germanischen Kernstaaten – England und Deutschland – sollten im Übrigen gemeinsam gegen die asiatische Bedrohung Japan vorgehen, statt sich gegenseitig zu bekämpfen. Die Veröffentlichung im *Daily Express* schlägt in den Hauptstädten der Welt wie eine Bombe ein. Wilhelm hat sich zwischen alle Stühle gesetzt.

Eine Erklärung für all diese Eskapaden und Wilhelms anstrengenden Charakter ist sicher in seiner schweren Jugend und den besonderen Verhältnissen am Kaiserhof zu finden. Durch einen Fehler bei seiner Geburt ist der linke Arm steif und etwas verkürzt. Seine Eltern versuchen diese im Grunde kleine Missbildung durch ein hartes körperliches Training zu korrigieren. Als Erzieher engagiert das Kronprinzenpaar für Wilhelm den Calvinisten und Pädagogen Georg Hinzpeter. Seine Ideale ähneln denen der antiken Spartaner. Ein humorloser, strenger Mann ist er, der Härte und Disziplin für das Beste hält. Die Reitstunden werden für Wilhelm zur Qual. So oft er auch vom Pony fällt, er muss wieder aufsitzen, ohne Zaumzeug und Sattel reiten, was ihm durch den steifen linken Arm verständlicherweise schwer fällt. Später ist er ein guter Reiter, aber der Weg dahin hat seine Spuren hinterlassen.

Die Enttäuschung der Mutter über die Entwicklung des aufbrausenden, sich ihr gegenüber immer kälter zeigenden Sohns wächst schon in den Kinderjahren, was sie Wilhelm durchaus spüren lässt. Die Entfremdung zum Elternhaus verstärkt sich durch die politischen Differenzen. Der junge Wilhelm bewundert und liebt den konservativen Großvater, den alten Wilhelm I., und Bismarck. Die liberalen Auffassungen des Kronprinzenpaars, vor allem der Mutter, der ständige Streit zwischen dem Kaiser und Friedrich, die kritischen Äußerungen der Eltern über Bismarck und seine Politik sehen den jungen Prinzen stets auf der Seite des Kaisers und seines Kanzlers. Überhaupt wächst Wilhelm in komplizierten emotionalen Beziehungen auf. Der Liebesentzug der Mutter ist vielleicht ein Hinweis auf seine Gefühlskälte. Die Verwöhnung durch den Großvater und die Hofleute, die in ihm natürlich den künftigen Herrscher sehen, unterstützt den Hochmut eines ohnehin umschmeichelten Hochgeborenen. Der körperlichen Behinderung steht ständig die Forderung nach Männlichkeit und militärischer Haltung gegenüber. Die Spannung, die daraus erwächst, überspielt er später mit seinen markigen und forschen Formulierungen.

Die innere Unsicherheit des Kaisers zeigt sich auf besondere Art in seinem

Verhältnis zu England. Er liebt seine Großmutter, Königin Victoria, sehr. Sein Leben lang ringt Wilhelm um den Respekt und die Liebe der englischen Verwandten. Eine Mischung aus Neid und Liebesbuhlen lässt ihn ständig zwischen Hasstiraden und bewundernder Anerkennung hin und her schwanken. Die unterkühlten Beziehungen zu seinem Onkel Edward, dem Prince of Wales und ab 1901 englischen König, sind aus einem persönlichen Konkurrenzmoment heraus geboren. Edward, ein Freund Pariser Ballsäle und freizügiger Damen, kann mit dem immer etwas angeberischen und moralisierenden Neffen herzlich wenig anfangen. Auch das ist den deutsch-englischen Beziehungen nicht gerade dienlich.

Das wilhelminische Reich ist nicht untergegangen, weil sein Kaiser Wilhelm II. gewesen ist. Aber der letzte deutsche Monarch ist mitschuldig an den Ereignissen, die zum 1. August 1914 geführt haben. Einsichtiger ist er auch in den 23 Jahren seines Exils nicht geworden. Am 9. November 1918 flieht er nach Holland. Die Republik lässt den Hohenzollern ihr Vermögen, und so kann sich der abgedankte Kaiser in Doorn ein Schloss kaufen, in dem er bis zu seinem Tod lebt. Er wird dort immer noch die »linken Vaterlandsverräter« und die »jüdische Weltverschwörung« für die Kriegsniederlage und den Verlust seines Thrones verantwortlich machen. Schon am 2. Dezember 1919 schreibt er an den ehemaligen Generalfeldmarschall August von Mackensen: »Die tiefste, gemeinste Schande, die je ein Volk in der Geschichte fertig gebracht, die Deutschen haben sie verübt an sich selbst. Angehetzt und verführt durch den ihnen verhassten Stamm Juda, der Gastrecht bei ihnen genoss! Das war sein Dank! Kein Deutscher vergesse das je, und ruhe nicht, bis nicht diese Schmarotzer vom deutschen Boden vertilgt und ausgerottet sind! Dieser Giftpilz am deutschen Eichenbaum!« Für seine einstigen Untertanen hat er nur noch Verachtung übrig: »Das deutsche Volk ist eine Schweinebande, möge am Tag der Vergeltung kein Schuss fehlgehen.« Als Hitler an die Macht kommt, hofft er auf eine Wiedererrichtung der Monarchie in Deutschland. Den Judenhass der Nationalsozialisten teilt er. Hermann Göring ist Gast auf Schloss Doorn und der Kaisersohn August Wilhelm trägt SA-Uniform. Das Werben des Ex-Kaisers um die Gunst der Nazis hilft ihm nicht. Trotzdem schreibt er begeistert an den Führer, als die deutsche Armee Frankreich besiegt und in Paris einmarschiert.

Ein verbitterter, zunehmend vereinsamender Mann lebt in Doorn. Tag für Tag hackt er im Schlosspark riesige Mengen Holz, frönt seiner Jagdleidenschaft und gibt sich seinen dunklen Gedanken über das Scheitern seiner Herrschaft hin. Als er am 4. Juni 1941 stirbt, interessiert das nur noch wenige.

Der Anfang sieht noch glanzvoll und erfolgreich für den jungen Kaiser aus. Der greise Reichskanzler Otto von Bismarck weiß natürlich, dass er mit dem Tod Wilhelms I. die entscheidende Stütze seiner Macht verloren hat. So zynisch es klingt: Zunächst ist er erleichtert, als er von der tödlichen Krankheit des Thronfolgers erfährt. Friedrich III. vermittelt zwar häufig zwischen seinem Vater und dem Kanzler, wenn es wieder einmal zum Streit kommt. Aber Bismarck ist nicht entgangen, wie sehr ihn die Kronprinzessin ablehnt. So setzt er seine Hoffnung auf den Enkel Wilhelm, dessen Thronbesteigung unmittelbar bevorsteht. Bismarck versucht die Bewunderung des jungen Mannes für seine Pläne zu nutzen und beginnt schon früh, das Gespräch mit ihm suchen. Aber allein der gewaltige Altersunterschied – Wilhelm ist 29 Jahre alt, Bismarck 73 – lässt wenig Gutes erwarten. Unmittelbar nach der Thronbesteigung soll Wilhelm gegenüber Freunden die Bemerkung gemacht haben: »Sechs Monate will ich den Alten verschnaufen lassen, dann regiere ich selbst.«

Bei der Reichstagseröffnung zehn Tage nach seinem Machtantritt erklärt der Kaiser, entsprechend der christlichen Sittenlehre wolle er den »Schwachen und Bedrängten« Schutz gewähren: »Ich hoffe, dass es gelingen werde, auf diesem Weg der Ausgleichung ungesunder gesellschaftlicher Gegensätze näher zu kommen.« Bismarck registriert solche Ankündigungen mit einem ärgerlichen Kopfschütteln. Der Machtkampf zwischen Kaiser und Kanzler scheint unabwendbar.

Ende April 1889 legen die Grubenarbeiter in Bochum die Arbeit nieder. Es geht um Lohnstreitigkeiten. Die Streikbewegung weitet sich aus und erreicht auch die Kohlereviere in Schlesien und an der Saar. Mitte Mai streiken 90 Prozent aller deutschen Bergleute. Die Regierung setzt Polizei und Militär ein, die vorschnell und gewaltsam gegen die Streikenden vorgehen. Mindestens 15 Personen sterben. Bald tauchen rote Fahnen auf. Bismarck wittert seine Chance, die Ängste des Bürgertums für den eigenen Machterhalt instrumentalisieren zu können. Die Eskalation des Konflikts will er nutzen, um eine Mehrheit für die Beibehaltung seines konservativ-autoritären Kurses zu gewinnen. Der Streik der Bergleute, so der Kanzler, zeige die Gefahr, die von der SPD, der »Umsturzpartei«, ausgehe. Es sei notwendig, die Sozialistengesetze zu verlängern. Der Kanzler erwägt sogar ernsthaft einen Staatsstreich – die Außerkraftsetzung der Verfassung –, der ihn für den jungen Kaiser unentbehrlich machen würde.

Wilhelm II. lehnt Bismarcks Kurs ab. Er will seine Regierungszeit nicht mit bürgerkriegsähnlichen Zuständen beginnen. Am 14. Mai empfängt er eine Delegation der Streikenden und zeigt Verständnis für die soziale Situation der Bergleute. Dann ermahnt er die Arbeitgeberseite, deren Forderungen entgegenzukommen, und befürwortet einen Ausbau der Arbeitsschutzgesetze. Bismarck macht einen Rückzieher, gibt aber nicht auf. Er legt dem Reichstag eine verschärfte Fassung der Sozialistengesetze vor, über deren Verlängerung die Abgeordneten demnächst zu entscheiden haben. Wilhelm fordert im Kronrat eine Milderung der Bismarck-Vorlage, was der Kanzler ablehnt. Sein Sturz ist jetzt nicht mehr aufzuhalten. Der Reichstag stellt sich gegen eine Verlängerung der Sozialistengesetze, woraufhin Bismarck ihn kurzerhand auflöst. Wilhelm kontert, indem er zwei Erlasse veröffentlicht, die eine Erweiterung der Arbeitsschutzgesetze ankündigen, ohne die erforderliche Gegenzeichnung des Kanzlers zu berücksichtigen. Eine schwere Brüskierung Bismarcks. Zwanzig Tage später wird ein neuer Reichstag gewählt. Die bisher die Kanzlerpolitik unterstützenden Parteien – Nationalliberale und Konservative – erleben eine verheerende Niederlage, während die SPD nach der Zahl der Stimmen zur stärksten Partei aufsteigt.

Der Kaiser bestellt Bismarck in frostiger Form zur Audienz und es kommt zu einer heftigen Auseinandersetzung. Am 18. März 1890 reicht der Reichsgründer sein Entlassungsgesuch ein, dem der Kaiser am 20. März seine Zustimmung gibt. Für die Öffentlichkeit spielt Wilhelm noch ein bisschen die große Bedauerungsoper, während der Kanzler verbittert den Zug nach Friedrichsruh besteigt. Eine Ära ist zu Ende gegangen und das »persönliche Regiment« Wilhelms II. beginnt.

Bismarck, der immer schon ein großer Hasser gewesen ist, verfolgt im Ruhestand jeden kaiserlichen Schritt mit hämischen Bemerkungen und kritisiert öffentlich seine Nachfolger im Kanzleramt und damit indirekt den Monarchen. In seinen *Gedanken und Erinnerungen* stilisiert er sich als nahezu unfehlbaren Politiker und Diplomaten. Er versteht es meisterhaft, an seiner Legende zu stricken. Bei den Familienmahlzeiten trinkt und isst er noch unmäßiger als in seinen Amtsjahren. Aber als Johanna stirbt, wird es einsam um den einst mächtigsten Mann im Reich. Krankheit und Schmerzen überschatten die letzten Jahre.

Wilhelms Erleichterung nach dem politischen Abgang Bismarcks ist groß. Endlich kann er ohne Rücksicht auf die übermächtige Gestalt im Kanzleramt regieren. Zum Nachfolger ernennt er einen General, Graf Leo von Caprivi, der zwar besser ist als sein späterer Ruf bei den Historikern, aber natürlich einem Vergleich mit Bismarck nicht standhalten kann. Muss er auch nicht, denn regieren will ja jetzt der Kaiser. Seine Kanzler – und von denen verschleißt er viele – sieht er als Erfüllungsgehilfen, als Männer, die auszuführen haben, was er befiehlt. Caprivi tritt nach vier Jahren zurück. Sein Nachfolger wird der alte, ehrgeizlose Chlodwig von Hohenlohe-Schillingsfürst. Dem wiederum folgt 1900 der schillernde Bernhard von Bülow, Gesandter in Rom und persönlicher Freund des Kaisergünstlings Philipp von Eulenburg. Wilhelm II. glaubt in ihm seinen Bismarck gefunden zu haben und beginnt die verhängnisvolle »Weltpolitik«. Doch auch Bülow stürzt und gibt 1909 das Amt an den konservativen Theobald von Bethmann Hollweg weiter. Die Kanzler nach Bismarck haben mit dem schwierigen, selbstherrlichen Charakter ihres Vorgesetzten zu kämpfen und sich gegen die ständigen Intrigen des Hofstaates zu wehren. Keiner von ihnen ist ein großer politischer Stratege oder Diplomat. Überhaupt zeichnet sich das wilhelminische Führungspersonal nicht gerade durch besondere Weisheit aus. Es trägt ein hohes Maß an Mitschuld für die politischen Entwicklungen, die in den Weltkrieg münden.

Das »persönliche Regiment« Wilhelms dauert bis 1908. Nach einer langen Kette von Peinlichkeiten – die Brüskierung Englands im Burenkrieg, die Hunnen-Rede, der Homosexuellenskandal um Eulenburg – löst die Affäre um das Interview im *Daily Express* im ganzen Land einen Sturm der Entrüstung aus. Im Reichstag bekräftigt der nationalliberale Abgeordnete Ernst Bassermann, die Außenpolitik gehöre allein in die Hände des Reichskanzlers. Selbst die Konservativen veröffentlichen eine Erklärung, in der Wilhelm II. zur Mäßigung aufgefordert wird. Der Journalist Maximilian Harden, in dessen Zeitschrift *Die Zukunft* die homoerotischen Neigungen Eulenburgs erstmals publik gemacht worden sind, schreibt in diesen aufgeregten Tagen: »Wir haben genug ... Wir wollen nicht Tag vor Tag in unserem Kulturgefühl gebildeter Europäer durch Rede und Schrift beleidigt sein. Wir wollen Staatsgeheimnisse wahren. Fremden weder schmeicheln noch drohen. Unwahrhaftigkeit, Gaukelspiel, Byzantinerprunk verächten. Wieder bündnisfähig werden.«

Der Kaiser, der so gerne selbst regiert, steht der öffentlichen Empörung hilflos gegenüber, reagiert entsetzt und depressiv auf den Hagel von Vorwürfen, der auf ihn niedergeht. Er wähnt sich unschuldig, da der Reichskanzler und das Außenministerium das Interview vor dem Abdruck gesehen und nichts gegen die Veröffentlichung eingewendet haben. Ein Jahr später rächt sich der tief gekränkte Wilhelm und entlässt Bülow. Zwar legt sich die Aufregung bald wieder und der Monarch übt sich in ungewohnter Zurückhaltung, aber das kaiserliche Prestige ist angeknackst.

Auch in der Innenpolitik bekommt Wilhelm Probleme. Obwohl sein »Neuer Kurs« seit 1890 darauf abzielt, einen sozialpolitischen Ausgleich zu schaffen, wahrt vor allem die Arbeiterschaft trotz des wirtschaftlichen Aufschwungs Distanz. Die vom Kaiser öffentlich immer wieder geäußerte Verachtung ihrer Organisationen trägt ein gutes Stück dazu bei. Zudem weigert sich Wilhelm beharrlich, beim jährlichen Empfang der Reichstagsmitglieder die sozialdemokratischen Abgeordneten einzuladen. Sie bleiben für ihn und die Hofgesellschaft, für die Militärführung und den ostelbischen Adel unzuverlässige Untertanen, radikale Umstürzler und bald macht das Wort von den »Vaterlandsverrätern« die Runde. Zu den unüberbrückbaren Widersprüchen der wilhelminischen Zeit gehört die permanent steigende Zahl sozialdemokratischer Wähler auf der einen und die stets verfolgte konservative, autoritäre Regierungspolitik auf der anderen Seite.

Am 1. Januar 1900 tritt das Bürgerliche Gesetzbuch in Kraft, das der Reichstag 1896 verabschiedet hat. Es zählt zweifellos zu den großen Errungenschaften des Kaiserreiches. Auch der weitere Ausbau der Sozialgesetzgebung, dem die SPD zustimmt, gehört auf die Haben-Seite der politischen Entwicklung. Die Wahlrechtsreform in Preußen, die das antiquierte und jeden demokratischen Fortschritt bremsende Dreiklassenwahlrecht im größten Land des Reiches abschaffen soll, scheitert dagegen am unnachgiebigen Widerstand der Konservativen. Welche grotesken Ergebnisse das herrschende Wahlrecht bringt, zeigt beispielsweise die Wahl zum preußischen Abgeordnetenhaus von 1908. Die beiden konservativen Parteien erreichen knapp 16,7 Prozent der Stimmen. Durch die unterschiedliche Gewichtung der Stimmen nach Wahlklassen bringt ihnen das einen Mandatsanteil von 47,8 Prozent oder 202 der insgesamt 443 Sitze. Die Sozialdemokraten erreichen mit der Gesamtstimmenzahl von 23,8 Prozent mit Abstand das beste Ergebnis dieser Wählerentscheidung. Es bringt ihnen aber nur 1,58 Prozent der Mandate, also sieben Abgeordnetensitze ein. Auch wenn für das Reich das allgemeine Wahlrecht gilt, in Preußen garantiert das Dreiklassenwahlrecht dem ostelbischen Adel und den anderen konservativen Kräften den Machterhalt.

Eine besondere Rolle im Reichsverband spielt Elsass-Lothringen. Deutschland denkt gar nicht daran, um die Bewohner dieser ehemaligen französischen Provinzen zu werben. Die Bevölkerung kann zwar seit 1874 an den Reichstagswahlen teilnehmen, aber als einziges Reichsland besitzt es keine eigene Volksvertretung. Im November 1913 kommt es in der elsässischen Garnisonsstadt Zabern zu einem Zwischenfall, der zeigt, mit welcher Arroganz die Militärs inzwischen im Reich auftreten. Ein junger preußischer Leutnant beleidigt während einer Exerzierstunde in der Kaserne die anwesenden einheimischen Rekruten. Es ist der Funke, der die angespannte Beziehung zwischen Militär und der

Bevölkerung zur Explosion bringt. Demonstrationen und antipreußische Kundgebungen sind die Antwort. Die Truppen greifen mit Mitteln ein, die in keinem Verhältnis zum Verhalten der Zivilbevölkerung stehen. Trotz der willkürlichen Verhaftungen weigern sich der Kaiser und die Armeeführung, die beteiligten Offiziere abzuberufen und damit die Lage zu beruhigen. Das regionale Ereignis weitet sich zu einer reichsweiten Debatte aus. Sie berührt eine der Grundfragen des Wilhelminismus: die Sonderrolle des Militärs im Staat.

In Alfred Tirpitz, dem ehemaligen Chef des Marine-Oberkommandos, findet Wilhelm II. mit seiner Begeisterung für die großen Meeresflotten einen tatkräftigen Verbündeten. Tirpitz entwickelt ein Konzept zum Aufbau einer deutschen Kriegsmarine. Deutschland besitzt bereits die stärkste europäische Landarmee. Jetzt will man auf den Meeren mit der englischen Flotte gleichziehen. Es ist nicht schwer nachzuvollziehen, mit welchem Misstrauen die Großmächte die Pläne Berlins verfolgen. Der neue Admiral an Wilhelms Seite ist nicht nur ein begabter Organisator, sondern auch ein glänzender Mann des Marketings. Er setzt eine Propagandawelle in Bewegung, die zu einer kaum fassbaren Euphorie im Land führt. Der Deutsche Flottenverein wird gegründet und hat bald über eine Million Mitglieder. Eine Flut von Broschüren und Schriften erscheint, die den Deutschen von Seeschlachten, den Abenteuern mutiger Seefahrer oder fernen exotischen Ländern erzählt. Kein deutsches Kind ist bald zu sehen, das nicht beim Sonntagsspaziergang einen Matrosenanzug trägt.

Tirpitz setzt die parlamentarische Bewilligung großer Geldsummen durch. Natürlich unterstützt ihn der Kaiser, der den Ausbau der Kriegsmarine zu seiner ureigenen Sache gemacht hat. Auch sonst widerspricht dem Marine-Admiral fast niemand. Nur die Sozialdemokraten tun es, aber selbst unter ihren Wählern ist das Flottenbauprogramm keineswegs unpopulär. Das Reich hat damit einen brandgefährlichen Weg eingeschlagen. Die wilhelminische Marinepolitik wird in einem Desaster enden. Ab 1906 werden Großkampfschiffe gebaut, was ein Wettrüsten zwischen Deutschland und England auslöst, das der Inselstaat, vom Ende her betrachtet, mühelos gewinnt. Nie erreichen die Deutschen bis 1914 auch nur annähernd die Stärke der britischen Kriegsmarine. Im Ersten Weltkrieg kommt es zu einer einzigen Seeschlacht zwischen den beiden Rivalen – 1916 im Skagerrak, einem Meeresarm zwischen Norwegen und Schweden –, in der sich die deutsche Hochseeflotte nur durch die Flucht vor der Vernichtung retten kann. Ansonsten liegt sie bis zum Kriegsende tatenlos in den norddeutschen Häfen. Allein die U-Boote kämpfen. Ihr Einsatz liefert dann Amerika den Anlass, im

April 1917 auf der Seite von Deutschlands Gegnern in den europäischen Krieg einzugreifen und das Ende zu erzwingen.

Doch von den heraufziehenden – und durchaus absehbaren – Gefahren will man im Reich nichts wissen. Im Inneren schürt der Flottenbau die nationalistische Hochstimmung. Man empfindet ihn allgemein als einen wichtigen Schritt in der allseits geforderten deutschen »Weltpolitik«. Den Ton vorgegeben hat Reichskanzler von Bülow schon am 6. Dezember 1897: »Die Zeiten, wo der Deutsche dem einen seiner Nachbarn die Erde überließ, dem anderen das Meer und sich selbst den Himmel reservierte, wo die reine Doktrin thront – diese Zeiten sind vorbei ... Wir wollen niemand in den Schatten stellen, aber wir verlangen auch unseren Platz an der Sonne.«

Außenpolitisch spielt die Flottenpolitik in der Bündnisfrage eine bedeutende und negative Rolle. England steht traditionell durch seine Empire-Interessen in konfliktreichen Beziehungen zu Russland. In vielen Regionen des Nahen Ostens gibt es zudem strittige Fragen mit Frankreich. Mit dem Bau von Großkampfschiffen auf den deutschen Werften setzt nun Londons außenpolitische Umorientierung ein. England gibt seine »splendid isolation« auf und beginnt sich nach Partnern umzublicken.

In Berlin hingegen besitzt das enge Bündnis mit Österreich nach wie vor Priorität. Und da die Habsburger mit Russland auf dem Balkan konkurrieren – es geht um die Zukunft Bulgariens, Serbiens, Montenegros, Rumäniens – wächst bald auch die Kluft zwischen Berlin und Petersburg. Frankreich ist ohnehin für jede Koalition offen, die sich gegen Deutschland richtet. So zeichnet sich ganz allmählich die Isolierung des Reiches ab. Die illusionäre Propaganda der deutschen »Weltpolitiker« am Hof und in den Flotten- und Vaterlandsvereinen verführt ihre Landsleute, macht sie weitgehend blind für die Gefahren, die eine solche Politik heraufbeschwört. Die deutsche Außenpolitik versucht zwar neue Bündnisse zu schmieden und strebt beispielsweise ein Flottenabkommen mit England an, das ein völliges Zerwürfnis abwenden soll. Aber diese Politik ist nur halbherzig. Immer wieder irritieren die Nachbarn im Westen und im Osten spektakuläre, meist von verbalen Ausfällen des Kaisers begleitete Aktionen der Deutschen.

Es ist das Zeitalter des kolonialen Imperialismus. Die Welt wird immer größer, folglich gibt es immer mehr zu erobern. England, Frankreich, Russland und Italien suchen in allen Ecken der Erde nach neuen Gebieten. Auch Deutschland will nicht zu spät und zu kurz kommen. Togo und Kamerun, Südwestafrika und Deutsch-Ostafrika sind schon unter Bismarck deutsche »Schutzgebiete«. Unter

Wilhelm II. erhalten die Kolonien eine zusätzliche Bedeutung als Marinestützpunkte für die neue Flotte. 1889 unternimmt der Kaiser eine Reise in den Orient. Deutsche Industrielle haben entdeckt, dass das Osmanische Reich ein lukrativer Markt für sie sein könnte. Wilhelm II. überredet den korrupten Sultan Abdul Hamid, den Deutschen den Bau einer Eisenbahnlinie zu übertragen, die über Bagdad bis zum Persischen Golf verläuft. Ein Konsortium unter Führung der Deutschen Bank soll die notwendigen Gelder zusammenbringen. Russland und England fühlen sich vom deutschen Engagement in einem ihrer Interessensgebiete provoziert. Zurück bleibt ein außenpolitischer Scherbenhaufen.

Als 1911 in Marokko Unruhen ausbrechen, verstärkt Frankreich sein Militär in Nordafrika. Das Reich schickt das Kanonenboot »Panther« in den nordwestafrikanischen Hafen Agadir. Eine sinnlose Drohgebärde, die angeblich deutsche Interessen in Marokko sichern soll. Berlin erreicht mit diesem »Panthersprung nach Agadir« jedoch lediglich eine Verschärfung der Krise, die mit einem Rückzug endet. Die Bagdad-Bahn oder die Marokkokrise sind Beispiele dafür, dass das Reich permanent mit den Muskeln spielt und in der Außenpolitik zündelt, ohne eine klare Strategie zu verfolgen. Kein Wunder, dass Berlin am Ende nur noch das schwache Österreich an seiner Seite hat. Die außenpolitische Lage gleicht zunehmend einem Pulverfass. Aber in Deutschland fühlt man sich gut und großartig unter einem Kaiser, der es mit militärischer Macht zu Lande und zu Wasser der ganzen Welt beweisen will.

1908 leiht sich der kürzlich aus dem Gefängnis entlassene arbeitslose Schuster Wilhelm Voigt eine Hauptmanns-Uniform. Auf einer Berliner Bahnhofstoilette zieht er sich um, betritt in zackiger Haltung wieder die Straße und hält einen vorbeimarschierenden Rekrutenzug an. Der »Hauptmann« fordert die Soldaten im barschen preußischen Kasernenton auf, ihm zu folgen. Im Rathaus von Köpenick lässt er den Bürgermeister kommen und befiehlt, ihm unverzüglich die Gemeindekasse zu übergeben. Der Beamte salutiert und folgt der Anordnung. Der Rekrutenzug macht auf Befehl des Hauptmanns kehrt und zieht mit ihm im Gleichschritt ab. Nach wenigen Minuten werden die Soldaten zum Weitermarsch in die Kaserne entlassen. Als die Geschichte herauskommt, lacht ganz Deutschland. Auch der Kaiser. Er begnadigt Voigt, nachdem dieser einen kleinen Teil seiner Gefängnisstrafe abgesessen hat. Das Beste an der Geschichte ist des Kaisers Begnadigung. Nichts kann den Untertanengeist und die Unterwerfung des wilhelminischen Bürgers unter die Macht der Uniform besser illustrieren als diese Komödie.

Im Jahr 1913 feiert Wilhelm II. mit großem Pomp sein 25-jähriges Thronjubiläum. Niemand zweifelt in diesen Festwochen daran, dass sein Reich vor einer glänzenden Zukunft steht. Deutschland stellt inzwischen die meisten naturwissenschaftlichen Nobelpreisträger. Kein anderer Staat kann ein solches Schul- und Universitätssystem aufweisen. Die Wirtschaftszahlen verkünden Weltrekorde. Die Sozialgesetzgebung bleibt weltweit unerreicht. Die deutsche Sozialdemokratie ist in Europa die mächtigste Arbeiterpartei, auf den Konferenzen der sozialistischen Internationale führt sie das Wort. Bei den Reichstagswahlen von 1912 stellt sie die stärkste Fraktion im Parlament. Haben sich also nicht auch die Arbeiter mit dem Reich abgefunden? Steht die Welt nicht nach den spanischen, französischen und englischen Jahrhunderten jetzt vor einer herrlichen deutschen Ära? Hätte jemand im Jubiläumsjahr des Kaisers erklärt, in fünf Jahren werde dieses Reich in Blut und Schlamm untergehen, das Land werde bitterste Not leiden und die in Generationen ersparten Vermögen fast aller wohlhabenden oder sogar reichen Bürgerfamilien werden sich innerhalb von vier Jahren in ein Nichts auflösen – man hätte ihn für verrückt erklärt. Und doch ist es die Wahrheit.

Der Erste Weltkrieg

Der 28. Juni 1914 ist in der Provinz Bosnien-Herzegowina ein heißer Sommertag. Vor fünf Jahren hat Wien dieses von nationalen Unruhen heimgesuchte Gebiet mit Unterstützung Deutschlands annektiert. Staub und Hitze lasten auf der heruntergekommenen Hauptstadt Sarajevo, als der Thronfolger Franz Ferdinand mit seiner Gemahlin Sophie auf dem Weg zu einem Empfang im Rathaus ist. Sie fahren im offenen Wagen. Am Straßenrand langweilen sich die wenigen Zuschauer und die zur Sicherheit des hohen Gastes aufgereihten Polizisten. Plötzlich springt ein Mann auf das Fahrzeug zu, Schüsse krachen, wenige Minuten später erliegen der Erzherzog und seine Frau ihren Verletzungen. Der bosnische Student Gavrilo Princip, Mitglied der großserbischen Geheimorganisation »Schwarze Hand«, löst mit diesem Attentat eine Krise aus, die innerhalb von vier Wochen zum Ausbruch des Ersten Weltkrieges führt.

Österreich beschuldigt sofort die serbische Regierung, hinter den Morden zu stecken. Was nicht stimmt, aber Belgrad hat wohl Informationen über einen möglichen Anschlag zurückgehalten und weder den Thronfolger noch die österreichischen Sicherheitskräfte gewarnt. Während Telegramme zwischen den

Hauptstädten Europas hin und her fliegen und in hektischen Kabinettssitzungen die Lage erörtert wird, arbeiten die Wiener Ministerien schwerfällig und zögern so eine schnelle, regional eng begrenzte militärische Aktion hinaus. Doch die Stimmung in Österreich ist ohnehin eindeutig. »Es müsse einmal gründlich mit den Serben abgerechnet werden«, beschreibt der deutsche Botschafter die Haltung der Habsburger Politiker und Militärs nach dem Attentat von Sarajevo. Wien sieht seine Position auf dem Balkan schon seit geraumer Weile geschwächt und brennt darauf, Stärke zu demonstrieren.

Am 23. Juli stellt Österreich ein Ultimatum an Serbien. Es enthält Forderungen, von denen die Diplomaten in der Wiener Hofburg glauben, sie seien unannehmbar. Verlangt wird die Bestrafung aller Personen, die an dem Attentat beteiligt waren. Ferner soll die serbische Regierung alle anti-österreichischen Umtriebe im Land mit strengen Maßnahmen unterdrücken. Das Ultimatum wird höflich und in weiten Teilen zustimmend beantwortet. Dennoch weist Österreich alle Bemühungen Belgrads, den Konflikt einzudämmen, zurück. Es will eine militärische Strafaktion.

Der engste Verbündete des Habsburger Reiches, Deutschland, teilt diese Haltung. Wilhelm II. schreibt an den Rand eines ihm vorgelegten Lageberichtes: »Jetzt oder nie!« Wie ernst auch immer diese und andere Äußerungen gemeint sind, Wien ist sich sicher, dass Deutschland im Kriegsfall mitmachen wird. Jetzt rächt sich die weit verflochtene europäische Bündnispolitik. Es setzt ein Automatismus ein, der innerhalb weniger Stunden zur Mobilmachung der Armeen in Russland, Frankreich, Österreich und Deutschland führt.

Nach dem Krieg werden die Sieger im Friedensvertrag von Versailles einen Passus formulieren, der allein den Verlierer Deutschland für den Kriegsausbruch verantwortlich macht. Dies ist zweifellos eine Überspitzung der Wirklichkeit, die den Tatsachen in der Sommerkrise von 1914 in dieser Einseitigkeit nicht entspricht. Sicher, die Akten zeigen, dass Deutschland nicht beruhigend, sondern eskalierend auf die innerösterreichischen Debatten um eine angemessene Reaktion auf das Attentat eingewirkt hat. Berlin signalisiert dem Bündnispartner im Juli nicht, dass es im Falle kriegerischer Auseinandersetzungen auf dem Balkan seine Hilfe verweigern wird. Im Gegenteil, die deutsche Regierung sagt Wien auf Anfrage die bedingungslose Unterstützung auch für den Fall zu, dass Russland militärisch eingreift. Das ist der berühmte »Blankoscheck«, den Deutschland für Österreich ausstellt. Berlins Drängen auf einen raschen Militärschlag Österreichs werde, so glauben die deutschen Außenpolitiker, eine Ausweitung des Konflikts zum Weltkrieg verhindern. Je eher man Tatsachen in Serbien schaffe, desto eher würden sich die Beziehungen zu den Entente-Staaten Frankreich, Großbritannien und Russland wieder normalisieren. Dieser folgenschwere Irrtum bestimmt das politische Handeln im Kaiserreich. Reichskanzler Theobald Bethmann Hollweg, seit 1909 im Amt, erklärt: »Ein schneller fait accommpli und dann freundlich gegen die Entente, dann kann der Choc ausgehalten werden.«

An diesem Punkt beginnt die Kriegsschuldfrage denn auch komplizierter zu werden, als es die Sieger 1918/19 wahrhaben wollen. Deutschland drängt zwar in den entscheidenden Juli-Tagen, aber die anderen Großmächte sehen im Krieg nicht weniger eine willkommene Chance, den Knoten europäischer Querelen mit einem Hieb zu durchschlagen und ihre territorialen Interessen endlich durchzusetzen. Der Streit zwischen Österreich und Russland um das Erbe des sterbenden Osmanischen Reiches auf dem Balkan hatte bereits zwei Kriege ausgelöst. Russland spielte dabei 1912 und 1913 nicht weniger eine aggressive Rolle als Österreich. Um ihre Ansprüche in dieser brodelnden Region zu wahren, unterstützten beide Staaten direkt oder indirekt die nationalen Aufstände der Balkanvölker gegen die osmanische Herrschaft. Friedlich gestimmt waren weder die Diplomaten in Petersburg noch die in Wien. Frankreich hatte in der Marokko-Krise von 1911 ebenfalls mit dem Feuer gespielt und beispielsweise den Italienern einen lange erhofften Anlass gegeben, Libyen zu besetzen. Zudem hatte Paris noch nie einen Hehl daraus gemacht, Elsass-Lothringen im geeigneten Augenblick mit militärischen Mitteln zurückzuerobern. England ist nur deswegen die am wenigsten auf Krieg drängende Macht in Europa, weil die Interessen Londons sich auf das Mächtegleichgewicht beschränkten und es keine Gebietsansprüche auf dem Kontinent hatte.

Praktisch alle europäischen Regierungen sehen in den Jahren vor 1914 im Krieg eine legitimes Mittel zur Fortsetzung ihrer Politik. Sie stürzen ihre Völker im August 1914 bedenkenlos in eine Schlacht, deren Ausmaß sie offenbar nicht überblicken können oder wollen. Deutschland spielt dabei einen wichtigen Part. Es glaubt, die Krise nach dem Attentat von Sarajevo sei eine günstige Gelegenheit, die »Weltpolitik« Kaiser Wilhelms II. zu realisieren. Der Generalstab beschwört den Kaiser und die Regierung nicht zu warten, denn in wenigen Jahren sei der Rüstungsvorsprung des Reiches von seinen Feinden eingeholt. Deutschland ist am 1. August 1914 also keineswegs, wie der Monarch und seine Diplomaten behaupten, ein an den Ereignissen unschuldiges Land, dass von den Nachbarn zuerst hinterlistig eingekreist und dann bösartig überfallen worden ist. Der britische Minister David Lloyd George macht anlässlich der Mobilmachungen der Großmächte die melancholische und treffende Bemerkung: »In Europa gehen die Lichter aus.« Trotz aller Fehler und einer kaum nachvollziehbaren politischen Leichtfertigkeit in den wilhelminischen Jahren sind es jedoch nicht nur die Deutschen, die fahrlässig an den Schaltern geknipst haben.

Es ist wie bei einem Domino-Spiel. Als in Wien und Berlin die Entscheidung gefallen ist, fallen automatisch auch alle anderen Bündnisentscheidungen. Österreichs Kriegserklärung gegen Serbien löst die Mobilmachung in Russland aus. Im Gegenzug macht Deutschland mobil. Daraufhin überreicht der russische Botschafter in Berlin die Kriegserklärung. Frankreich muss Russland beispringen und erklärt Deutschland ebenfalls den Krieg. Die deutsche Führung und vor allem Reichskanzler Bethmann Hollweg bauen immer noch darauf, dass England neutral bleibt. Doch das Außenministerium in London lässt keinen Zweifel daran, dass das Land sofort an die Seite Frankreichs und Russlands treten wird, falls Deutschland die von den Briten garantierte Unverletzlichkeit der belgischen Grenzen nicht beachtet. Die Deutschen aber planen einen Überraschungsangriff mit mehreren Armeen in Nordfrankreich. Das geht nur, wenn die kaiserlichen Truppen durch Belgien marschieren. Ein Völkerrechtsbruch, der London zum weiteren Kriegsgegner macht. Bismarcks Albträume sind wahr geworden: Das Reich steht einer übermächtigen Koalition und einem Zwei-Fronten-Krieg gegenüber. Eine gewaltige Kriegswalze setzt sich in Bewegung.

Am 1. August 1914 sammeln sich Menschentrauben vor den Mobilmachungsplakaten. Die Berliner strömen vor das Schloss und bringen Hochrufe auf den Kaiser aus. Bleich und übernächtigt erscheint Wilhelm II. auf dem Balkon, hebt die Hände und ruft der Menge zu: »Nun empfehle Ich Euch Gott. Geht in die Kirchen, kniet nieder und bittet um Hilfe für unsere Soldaten!« Jubel brandet auf. Die Menschen tanzen auf den Straßen, die ersten ausrückenden Truppen werden mit Blumen geschmückt. Der Romanist Victor Klemperer, der diesen 1. August in Berlin miterlebt, notiert in seinem Tagebuch: »Der Bahnhof überflutet. Einen Augenblick wildes Drängen und Hochschreien; es soll dem österreichischen Gesandten gegolten haben. Nachher ein ähnliches Hoch beim bloßen Vorbeirollen eines Autos mit etlichen Offizieren. Nirgends unvergnügte oder auch nur ernste Gesichter. Soldaten strahlend ... Ein Trupp junger Burschen zog vorüber, Arm in Arm, ein hübsches Marschlied singend: ›Gott schütze unser Vaterland.‹ In der ersten Reihe ein blonder Junge von vielleicht achtzehn Jahren mit einer Glut in den starren, blauen Augen – ich habe so etwas noch nicht gesehen.«

Nicht anders sieht es in Petersburg, Paris oder London aus. Eine Massenhysterie ist in Europa ausgebrochen. Die nationalistische Propaganda der letzten Jahrzehnte, die Verherrlichung von Krieg und Militär, die dekadenten Gewaltfantasien vieler Künstler und Intellektueller bündeln sich in diesen Wochen zu einem Rausch. Die bedeutenden Schriftsteller, Hochschullehrer oder Journalisten in Deutschland, aber auch in den Staaten der Entente lassen sich zu hassvollen Gedichten und Artikeln hinreißen. Der berühmte Dramatiker Gerhart Hauptmann reimt die schauerlichen Zeilen: »Es kam ein schwarzer Russ daher / Wer da, er? Deutschland wir wollen an deine Ehr! Nimmermehr!« Selbst der sanfte Erfolgsschriftsteller Stefan Zweig, der bald als glühender Pazifist gegen den Krieg aufbegehren wird, schreibt in den hektischen Augusttagen an seinen ins Feld ausrückenden Verleger: »Mein Neid ist aber bei Ihnen, Offizier sein zu dürfen in dieser Armee, in Frankreich zu siegen – gerade in Frankreich, das man züchtigt, weil man es liebt.« Im Oktober veröffentlichen prominente deutsche Professoren einen viel beachteten Aufruf, der die Verblendung auch der gebildeten Schichten anschaulich macht: »Es erfüllt uns mit Entrüstung, dass die Feinde Deutschlands, England an der Spitze, angeblich zu unseren Gunsten, einen Gegensatz machen wollen zwischen dem Geiste der Wissenschaft und dem, was sie den preußischen Militarismus nennen. In dem deutschen Heer ist kein anderer Geist als in dem deutschen Volke, denn beide sind eins, und wir gehören auch dazu ... Unser Glaube ist, dass für die ganze Kultur Europas das Heil an dem Siege hängt, den der deutsche ›Militarismus‹ erkämpfen wird.« In diesem Tollhaus der Kriegsbegeisterung erhebt sich kaum eine warnende Stimme. Zu Weihnachten seien sie wieder zu Hause, ruft Wilhelm II. den Soldaten zu und fast alle glauben das.

Am 4. August beordert der Kaiser die Reichstagsabgeordneten in den Weißen Saal des Alten Palais und verkündet ihnen offiziell, dass sich das Land im Kriegszustand befindet. »Ich kenne keine Parteien mehr, sondern nur noch Deutsche«, erklärt er pathetisch. Der Reichstag billigt einstimmig die notwendigen Kriegskredite. Vergessen sind die innenpolitischen Kämpfe der vergangenen Jahrzehnte, Patriotismus und Kriegsgeschrei einigt die Menschen. An das Hochgefühl dieses »Augusterlebnisses« werden sie sich noch lange erinnern. In den Jahren der Weimarer Republik greift die Propaganda der Nationalsozialisten es auf, wenn ihr Führer sich als Retter des Vaterlandes stilisiert.

Und die Sozialdemokraten? Die Sozialistische Internationale, ein Zusammenschluss europäischer Arbeiterparteien, erklärt noch kurz vor Kriegsausbruch, dass Arbeiter nicht auf Arbeiter schießen. Der französische Sozialistenführer Jean Jaurès setzt sich in den Vorkriegsjahren für eine deutsch-französische

Verständigung ein, was ihm den Hass der Rechten einträgt. Doch die Kriegsbegeisterung erfasst im August 1914 sogar große Teile der europäischen Arbeiterschaft. Jaurès wird am 31. Juli von fanatischen Nationalisten ermordet und die Internationale bricht auseinander.

Für die deutschen Sozialdemokraten ist Russland der Inbegriff despotischer Regierungsherrschaft. Schon August Bebel hatte einige Jahre vor seinem Tod erklärt, wenn es gegen den Zaren gehe, dann werde er auch als alter Mann noch das Gewehr schultern. Da Petersburg eine Kriegserklärung nach Berlin geschickt hat, schwenkt nun auch die SPD-Führung auf den offiziellen Kriegskurs ein. Alle politischen Lager in Deutschland reden sich ein, es gehe nicht um einen Angriffs-, sondern um einen Verteidigungskrieg des von Feinden umringten Vaterlandes. Das ist eine der vielen Verdrängungen und Lügen, mit denen die deutschen Eliten in den kommenden Jahrzehnten ihre Politik begründen werden.

Für die Arbeiterbewegung hat die Kriegsbegeisterung ein längerfristiges parteipolitisches Nachspiel. Einige Abgeordnete in der SPD-Reichstagsfraktion wehren sich gegen die Bewilligung der Kriegskredite. Zwar beugen sie sich der Fraktionsdisziplin und stimmen in der entscheidenden Reichstagssitzung am 4. August zu. Aber es zeichnet sich schon in diesen Wochen die Spaltung innerhalb der SPD ab, die dann 1917 zur Gründung einer zweiten, links von den Sozialdemokraten stehenden Arbeiterpartei führt.

Vier Jahre dauert der Krieg. Angesichts der feindlichen Übermacht hätte ihn Deutschland nur unter äußerst glücklichen Umständen ohne Niederlage beenden können. Ein Sieg gegen drei europäische Großmächte, an deren Seite dann auch noch Amerika treten wird, liegt von Anfang an außerhalb aller realistischen Möglichkeiten. Schon im Dezember 1914, als die deutschen Kräfte sich an der Marne festgerannt haben, wird deutlich, dass die Strategie des Generalstabes nicht aufgeht. Es ist das eingetreten, was Berlin unbedingt vermeiden wollte: Ein langer Abnutzungskrieg beginnt. Für eine solche Auseinandersetzung aber fehlen selbst der Wirtschaftsmacht Deutschland die Ressourcen. Niemand kann über Jahre hinaus die Waffenindustrie mit ausreichenden Rohstoffen und die Bevölkerung mit genügend Nahrungsmitteln versorgen.

Trotzdem ziehen die Deutschen mit Hurra-Geschrei in die Schlacht. Grundlage der Militärstrategie ist seit 1905 der nach ihrem Schöpfer benannte Schlieffen-Plan. Generalstabschef Alfred Graf von Schlieffen schlug vor, im Falle eines Zwei-Fronten-Krieges die Hauptmacht der Armee in einer großen Zangenbewegung gegen Paris vorstoßen zu lassen, die Hauptstadt einzuschließen und damit innerhalb kurzer Zeit den Krieg an der Westfront zu beenden. In dieser Phase, so der Schlieffen-Plan, bleibt die Ostfront relativ ungeschützt, was der deutschen Militärführung kaum Sorgen bereitet: Sie rechnet damit, dass der Aufmarsch Russlands schwerfällig und langsam vonstatten geht. Nach dem schnellen Sieg im Westen sollen sich dann die deutschen Armeen mit voller Wucht nach Osten wenden und Russland schlagen.

Der Schlieffen-Plan scheitert auf ganzer Linie. Wer vom Norden auf Paris vorrücken will, muss über Belgien einmarschieren – und den Kriegseintritt Englands provozieren. Es ist rätselhaft, warum sich die deutschen Diplomaten und der Kaiser ausgerechnet in dieser Frage Illusionen machen. Aber dies bleibt nicht der einzige Trugschluss. Auch die Kampfkraft der französischen Armee unterschätzen sie erheblich. Diese stoppt den Vormarsch bereits an der Marne und vereitelt damit die geplante schnelle Kapitulation Frankreichs. Die russische Mobilmachung verläuft wesentlich reibungsloser als erwartet. Die feindlichen Armeen fluten in das fast ungeschützte Ostpreußen hinein. Die deutsche Führung muss früher als geplant Truppen von der Westfront abziehen. Zwar gelingt es dem nach Ostpreußen abkommandierten General Paul von Hindenburg und seinem Generalquartiermeister Erich Ludendorff in den Schlachten von Tannenberg und an den Masurischen Seen die Armeen des Zaren zu schlagen und die russische Invasion in Ostpreußen zu stoppen, aber das ändert nichts daran, dass der Krieg schon in seiner Frühphase festgefahren ist.

In Flandern und in den Schützengräben von Verdun verbeißen sich die Gegner in den kommenden Monaten und Jahren in verlustreiche Abwehr- und Angriffsschlachten. Tagelanger Artilleriebeschuss verwandelt die Wälder und Felder in riesige Kraterlandschaften. Schlamm, Schmutz, Rattenplagen, ohrenbetäubender Lärm des Kanonenfeuers und die Schreie der Verwundeten und Sterbenden begleiten die Kämpfe. Hunderttausende Deutsche, Franzosen und Engländer finden bei den Versuchen, irgendeinen Hügel zu stürmen oder ein paar 100 Meter feindlichen Geländes zu gewinnen, den Tod. Heute noch zeugt ein Meer von weißen Kreuzen in der Umgegend von Verdun davon, wie viele Menschen den verfehlten militärischen Strategien, die der Generalstab am Kommandotisch entwickelte, zum Opfer fielen. Als sich die Fronten gar nicht mehr bewegen, greifen die Deutschen zu nicht konventionellen Waffen. Die Haager Landkriegsordnung von 1907 untersagt ausdrücklich den Einsatz chemischer Kampfstoffe. Es sind die deutschen Oberbefehlshaber, die sich erstmals nicht daran halten. Im April 1915 verwenden sie im belgischen Ypern Chlorgaswaffen. Tausende von Soldaten sterben einen qualvollen Tod, Zehntausende erleiden schwerste Verletzungen. Die Gegner kontern mit nicht minder grausamen Mitteln. Der Plan, die feindlichen Kräfte durch den Abnutzungskrieg doch noch niederzuzwingen, scheitert ebenso wie die von Schlieffen vorgesehene schnelle Offensive. Eine gigantische Materialschlacht findet statt: Riesige, kilometerweit tragende Kanonengeschütze, Maschinengewehre, Flugzeuge und Giftgas – das Arsenal des Krieges lässt keine Heldenkämpfe mehr zu. Der Soldat stirbt brutal und unheroisch. Seine Vorgesetzten sehen auch in ihm nur noch das Material, das sie ohne Rücksicht auf Verluste für den Sieg einsetzen. Der Wert eines Menschenlebens geht in diesem Krieg gegen Null.

Die daheim gebliebenen Nationalisten feiern an der deutschen »Heimatfront« jeden noch so kleinsten Etappensieg mit neuen utopischen Friedensforderungen. Von den Niederlagen wird kaum geredet. Die Kriegsurlauber sitzen schweigend und traumatisiert an den Stammtischen, während die alten Herren die glorreichen Siege der Vergangenheit wieder aufleben lassen. Zu Hause bekommen die Deutschen die direkten Folgen des Krieges erst später zu spüren. Die englische Seeblockade führt ab 1916 zu einer rapiden Verschlechterung der Versorgungslage der Zivilbevölkerung. Jetzt hungern die Deutschen. Die berüchtigten Steckrübenwinter setzen ein, und das »Hamstern«, die Jagd nach Nahrungsmitteln beherrscht den Alltag. Zur Finanzierung des Krieges wird die Notenpresse in Gang gesetzt. Die Menschen zeichnen Kriegsanleihen. Ihr Geld und Gold geben die Bürger für Eisen hin, um das Vaterland zu unterstützen. Ein Volk glaubt trotz aller Einschränkungen und der immer länger werdenden Liste seiner Gefallenen an den Sieg. Und dann werde man für alle Opfer entschädigt werden und ein noch glanzvolleres Reich errichten. So steht es jedenfalls in den Zeitungen.

Ähnlich ist bis 1917 die Stimmung in den Reichstagsparteien. Alle Fraktionen, auch viele Sozialdemokraten, sind vom Sieg überzeugt. Die Forderungen, die der geschlagene Feind zu erfüllen haben wird, nehmen in den Köpfen der meisten Deutschen schwindelerregende Dimensionen an. Die Schwerindustrie verlangt Frankreichs Erz- und Kohlegruben. Die belgischen Gebiete um Malmedy und Eupen sind längst fest einkalkuliert. Im Osten soll sich das Reich bis zur Ukraine ausdehnen, denn dort locken riesige, fruchtbare Getreidegebiete. Nichts scheint unmöglich.

Die Wirklichkeit sieht ganz anders aus. Die Verluste an der Westfront sind nur noch durch die Einberufung immer jüngerer Soldaten zu ersetzen. Die Industrie sieht sich mit kaum noch zu bewältigenden Rohstoffproblemen konfrontiert, und zwar nicht nur in den so genannten kriegswichtigen, da Waffen produzierenden, sondern auch in den zivilen Betrieben. Die schlechte Versorgungslage beginnt auf die Stimmung in der Heimat zu drücken. Aus den Fabriken werden immer häufiger Proteste der schlecht ernährten Arbeiter gemeldet. Es kommt zu vereinzelten Streiks. Im Januar 1918 beunruhigen die Arbeitsniederlegungen der Munitionsarbeiter die militärische Führung.

Der Kaiser ist seit Kriegsausbruch mehr und mehr in den Hintergrund getreten. Er resigniert angesichts des großen Sterbens an den Fronten und reduziert seine Aufgaben auf das Repräsentieren: Truppenbesuche, Durchhalteparolen und Festtagsreden. 1916 übernehmen die populären Sieger von Tannenberg, Hindenburg und Ludendorff, die Oberste Heeresleitung. Es ist vor allem Ludendorff, der jetzt die deutsche Politik kontrolliert. Reichskanzler Bethmann Hollweg wehrt sich gegen die Forderung der neuen Militärleitung, im Atlantik den zeitweise unterbrochenen »unbeschränkten« U-Boot-Krieg – der auch den Beschuss von Handelsschiffen neutraler Nationen einschließt – wieder aufzunehmen. Er weiß, dass dies den Kriegseintritt der USA zur Folge haben wird. Aber Ludendorff, der starke Mann in der Heeresspitze, setzt sich durch. Bethmann Hollweg stürzt und bis zum Ende des Krieges herrscht in Deutschland praktisch eine Militärdiktatur. Amerika erklärt Deutschland den Krieg.

Paul von Hindenburg (1847–1934)

Der Chef der Obersten Heeresleitung ist Monarchist und vom Geist des preußischen Militarismus geprägt. Geboren in Posen durchläuft Hindenburg alle klassischen Ausbildungs- und Karrierestationen eines Offiziers. Als Truppenführer zieht er in den deutsch-französischen Krieg von 1870/71. Nach einer glänzenden militärischen Laufbahn als dienstältester General der deutschen Armee nimmt er 1911 seinen Abschied. Der Einmarsch der russischen Armeen in Ostpreußen veranlasst Kaiser Wilhelm II. jedoch, Hindenburg aus dem Ruhestand zurück in den aktiven Dienst zu holen. Die Siege in Tannenberg und an den Masurischen Seen machen ihn zum populärsten Heeresführer des Krieges. Vom »Mythos Tannenberg« ist die Rede, Hindenburg wird zum Helden mit der Aura der Unfehlbarkeit. Dabei ist sein Generalquartiermeister, Erich Ludendorff, intelligenter und zweifellos der bessere Stratege von beiden. Er ist es auch, der nach 1916 die politischen Versuche des Reichstags unterbindet, einen »Verständigungsfrieden« diplomatisch vorzubereiten. Hindenburg und Ludendorff fordern den totalen Krieg. Alle Kräfte des Volkes in der Heimat und an den Fronten sollen für den Sieg eingesetzt werden. Doch als auch die letzte Offensive im Sommer 1918 scheitert, schwenken die beiden Durchhaltestrategen um. In völliger Umkehr ihrer bisherigen Haltung fordern sie plötzlich den sofortigen Waffenstillstand, da die deutsche Front sonst innerhalb weniger Tage zusammenbrechen werde. Sie verlangen die Einsetzung einer parlamentarisch gestützten Regierung. So vermeiden sie, die Verhandlungen mit den alliierten Siegern selbst führen zu müssen. Wohl wissend, dass ihre Parolen vom Durchhalten bis zum glorreichen Sieg von der Realität des Schlachtfelds eingeholt worden sind, ziehen sie im Hintergrund die Fäden – ohne selbst das Gesicht zu verlieren. Und bald schon werden sie behaupten, das deutsche Heer sei im Feld unbesiegt geblieben. Die Niederlage sei von den »Verrätern« an der Heimatfront verschuldet worden. Diese hätten dem Heer, so erklärt Hindenburg wahrheitswidrig nach dem Krieg einem parlamentarischen Untersuchungsausschuss, den Dolch in den Rücken gestoßen.

1925 wird Hindenburg abermals zum Totengräber seines Vaterlandes. Obwohl der preußische General im Ruhestand nie einen Hehl daraus gemacht hat, dass er lieber einem Kaiser als einer Demokratie dienen würde, wählt ihn die Mehrheit zum Präsidenten. Von Anbeginn an ist es sein Ziel, die Sozialdemokraten von der Regierungsverantwortung fernzuhalten. So stützt er die konservativen, republikfeindlichen Kräfte, die sich um die Reichswehr und den ostpreußischen Großgrundbesitz formiert haben. Am Ende ernennt er Hitler, wenn auch zunächst widerstrebend, zum Reichskanzler. Als Hindenburg 1937 stirbt, ist Deutschland bereits wieder eine Diktatur.

Hindenburg ist ein besonders eklatantes Beispiel dafür, wie skeptisch wir heute gegenüber den Rufen nach einer Wiederbelebung der angeblich so preisenswerten preußischen Tugenden und Werte sein sollten. Dieser Ehrenmann hat nicht nur einen sinnlosen Krieg um Jahre verlängert und damit den Tod von Hunderttausenden jungen Männern zu verantworten. Er hat auch die Öffentlichkeit schäbig belogen und war zu feige, seinen Teil der Verantwortung für die Kriegsniederlage zu übernehmen. Als Reichspräsident hat er einen Eid auf die Verfassung geschworen, diesen aber durch sein staatsstreichähnliches Verhalten gebrochen, mit dem er die Nationalversammlung in der Schlussphase der Weimarer Republik entmachtete. Hindenburg, diese preußische Legende, war sich schließlich nicht einmal zu schade, Bestechungsgeschenke zu akzeptieren. Die konservativen ostelbischen Adligen schenkten ihm in Pommern ein Gut, das sie formal gleich dem sehr einflussreichen Sohn zueigneten, damit dieser später die Erbschaftssteuer sparen konnte. Natürlich setzte sich der Reichspräsident im

Gegenzug energisch für eine Erhöhung der Osthilfe ein, die den großzügigen Freunden zugute kamen. Preußen war kein Vorbild, sondern bot gelegentlich das Bild einer Bananenrepublik.

Im Februar 1917 scheint sich für Deutschland noch einmal eine Wende zum Guten abzuzeichnen. Die Hilfe kommt von unverhoffter Seite. In Petersburg wird das Zarenregime gestürzt. Kriegsmüdigkeit, Hungerrevolten und Streiks lähmen das politische System. Im März dankt der Zar ab und eine bürgerliche Regierung übernimmt die Macht. Die deutsche Militärführung lässt den in Zürich lebenden Sozialrevolutionär Wladimir I. Uljanow, der bald unter dem Namen Lenin zu einer welthistorischen Figur wird, mit der Eisenbahn quer durch Deutschland nach Russland reisen. Ludendorff hofft mit diesem Schritt die Lage im Land weiter zu destabilisieren. Tatsächlich stürmen im November die Kommunisten – in Russland heißen sie Bolschewiki (»Mehrheitler«) – in Petersburg das Winterpalais, setzen die bürgerliche Regierung ab und errichten unter der Führung von Lenin und seinem Kampfgefährten Leo Trotzki eine Räterepublik. Sie mündet innerhalb weniger Wochen in eine Diktatur der Bolschewiki ein, die das Land in einem jahrelangen Krieg unter ihre Herrschaft bringen.

Lenin fordert sofortige Friedensverhandlungen. Bei den Gesprächen in Brest-Litowsk stellen die Deutschen unmäßige Forderungen, die von der sowjetischen Regierung nach langen internen Diskussionen akzeptiert werden. Russland verliert Finnland, Kurland, Litauen, Polen und die Ukraine. Damit haben die Deutschen zwar im Osten den Rücken frei, aber ihr maßloses Verhalten gibt den Alliierten einen Vorgeschmack, was sie im Falle einer Niederlage erwartet. Der harte »Siegfrieden« von Brest-Litowsk stärkt ihren Willen, sich auf keine Kompromisse mit Deutschland einzulassen. Zudem strömen nun gewaltige Waffen- und Truppentransporte über den Atlantik. Amerikas Eingreifen an der Westfront beginnt allmählich Wirkung zu zeigen. Denn im April 1917 sind die Vereinigten Staaten in den Krieg eingetreten.

Der Krieg ist jetzt für Deutschland endgültig verloren. Im Reichstag dämmert dies nun auch einigen Abgeordneten. In einem auf Initiative des schwäbischen Zentrums-Abgeordneten Matthias Erzberger gegründeten Interfraktionellen Ausschuss arbeiten Sozialdemokraten, die liberale Fortschrittliche Volkspartei, das katholische Zentrum und zeitweise sogar die konservative Nationalliberale Partei zusammen, um einen Ausweg aus dem Desaster zu finden. Der Ausschuss ist ein erster Fingerzeig, dass das Parlament beginnt, sich von der autoritären

Reichsführung zu emanzipieren. Allerdings reicht es zunächst nur für die Ausarbeitung einer auf Verständigung ausgerichteten Friedensresolution, die von Ludendorff und der Militärführung postwendend abgelehnt wird. Die Entschlossenheit, sofort eine vom Parlament kontrollierte Regierung zu fordern, fehlt den Ausschussmitgliedern.

In der sozialdemokratischen Reichstagsfraktion vollzieht sich 1917 das, was sich beim Konflikt zu Kriegsbeginn schon andeutete: Ein linker Flügel spaltet sich ab. Die Unabhängigen Sozialdemokraten (USPD), so nennt sich die neue Partei, verweigern im Reichstag ihre Zustimmung zu weiteren Kriegskrediten. Hugo Haase, Eduard Bernstein, Karl Kautsky, Karl Liebknecht und Rosa Luxemburg – das sind jetzt Namen, die immer mehr in den Vordergrund der deutschen Linken rücken. Die Mehrheitssozialdemokraten (MSPD) unter Führung ihres Vorsitzenden Friedrich Ebert plädieren zwar auch für einen »Verständigungsfrieden«, aber noch stehen sie hinter der Kriegspolitik der Monarchie.

Im März 1918 setzt Ludendorff alles auf ein Karte. Er bündelt die militärische Kraft des Reiches für eine neue Offensive. Nach anfänglichen Erfolgen bleibt aber auch diese stecken. Die Alliierten treten im Juli zu einer Gegenoffensive an, die rasch zu tiefen Einbrüchen in den deutschen Stellungen führt. Im deutschen Heer, das bisher erstaunlich diszipliniert und einsatzbereit gekämpft hat, machen sich Auflösungserscheinungen breit. Zahlreiche Einheiten geraten in Gefangenschaft. Am 29. September fordern Hindenburg und Ludendorff nach dem Zusammenbruch der bulgarischen Front unverzügliche Waffenstillstandsverhandlungen und die Errichtung eines parlamentarischen Regierungssystems. Zwei Tage später ist der Wahnsinn vorbei. Der Schleier ist zerrissen, die vollkommen überraschten Reichstagsabgeordneten und die deutsche Bevölkerung stehen fassungslos vor dem Ende aller deutschen Träume.

Der Erste Weltkrieg führt in Europa zu einer Umwälzung der politischen und gesellschaftlichen Verhältnisse. Der Adel verschwindet als politische Kraft aus der Geschichte. Die riesigen Geld- und Vermögensverluste, die der Krieg und die ihm folgende Inflation erzeugen, treffen auch große Teile des Bürgertums. Vier jahrhundertealte und einst mächtige Monarchien werden gestürzt – in Russland, Österreich, der osmanischen Türkei und Deutschland. Amerika ist der große Gewinner des Krieges, es wird eine Weltmacht. Alle anderen Kriegsteilnehmer müssen einen hohen Preis zahlen. Nicht nur die Verlierer Deutschland und Österreich, sondern auch die Sieger Frankreich und England werden in den zwanziger Jahren unter harten sozialen Krisen leiden. Aus der Konkursmasse des Habsburger Reiches gründen sich neue, selbstständige Staaten – die Tschechoslowakei, Jugoslawien, Ungarn, Rumänien –, und in ihren Grenzen leben zahlreiche Minderheiten, die sich gegen kulturelle und politische Unterdrückung wehren. Aus dem Erbe des Zarenreiches entstehen die baltischen Republiken Estland, Litauen und Lettland, auch Polen und Finnland werden selbstständig. Die europäische Landkarte wird neu gezeichnet und keineswegs sind die Staaten mit allen Grenzziehungen einverstanden. In Russland ist der Weltkrieg Geburtshelfer einer Revolution, die bald in die Weltgeschichte eingreifen wird. Auf Lenin folgen Stalin und die Supermacht Sowjetunion. Im unruhigen, von einer vernichtenden Inflation erschütterten Deutschland beginnen in der zweiten Hälfte der zwanziger Jahre die Nationalsozialisten ihren Aufstieg und bald werden sie Europa in einen neuen Weltkrieg stürzen.

Liberalismus, Sozialismus, Rassismus und Nationalismus – das sind die großen Gesellschaftsideologien, deren moderne Grundlagen im 19. Jahrhundert gelegt werden. Nach dem Zusammenbruch der alten Ordnungen entwickeln sie sich im 20. Jahrhundert zu Massenbewegungen, die die Weltpolitik bestimmen. Der Erste Weltkrieg ist eine Wendemarke. Jahrzehnte der Völkermorde und Vernichtungskriege, der Bürgerkriege und des Terrors folgen ihm. Sie fordern Millionen von Opfern. Beispiellos bleibt der Holocaust, die Vernichtung des europäischen Judentums durch das nationalsozialistische Deutschland. So ist der Erste Weltkrieg wirklich die »Urkatastrophe« gewesen, von der die Historiker sprechen. Im Grunde sind seine Folgen bis 1990 spürbar geblieben. Dann erst bricht das sowjetische Imperium zusammen und auch die Osteuropäer können endlich selbst über ihr Schicksal entscheiden.

Die Weimarer Republik und der Nationalsozialismus

Als Berlin am 3. Oktober das Waffenstillstandsgesuch an die Alliierten abschickt und Kaiser Wilhelm II. den Prinzen Max von Baden zum neuen Reichskanzler ernennt, glaubt die konservative Führung der Marine mit einer heroischen Tat noch einmal ein Zeichen setzen zu können. Stabschef Admiral Reinhard Scheer befiehlt das Auslaufen der Hochseeflotte, die sich dem Feind zum letzten Gefecht stellen und heldenhaft untergehen soll. Dieses sinnlose und unverantwortlich mit dem Leben der Mannschaften spielende Verhalten löst bei den Befehlsempfängern Empörung aus. Die Matrosen, einstmals die Hoffnung der kaiserlichen Weltmacht-Träume, begehren auf. In Kiel und Wilhelmshaven kommt es zu Tumulten, die in rasender Geschwindigkeit zunächst auf die anderen Garnisonen, dann auf das ganze Land überspringen.

Die Welle des Protests vermag niemand mehr aufzuhalten. Nur der Kaiser versteht immer noch nicht, was sich um ihn herum abspielt. Am 9. November zwingt man ihn zum Rücktritt. Max von Baden weiß, dass er nur mit Hilfe der Sozialdemokraten einen völligen Zusammenbruch der Ordnung verhindern kann. Während die radikale Linke die Räterepublik ausruft und sich Soldaten- und Arbeiterräte bilden, übergibt er die Kanzlerschaft an den Sozialdemokraten Friedrich Ebert. Der Rat der Volksbeauftragten übernimmt unter seiner Leitung die Regierungsgewalt. In Deutschland herrscht Revolution. Das Land wird eine Republik. Wohin sie treibt, weiß in dieser Stunde niemand. Sicher ist nur eines: Nicht nur der Kaiser dankt ab, sondern sämtliche Herrscher in den deutschen Ländern. Jahrhunderte haben die Könige und Herzöge der Hohenzollern, Wittelsbacher oder Welfen regiert. Jetzt schleichen sich die letzten gekrönten Häupter durch die Hintertüren aus ihren Schlössern.

Friedrich Ebert (1875–1924)

Der Mann der Stunde heißt Friedrich Ebert. Am 9. November 1918 wird er zur führenden politischen Figur in Deutschland. Kaum ein anderer Sozialdemokrat ist unter den Historikern der Arbeiterbewegung so umstritten wie der erste Reichspräsident der Weimarer Republik. Für die einen ist er zum Verräter an der »Novemberrevolution« von 1918 geworden, für die anderen ist er der Retter, der das geschlagene Reich vor Chaos und Bürgerkrieg bewahrt hat. Aber daran besteht kein Zweifel: Friedrich Ebert wird als Parteivorsitzender der stärksten Fraktion im Reichstag in die politische Verantwortung gerufen, als Deutschland eine der größten Krisen seiner Geschichte erlebt. Ebert stellt sich dieser Verantwortung und als er 1924 stirbt, scheint es, als ob die Weimarer Republik einer stabilen politischen Zukunft entgegensieht.

Friedrich Ebert wird in Heidelberg als Sohn eines Schneidergesellen geboren. Er erlernt das Sattlerhandwerk und geht, wie damals noch üblich, auf eine dreijährige Wanderschaft. In Bremen wird er Mitglied der dortigen SPD und tritt in die Redaktion einer sozialdemokratischen Parteizeitung ein. Sein großes Organisations- und Redetalent wird rasch sichtbar. Er übernimmt das Amt des Schatzmeisters und sitzt ab 1913 als Abgeordneter im Reichstag. Nach dem Tod von August Bebel wird er zusammen mit Hugo Haase Parteivorsitzender und 1916 Chef der Reichstagsfraktion.

Ebert, der zwei Söhne im Krieg verloren hat, ist ein konservativer Sozialdemokrat. Als er 1918 in das Zentrum der deutschen Politik rückt, lehnt er alle radikalen und revolutionären Strömungen ab. Geschmeidig und mit einigen Täuschungsmanövern gelingt es ihm die Mehrheit der Gemäßigten geschickt zu nutzen und so die Revolution in reformerische Bahnen zu lenken. Ebert erkennt, dass die neue Republik nicht ohne die wilhelminische Beamtenschaft und die alte Behördenstruktur überleben kann. Er setzt auch, und das wird sich als ein gefährlicher Schritt erweisen, auf die Hilfe der kaiserlichen Militärführung. Um Recht und Ordnung aufrechtzuerhalten, schließt er mit ihr ein Bündnis. Zum Reichswehrminister ernennt Ebert den Sozialdemokraten Gustav Noske. Die Einsätze der Freikorps, die mit der Zustimmung Eberts von Noske zur Niederschlagung revolutionärer Unruhen angeordnet werden, vertiefen die Spaltung der Arbeiterbewegung und führen langfristig zu starken Vertrauensverlusten innerhalb der sozialdemokratischen Wählerschaft.

Im Februar 1919 wird Ebert erster Reichspräsident der Republik. Mit Hilfe der in der Verfassung vorgesehenen »Notverordnungen« greift er energisch in die Regierungspolitik ein. Ein Sattlergeselle als Reichspräsident, dazu noch ein Sozialdemokrat. Das ist für die konservativen Kräfte im Land kaum erträglich. Die Rechte verfolgt ihn mit Hetzkampagnen und das Bürgertum schaut spöttisch auf den »Emporkömmling«, der an die Stelle des Kaisers getreten ist. Eine Zeitung bringt ein Bild des Präsidenten, das ihn in einer Badehose zeigt. Es soll ihn lächerlich machen, was auch gelingt. Und die Presse lässt nicht locker. Ein Magdeburger Gericht verhandelt 1924 den Vorwurf eines Redakteurs, Ebert habe durch seine Teilnahme am Munitionsarbeiterstreik im Januar 1918 Landesverrat begangen. Die Richter halten das für juristisch zulässig. Der Prozess trifft Ebert tief. Wenig später stirbt er an einer verschleppten Blinddarmentzündung. Sie haben ihn im wahrsten Sinne des Wortes zu Tode gehetzt.

Deutschland probt den Aufstand

Während der »Novemberrevolution« bilden sich allerorts Soldaten- und Arbeiterräte. Sie übernehmen in den Rathäusern und Kasernen, in den Fabriken und Handelsbetrieben die Macht. Jedenfalls glauben sie das. Zunächst geht es dabei durchaus friedlich zu. Die alten Chefs streifen sich rote Binden über den Arm und nehmen neben den immer schon soliden und zuverlässigen Mitarbeitern Platz, die als Arbeiterräte nun freundlich abnicken, was ihnen als notwendig präsentiert wird. Die Offiziere in Uniform erleben peinliche Augenblicke, wenn ihnen auf der Straße rote Fahnen schwingende Revoluzzer begegnen, die ihnen die Offiziersstreifen abreißen und den Degen wegnehmen. Die Anwendung körperlicher Gewalt bleibt vorläufig die Ausnahme.

In Berlin versammeln sich die Delegierten der Soldaten- und Arbeiterräte aus ganz Deutschland, um über die politische Zukunft des Landes zu entscheiden. Hier muss auch der Rat der Volksbeauftragten seine Beschlüsse rechtfertigen, dem die alten Mächte die Regierungsgewalt übergeben haben. Er besteht aus fünf Mitgliedern. Drei stellen die Mehrheitssozialdemokraten und zwei die USPD. Die große Mehrheit der Räteversammlung und die Mitglieder der MSPD wollen in Deutschland ein parlamentarisches Regierungssystem einführen. Die radikale Linke und große Teile der USPD fordern dagegen eine Räterepublik. Ihr Vorbild sind die Sowjets, die Arbeiterräte, die gerade in Russland die Macht an sich reißen. In Deutschland bleibt die extreme Linke eine politisch hoffnungslose Minderheit, die aber durch Massendemonstrationen und radikale Parolen viel Aufmerksamkeit auf sich lenkt.

So steht in Bayern der USPD-Mann Kurt Eisner an der Spitze der Revolution. Er wird im November 1918 Ministerpräsident, lehnt aber die Errichtung einer Räterepublik ab. Bei den ersten freien Wahlen erleidet er eine eindeutige Niederlage. Auf dem Weg zum Landtag, wo er seinen Rücktritt einreichen will, wird er von einem rechtsradikalen Fanatiker erschossen. Chaos bricht aus, die bayerischen Kommunisten gründen nun tatsächlich eine Räterepublik, die bald blutig niedergeschlagen wird.

Die Geschehnisse in Bayern sind ein typisches Beispiel dafür, wie die politischen Entwicklungen in dieser Zeit häufig ablaufen: Linke Republikaner ergreifen die Macht, halten sich aber an die demokratischen Spielregeln. Die konservative und nationalistische Rechte lehnt Demokratie und Republik ab und durch ihr gewalttätiges Eingreifen eskaliert die Lage. Die Mittel, mit denen die Rechte vorgeht, sind so einfach wie brutal: Mordanschläge auf prominente Führer der Linken oder ein Einmarsch der von ehemaligen Offizieren geführten Freikorps in die Regionen, in denen linke Regierungen am Ruder sind. In diesen Gruppierungen sammeln sich ehemalige, jetzt entlassene Armeeangehörige, die den Weg zurück in das Zivilleben nicht finden.

Gewalt von links bricht im Januar 1919 aus. Dieses Mal in Berlin. Der Spartakus-Bund probt den Aufstand. Die Spartakisten sind die radikalste Gruppierung innerhalb der USPD und ein Vorläufer der Kommunistischen Partei Deutschlands (KPD), die zur Jahreswende 1918/19 gegründet wird. Der wichtigste Mann im Vorstand ist Karl Liebknecht. Sein Vater Wilhelm Liebknecht gehörte zu den Begründern der SPD, und der Sohn hat sich früh radikalisiert. Bis kurz vor Ende des Krieges sitzt dieser im Gefängnis. Am 9. November ruft er nahezu im Alleingang und von niemandem autorisiert in Berlin die Sozialistische Deutsche Republik aus. Liebknecht und seine Mitkämpfer wollen mit dieser Aktion ein Signal zum allgemeinen Volksaufstand geben. Die von der Mehrheit der Arbeiter- und Soldatenräte beschlossene Wahl zu einer verfassungsgebenden Nationalversammlung lehnen sie ab. Ihr Ziel ist ein System nach dem Vorbild der Sowjets. Die Spartakus-Leute täuschen sich völlig über die wahren Machtverhältnisse im Land und die Stimmung in der Bevölkerung. Der Funke springt nicht über. Stattdessen wird der Aufstand innerhalb weniger Stunden blutig niedergeschlagen. Angehörige der Gardeschützenkavallerie spüren Karl Liebknecht in einem Versteck auf und ermorden ihn kaltblütig – »auf der Flucht erschossen«, heißt es in den Zeitungen. An seiner Seite steht Rosa Luxemburg. Erst

Flatiron Building

2

		1	2	3	4	5
	7	8	9	10	11	12
3	14	15	16	17	18	19
	21	22	23	24	25	26
7	28					

nach langem Zögern stimmt sie dem Aufstand der Spartakisten zu. Auch sie wird nach ihrer Gefangennahme brutal ermordet. Ihre Leichen wirft man in den Landwehrkanal.

Die Verhältnisse werden seit 1919 auf beiden Seiten immer radikaler und gewalttätiger. In den konservativen Zeitungen häufen sich die Artikel, in denen ganz offen zum Mord aufgerufen wird. Die *Deutsche Allgemeine Zeitung* schreibt beispielsweise, zur »Niederwerfung« der Kommunisten würden »Theorien nicht genügen«, es sei vielmehr nötig sei, ihnen »Gewalt gegenüberzustellen«. Auch der *Vorwärts* stimmt in den Chor der Hasserfüllten ein. Auf Großplakaten, deren Herkunft schwer zu orten ist, können die Berliner in diesen Tagen lesen: »Schlagt ihre Führer tot! Tötet Liebknecht und Luxemburg! Dann werdet ihr Frieden, Arbeit und Brot haben.« Die Stimmung ist aufgeheizt. Nun kämpfen nicht mehr nur die Rechten gegen die Linken. Auch die Linken untereinander schlagen – zumindest verbal – aufeinander ein.

Rosa Luxemburg (1871–1919)

Rosa Luxemburg ist nicht nur eine brillante Theoretikerin und glänzende Rednerin, sondern auch eine mutig-idealistische Kämpferin. Kleingewachsen, durch ein Hüftleiden leicht hinkend, wirkt sie gebrechlich und zart, aber ihr starker Wille und ihre hohe Intelligenz geben ihr eine große innere Unabhängigkeit. Ihre Briefe weisen auf eine höchst empfindsame Persönlichkeit hin, deren Humor und scharfer Witz auch August Bebel, mit dem sie befreundet war, zugleich fesseln und ärgern. Rosa Luxemburg ist eine der herausragenden Frauen in der modernen Politikgeschichte. Ihre Arbeiten über Marxismus und Nationalökonomie, Militarismus und Imperialismus, Massenstreiks und Revolution zählen zu den Standardwerken der Arbeiterbewegung.

Die sozialistische Politikerin und Theoretikerin wird in Polen geboren. Sie stammt aus einer wohlhabenden, jüdischen Familie. In Zürich studiert sie Nationalökonomie und trifft dort nicht nur mit Lenin, sondern auch mit vielen anderen Emigranten zusammen, deren sozialistisches Weltbild die Studentin beeinflusst. In Polen gründet sie eine Sozialistische Partei, worauf sie in Konflikt mit der Staatsgewalt gerät. Durch eine Scheinheirat erlangt sie die deutsche Staatbürgerschaft, die ihr einen gewissen Schutz vor dem Zugriff der Geheimpolizei bietet. Gefängnisaufenthalt und Krankheit folgen. Rosa Luxemburg geht nach Deutschland und lehrt an der SPD-Parteischule marxistische Nationalökonomie. 1914 wird sie wegen öffentlicher Anti-Kriegsreden zu einer einjährigen Gefängnisstrafe verurteilt. Schon im September 1913 hat sie in Frankfurt am Main ihre Genossen gewarnt: »Bei einem eventuellen Krieg sollten die Arbeiter sich erst besinnen, ob sie es mit ihrem Gewissen vereinbaren könnten, auf ihre gleichgesinnten Brüder zu schießen.«

Mit Karl Liebknecht ruft sie den Spartakus-Bund ins Leben, außerdem gibt sie die Zeitschrift *Die Internationale* heraus. Nach einer Friedensdemonstration am 1. Mai 1916 auf dem Potsdamer Platz in Berlin muss sie erneut ins Gefängnis. In den Revolutionsmonaten von 1918/19 ist sie bis zu ihrer Ermordung Herausgeberin der *Roten Fahne*, des Parteiblattes der KPD, zu deren Gründungsmitgliedern sie gehört. Ihr Tod wird in rechten Kreisen, aber auch von Teilen des Bürgertums beifällig aufgenommen.

Die Sozialistin Rosa Luxemburg ist im Gegensatz zu fast allen ihren kommunistischen Parteifreunden zeitlebens eine Demokratin gewesen. »Freiheit ist immer nur die Freiheit des Andersdenkenden«, lautet der berühmteste Satz, der von ihr überliefert ist. Sie selbst setzt sich zwischen alle Stühle. 1918 spricht sie sich gegen die Parteidiktatur der russischen Bolschewisten aus und befürwortet in der Weimarer Republik gegen die Mehrheit der deutschen Kommunisten eine Beteiligung der Partei an den Wahlen zur Nationalversammlung. Rosa Luxemburg vertritt in den internen Parteidiskussionen eine Position der Gewaltlosigkeit. Erst beim Spartakus-Aufstand lässt sie sich angesichts einer extremen politischen Situation von der Mehrheit mitreißen.

Ihre Gegner im Lager der Konservativen und in der SPD haben sie noch lange nach ihrem Tod dämonisiert, sie als Predigerin von Gewalt und Terror dargestellt. Für die Sozialistische Einheitspartei (SED) in der DDR bleibt sie bis zuletzt eine ungeliebte Genossin aus den Frühtagen der deutschen Kommunisten. Ihre Gegnerschaft zu Lenin wird in der offiziellen Parteigeschichte nicht weniger unterschlagen als ihr demokratisches Grundverständnis. Auf den Gedenkveranstaltungen am Todestag, dem 15. Januar, sind alljährlich am Grab in Ostberlin steife Funktionärsreden zu hören. Von der Freiheit des Andersdenkenden ist dabei nicht die Rede. In der Spätphase der DDR aber werden diese Gedenkfeiern zu einem der ersten Foren des Widerstandes gegen das SED-Regime. Von den Stasi-Helfern schnell heruntergerissene Plakaten weisen auf die Pervertierung des Sozialismus der Rosa Luxemburg durch die DDR-Führung hin. Die Demonstranten werden abgeführt, ihre mutige Tat aber bleibt nicht wirkungslos.

Als ob es nicht schon genug Probleme gibt, muss die Republik auch noch formell den Krieg beenden und einen Friedensvertrag abschließen, dessen Schatten ihre Existenz bis zum Ende verdunkelt. Die deutsche Delegation, geführt vom neuen Außenminister Graf Ulrich von Brockdorff-Rantzau, die im Februar 1919 nach Versailles reist, wird dort frostig empfangen. Hier wird nicht verhandelt, hier werden Bedingungen überreicht. Deutschland kann nur akzeptieren, oder es riskiert die Besetzung durch die alliierten Truppen. Die Frage, ob dieser Vertrag unterzeichnet werden darf oder nicht, führt im Land zu einer Zerreißprobe. Nicht kühler Verstand, sondern nationale Leidenschaften beherrschen die Diskussion. Die von dem Sozialdemokraten Philipp Scheidemann geführte Regierung hält den Vertrag für unannehmbar. Sie tritt am 20. Juni zurück. Acht Tage später unterzeichnet Deutschland das »Friedensdiktat« unter Protest.

Es ist ein politisch dummer Vertrag, den die Alliierten dem besiegten Deutschland aufzwingen. Er bringt nicht Frieden, sondern Streit. Treibende Kraft aufseiten der Sieger ist die französische Politik. Zweimal innerhalb von 50 Jahren hat Deutschland Frankreich zum Schlachtfeld gemacht. Nie mehr, so schwören die Politiker und die Meinungsmacher in den Zeitungen, soll es dem aggressiven Nachbarn möglich sein, Frankreich anzugreifen. Aus Erfahrung gespeiste Ängste, aber auch Hass und nationaler Chauvinismus beherrschen das Denken in Paris. England will ebenfalls einen harten Vertrag. Der amerikanische Präsident Woodrow Wilson hat dagegen schon 1917 in seinem 14-Punkte-Programm maßvollere Friedensbedingungen zur Diskussion gestellt. Als er in Paris die unnachgiebige Haltung der Partner miterlebt, ziehen sich die USA enttäuscht aus den europäischen Querelen zurück. Ein schwerer diplomatischer Fehler, denn nun können Franzosen und Engländer ihre weit überzogenen Vorstellungen ungebremst in die Tat umsetzen. Die Deutschen haben sich eingebildet, in Versailles würde über Wilsons Vorschläge verhandelt. Enttäuschung und Wut wachsen, als sie merken, dass dies ein Irrtum ist.

Warum ist es ein unkluger Friedensvertrag, den die Alliierten in Versailles präsentieren? Der schon erwähnte Passus von der deutschen Alleinschuld am Kriegsausbruch ist faktisch falsch und macht es der deutschen Propaganda leicht, von einem »Friedensdiktat« zu sprechen. Die in dem Vertrag geforderten Reparationszahlungen – zunächst in ihrer Höhe unbegrenzt, 1920 dann auf 269 Milliarden Goldmark festgelegt – sind utopisch, es sei denn, Paris und London wollen den wirtschaftlichen Zusammenbruch Deutschlands herausfordern. Im Versailler Vertrag stimmt Deutschland der Abrüstung ihrer einst so mächtigen

Armee auf ein Hundertausend-Mann-Heer zu. Das Verbot, U-Boote, Kriegsschiffe über 100 000 Tonnen oder Kriegsflugzeuge zu besitzen, ist aus der Sicht Frankreichs zwar nicht ganz unverständlich, aber auch diese Bedingungen verfehlen ihren Zweck. Eine Wirtschafts- und Militärmacht wie Deutschland wird sie als nationale Schande empfinden. Es kann nur eine Frage der Zeit sein, dann wird sie diese Bedingungen unterlaufen.

Die Gebietsverluste, die der Versailler Vertrag verlangt, sind groß. Ein Fünftel des Reiches geht verloren: selbstverständlich und zu Recht Elsass-Lothringen, aber auch Posen, Westpreußen, das Memelland, Danzig und sämtliche Kolonien. Durch – in ihrem Ergebnis umstrittene – Abstimmungen in der Bevölkerung muss Deutschland das Gebiet Eupen-Malmedy an Belgien, Nordschleswig an Dänemark und Oberschlesien an Polen abtreten. Das stärkt das ohnehin vorhandene Revanchedenken in Deutschland und führt zu neuen Minderheitenkonflikten in den betroffenen Gebieten.

So politisch fatal der Versailler Vertrag auch sein mag, fataler noch ist, was er im Gefühlsleben der Deutschen anrichtet. Denn wer sich gedemütigt fühlt, ist empfänglich für eine chauvinistische, antidemokratische Politik, die um jeden Preis auf Rache sinnt. Vergessen wird allerdings, dass die lautesten Kritiker des Vertrages gerade mal zwei Jahre vorher in Brest-Litowsk von Russland die Unterschrift unter einen nicht weniger einseitigen und maßlosen Friedensvertrag erpresst haben. Aber gerade sie werden immer wieder das Gefühl der »Schande von Versailles« schüren, um die Entwicklung zur Demokratie in der Weimarer Republik zu unterlaufen.

Als 1924 die Lage in Deutschland etwas ruhiger wird, beginnt Gustav Stresemann als deutscher Außenminister seine neue, auf Ausgleich und Gewaltlosigkeit beruhende Vertragspolitik gegenüber den Westmächten. Innerhalb von wenigen Jahren gelingt es ihm und den seine Politik unterstützenden Sozialdemokraten die alten Feindschaften abzubauen und Deutschland als gleichberechtigtes Mitglied in die Völkergemeinschaft zurückzuführen. Auch in der Reparationsfrage kommen sich die Regierungen in mehreren Konferenzen näher. Kurz vor Hitlers Machtantritt im Januar 1933 ist sie einvernehmlich gelöst. Diese Erfolge zeigen, dass eine Diplomatie des Vertrauens den Versailler Vertrag weitgehend neutralisiert hat. Sie relativieren auch das bis heute vielfach benutzte Argument, dieser an der Wiege der ersten deutschen Republik stehende Vertrag habe die deutsche Demokratie zerstört. Die Republik von Weimar ist an den Radikalen von rechts und später auch von links gescheitert und nicht an einem Vertrag.

Ein Tanz auf dem Vulkan

Um den ersten deutschen Regierungen gerecht zu werden, muss man sehen, vor welchen nahezu unlösbaren Problemen sie unmittelbar nach dem Waffenstillstand und in den kommenden vier Jahren stehen. So verlangen die Alliierten den sofortigen Rückzug der deutschen Armeen aus allen besetzten Gebieten. Mehrere Millionen Soldaten kehren in ein Land zurück, dessen innere Ordnung zusammengebrochen ist und das vor gewaltigen Versorgungsproblemen steht, die sich nun durch die hereinströmenden Soldaten enorm verschärfen. Die Wirren der Revolution fordern von der Regierung ständig Kompromisse und Entscheidungen, bei denen sie auf die Hilfe einer Reichswehr angewiesen ist, die die Republik ablehnt. Die Wirtschaftskrise wächst, da die seit Jahren auf eine Kriegswirtschaft eingestellte Industrie nur langsam auf die notwendige Friedensproduktion umgestellt werden kann. 1923 besetzen die Franzosen dann auch noch das Ruhrgebiet, um ihren Forderungen nach den im Friedensvertrag vereinbarten Kohlelieferungen Nachdruck zu verleihen. Die Berliner Regierung ruft zum passiven Widerstand auf. Im Gefühl der allgemeinen nationalen Empörung über das Vorgehen der Franzosen wird er fast hundertprozentig befolgt. Aber der »Ruhrkampf« übersteigt schon bald die wirtschaftlichen Kräfte Deutschlands, da die Gehälter der Beamten und Angestellten und die Unterstützung für die streikenden Bergarbeiter vom Reich bezahlt werden müssen. Die schon in den Kriegsjahren einsetzende Geldentwertung beschleunigt sich wahnwitzig.

In Bayern wachsen parallel zum Ruhrkampf die rechten Kräfte, die mit dem Gedanken einer Abspaltung des Landes spielen. Am 9. November putscht Adolf Hitler in München und kündet den »Marsch nach Berlin« an. Der unbelehrbare Erich Ludendorff ist in der ersten Reihe dabei. In Thüringen und Sachsen treten Kommunisten in die von der SPD geführten Regierungen ein und neue Revolutionsgerüchte machen die Runde. Während die Reichswehr sich weigert gegen den rechten Separatismus in Bayern einzugreifen, lässt sie ihre Soldaten die Regierungszentren in Thüringen und Sachsen besetzen und jagt die Minister aus ihren Ämtern.

In Deutschland herrscht bis Ende 1923 ein permanenter Bürgerkrieg. Adel, Militär, Großindustrie und Teile des Bürgertums verweigern der jungen Republik ihre Zustimmung. Die Unterzeichner des Waffenstillstandsabkommens werden als »Novemberverbrecher« und der Friedensvertrag von Versailles als »Schandvertrag« bezeichnet. Über die Frage, was denn ihr eigener Beitrag zum Kriegsausbruch und zum desaströsen Ausgang gewesen ist, verlieren die Republikfeinde kein Wort. Sie propagieren das Märchen vom deutschen Verteidigungskrieg und die »Dolchstoßlegende«, den angeblichen Verrat der Linken an der Heimatfront. Verhängnisvoll ist es, dass auch die Sozialdemokraten über die wirklichen Hintergründe schweigen, die zum Kriegsausbruch geführt haben. Sie tun das gegen besseres Wissen, denn ihre Führung hat inzwischen Einsicht in die Akten nehmen können. Schlimm auch, dass der neue sozialdemokratische Kanzler und spätere Reichspräsident Friedrich Ebert die heimkehrenden Truppen mit dem Wort »im Felde unbesiegt« begrüßt und so die These Hindenburgs und Ludendorffs in den Augen der Öffentlichkeit bestätigt. Aber die Sozialdemokraten fürchten erneut als »Vaterlandsverräter« zu gelten und viele Parteimitglieder sind in ihrem Herzen nicht nur patriotisch, sondern auch national-konservativ. Friedrich Ebert zum Beispiel ist Monarchist geblieben, die Abdankung des Kaisers empfindet er als schmerzlichen historischen Einschnitt.

Die Gewalttaten der Freikorps, die zahlreichen »Fememorde«, denen »Verräter« und »Kommunisten« zum Opfer fallen, die tödlichen Attentate auf den bayerischen Ministerpräsidenten Eisner, den Zentrumspolitiker Matthias Erzberger (1921) und den jüdischen Außenminister Walther Rathenau (1922), die ständigen ehrenrührigen Angriffe auf die Staatsführung der Republik lösen Gegengewalt und politische Instabilität aus. Eine besonders schädliche Rolle spielt in diesen Jahren die Reichswehr. Sie ist die Nachfolgerin der auf 100 000 Mann gestutzten kaiserlichen Armee. Unter dem Chef der Heeresleitung, Generaloberst Hans von Seeckt, entwickelt sie sich zu einem »Staat im Staate«, der eigene, nicht republikanische Ziele verfolgt. Im März 1920 unternehmen rechtsextreme Gruppierungen unter Führung des ehemaligen Vorsitzenden der Deutschen Vaterlandspartei, Wolfgang Kapp, und mit Hilfe einiger Reichswehrverbände einen Putschversuch. Hans von Seeckt verweigert sich mit den Worten »Truppe schießt nicht auf Truppe« den Anordnungen der Regierung und geht nicht gegen die Putschisten vor. Das Kabinett muss nach Stuttgart fliehen. Erst ein von den Gewerkschaften ausgerufener Generalstreik zwingt die Aufständischen zum Rückzug. Seeckt bleibt im Amt und die Reichswehr wird ihre republikfeindliche Rolle weiter spielen.

Der Kampf um den Versailler Vertrag und die innenpolitischen Bürgerkriege, die permanente rechte Agitation und die wachsende wirtschaftliche Not haben das politische Klima sehr schnell vergiftet. Besonders deutlich wird dies an den Wahlergebnissen. Bei den Wahlen zur Nationalversammlung am 19. Januar 1919 stimmen 45,5 Prozent der Wähler für die beiden Sozialdemokratischen

Die Sozialistin Rosa Luxemburg war eine brillante Rednerin und idealistische Kämpferin. Ihre Arbeiten zählen zu den Standardwerken der Arbeiterbewegung.

Spartakus bund
„Freiheit ist immer nur
die Freiheit des Andersdenkenden“

Dit is een foto, zoals
ik me zou wensen,
altijd zo te zijn.
Dan had ik nog wel
een kans. Om naar
Holywood te komen.
Annefrank.
10 Oct. 1942
1935
1935
1936
1938
(Übersetzung)
Ich wünschte, ich würde immer
so aussehen wie auf diesem Foto.
Dann hätte ich vielleicht die
Chance, nach Hollywood zu kommen.
Anne Frank, 18. Oktober 1942

Parteien. Die liberale und republikbejahende Deutsche Demokratische Partei (DDP) erringt 18,5 Prozent. Damit entscheiden sich 64 Prozent der Wähler für ein parlamentarisches Regierungssystem in Deutschland. Das katholische Zentrum und die ihr durch Fraktionsgemeinschaft angeschlossene Bayerische Volkspartei können zusammen 19,9 Prozent für sich verbuchen. Auch in ihrer Anhängerschaft gibt es nicht nur Gegner der Republik. Allerdings erringen die bürgerlichen Parteien insgesamt 238 Sitze und die beiden sozialistischen Parteien nur 185. Die Wähler stellen damit früh klar, dass sie keinen Sozialismus, also keine Enteignung der Wirtschaft, wollen.

Schon bei den nächsten Wahlen zur Nationalversammlung, am 6. Juni 1920, zeichnet sich ein antirepublikanischer Umschwung ab. Die eindeutig demokratisch gesinnten Parteien MSPD und DDP müssen herbe Verluste hinnehmen. Zusammen erreichen sie nur noch knapp 30 Prozent. Gewinne verzeichnen dagegen die Republikzweifler, darunter auch die linken USPD-Leute. Schon bei den Wahlen im Juni 1924 verlieren SPD, DDP und das Zentrum, die wegen ihrer Zustimmung zur Republik als »Weimarer Parteien« bezeichnet werden, die Mehrheit. Von diesem Zeitpunkt an besitzen die republikfeindlichen Parteien in der Nationalversammlung die Mehrheit. Auswirken wird sich das erst ab 1930, wenn zur politischen erneut eine soziale und wirtschaftliche Krise tritt.

In all diesen Wirren, mit denen die Republik vom ersten Tag ihrer Existenz konfrontiert ist, müssen die Männer und Frauen der ersten Stunde zudem auch eine neue Verfassung erarbeiten, die dem Land eine innere Ordnung geben soll. Die Nationalversammlung, die darüber entscheidet, kommt im Theater der Stadt Weimar zusammen. Man will damit dem unruhigen Berlin ausweichen, um ohne jeden Druck der Straße entscheiden zu können. Die thüringische Residenzstadt haben sich die Abgeordneten wohl auch deshalb gewählt, um an die deutschen Dichter Goethe und Schiller zu erinnern, die hier ihre bedeutenden Werke geschaffen haben. Wenn von der Weimarer Republik gesprochen wird, dann also, weil in dieser Stadt die verfassungsrechtlichen Grundlagen der ersten deutschen Demokratie verabschiedet worden sind.

Im August 1923 wird der Vorsitzende der Deutschen Volkspartei, Gustav Stresemann, Reichskanzler. Die Anhängerschaft seiner Partei stammt überwiegend aus dem Mittelstand. Bei den letzten Reichstagswahlen hat sie 13,9 Prozent der Stimmen erreicht. Stresemann kommt ins Amt, als Deutschland in einer vielfachen Zerreißprobe steht. Seine Regierung, in der zunächst auch sozialdemokratische Minister sitzen, schafft es, innerhalb von drei Monaten die Lage zu stabilisieren. Er beendet den nicht zu gewinnenden Ruhrkampf, verhindert die

Das Tagebuch der Anne Frank gilt weltweit als Zeugnis des Nazi-Terrors an Hunderttausenden Holocaust-Opfern. Sie lebte mit ihrer Familie zwei Jahre versteckt in einem Hinterhaus, bis sie verraten wurde.

Abspaltung Bayerns und zerschlägt die kommunistischen Unruhen in Thüringen und Sachsen. Noch wichtiger aber: Mit der Einführung der so genannten Rentenmark am 15. November 1923 wird die Inflation gestoppt. Sie hat wie kein anderes Ereignis die deutsche Gesellschaft gelähmt und dem Ansehen der Republik geschadet. Die dramatische Geldentwertung, die 1923 ihren Höhepunkt erreicht, ist ein Erbe des Krieges. Dieser wird von Krediten und einer übermäßigen Erhöhung der Geldmenge finanziert. Hinzu kommt unmittelbar nach dem Krieg eine volkswirtschaftlich kaum vertretbare Lohnpolitik, die die revolutionären Arbeiter besänftigen soll. Im November 1923, kurz vor der Umstellung auf die Rentenmark, kostet ein US-Dollar 4,2 Billionen Mark.

Die Inflation führt innerhalb kürzester Zeit zu einer Verelendung, die weit in die bürgerlichen Schichten hineinreicht. Über Generationen angesparte Vermögen sind nichts mehr wert, Beamtenpensionen oder Renten reichen kaum noch für die notwendigsten Konsumartikel. Wer am Morgen sein Gehalt oder seinen Lohn erhält und die Geldscheinbündel in einem Koffer verstaut hat, muss losrennen, um Brot, Milch oder ein paar Schuhe zu ergattern. Denn wenige Stunden später hat die Inflationsspirale das Einkommen schon wieder aufgefressen. Was am Morgen noch halbwegs erschwinglich ist, kann abends schon Tausende oder gar Millionen Mark mehr kosten. Um zu überleben müssen Anwälte, Ärzte, Angehörige des höheren Beamtentums, Professoren oder adlige Grundbesitzer ihre Häuser für Schleuderpreise, die sofort von der unersättlichen Inflation verschlungen werden, verkaufen. Generalswitwen vermieten Zimmer und ehrbare Bürgertöchter oder Kinder sind gezwungen, sich auf der Straße zu verkaufen. Die Kindersterblichkeit nimmt erschreckend zu, und in den Arbeiterfamilien herrscht Hunger. Auf der anderen Seite protzen die Spekulanten und Schieber, die das Elend und die Geldentwertung für ihre dunklen Geschäfte nutzen. Der Ruhrindustrielle Hugo Stinnes kauft sich durch geschickte Transaktionen ein riesiges Aktienvermögen zusammen und kann damit auch erheblichen Einfluss auf die politischen Entwicklungen nehmen.

Für die Weimarer Republik wird die Inflation zu einer schweren Hypothek. Sie hat alte moralische Wertvorstellungen zerstört. Der bürgerliche Mittelstand verbindet mit der Demokratie bald nur noch seinen ganz persönlichen Sturz in die »Proletarisierung«. Als dann nach 1930 eine neue Verelendung droht, vertrauen immer weniger Menschen den Rezepten der republikanischen Parteien. Die Inflation von 1923 ist bis in unsere Tage hinein ein Trauma geblieben. Sie wird noch die Wirtschaftspolitik der Bundesrepublik prägen. Und als der Euro eingeführt wird, haben viele aus der Generation unserer Großeltern Angst, dass ohne die stabile D-Mark jene »schlechten Zeiten« zurückkehren könnten. Kein deutscher Finanzpolitiker kann es sich – wie seine Kollegen in Frankreich oder Italien – leisten, leichtfertig über die Preisentwicklung hinwegzusehen.

Gustav Stresemann (1878–1929)

Auch wenn er nur drei Monate Reichskanzler ist, gehört Gustav Stresemann zu den wenigen herausragenden Politikern, die in der Weimarer Republik gewirkt haben. Als Sohn eines Bierverlegers in Berlin geboren, wird er nach seinem Studium Syndikus des Verbandes sächsischer Industrieller. Ein Mann der mittelständischen Wirtschaft ist er, der den Nationalliberalen beitritt. Diese hatten im Kaiserreich zunächst Bismarck gestützt, dann im Zuge der von der Industrie abgelehnten Schutzzollpolitik gegen ihn opponiert. Sie wurden die Partei der Großindustrie und der Großbanken. Für die Nationalliberalen sitzt Stresemann seit 1907 im Reichstag. Er ist ein lauter, zur Polemik neigender Monarchist, der ein imperiales Deutschland mit vielen Kolonien und einer mächtigen Flotte fordert. Im Ersten Weltkrieg gehört er zu denen, die von großen deutschen Gebietsannexionen träumen und sich für einen »Siegfrieden« einsetzen.

Die Niederlage schockiert ihn so wie die meisten seiner Landsleute. Das Ende der Monarchie und die Revolution von 1918/19 lehnt er scharf ab. Stresemann wandelt sich jedoch rasch zum »Vernunftsrepublikaner«. Nur wenige konservative Politiker, die ihre Laufbahn im Kaiserreich beginnen, besitzen diese Klugheit. Er liebt die Republik nicht, erkennt aber, dass die Welt sich gewandelt hat. Wer seine politischen Ideen umsetzen will, darf die Wirklichkeit nicht ausblenden. »Die Frage der Staatsform ist für die Gegenwart eine Tatfrage, diese Tatfrage ist im Sinne der Republik entschieden«, erklärt er schon 1919. »Wir können uns daher der Mitarbeit an dieser Republik nicht entziehen.«

Stresemann gründet die Deutsche Volkspartei, die sich wieder als politische Vertretung der Wirtschaft versteht. Als Ebert ihn zum Reichskanzler ernennt, findet seine Politik die Unterstützung der Sozialdemokraten. Und sein früher Sturz beendet nicht seine politische Laufbahn, im Gegenteil: Nach der überaus erfolgreichen Kanzlerschaft übernimmt er für die nächsten sechs Jahre das Amt des Außenministers.

Gustav Stresemann beginnt 1924 gegenüber den Westmächten seine Diplomatie des Ausgleichs. In Locarno unterschreibt er einen Gewaltverzichtsvertrag mit Frankreich. Unter der Leitung des amerikanischen Bankiers Charles Dawes findet im Sommer 1924 in London eine Reparationskonferenz statt, bei der Stresemann erste erhebliche Verbesserungen für sein Land durchsetzen kann. Im Berliner Vertrag vereinbaren im April 1926 Deutschland und die Sowjetunion ihre Handels- und Wirtschaftsbeziehungen zu verbessern und sich gemeinsam für eine Friedenspolitik einzusetzen. Noch im selben Jahr wird Deutschland Mitglied des Völkerbundes. 1929 tagt in Paris eine neue Reparationskonferenz, die diesmal von dem amerikanischen Bankier Owen D. Young geleitet wird. Der inzwischen todkranke deutsche Außenminister reist im August 1929 nach Den Haag, wo die Entschädigungszahlungen noch einmal zur Diskussion stehen. Wieder kann Berlin erhebliche Verbesserungen durchsetzen. Am 3. Oktober 1929 stirbt der seit langem schwer herzkranke Stresemann. Tausende folgen dem Sarg, als der Außenminister zu Grabe getragen wird. Es wird die letzte große Demonstration der Republik sein.

Die Nationalisten und Konservativen haben Stresemanns Politik verteufelt und mit allen Mitteln bekämpft. Ausgleich und Frieden sind für sie keine politischen Ziele. »Stresemann-Verwesemann« wüten die Nationalisten, und die Kommunisten sehen in ihm den Kapitalistenknecht, den es zu bekämpfen gilt. Die Welt jedoch erkennt, dass hier ein Politiker eines anderen Deutschland gewirkt hat: 1926 wird ihm – zusammen mit seinem Verhandlungspartner in Locarno, dem französischen Außenminister Aristide Briand – der Friedensnobelpreis verliehen.

Es ist nicht zuletzt Stresemanns Politik, die zu einer Phase relativer Stabilität führt. Nach den bürgerkriegsähnlichen Nachkriegsjahren beruhigt sich die Lage. Das Ende der Inflation und die Zustimmung zum Dawes-Plan öffnet das Land für dringend notwendige amerikanische Kredite. Ein Aufschwung der Konjunktur ist zu beobachten, die Zahl der Arbeitslosen sinkt. Die Radikalen werden zurückgedrängt, bei den Reichstagswahlen im Dezember 1924 erreichen die Nationalsozialisten 2,9 und die Kommunisten 8,9 Prozent. Es beginnen die Goldenen Zwanziger. Die Menschen atmen auf, ihr Geld ist wieder etwas wert und die Straßenkämpfe sind gestoppt. Zumindest in den Großstädten will man das Leben nach langen Kriegs- und Revolutionsjahren endlich genießen.

Berlin wird zur attraktivsten Hauptstadt Europas. In den Tanzpalästen und Revuetheatern fallen die Hüllen, und die Tänzerin Josephine Baker erlangt als »schwarze Venus« Weltruhm. Grelle Jazz-Rhythmen und der Modetanz Charleston begeistern die Bubikopf-Damen und ihre Begleiter. Der Drogenkonsum gehört zum guten Ton. Es wird wild durcheinander geschlafen, und wer unter den

Intellektuellen etwas auf sich hält, hat mindestens eine homoerotische Beziehung. In der Staats- oder in der Krolloper führen die Dirigenten Otto Klemperer und Ernst Kleiber die neuesten Werke des Musiktheaters auf – Ernst Kreneks *Johnny spielt auf,* Alban Bergs *Wozzek* oder Franz Schrekers *Der singende Teufel.* Ein junger Wilder erobert die Theaterbühnen. Er kommt aus Augsburg und heißt Bert Brecht. Seine *Dreigroschenoper,* zu der Kurt Weill eine hinreißende Musik schreibt, wird 1928 zum Sensationserfolg. Über Nacht wird die Schauspielerin Marlene Dietrich mit dem Film *Der blaue Engel* ein Kinostar. 1929 veröffentlicht ein völlig unbekannter Journalist einen Roman, der zum größten Bucherfolg der modernen Literaturgeschichte wird. *Im Westen nichts Neues* lautet der Titel des Buches, das von den Erlebnissen der »verlorenen Generation« im Ersten Weltkrieg erzählt. Innerhalb eines knappen Jahres sind eine Million Exemplare verkauft und der Autor Erich Maria Remarque wird ein reicher Mann. In Weimar ist der Sitz des Bauhauses, jener berühmten Hochschule für Gestaltung, wo der Architekt Walter Gropius, die Maler Oskar Schlemmer und Lyonel Feininger oder der Designer Wilhelm Wagenfeld neue Horizonte für Form und Farbe öffnen. Nach all dem Rausch der Dekadenz-Kunst, nach DA-DA-Grotesken und expressionistischer Wucht kommt nun die neue Sachlichkeit: Funktional und nüchtern sollen Häuser und Industrieanlagen, Möbel und Gebrauchsgegenstände wirken.

Berlin ist die Zeitungsstadt der Republik. Hier pulsiert das Leben. Die *Vossische Zeitung,* das *Berliner Tagblatt* und die zahllosen Morgen-, Mittag- und Abendblätter machen Politik, preisen den Boulevard und vor allem natürlich den Sport – selbst am Boxring trifft sich tout Berlin. Die Zeitungen erreichen Millionenauflagen. Erstmals fühlen sich dadurch die Parteien in ihrem Handeln einem starken und breiten Rechtfertigungsdruck ausgesetzt. Eine zwiespältige Sache: Einerseits kann die Presse eine Öffentlichkeit schaffen, die die junge Demokratie dringend braucht, andererseits häufen sich bald die politischen Hetzkampagnen, die nun gleichfalls flächendeckender als je zuvor verbreitet werden. Eine offizielle Zensur wie in den Metternich-Tagen gibt es nicht. Aber die Regierungen, allen voran das Reichswehrministerium, überziehen die Redaktionen mit Prozessen. Wegen »Geheimnisverrats« beispielsweise muss nicht nur der Chefredakteur der *Weltbühne,* Carl von Ossietzky, ins Gefängnis. Eine wichtige Rolle spielen auch die Kampfblätter der Radikalen. *Die Rote Fahne* der Kommunisten und der *Völkische Beobachter* der Nationalsozialisten finden eine wachsende Leserschaft. Es wird viel geschrieben, endlos diskutiert und sich heftig amüsiert in dieser Republik. Klaus Mann hat seinem Roman über jene Jahre den Titel *Der fromme Tanz* gegeben. Es ist wohl eher ein Tanz auf dem Vulkan gewesen.

Die Totengräber der Republik

Denn der Schein trügt. Auch in den Jahren zwischen 1924 und dem Beginn der großen Wirtschaftskrise Ende 1929 fehlt der Weimarer Republik eine wirkliche Stabilität. Im Reichstag haben die bürgerlichen Parteien die Mehrheit. Ihre Haltung zum neuen demokratischen System schwankt zwischen scharfer Ablehnung und Duldung. Feindlich gegenüber der republikanischen Verfassung bleibt vor allem die konservative Deutschnationale Volkspartei (DNVP), die von der Großindustrie und den preußischen Großgrundbesitzern unterstützt wird. Die Sozialdemokraten sind von Ende 1923, als sie das Kabinett Stresemann verlassen, bis 1928 in der Opposition. Die USPD hatte sich 1922 zwar wieder mit der Mehrheitssozialdemokratie vereinigt, aber etwa zwei Drittel der USPD-Mitglieder treten in die KPD ein. Wichtig allerdings ist, dass im größten Land der Republik, in Preußen, ein von dem Sozialdemokraten Otto Braun geführtes Kabinett regiert. Im Bündnis mit dem Zentrum gelingt es Braun, durch energische Abwehr der Radikalen, Preußen bis 1932 zu einem demokratischen Bollwerk zu machen.

1925 wird der ehemalige General des Kaisers, Paul von Hindenburg, zum neuen Reichspräsidenten gewählt. Möglich wird diese konservative Wende durch die Uneinigkeit im bürgerlichen Lager, das sich nicht auf einen gemeinsamen Kandidaten einigen kann, und das sture Verhalten der KPD, die ihren chancenlosen Vorsitzenden Ernst Thälmann ins Rennen schickt. Auch Gustav Stresemann setzt sich für Hindenburg ein. Der greise Präsident ist von einem kleinen konservativen Kreis umgeben, zu dem sein Sohn Oskar gehört und der seine Entscheidungen in den kommenden Jahren stark beeinflussen wird.

Besonders fatal für die künftige Entwicklung ist die starke Stellung, die die Weimarer Verfassung dem Reichspräsidenten einräumt. Er ist politisch nicht so machtlos wie der heutige Bundespräsident. Im Gegenteil: Der Verfassungsartikel 48 gibt dem Staatsoberhaupt die Möglichkeit, im Falle eines »Notstandes« durch Notverordnungen zu regieren. Wann aber ein »Notstand« eintritt, wie dieser Begriff überhaupt zu definieren ist, das lässt die Verfassung weitgehend offen. Jeder Amtsinhaber kann ihn so auslegen, wie es in sein politisches Konzept passt. Hindenburg wird diesen Artikel immer wieder anwenden, wenn der Reichstag sich nicht einigen kann oder er dessen Politik unterlaufen will. Auch Friedrich Ebert hat den Artikel 48 häufig in Anspruch genommen. Der Unterschied ist allerdings, dass Ebert Demokrat, Hindenburg dagegen ein Mann des Kaiserreiches und Anhänger eines autoritären Staatssystems ist. Seinen Schwur auf die Verfassung hat er zwar zunächst formal nicht gebrochen. Aber im politischen Alltag sind er und seine Berater nicht neutral, wie es das hohe Amt verlangt, sie unterstützen vielmehr die Interessen des Großgrundbesitzes und der Reichswehr.

Eine weitere politische Waffe des Reichspräsidenten ist sein Recht, jederzeit den Reichstag aufzulösen und damit Neuwahlen zu erzwingen. Das Staatsoberhaupt ernennt oder entlässt zudem den Reichskanzler. Es ist also eine Zwei-Mächte-Verfassung, die sich die Republik gegeben hat: Ein politisch starker Reichspräsident steht dem – häufig zerstrittenen und sich selbst blockierenden – Reichstag gegenüber. Das kann nur gut gehen, solange beide Seiten das Gesamtwohl des Staates im Auge haben und ihr Handeln von demokratischen Grundsätzen bestimmt wird. Spätestens seit 1930 ist das nicht mehr der Fall. Hindenburg, mehr und mehr eine Marionette in den Händen von Männern, die einen Staatsstreich wollen, schaltet das gewählte Parlament mit Hilfe der Notverordnungen nach und nach aus.

In den Jahren der relativen Stabilität bleiben die radikalen Parteien im Reichstag bedeutungslos. Bis Ende 1929 findet die Nationalsozialistische Arbeiterpartei (NSDAP) kaum ein Echo bei den Wählern. Die KPD erreicht im Schnitt nicht mehr als 10 Prozent. Aber auf den Straßen sieht es bald anders aus. Der Führer der NSDAP, Adolf Hitler, treibt ab 1925 den Ausbau der Partei systematisch voran. Die »Sturmabteilung« (SA) macht er zu einem wirksamen Kampfinstrument: Die militant auftretenden Schlägertrupps randalieren auf demokratischen Versammlungen, stören gewalttätig »undeutsche« Film- oder Theateraufführungen oder suchen die Gelegenheit zur Prügelei mit kommunistischen Gruppen. In den internen Parteidiskussionen wird Hitlers diktatorischer Führungsanspruch akzeptiert. Der Durchbruch in der Öffentlichkeit gelingt ihm 1929 bei der Auseinandersetzung um die Annahme des Young-Plans, der eine neue Reparationsregelung bringen soll. Die Feinde der Republik entfachen eine weitere Hetzkampagne gegen die »Novemberverbrecher«, die nun angeblich erneut das Vaterland in Unglück und Not stürzen. Hitler tritt auf zahlreichen Großveranstaltungen auf. Sein Name wird zu einem Begriff in Deutschland.

Die KPD wird in den zwanziger Jahren immer abhängiger von der Politik Moskaus. Die Sowjetunion beansprucht in der von Lenin 1919 gegründeten Kommunistischen Internationalen die Führung. Auf deren 4. Weltkongress 1928 beschließen die Delegierten die Gleichschaltung aller kommunistischen Parteien. Sie haben sich den politischen Zielen der Sowjetunion zu unterwerfen. Der neue starke Mann in Moskau ist Jossif (Joseph) Stalin. Er errichtet in der Sowjetunion eine Diktatur und lässt bald fast die gesamte alte bolschewistische Garde in so genannten Schauprozessen an den Pranger stellen und umbringen. Die kommunistischen Parteien im Ausland folgen den stalinistischen Diktaturforderungen. Nicht deutsche, sondern sowjetische Interessen lenken also die Politik der KPD. Wer sich gegen diesen Kurs stemmt, wird diffamiert und ausgeschlossen. Bis zum Ende der Republik bleiben die Kommunisten innenpolitisch eine zerstörerische Kraft. Sie missbrauchen damit die Gutgläubigkeit vieler ihrer Wähler, die sich vor dem Hintergrund der großen Wirtschaftskrise ab 1930 in immer größerer Zahl für die KPD entscheiden.

Bei den Reichstagswahlen im Mai 1928 können SPD und KPD größere Gewinne verzeichnen. Insgesamt kommen jetzt 42 Prozent der Abgeordneten aus ihren Reihen. Ganze zwei Prozent der Wähler entscheiden sich für die Nationalsozialisten. Verlierer sind die bürgerlichen Parteien, die in den letzten Jahren an den verschiedenen Regierungen beteiligt waren. SPD, das Zentrum, Stresemanns Deutsche Volkspartei und die inzwischen sehr kleine liberale Deutsche Demokratische Partei schließen sich zur großen Koalition zusammen, Reichskanzler wird Hermann Müller. Erstmals seit 1920 steht damit wieder ein Sozialdemokrat an der Spitze eines Kabinetts. Nach nur zwei Jahren tritt Müller zurück. Es ist scheinbar nur eine Randfrage – der Streit über die Erhöhung der Arbeitslosenversicherung –, die ihn resignieren lässt. Hinter dem Kabinett aber liegen die Monate der Anti-Young-Plan-Kampagne, mit der die Radikalen wieder die Stimmungsherrschaft im Land übernommen haben. Der mehr oder weniger freiwillige Rückzug der Sozialdemokraten aus der Regierungsverantwortung wird sich jedoch als leichtfertig und für den Bestand der Republik folgenreich erweisen. Heute wissen wir, dass er der Anfang vom Ende war.

Der 29. Oktober 1929 ist als »Schwarzer Freitag« in die Geschichte eingegangen. An diesem Tag setzen die Aktienkurse an der New Yorker Börse zu einer stürmischen Talfahrt an. Innerhalb weniger Stunden werden Millionäre zu Bettlern und verlieren Rentner ihre gesamte Alterversorgung. Dem Zusammenbruch der in den letzten Jahren immer hektischeren Aktienspekulationen folgt eine Weltwirtschaftskrise, von der sich die Staaten erst nach vielen Jahren erholen. Auch für Deutschland bedeuten die Vorgänge in New York eine Katastrophe. Das Land hat die Nachkriegskrise nur durch die Aufnahme hoher ausländischer Kredite auffangen und teilweise überwinden können. Der Börsencrash in New York bringt die US-Banken in Zahlungsprobleme. Sie rufen ihre Kredite zurück.

Deutschland bringt der Abzug des ausländischen Geldes in den kommenden drei Jahren in eine enorme Liquiditätskrise. Am 11. Mai 1931 bricht die Österreichische Credit-Anstalt zusammen, wenig später folgt die Darmstädter und Nationalbank, eine der vier deutschen Großbanken. Die Sparer erfasst Panik, ein Sturm auf die Bankschalter setzt ein. Am 14. Juli werden die deutschen Banken, Sparkassen und Börsen geschlossen. Der Konsum geht zurück, die öffentlichen Investitionen sinken, die Auslandsgelder bleiben aus und die Konjunktur gerät ins Trudeln. Schon Ende 1929 liegt das Kassendefizit des Staates bei 1,7 Milliarden Reichsmark. Ende Dezember 1930 gibt es in Deutschland wieder 4,4 Millionen Arbeitslose, ein Jahr darauf sind es knapp 5,7 Millionen und 1932 wird die 6-Millionen-Grenze überschritten. Eine schwere Agrarkrise kommt noch hinzu.

Neues Elend macht sich breit. Menschenschlangen bilden sich jeden Morgen vor den Arbeitsämtern oder vor den Fabriktoren, wo nur wenige der Wartenden eine Tagesarbeit finden werden. An den Straßenecken bieten Männer ihre Arbeitskraft für jede Tätigkeit und jeden Lohn an. Familien ziehen mit Handkarren, auf denen ihre wenigen Habseligkeiten verstaut sind, durch die Städte. Sie haben ihre Wohnung verloren, weil sie die Miete nicht mehr aufbringen können. Die Armenküchen, die Suppe und Brot austeilen, sind überlaufen.

Und wie reagieren Regierung und Parteien auf die schlimmste Krise seit 1923? In Berlin ist im März 1930 der Zentrumspolitiker Heinrich Brüning Kanzler geworden. Er ist Monarchist und hat am Krieg als Offizier teilgenommen. Hindenburg ist für ihn nicht nur der Reichspräsident, sondern er sieht in ihm immer noch den obersten militärischen Vorgesetzten. Die Wirtschaftskrise will Brüning durch einen eisernen Sparkurs und eine restriktive Geldpolitik bekämpfen. Die Regierung denkt also gar nicht daran, die Wirtschaft wieder anzukurbeln. Nein: Sie schwächt sie zusätzlich, und das mit Absicht. Brüning hofft auf einen außenpolitischen Erfolg. Die sichtbare Verelendung der Bevölkerung, so spekuliert er, sei ein überzeugender Beweis für das Ausland, dass Deutschland keine Reparationen mehr leisten kann.

Der Kanzler scheitert. Die wachsende wirtschaftliche Not treibt den Radikalen von rechts und von links in den letzten knapp drei Jahren, die der Republik noch bleiben, die Wähler scharenweise zu. Erst jetzt beginnt Adolf Hitler zu ernten, was er in den vergangenen Jahren gesät hat. Seine maßlosen Angriffe auf die deutsche Demokratie, seine Selbststilisierung zum nationalen Retter können nur greifen, weil die Republik derart deutlich an Ansehen verliert. Bei den Reichstagswahlen im September 1930 schafft Hitler eine politische Sensation: Die Nationalsozialisten erringen 107 Mandate, das ist ein Zuwachs von 95 Sitzen. Sie stellen jetzt die mit Abstand stärkste Fraktion im Reichstag. Lag die Mitgliederzahl der Partei 1928 noch bei 100000, schnellt sie nun auf 400000 hoch. Am 10. April 1932 stehen die Deutschen dann vor der Wahl, entweder einem greisen kaisertreuen General und Republikgegner ihre Stimme zu geben oder einem Mann, der keine Zweifel an seinen diktatorischen Ansprüchen lässt. Sie wählen im zweiten Wahlgang erneut Hindenburg mit 19,4 Millionen Stimmen zum Reichspräsidenten. Für Hitler stimmen 13,4 Millionen Wähler. Nur weil sich schließlich alle bürgerlichen Parteien und auch die Sozialdemokraten hinter Hindenburg stellen, kann Hitlers Aufstieg zum Staatsoberhaupt noch einmal verhindert werden.

Die vom Volk gewählten Reichstagsabgeordneten haben schon seit Brünings Amtsantritt im Frühjahr 1930 kaum noch etwas zu sagen. Bis zu Hitlers Machtübernahme regieren nur noch so genannte Präsidialkabinette. Sie stützen ihre Politik nicht auf die Mehrheit im Reichstag, sondern auf die von Hindenburg erlassenen Notverordnungen. Brüning ist von diesem ausdrücklich aufgefordert worden, die Sozialdemokraten von jeglicher Regierungsbeteiligung fernzuhalten. Dass Hindenburg von dieser Bedingung die Kanzlerschaft Brünings abhängig macht, ist ein klarer Bruch der Verfassung.

Die Treue zu seinem einstigen Oberbefehlshaber, dessen Wiederwahl zum Reichspräsidenten er energisch unterstützt hat, hilft dem Kanzler am Ende nicht. Hindenburg verdankt seinen Sieg bei den Präsidentenwahlen in erster Linie den ungeliebten Sozialdemokraten. Die konservativen Kreise um die ostelbischen Gutsbesitzer haben sich ihm verweigert und Hindenburg macht Brüning dafür verantwortlich. Kurz nach der Wahl fordert er vom Kanzler eine neue staatliche Osthilfe, um die Freunde auf den Gütern in Pommern und Ostpreußen wieder zu versöhnen. Da die große Mehrheit der Bevölkerung unter der Sparpolitik der Regierung leidet, ahnt selbst Brüning, dass ein solcher Schritt nicht zu rechtfertigen sein wird. Zumal mehrere Zeitungen berichten, dass viele Großgrundbesitzer die Osthilfe nicht für ihre Güter, sondern für luxuriöse Rivierareisen oder den Kauf edler Reitpferde verwendet haben. Hinzu kommt, dass der starke Mann der Reichswehr und Vertraute Hindenburgs, General Kurt von Schleicher, vom Kabinett eine energische Wende nach rechts unter Einbeziehung der Nationalsozialisten verlangt. Brüning verweigert in beiden Fällen die Gefolgschaft. Hindenburg lässt ihn fallen. Im Mai 1932 tritt er zurück.

Es bleiben der Republik noch acht Monate. Auf den Straßen liefern sich die Nationalsozialisten und Kommunisten Kämpfe, bei denen es zahlreiche Tote gibt. Die Ordnung zerfällt und die beiden auf Brüning folgenden Kanzler Franz von Papen und Kurt von Schleicher erweisen sich als politische Leichtgewichte und schäbige Intriganten. Ihr Ziel ist es nicht, die Demokratie zu stärken, sondern sie abzuschaffen. Papen, ein rheinischer Herrenreiter aus dem Umfeld der Ruhrindustrie, bildet eine Regierung, die von den Zeitungen spöttisch als »Kabinett der Barone« bezeichnet wird. Mehr Adel als Sachverstand hat er um sich gesammelt. Nur durch Hindenburgs Unterstützung kann sich Papen halten. Der Reichstag ist nahezu geschlossen gegen ihn.

Die wichtigste Tat seines Kabinetts ist der so genannte Preußen-Schlag. Im Juli wird die von der SPD geführte preußische Regierung Braun durch eine Notverordnung abgesetzt und Papen übernimmt als Reichsverweser die Regierungsgewalt. Ein Staatsstreich bringt die letzte Mauer der Republik zum Einsturz. Vorgeschobener Anlass ist für Papen der Altonaer Blutsonntag am 17. Juli. Die Nationalsozialisten provozieren an diesem Tag die Kommunisten mit einem Marsch durch die Straßen des Arbeiterviertels von Altona, damals Teil Preußens und Hochburg der KPD. Die Kommunisten beschießen den Demonstrationszug. Bei den Kämpfen kommen 18 Menschen um. Die Regierung Papen verbietet daraufhin alle Kundgebungen unter freiem Himmel und wirft der preußischen Regierung vor, sie sei nicht mehr Herr der Lage.

Dann wird der Reichstag aufgelöst, und es kommt zu Neuwahlen. Als am 6. November die NSDAP einige Mandate verliert, hoffen die bürgerlich-liberalen und intellektuellen Kreise vorschnell, dass die Nazis eine unangenehme Übergangserscheinung bleiben werden. In Wirklichkeit aber hat wohl ein Streik bei den Berliner Verkehrsbetrieben einige Wähler verunsichert. Die Nationalsozialisten und die Kommunisten stehen hier Seite an Seite, um die Unruhen zu schüren. Im Gegensatz zu den Nationalisten kennen die kommunistischen Wähler keine Berührungsängste. Das Zusammengehen ihrer Partei mit dem »Klassenfeind« stört sie nicht, die KPD legt kräftig zu. Wenige Tage später muss Papen zurücktreten, weil der Hindenburg-Kreis ihm nicht mehr zutraut, die antidemokratische Wende erfolgreich zu Ende zu bringen. Am 3. Dezember wird der Reichswehr-Mann Kurt von Schleicher Kanzler. Er glaubt, ein Bündnis mit den Gewerkschaften und der NSDAP könne für Ordnung sorgen und die Macht im Staat für das Militär, die Großindustrie und den Großgrundbesitz bewahren. Eine geradezu kindliche Illusion. Hitler schlägt das Bündnisangebot ebenso aus wie die Gewerkschaften. Schon nach sechs Wochen tritt Schleicher zurück.

Hitler hat in den Monaten zuvor in den Gesprächen mit den Führern der konservativen Parteien und dann mit Hindenburg stets die ganze Macht gefordert. Er will Kanzler werden und nicht Minister. Es gereicht Hindenburg immerhin zur Ehre, dass er zögert, Hitler nachzugeben. Die entscheidenden Akteure sind jetzt erneut Papen und der Parteivorsitzende der Deutschnationalen Volkspartei, der mächtige Pressezar und erzkonservative Anti-Demokrat Alfred Hugenberg. Gemeinsam mit der Reichswehrführung und den konservativen Wehrverbänden überzeugen sie Hindenburg davon, dass ein Reichskanzler Hitler, eingebunden in eine Regierungskoalition, rasch in den Griff zu bekommen sein werde. Am Abend des 30. Januar ziehen Fackelzüge an der Reichskanzlei vorbei. Aus einem geöffneten Fenster im ersten Stock winkt ein Mann im schwarzen Anzug seinen »Sieg Heil!« rufenden Anhängern mit einem triumphierenden Lächeln zu. Hindenburg hat Hitler zum Reichskanzler berufen.

Die Republik wird eine Diktatur

Wer heute die Reden Hitlers hört, dieses heisere, bis zur Hysterie gesteigerte Geschrei, wer die Bilder sieht, die ihn in fast grotesker Pose auf den Parteitagen oder in den Versammlungssälen zeigen, der kann nur schwer nachvollziehen, wieso dieser wie ein schlechter Schauspieler agierende Parteipolitiker die Massen so faszinieren konnte. Zu erklären ist das nur aus der Zeit, in der dies alles geschah. Hitler verspricht allen alles. Den Bauern neues Ansehen und ein besseres Auskommen, den Unternehmern Schutz vor den kommunistischen Horden, der Reichswehr eine Aufrüstung, den Bürgern die Abkehr der deutschen Gesellschaft von Sittenlosigkeit und dem Verfall der deutschen Familie, den Arbeitern einen Arbeitsplatz und ein ausreichendes Einkommen. Deutschland, so erklärt er, werde unter ihm wieder zu einer angesehenen Macht in der Welt aufsteigen und er werde alle Demütigungen des Versailler Vertrages rückgängig machen. Eine »Volksgemeinschaft« wachse unter seiner Regierung heran, die über dem jämmerlichen Parteienhader und den egoistischen Interessen der Klassen und Schichten stehe. Die »jüdische Verschwörung« und die Vorherrschaft der Juden in den Zeitungen, in den Theatern, an den Hochschulen und im Geschäftsleben werde er beenden.

Hitler inszeniert seine Politik. Ein Meer von roten Hakenkreuzfahnen auf den Parteitagen, Feuerschalen und Lichtdome, die einer heutigen Laser-Show in nichts nachstehen, strahlen den dunklen Himmel an. Der Führer durchschreitet wie ein römischer Imperator die in Reih und Glied aufgestellten SA-Hundertschaften. Heldenmusik klingt auf, ein tausendfaches »Heil Hitler!« hallt durch die Nacht. Wie kümmerlich wirken dagegen die Auftritte der Repräsentanten der Republik, die in ihren dunklen Cuts und gestreiften Hosen an den braven Vertreter von nebenan erinnern. Vor allem die Jugend zieht Hitler in seinen Bann. Auf den Universitäten finden die Nationalsozialisten schon Mehrheiten, als sie vor den Hochschultoren noch verlacht werden. Die jungen Menschen, die ihre Kriegserlebnisse unbewältigt mit sich herumschleppen, erleben nun desillusioniert mit, wie die Weimarer Demokratie nicht mehr um Ruhm und Vaterland, sondern um Geld und Macht feilscht. Durch Hitlers Auftritte und Reden fühlen sie sich an die Ideale erinnert, für die sie auf die Schlachtfelder gezogen waren. Wenn sie die Universitäten verlassen, erwartet sie häufig die Arbeitslosigkeit. Die Zukunft vertritt aus ihrer Sicht Hitler und nicht die Republik.

In dem Parteinamen »Nationalsozialistische Arbeiterpartei« sind die zwei wichtigsten Ideologien des 20. Jahrhunderts miteinander verbunden: Nationalismus und Sozialismus. Hitler ist für viele Menschen ein Revolutionär, auch er selbst sieht sich so. Ohne die soziale und die wirtschaftliche Krise der Jahre vor seinem Machtantritt ist Hitler kaum denkbar. Aber es ist mehr, was ihn zum Führer der Deutschen werden lässt. In seinen Reden spiegeln sich die Gewaltideologien wider, die im 19. Jahrhundert erdacht und propagiert wurden: Der unversöhnliche Hass gegen jeden Andersdenkenden. Das Anpreisen von Gewalt und Terror, um die eigenen nationalen Interessen durchzusetzen. Die Heroisierung des Krieges. Der Antisemitismus, der Menschen wegen ihrer Herkunft diffamiert und mit Vernichtung bedroht. Der eng damit zusammenhängende und weder wissenschaftlich noch moralisch haltbare Glaube an eine biologische Blut- und Rassenlehre. Zu viele Deutsche haben dies immer wieder propagiert und in den gesellschaftlichen Auseinandersetzungen geltend gemacht. Insofern ist Hitler kein Außenseiter, sondern einer von uns.

Die geistigen Errungenschaften der modernen Zivilisation bleiben ihm fremd oder er verachtet sie als »Verweichlichung« und »Dekadenz«, die zum Untergang eines Volkes führen: Toleranz und Mitleid, Achtung vor der Würde des Menschen und Respekt vor anderen Völkern und Nationen, friedliche Konfliktlösungen und die Notwendigkeit, Kompromisse zu schließen, um Gewalt zu verhindern. Auch mit der Verdammung solcher Werte steht Hitler nicht allein. Die Weimarer Republik muss mit unendlich vielen Belastungen ringen, die auch bessere Demokraten und klügere Parteien und Regierungen nur schwer bewältigen könnten. Aber Hitler ist kein schicksalhaftes Verhängnis und seine Machtübernahme nicht zwangsläufig. Es sind Menschen, die ihm zujubeln und nicht fragen, wohin seine Drohungen und Hasspredigten denn führen werden, wenn auf das Wort die Tat folgt.

Hitler bildet als Kanzler eine Regierung, zu der auch nationalkonservative Minister gehören. Das wichtige Innenministerium allerdings, dem die Polizei unterstellt ist, leitet der Nationalsozialist Wilhelm Frick. Der frühe Weggefährte Hitlers, Hermann Göring, sitzt als Minister ohne Geschäftsbereich im Kabinett. Gleichzeitig aber ist er preußischer Innenminister, befiehlt also über die Sicherheitskräfte im größten Land des Reiches. Reichswehrminister wird General Werner von Blomberg, ein Anhänger Hitlers. Die Kräfte sind damit so verteilt, dass der neue Kanzler sofort mit der Umstrukturierung der inneren Verhältnisse beginnen kann. Der Glaube, Hitler werde seine Machtansprüche bald zurückschrauben, erweist sich innerhalb weniger Wochen als Illusion. Weder Hugenberg noch der Kreis um Hindenburg können dem Kanzler Paroli bieten. Er spielt sie völlig an die Wand.

Die Diktatur, die er in den folgenden Jahren errichtet, wird schon in der Nazi-Zeit vielfach als das »Dritte Reich« bezeichnet. Dieser Begriff hat keinerlei staatsrechtliche Bedeutung. Die Propaganda der Nationalsozialisten will damit verdeutlichen, dass Hitler nach dem Heiligen Römischen Reich Deutscher Nation und dem Kaiserreich der Hohenzollern nun das Dritte Reich der Deutschen regiert. Auch der Begriff »Tausendjähriges Reich« bürgert sich rasch ein. Er soll ebenfalls eine Verbindung der Nazi-Herrschaft zur ruhmreichen deutschen Geschichte herstellen. Denn tausend Jahre währte auch das Reich von Karl dem Großen.

Adolf Hitler (1889–1945)

Hitler ist in Braunau am Inn, also als Österreicher geboren. Kleinbürgerlich sind die Verhältnisse, in denen er aufwächst. Die Beziehung zum Vater, der als Zollbeamter arbeitet, ist schwierig. Die Mutter liebt er. Als Schüler bleibt er ziemlich erfolglos. Nicht mangelnde Intelligenz, sondern Arbeitsunlust und Müßiggang veranlassen ihn 1905, die Realschule nach fünf Jahren zu verlassen. Nach dem Tod des Vaters lebt er mit der Mutter in Linz. Sie ist nachgiebig und lässt zu, dass der 16-Jährige ohne eigene Anstrengungen vom kleinen, aber auskömmlichen Familienvermögen lebt. Schon damals entwirft er in seiner Fantasie gigantische Baupläne und träumt von einer Künstlerkarriere. In nächtelangen Redeergüssen lässt er sich im Kreis seiner Freunde über die Kunst und die Welt aus. Von Wien ist er begeistert. Er überredet die Mutter, einem Studium an der dortigen Kunstakademie zuzustimmen. Doch gleich zwei Mal fällt er bei der Aufnahmeprüfung durch. Als die Mutter 1907 stirbt, geht er endgültig nach Wien. Ein regelloses Leben beginnt, kontaktscheu und verschlossen bleibt er ein Einzelgänger, verdient gelegentlich ein paar Groschen als Postkartenmaler. Ein Abstieg, der schließlich in den Männerwohnheimen der Stadt endet.

Die Besuche in der Oper verstärken seine Schwärmereien für die Musikdramen Richard Wagners. In Wien herrscht ein starker Antisemitismus. Der »König von Wien«, Oberbürgermeister Karl Lueger, hetzt gegen die Juden, die in der Donaumetropole ihre größte europäische Gemeinde gebildet haben. Der junge Herumtreiber Hitler verehrt den erfolgreichen Populisten Lueger. Ob er schon damals zum Antisemiten wird, ist in der Forschung umstritten. Sicher ist, dass er in den Wiener Jahren die zahllosen Pamphlete, politischen und pangermanischen Schriften liest, die im Umfeld der österreichischen Alldeutschen erscheinen. In diesen abstrusen Abhandlungen dreht sich fast alles um die »Rasse« und das Deutschtum.

1913 zieht Hitler nach München, um dem Wehrdienst in Österreich zu entgehen. So erlebt er den 1. August 1914 an der Isar. Der Ausbruch des Ersten Weltkrieges gibt, wie er später behauptet, seinem Leben ein Ziel. Er kommt als Gefreiter an die Westfront, ist Meldegänger und wird mit dem Eisernen Kreuz ausgezeichnet. Nach einem Gasangriff erblindet er vorübergehend, weshalb er das Ende des Krieges in einem Lazarett erlebt. Hitler ist ein Verfechter von Hindenburgs Dolchstoßlegende und meint auch zu wissen, wer den Soldaten in den Rücken gefallen ist: die Kommunisten und die Juden.

Die Laufbahn als Politiker beginnt in der Propagandaabteilung des Münchner Reichswehrkommandos. Man entdeckt das Rednertalent des Gefreiten. Im September 1919 besucht dieser ein Treffen der Deutschen Arbeiterpartei, die sich ab Februar 1920 Nationalsozialistische Arbeiterpartei nennt. Es ist eine kleine, antisemitische Gruppierung, die aber Hitlers Weltbild widerspiegelt. Er »trommelt« gegen die Novemberrevolution und den Versailler Vertrag und übernimmt 1921 den Parteivorsitz. Am 9. November 1923 wagt er in München einen Putschversuch. Er will nach Berlin marschieren und dort die Regierung verjagen. Vorbild für dieses angesichts der Kräfte, die hinter ihm stehen, völlig irrationale Vorhaben ist der italienische Faschist und Diktator Benito Mussolini. Dieser hatte 1922 durch einen »Marsch nach Rom« die Macht in Italien erobert. Die Putschisten werden von der Polizei an der Münchner Feldherrnhalle gestoppt, es gibt Tote und Verletzte, Hitler flieht. Bald wird er verhaftet und von einem überaus milden Gericht in einem Hochverratsprozess zu einer fünfjährigen Festungshaft verurteilt. In der Haft diktiert er sein Buch *Mein Kampf,* in dem aufmerksame Leser gleich auf den ersten Seiten alles finden, was Hitler später in seiner Politik zu verwirklichen sucht. Ende 1924 wird er vorzeitig entlassen. In den kommenden Jahren schafft er eine Macht- und Befehlsstruktur, die seine Rolle als »Führer« der Partei unanfechtbar macht. Mit den ersten großen Landtags- und Kommunalwahlerfolgen 1929 wird Hitler zu einer politischen Größe in der Weimarer Republik.

Als Kanzler bleibt der »Führer« seiner unsteten Lebensweise treu, zieht sich häufig auf seinen »Berghof« zurück, den er oberhalb von Berchtesgaden mit seiner Lebensgefährtin Eva Braun bewohnt. Die beiden führen ein scheinbar ganz normales Leben, das jedenfalls suggerieren die Filmaufnahmen, die Hitler anfertigen lässt: Eva Braun im Dirndl und er und der Schäferhund Blondi vor sonniger Bergkulisse. Hinter dieser selbst inszenierten Idylle verbirgt sich der menschenverachtende Diktator. Hitler ist kein regelmäßiger Arbeiter, schiebt viele Entscheidungen hinaus, bis er dann doch endlich eingreift, um seine Macht auszuspielen. Er geht erst in den Morgenstunden ins Bett und pflegt weiter seine jugendliche Gewohnheit, in stundenlangen Redeflüssen nicht nur über Politik und Geschichte, sondern auch über Architektur und Musik, Religion und Philosophie, Naturwissenschaften und Technik zu fabulieren. Der zu ihm befohlene Kreis von Bewunderern und Untergebenen muss ausharren, bis der »Führer« ausgeredet hat. Hitler ist Vegetarier und Hundefreund, Antialkoholiker und Nichtraucher. Seine schauspielerischen Talente sind beachtlich. Er nutzt sie nicht nur bei seinen Parteitagsreden und Ansprachen an das Volk, die er – je nach gewünschtem Effekt – durch martialische Gestik und Mimik oder pietätvoll staatsmännischen Gestus in Machtdemonstrationen verwandelt. Auch seine gefürchteten Wutanfälle setzt er ganz bewusst ein, um seine Umwelt einzuschüchtern. Charlie Chaplin hat in den vierziger Jahren Hitlers Talent eingehend studiert und in seinem Film *Der große Diktator* vollendet karikiert. Chaplins Tanz mit der Weltkugel ist unvergesslich. Er macht deutlich, mit welcher Selbstgewissheit und Selbstverliebtheit sich Hitler zum Weltherrscher stilisiert und die Menschheit dabei als Spielball betrachtet.

In den Jahren des Zweiten Weltkriegs lebt Hitler von Tabletten und Spritzen, am Ende ist er ein körperliches Wrack. Die Hände zittern, der Gang wird schlurfend, Totenblässe liegt auf dem Gesicht. Die Symptome der Parkinsonschen Krankheit treten immer stärker hervor. Als die sowjetischen Einheiten am 30. April 1945 wenige 100 Meter vom Führerbunker unter der Reichskanzlei entfernt sind, begeht Hitler Selbstmord. Mit ihm stirbt Eva Braun, die er wenige Stunden vorher geheiratet hat. Einer seiner letzten Befehle ist es, alle deutschen Industrieanlagen in die Luft zu sprengen und für die alliierten Siegermächte nur noch verbrannte Erde zurückzulassen. Seine Begründung: Das deutsche Volk habe sich im Krieg als zu schwach erwiesen und sei daher zum Untergang verurteilt.

Von Anbeginn an lassen sich im politischen Denken Hitlers zwei Grundsätze erkennen, an denen er bis zum Schluss festhält: der Kampf gegen das Judentum und die Eroberung neuen »Lebensraums« für die Deutschen im Osten durch einen Krieg, der die slawischen Völker versklavt und vernichtet. Vom ersten Tag seiner Kanzlerschaft an ist er mit seiner Politik auf diese Ziele zugesteuert. Selbst als alles verloren ist, Deutschland in Trümmern liegt, die Truppen der Alliierten schon fast das ganze Land erobert haben, spricht er noch von diesen Plänen. Er hat sie auf eine kaum fassbare Art in die Tat umgesetzt. Bis zum Kriegsende sind zwischen 5 und 6 Millionen europäische Juden ermordet worden. In Polen und Russland gibt es fast nur noch zerstörte Städte und Dörfer und Millionen tote Soldaten und Zivilisten. Deutschlands Städte sind zur Trümmerwüste geworden. Hitlers zwölfjährige Herrschaft hat nahezu 50 Millionen Menschen das Leben gekostet.

Am 1. Februar 1933, auf der ersten Kabinettsitzung unter Hitlers Leitung, beschließt die neue Regierung die Auflösung des Reichstags, obwohl dieser gerade erst gewählt worden war. Die Neuwahlen sollen am 5. März stattfinden. Hitler will keine Parlamentsdiskussionen mehr und hofft auf ein eindeutiges Wahlergebnis zu seinen Gunsten. Schon bald wird deutlich, welchen Kurs er einschlägt. Göring lässt in Preußen wichtige Positionen in der Verwaltung, dazu gehören auch die staatlichen Sicherheitskräfte, von Nationalsozialisten besetzen. Er gibt einen Befehl heraus, nach dem die Polizei ihre Neutralität aufzugeben und gegen »Staatsfeinde« rücksichtslos von der Waffe Gebrauch zu machen hat. SA und SS, die »Sturmabteilung« und die »Schutzstaffel«, deren Mitglieder in der Frühphase der Partei als Leibwächter für Hitler und hohe Parteifunktionäre ihre brutale Schlagkraft bewiesen haben, erhalten den offiziellen Status einer »Hilfspolizei«. Nur wenige Tage nach der Reichstagsauflösung rollt eine »Säuberungswelle« über Preußen, der zunächst vor allem Kommunisten und Sozialdemokraten zum Opfer fallen. Nach ersten willkürlichen Verhaftungen werden Gegner des Regimes in provisorische Häftlingslager oder Parteilokale verschleppt und gefoltert. Bereits im Juli 1933 gibt es 27 000 politische Gefangene, bis Oktober sind etwa 500 bis 600 von ihnen umgebracht worden.

Am Abend des 27. Februar brennt der Reichstag. Am Tatort wird der holländische Kommunist Marinus van der Lubbe festgenommen. Ein etwas verwirrter Attentäter, der sofort zugibt, den Brand gelegt zu haben. Die Nationalsozialisten aber behaupten, es habe sich um das Fanal eines lange vorbereiteten kommunistischen Aufstandes gehandelt. Die SPD sei zumindest Mitwisser des Anschlages gewesen. So heizen sie die Stimmung an. Einen Tag später erlässt Hindenburg auf Wunsch Hitlers die »Verordnung zum Schutz von Staat und Volk«. Sie setzt die Grundrechte der Weimarer Verfassung außer Kraft. Die ohnehin eingeschränkte Meinungs-, Presse-, Vereins- und Versammlungsfreiheit wird vollends aufgehoben, das Post- und Fernmeldegeheimnis, die Unverletzlichkeit von Eigentum und Wohnung verlieren ihre Gültigkeit. Die Reichsregierung wird ermächtigt, »die Befugnisse der obersten Landesbehörden vorübergehend wahrzunehmen«. Damit ist der Weg frei, die Länderregierungen zu entmachten. Marinus van der Lubbe wird am 10. Januar 1934 in Leipzig hingerichtet. Von einem kommunistischen Aufstandsversuch kann keine Rede sein. Aber Hitler hat sein Ziel erreicht. Reichspräsident Hindenburg hat ihm über die Notstandsgesetze zur alleinigen Macht im Staate verholfen. Und diese Macht wird Hitler nutzen, um seine Gegner im Reich auszuschalten.

Die Reichstagsbrand löst eine verschärfte, nun ohne jede Rücksicht auf den Koalitionspartner oder den Reichspräsidenten ablaufende Terrorwelle aus. Tausende werden in »Schutzhaft« genommen. Die Polizei kann nach der Verordnung vom 28. Februar jede »verdächtige Person« festnehmen und auf unbegrenzte Dauer festhalten. Den Festgenommenen stehen keine Rechtsmittel zur Verfügung. Die »Schutzhaft« wird zu einem wichtigen Terrorinstrument der Nationalsozialisten, mit dem sie ihre Diktatur in den kommenden Jahren absichern. Natürlich trifft es wieder vor allem die Kommunisten und Sozialdemokraten, aber auch Schriftsteller und Journalisten, die sich durch ihre kritischen Veröffentlichungen in den Jahren der Republik den Hass Hitlers und seiner Partei zugezogen haben. Einer der prominentesten unter den Verschleppten ist der Autor der *Weltbühne*, Carl von Ossietzky. Die Nazis werden ihn in den nächsten Jahren in verschiedenen Konzentrationslagern bestialisch quälen. Als er 1936 entlassen wird, ist er vom Tod gezeichnet. Siebzehn Monate später stirbt er in einem Berliner Krankenhaus. Sein Martyrium findet durch die Verleihung des Friedensnobelpreises für das Jahr 1935 ein weltweites Echo.

Bis zum Kriegsbeginn 1939 errichten die Nationalsozialisten insgesamt sieben Konzentrationslager: Dachau, Sachsenhausen bei Oranienburg, Buchenwald bei Weimar, Flossenbürg in der Oberpfalz, Ravensbrück bei Berlin, Neuengamme bei Hamburg und Mauthausen in Österreich. Das Leben der Häftlinge steht außerhalb der Strafgesetzordnung. Sie sind völlig der Willkür ihrer Bewacher ausgeliefert. Die Inhaftierten müssen Schwerstarbeit verrichten, leben in überfüllten Baracken und schlafen auf mit Stroh gefüllten harten Holzbetten. Hunger, Krankheit und körperlicher Verfall gehören zum Alltag des Lagerlebens. Das kleinste »Vergehen« wird mit drakonischen Strafen geahndet – Nahrungsmittelentzug, stundenlanges Exerzieren in eisiger Kälte oder in glühender Sommerhitze, Einzelhaft in fensterlosen Bunkerzellen, Stockhiebe, Erhängen oder Erschießen. Der Kommandant des KZ Dachau macht gegenüber seinen Untergebenen die Bemerkung: »Jegliches Mitleid mit Staatsfeinden ist eines SS-Mannes unwürdig.«

Die Strategie ist ebenso skrupellos wie brutal: Wer sich von den Versprechungen der Nazi-Wahlkämpfer nicht einwickeln lässt, soll aus Angst vor Repressalien den Mund halten oder er wird weggesperrt. Bis zum 5. März läuft die Propaganda auf Hochtouren. Den gesamten Staatsapparat setzen die Nazis für ihre Zwecke ein. Mit Terror und behördlichen Schikanen behindern sie die öffentlichen Auftritte der linken und liberalen Parteienvertreter. Viele Funktionäre der KPD sind schon in Haft. Trotz dieser massiven Drohkulisse gelingt es Hitler nicht, die absolute Mehrheit der Wähler für sich zu gewinnen. Am 5. März erhält die NSDAP 43,9 Prozent. Nur gemeinsam mit Hugenbergs Deutschnationalen kommt die Regierung knapp über 50 Prozent. Die Sozialdemokraten und die Kommunisten erringen immerhin zusammen 30,6 Prozent der Stimmen. Die Parteiführung des Zentrum ist zwar in der Endphase der Republik auf ein autoritäres Staatsverständnis umgeschwenkt, aber der deutsche Katholizismus steht Hitler anfangs skeptisch bis ablehnend gegenüber. So kommt die Zentrums-Partei auf 11,2 Prozent der Stimmen. Knapp 42 Prozent der Wähler haben sich also in der letzten halbwegs freien Wahl von Hitlers Propagandaschlacht und dem beginnenden Terror nicht überzeugen lassen. Der enttäuschte Kanzler reagiert mit verschärfter Repression.

Am 21. März erlebt das brandenburgische Potsdam ein spektakuläres Schauspiel. Hitler inszeniert einen seiner berechnenden und erfolgreichen Auftritte, die auch die Skeptiker vom Führer überzeugen sollen. Unter dem Jubel einer großen Zuschauermenge und eingebettet in ein Meer von Hakenkreuzfahnen ziehen Reichspräsident Hindenburg und Reichskanzler Hitler in die Garnisonskirche ein. Der Ex-General und der Ex-Gefreite reichen sich die Hand und verbeugen sich vor dem Sarg Friedrichs des Großen: Das alte Preußen, vertreten durch Hindenburg, und der »revolutionäre« Nationalsozialismus versöhnen sich. Kaum etwas anderes hat die Führung der Reichswehr, den ostelbischen Adel und die preußisch-nationalen Kreise mehr für Hitler eingenommen als diese Groteske.

Schon 18 Tage nach der Wahl unternimmt Hitler einen weiteren Schritt in Richtung Alleinherrschaft: Er legt dem Reichstag ein »Gesetz zur Behebung der Not von Volk und Reich« vor. Dieses so genannte »Ermächtigungsgesetz« gibt der Reichsregierung Vollmachten, die es ihr ermöglichen, selbst Bestimmungen der Verfassung unbeachtet zu lassen. Die entscheidende Abstimmung am 23. März gehört zu den dunkelsten Stunden der politischen Geschichte Deutschlands. Alle Parteien mit Ausnahme der Sozialdemokraten stimmen dem Gesetz zu und legen damit die ihnen vom Volk auf Zeit verliehene Macht in die Hände Hitlers. Deutschland ist eine Diktatur.

Während der Abstimmung besetzt die SA die Türen zum Plenarsaal und platziert ihre Leute auf der Zuschauertribüne. In seiner Rede droht Hitler den gewählten Volksvertretern unverfroren mit Gewaltaktionen, falls sie das Gesetz ablehnen: Es »bietet den Parteien des Reiches die Möglichkeit einer ruhigeren Entwicklung und einer sich daraus in Zukunft anbahnenden Verständigung. Die Regierung ist aber ebenso entschlossen und bereit, die Bekundung der Ablehnung und damit die Ansage des Widerstandes entgegenzunehmen. Mögen Sie, meine Herren, nunmehr selbst entscheiden über Frieden oder Krieg.« Der SPD-Fraktionsvorsitzende Otto Wels hält vergeblich, aber mutig dagegen: »Aus einem Gewaltfrieden kann kein Segen kommen; im Innern erst recht nicht. Eine wirkliche Volksgemeinschaft lässt sich auf ihn nicht gründen. Ihre erste Voraussetzung ist gleiches Recht ... Nach den Verfolgungen, die die Sozialdemokratische Partei in der letzten Zeit erfahren hat, wird billigerweise niemand von ihr verlangen oder erwarten können, dass sie für das hier eingebrachte Ermächtigungsgesetz bestimmt ... Wir grüßen die Verfolgten und Bedrängten.«

Gleichschaltung, Terror und Aufrüstung

Kommunistische Abgeordnete sitzen damals schon nicht mehr im Reichstag. Die KPD ist bereits verboten. Jetzt geht es Schlag auf Schlag. Am 31. März wird das Gesetz zur »Gleichschaltung der Länder« veröffentlicht, das Deutschland zu einem Zentralstaat macht. Gauleiter herrschen nun in den einzelnen Regionen. Sie haben die Befehle der Parteizentrale in Berlin umzusetzen. Für den

1. April wird ein »Judenboykott« ausgerufen. Es ist die erste reichsweite antijüdische Aktion des Regimes. Die NSDAP fordert die Bevölkerung auf, an diesem Tag jüdische Geschäfte, Anwaltbüros und Arztpraxen zu meiden. Vor den Geschäften postieren sich uniformierte SA-Mitglieder, auf viele Schaufenster malt der Nazi-Mob Davidsterne und antisemitische Aufrufe. »Kauft nicht bei Juden!« In den Krankenhäusern werden jüdische Ärzte von eindringenden Nationalsozialisten aufgefordert, sofort ihre Arbeit einzustellen. In ländlichen Gegenden kommt es zu Plünderungen und vereinzelt zu Gewalttaten.

Die Reaktion der Bevölkerung ist unterschiedlich. Viele Menschen empfinden Scham angesichts des pöbelhaften Vorgehens der SA und der Not ihrer jüdischen Mitbürger. Öffentliche Missfallenskundgebung bleiben aber die Ausnahme. Kaum jemand wagt es, seine Stimme zu erheben. Gestoppt wird die Aktion, die eigentlich bis zum 4. April dauern soll, weil im Ausland scharfe Kritik laut und der Boykott deutscher Exportwaren angedroht wird.

Am 2. Mai besetzt die SA die Gewerkschaftshäuser und zerschlägt die Organisation der Freien Gewerkschaften. Am 10. Mai gründen die Nazis die Deutsche Arbeitsfront, in die alle ehemaligen Gewerkschaftsmitglieder zwangseingegliedert werden. Am gleichen Tag brennen vor deutschen Universitäten große Scheiterhaufen. Unter der begeisterten Teilnahme von Studenten und Professoren deklamieren die Redner »12 Thesen wider den undeutschen Geist«. Bücher und Schriften bedeutender deutscher Autoren werden in die Flammen geworfen. Darunter sind Werke von Heinrich Heine, Heinrich Mann, Lion Feuchtwanger, Erich Maria Remarque, Erich Kästner, Arnold Zweig, Kurt Tucholsky, Carl von Ossietzky, Karl Marx, Albert Einstein und Sigmund Freud.

Dann wird die Justiz in der Deutschen Rechtsfront gleichgeschaltet. Die bürgerlichen Parteien beschließen ihre Selbstauflösung, und die SPD wird am 22. Juni verboten. Die Parteiführung flieht ins Ausland. Wer bleibt, wird verhaftet. Im Juli unterbindet ein Gesetz die Neubildung von Parteien. Deutschland ist zum Einparteienstaat geworden. Alfred Hugenberg, der großspurig versprochen hatte, Hitler zu »zähmen«, verlässt am 29. Juni das Kabinett.

Auch die Jugendlichen entgehen der Gleichschaltung nicht. Im Gegenteil, ihr gilt Hitlers besonderes Augenmerk. Schon am 17. Juni übernimmt Baldur von Schirach die Kontrolle über alle Jugendverbände. In der Hitler-Jugend (HJ) verstehen die Nazis es geschickt, sich auf die romantischen Ideale einzustellen: Zeltlager und Abenteuerspiele, Sport und paramilitärische Übungen, Wanderungen und Liederabende, ein zackiger Umgangston und Kameradschaftsgeist. Welch ein Zufall, dass die HJ-Veranstaltungen oft zeitgleich mit den Pfadfinder-

oder Ministrantentreffen stattfinden. Die Kinder und Jugendlichen lassen sich verleiten. So wird die HJ zur erfolgreichen Kaderschmiede für den ideologisch geschulten Nachwuchs des Regimes. Mitte 1939 hat sie 8,7 Millionen Mitglieder. Viele von ihnen werden, durch Lagerfeuerromantik auf Kampfbereitschaft gedrillt, in den Zweiten Weltkrieg ziehen.

Bald gibt es den Bund Deutscher Mädel (BDM), die NS-Frauenschaft und den »Reichsnährstand«, die Bauern-Organisation. Die Industrie, der Handel, das Handwerk – kein Bereich, der nicht von der NSDAP kontrolliert wird. Das gilt auch, indirekt, für die katholische Kirche. Am 20. Juli gelingt Hitler ein diplomatischer Meisterstreich. Berlin und der Vatikan unterzeichnen eine Vereinbarung, ein Reichskonkordat, in dem der Kirche einige Rechte eingeräumt werden, beispielsweise bei der Ämterbesetzung, der Ausbildung der Priester oder beim katholischen Schulunterricht. Es ist der erste bedeutende außenpolitische Vertrag, den das Regime abschließt. Er signalisiert den skeptischen Katholiken in Deutschland, dass der Papst die Nationalsozialisten akzeptiert. Ein großer innenpolitischer Erfolg für die Diktatur.

Zwei Jahre braucht Hitler, um die deutsche Gesellschaft »gleichzuschalten«. Nun ist er nicht mehr nur in der Partei, sondern auch im Staat der »Führer«. Als Hindenburg 1934 stirbt, folgt ihm Hitler als Staatsoberhaupt nach. Vier Jahre später wird er Oberbefehlshaber der Wehrmacht.

Auch die deutsche Kultur wird gleichgeschaltet und einer strengen Kontrolle unterworfen. Der Mann, dem Hitler diese Aufgabe überträgt, heißt Joseph Goebbels. Der Gauleiter von Berlin wird Hitlers Propagandaminister und herrscht in den kommenden zwölf Jahren über die Presse, den Rundfunk, die Theater, die Museen und die Filmindustrie. Kleinwüchsig und von Geburt an durch einen Klumpfuß behindert, preist der einst als Schriftsteller gescheiterte oberste Kunstwart des Regimes die arische Rasse und verdammt die »entartete« Kunst. Die großen Werke des Expressionismus und der Abstrakten – darunter die Bilder so weltberühmter Künstler wie Max Beckmann, Max Ernst, Paul Klee oder Wassily Kandinsky – entfernt man aus den Museen. Aus den Spielplänen der Theater werden die Opern von Alban Berg oder Paul Hindemith gestrichen. Auch die Werke der jüdischen Komponisten Felix Mendelssohn-Bartholdy, Gustav Mahler oder Arnold Schönberg verschwinden vom Programm. Jazz und Swing gelten als »Niggermusik«. Richard Wagners Opern haben im Dritten Reich dagegen Hochkonjunktur.

An die Stelle der »dekadenten und entarteten« Kunstwerke tritt eine pathetische, gewalttätige Architektur. Das Reichsparteitagsgelände des Nazi-Architekten Albert Speer in Nürnberg oder das »Reichssportfeld«, das Werner March für die Olympischen Spiele 1936 bebaut, sind Beispiele für die neue Gigantomanie. In der »Blut-und-Boden-Malerei« gibt es nun Bilder aus der deutschen Arbeits- und Familienwelt im Stile eines heroisierenden Realismus. Die Bildhauer schaffen überdimensionale, meist nackte Figuren, die »arische« Männer und Frauen darstellen. Antisemitische, auf die angeblich heile Welt der germanischen und mittelalterlichen Vergangenheit hinweisende Heimatliteratur, in der die Scholle gepflügt und die Rasse reingehalten wird, oder unverfängliche Unterhaltungsromane ersetzen die Bücher von Franz Kafka, Lion Feuchtwanger, Anna Seghers, Joseph Roth oder Alfred Döblin.

Die Zeitungen unterliegen einer strengen Zensur. Das Propagandaministerium gibt täglich die Meldungen heraus, die von den Medien zu veröffentlichen sind. Die großen Berliner Blätter der jüdischen Verlage Ullstein und Mosse werden verboten. Die *Frankfurter Zeitung* versucht in den ersten Nazi-Jahren noch, »zwischen den Zeilen« einige nicht konforme Nachrichten und Gedanken zu veröffentlichen. Bald hört auch das auf. Millionenauflagen erreicht jetzt der *Völkische Beobachter*. In Berlin sorgt zusätzlich der bis 1934 von Goebbels herausgegebene *Angriff* für die Indoktrinierung der Leser. Der fränkische Gauleiter Julius Streicher verlegt in Nürnberg das antisemitische Schmier- und Kampfblatt *Der Stürmer*. Der Rundfunk wird zentralisiert. Die regionalen Rundfunkhäuser in Köln, Hamburg, Stuttgart, München, Frankfurt oder Königsberg müssen immer häufiger Beiträge übernehmen, die im Berliner Reichssender produziert werden. Natürlich stehen kurz nach der Machtübernahme nur noch Nationalsozialisten an der Spitze der Sender. Das Regime erkennt die großen Propagandamöglichkeiten, die das Radio ihm bietet. Mit dem Bau und Verkauf des preiswerten »Volksempfängers« gelingt es den Nationalsozialisten, ihre Botschaften in fast jedes Wohnzimmer zu tragen.

Goebbels weiß auch um die Wichtigkeit des neuen Mediums Kino. Der Staat übernimmt die Universal Film Aktiengesellschaft (UFA). In den Babelsberger Studios geht bald nichts mehr ohne den Reichspropagandaminister. Alle gedrehten Filme unterliegen seiner persönlichen Begutachtung. Propagandastreifen wie *Fridericus Rex* oder *Jud Süß*, die Deutschlands Geschichte verklären, die politische Gegenwart preisen oder das Judentum verunglimpfen, wechseln mit Unterhaltungsfilmen, die vor allem in den Kriegsjahren die Bevölkerung ablenken und erheitern sollen. Den Krieg vergessen lassen dann für ein paar schöne Stunden Hans Albers, Heinz Rühmann oder Zarah Leander, wenn sie von der Kinoleinwand herunter bekräftigen: »Davon geht die Welt nicht unter«,

»Das kann doch einen Seemann nicht erschüttern« oder »Ich weiß, es wird einmal ein Wunder gescheh'n ...« Schriftsteller, Journalisten, Schauspieler, Maler und Musiker müssen Mitglied der Reichskulturkammer werden, sonst verlieren sie ihre Arbeitserlaubnis. Die Nazis schaffen sich damit ein überaus wirksames Druckmittel, um widerspenstige Künstler zur Ordnung zu rufen. Keine Berufschancen gibt es jedoch für die jüdischen Künstler oder Journalisten. Sie können der Reichskulturkammer nicht beitreten. Innerhalb weniger Monate werden sie aus den Zeitungs- und Rundfunkredaktionen entfernt. Jüdische Schauspieler, Regisseure und Orchestermusiker erhalten keine Engagements mehr. Ein großer intellektueller Aderlass findet statt, denn gerade in diesen Berufen sind viele deutsche Juden tätig.

Nach dem Reichstagsbrand setzt eine große Auswanderungswelle ein. Besonders die vom Regime verfolgten Kommunisten und Sozialdemokraten fliehen ins benachbarte Ausland. Aber natürlich vor allem auch zahlreiche deutsche Juden. Der Exodus deutscher Flüchtlinge erreicht bis zum Ausbruch des Zweiten Weltkriegs insgesamt etwa 400 000 Menschen, 360 000 davon sind Juden. Das Leben im Exil ist hart. Flüchtlinge sind nirgendwo in der Welt willkommen. Der Kampf um einen Pass, die Arbeits- und Aufenthaltserlaubnis ist zermürbend. Die Schriftsteller haben ihre Leser verloren, die Schauspieler ihr Publikum und die Journalisten ihren Beruf. In den meisten Staaten erteilen die Behörden kaum Arbeitsgenehmigungen für die Emigranten. So wird das Exil zu einem permanenten Überlebenskampf. Die ersten Fluchtländer sind Österreich, die Tschechoslowakei, Frankreich, die Niederlande, England und Skandinavien. Als dann der Krieg große Teile Europas in die Gewalt der Nationalsozialisten bringt, müssen die Exilanten unter lebensbedrohenden Umständen in die Vereinigten Staaten von Amerika, nach Mexiko, China oder Neuseeland weiterflüchten. Dass unter den Exilanten die Juden den weitaus größten Anteil stellen, weist auf die rasche Umsetzung des antisemitischen Programms durch die neuen Herren hin. Sie haben es schon vor ihrer Machtübernahme vielfach angekündigt. In *Mein Kampf* spricht Hitler von den Juden als »Parasit im Körper anderer Völker« und prophezeit düster: »Die Sünde wider Blut und Rasse ist die Erbsünde dieser Welt und das Ende einer sich ihr ergebenden Menschheit.«

Aus heutiger Sicht sind Hitlers Worte schockierend, damals jedoch sind sie keineswegs neu. Der Judenhass ist älter als der Nationalsozialismus. Schon im Mittelalter wurden die Juden als Sündenbock für alles und jedes verantwortlich gemacht. Und erreichte Volkes Zorn den Siedepunkt, wurden sie hingerichtet wie Joseph Süß Oppenheimer. Ende des 18. Jahrhunderts konnten sich die westeuropäischen Juden zunächst emanzipieren. Am Anfang standen das Toleranzpatent von 1781/82 des österreichischen Reformkaisers Joseph II. und die 1792 von der französischen Nationalversammlung beschlossene Verleihung der Staatsbürgerschaft. In der Verfassung des Norddeutschen Bundes von 1871 wurde die jüdische Mitbestimmung ausdrücklich festgeschrieben. Doch es blieb ein ständig von Rückschlägen bedrohter Kampf mit großen Hoffnungen und nicht minder großen Enttäuschungen. Bis 1918 wurden Juden an deutschen Universitäten nicht zu ordentlichen Professoren ernannt. Die Offizierslaufbahn war ihnen ebenso verschlossen wie eine Position im Staatsdienst.

Ende des 19. Jahrhunderts wurde der Antisemitismus in Deutschland auf neue Weise wieder virulent. Die Juden verließen die Ghettos und nutzten die Berufsfreiheit, die man ihnen endlich gewährte. Sie arbeiteten als Ärzte, Rechtsanwälte oder Journalisten. In Literatur, Musik, Malerei oder an den Theatern machten sich jüdische Künstler einen Namen. Im Zuge der Industrialisierung errichteten erfolgreiche jüdische Kaufleute Fabriken und Handelshäuser. Die meisten deutschen Juden arbeiteten jedoch wie Millionen ihrer christlichen Landsleute als Angestellte, Handwerker oder Arbeiter. Ihr Anteil an der Gesamtbevölkerung überstieg nie 1 Prozent und doch verstummten die Stimmen nicht, die vor der »jüdischen Gefahr« warnten, bald gar von einer »jüdischen Weltverschwörung« sprachen. Der populärste Historiker des jungen Kaiserreiches und Bewunderer Preußens, Heinrich von Treitschke, erklärte: »Die Juden sind unser Unglück.« Eine Mischung aus beruflicher Konkurrenzangst, Neid und der Suche nach Schuldigen für die gesellschaftlichen und wirtschaftlichen Fehlentwicklungen schürte die antisemitische Stimmung. Bereits 1853 veröffentlichte der französische Diplomat und wissenschaftliche Dilettant Graf Joseph Arthur Gobineau seinen umfangreichen Essay *Die Ungleichheit der Menschenrassen*. Der gescheiterte deutsche Kaufmann Wilhelm Marr – er benutzte erstmals den Begriff Antisemitismus – gründete 1879 die »Antisemiten-Liga«. Sein Buch *Der Sieg des Germanentums über das Judentum* fand viele Leser.

Durch diese und andere Schriften erhielt die Judenfeindschaft eine andere Qualität. Mit unhaltbaren pseudowissenschaftlichen Thesen berufen sich die Antisemiten fortan auf »rassische« Argumente. Es gibt, so behaupten sie, eine moralisch ethische Hierarchie der Menschheit, die sich in den minder- und den höherwertigen Rassen widerspiegelt. Vermischt sich beispielsweise das Blut der germanischen Heldenrasse mit dem der minderwertigen jüdischen Rasse, dann sind wir, die Germanen, zum Untergang verurteilt. Wir müssen uns also wehren, um zu überleben. Diese völlig unsinnigen, aber weit verbreiteten Ideen bringen den Übergang vom religiösen Hass zur rassischen Ablehnung. Sie beruhen teilweise auf den seit 1870 diskutierten Lehren des englischen Biologen Charles Darwin. Dessen Gedanken über die Evolution der Rassen, die er als »*survival of the fittest*« beschreibt, werden von den Antisemiten platt verfälscht und missbraucht. Der so genannte »Sozialdarwinismus«, der Anpassungsfähigkeit mit Stärke verwechselt, ist ungemein populär. Politisch spielt der Antisemitismus, gepaart mit dem völkischen Rassegedanken, im Kaiserreich noch keine Rolle. Erst in den Jahren der Weimarer Republik gelingt es den Nationalsozialisten die Ideologie zu einer politischen Kraft zu entwickeln, die direkt nach Auschwitz führt.

Dem Judenboykott der Nazis vom 1. April folgt am 7. April das Gesetz zur »Wiederherstellung des Berufsbeamtentums«. Alle jüdischen Beamten in den Behörden, in der Justiz oder die Hochschullehrer in den Universitäten werden entlassen. Seit 1934 betreibt das Regime mit großer krimineller Energie die »Arisierung« jüdischer Unternehmen. Seine Vertreter, häufig auch die bisherigen nichtjüdischen Konkurrenten, setzen die Juden so lange unter Druck und bedrohen sie mit der Einlieferung in ein Konzentrationslager, bis sie ihre Warenhäuser, Geschäfte, Handwerksbetriebe oder Immobilien zu Spottpreisen verkaufen. Jüdischen Rechtsanwälten und Ärzten ist es zunächst nur verboten, »arische« Klienten oder Patienten zu beraten und zu behandeln, dann müssen sie ihre Praxen ganz schließen. Wollen Juden ausreisen, belegt sie der Staat mit gewaltigen Steuern und Abgaben, wodurch sie auch den Rest ihres Vermögens verlieren und, falls die Ausreise glückt, mittellos im Exil dastehen. Der Staat und die Betriebsaufkäufer bereichern sich schamlos an den verfolgten jüdischen Mitbürgern. Zu den großen Lügen und Verdrängungen der Nachkriegszeit gehört die Behauptung, man habe von der Verfolgung und Erpressung fast nichts mitbekommen.

Am 15. September 1935 wird auf dem Nürnberger Parteitag das »Gesetz zum Schutz des deutschen Blutes und der deutschen Ehre« verkündet. Es verbietet Ehen und außereheliche Beziehungen zwischen Juden und Bürgern »deutschen Blutes«. Das ebenfalls auf dem Parteitag verabschiedete »Reichsbürgergesetz« fordert von jedem »Arier« einen Nachweis seiner »rassischen Abstammung«. Wer drei Großeltern jüdischen Glaubens hat, gilt als Jude und verliert die deutsche Staatsbürgerschaft. Die Nürnberger Rassengesetze führen endgültig zur gesellschaftlichen Isolierung der deutschen Juden. Durch den Verlust der Staatsbürgerschaft werden sie rechtlos.

Dann kommt es zur »Reichskristallnacht«. Mit diesem Begriff verharmlost der

Volksmund die Gewalttaten, die sich am 9. November 1938 abspielen. Die Nazis inszenieren ein Pogrom, bei dem insgesamt 265 Synagogen niedergebrannt oder demoliert, 7 000 jüdische Geschäfte und 29 Warenhäuser geplündert werden. Mindestens 36 Menschen kommen ums Leben. Goebbels will das – durchaus planvolle – Vorgehen der Nazi-Trupps als eine spontane Reaktion der Bevölkerung hinstellen. Zwei Tage zuvor nämlich hatte der Jude Herschel Grynszpan den deutschen Legationsrat in der Pariser Botschaft niedergeschossen. Aber die Bevölkerung bleibt weitgehend passiv, während die Nazis zuschlagen. Schweigend gehen die Menschen an den zerstörten, mit Glassplittern übersäten Gebäuden vorbei. Einen Tag später werden 11 000 vorwiegend wohlhabende Juden in die Konzentrationslager Dachau, Buchenwald und Sachsenhausen transportiert. Der Staat friert die Beamtenpensionen für Juden ein. Jüdische Jugendliche dürfen keine deutschen Schulen mehr besuchen. Die letzte große Fluchtwelle der deutschen Juden setzt ein. Wer bleibt, vielleicht weil er zu alt ist, weil er resigniert, keine Einreisepapiere eines Fluchtlandes beschaffen kann oder nicht das notwendige Geld zur Flucht aufbringt, wird ab 1942 in die Vernichtungslager verschleppt und in den Gaskammern von Auschwitz oder Treblinka ermordet. Schon ab 1. September 1941 müssen die Juden im Reich den gelben Stern tragen. Ihr Alltagsleben unterliegt neuen verschärften Diskriminierungen: Ausgehverbote, Verbot Theater-, Konzert- oder Kinovorstellungen zu besuchen oder täglich eng begrenzte Einkaufszeiten.

Opfer der Rassenideologie werden auch Tausende Sinti und Roma, damals Zigeuner genannt. Sie gelten als »minderwertig« und verschwinden in den Konzentrationslagern. In den Kriegsjahren ermorden die Nationalsozialisten etwa 500 000 von ihnen. Homosexuelle werden ebenfalls verfolgt und in die Lager verschleppt. Bereits am 1. Januar 1934 tritt das »Gesetz zur Verhütung erbkranken Nachwuchses« in Kraft. Es ermöglicht eine Zwangssterilisation bei Menschen, die beispielsweise unter Schizophrenie oder Epilepsie leiden. Diese rassenideologisch begründete Gewalt findet im April 1940 mit dem Start des so genannten Euthanasie-Programms seine tödliche Steigerung. Der aus dem griechischen stammende Begriff »schöner Tod« verschleiert, dass es sich hier um Mord handelt. Auf Hitlers persönlichen Befehl werden Geisteskranke und Behinderte registriert, etwa 120 000 Menschen werden von Ärzten durch Injektionen oder Giftgas umgebracht. Nach einigen öffentlichen Protesten vonseiten der Kirchen wird das Euthanasie-Programm offiziell gestoppt, aber heimlich fortgesetzt. Die Angehörigen der Euthanasie-Opfer erfahren offiziell nichts über die wahre Todesursache. Wenn überhaupt, erhalten sie eine Mitteilung, der-

oder diejenige sei in ihrem Heim oder im Krankenhaus »an einer Lungenentzündung« gestorben.

Die meisten Menschen verschließen in jenen Jahren so gut es geht die Augen vor den ungeheuerlichen Vorgängen. In Deutschland stehen Anfang 1933 soziale und wirtschaftliche Probleme im Vordergrund. Immer noch gibt es über 6 Millionen Arbeitslose. Hitlers Erfolg hängt entscheidend davon ab, ob seiner Regierung der Durchbruch auf dem Arbeitsmarkt gelingt. Es beginnt mit groß angekündigten Arbeitsbeschaffungsmaßnahmen auf dem Bau- und Forstsektor. Hitler kann dabei auf Vorhaben zurückgreifen, die schon in den Weimarer Jahren entwickelt worden und in den Schubladen der Staatsbehörden liegen geblieben sind. Das gilt auch für den legendären Autobahnbau, der noch heute so gerne auf der Habenseite des Nazi-Regimes verbucht wird. Hitler nutzt Projektstudien aus den Weimarer Jahren, schreibt die Ideen auf seine Fahnen und lässt seit 1936 fast 125 000 Menschen an den »Straßen des Führers« arbeiten. Von den geplanten 6 900 Kilometern sind bis zum Kriegsbeginn 3 300 fertiggestellt. Genutzt werden die neuen breiten Straßen damals allerdings nur wenig. Ein anderer bis heute populärer Plan bleibt nämlich weit hinter den propagierten Erwartungen zurück: Der KdF-Wagen soll ein Volkswagens für alle sein. Wer Interesse daran hat, kann Marken zum Kauf ansammeln. Die 336 000 Besteller, von denen 60 000 ihr »Kraft-durch-Freude«-Gefährt voll bezahlt haben, sehen ihr Auto jedoch nie. Mit Kriegsbeginn produziert das Wolfsburger Volkswagenwerk ausschließlich Militärfahrzeuge. Der »Käfer« wird erst in der Nachkriegszeit über die – dann eifrig befahrenen – Autobahnen rollen.

Trotzdem: Unter dem Nazi-Regime sinkt die Arbeitslosigkeit kontinuierlich. 1937 sind nur noch 0,9 Millionen Menschen in Deutschland ohne Arbeit. Ist Hitler ein Genie der Wirtschaftspolitik? Das Geheimnis seines Erfolgs ist leicht nachvollziehbar und alles andere als ein Wunder. Hitler stellt die deutsche Industrie auf eine intensive Aufrüstungs- und Kriegsproduktion um. Die Konzerne erhalten bald große Staatsaufträge und können neue Arbeitskräfte einstellen. Auch die Autobahnen haben aus der Sicht des Regimes nur den Zweck, einen schnellen Aufmarsch der Wehrmacht zu ermöglichen.

Die Löhne bleiben zwar niedrig, aber zweifellos beschert die Normalisierung auf dem Arbeitsmarkt Hitler enorme Pluspunkte in der Bevölkerung. Die letzten Elendsjahre der Republik stecken den Deutschen noch lange in den Knochen. Finanziert werden die Staatsaufträge durch eine starke Vermehrung der Geldmenge. Der Staat druckt Geld, um die Aufrüstung in Gang zu halten. 1933 betragen die Ausgaben für die Wehrmacht 4 Prozent der gesamten öffentlichen

Ausgaben. 1939 sind es dann 50 Prozent. Das Regime hat eine Scheinkonjunktur geschaffen. Hitlers Staat wäre in den vierziger Jahren in eine schwere Geld- und Wirtschaftskrise gerutscht. Aber der Führer weiß, dass vorher ein Krieg kommen wird. Dann, so Hitlers Planung, wird Deutschland von der Arbeit der slawischen Sklaven und den Reichtümern der besiegten Staaten leben können.

1935 hat Hitler seine Machtergreifung abgeschlossen. Zwei gesellschaftliche Gruppen hätten ihm diese schnelle Errichtung der Diktatur erschweren können: die Reichswehr und die bis 1934 auf 4,2 Millionen Mitglieder angewachsene SA. Das Militär steht Hitler zunächst keineswegs euphorisch gegenüber. Für das preußische Offizierskorps, in dem immer noch der Adel den Ton angibt, ist er ein Emporkömmling und militärischer Dilettant. Schon im Frühjahr 1933 aber lässt der Reichskanzler vor einem ausgewählten Führungskreis der Reichswehr durchblicken, dass seine Politik auf eine starke Aufrüstung zielt. Hitler spricht auch einen Eroberungskrieg im Osten an. Drei Jahre später, am 5. November 1936, teilt er einem kleinen Kreis mit, dass er definitiv einen Krieg gegen die Sowjetunion plane, durch den das Reich sich neuen »Lebensraum« erobern werde. Seine Zuhörer, darunter Reichskriegsminister von Blomberg und Heeresoberbefehlshaber Werner von Fritsch, reagieren mit dem skeptischen Hinweis, die Wehrmacht, so heißt die Reichswehr seit 1935, sei für eine solche Auseinandersetzung noch nicht bereit. Wenig später stürzen sowohl Blomberg als auch Fritsch. Beide fallen einer von der Nazi-Führung inszenierten schmierigen Intrige zum Opfer. Blomberg muss zurücktreten, weil er in zweiter Ehe eine ehemalige Bardame geheiratet hat. Fritsch werden homosexuelle Kontakte angedichtet, die von bezahlten Belastungszeugen bestätigt werden. Schon bald stellt sich heraus, dass nichts davon stimmt. Das Offizierskorps schweigt. Hitler bildet die Militärspitze um und das neu geschaffene Oberkommando der Wehrmacht wird mit willfährigen Offizieren besetzt. Der ehemalige Gefreite hat der Militärspitze das Rückgrat gebrochen.

Die SA ist unzufrieden. Sie fühlt sich um den Preis des Sieges gebracht und bei der Verteilung von Posten und Macht benachteiligt. SA-Chef Ernst Röhm, einer der wenigen alten Kampfgefährten, den Hitler duzt, verlangt für seine Truppe einen der Reichswehr vergleichbaren militärischen Status. Die Armeeführung ist empört. Der Reichskanzler zögert lange. Im Sommer 1934 spitzt sich die Situation zu. In der SA rumort es immer stärker und die Generalität fordert von Hitler eine Entscheidung: Reichswehr oder SA. Der Führer holt zu einem mörderischen Schlag aus: Am 30. Juni 1934 lässt er nahezu die gesamte SA-Führung verhaften und hinrichten. Auch Röhm wird erschossen. Hitler nutzt die

Gelegenheit, um gleich auch mit einigen Gegnern aus der Vergangenheit abzurechnen. So werden der ehemalige Reichskanzler Kurt von Schleicher und seine Frau in ihrer Wohnung ermordet. Bis zum 2. Juli werden 85 SA-Angehörige und Vertreter des konservativen Lagers umgebracht.

Die Niederschlagung des »Röhm-Putsches«, der nie einer gewesen ist, sondern von Hitler im Nachhinein als ein solcher bezeichnet wird, stößt in der Öffentlichkeit auf Beifall. Endlich, so die allgemeine Meinung, haben die Randalierer und Schläger der SA die längst überfällige Quittung bekommen. Um die Mordkampagne zu decken, wird am 3. Juli ein Gesetz erlassen, das nur einen einzigen Satz enthält: »Die zur Niederschlagung hoch- und landesverräterischer Angriffe am 30. Juni, 1. und 2. Juli 1934 vollzogenen Maßnahmen sind als Staatsnotwehr rechtens.« Hitler hat den Machtkampf innerhalb seiner »Bewegung« für sich entschieden. Die Armee dankt dem Urheber des Staatsterrors. Seit dem August 1934 gilt das Treuegelöbnis der Offiziere und Soldaten nicht mehr der Verfassung oder dem Vaterland, sondern dem Führer.

Durchgeführt hat die Aktion die unter dem Befehl von Heinrich Himmler stehende SS. Damit beginnt der Aufstieg der schwarzuniformierten Totenkopfverbände zur mächtigsten Terrororganisation des Dritten Reiches. Sie ist das ausführende Organ für Hitlers Mordbefehle und der Reichsführer-SS Himmler gehört zu den furchtbaren Vollstreckern des Nazi-Regimes. Der SS untersteht die Organisation und Bewachung der Konzentrationslager. Damit zählt Himmler neben Hitler zu den Hauptverantwortlichen für den Holocaust. Der ehemalige Hühnerzüchter und Diplom-Landwirt schwadroniert in seinen Reden von Elite, Auslese und Weltanschauung. Seine von Komplexen und Mordfantasien getränkten Rassentheorien bilden die Grundlage seines Handelns.

Der innenpolitischen Konsolidierung der Macht folgen ab 1935 spektakuläre außenpolitische Schritte, die Hitler bald eine wachsende Zustimmung in der Bevölkerung einbringen. Innerhalb kürzester Zeit revidiert er die wehrpolitischen Bestimmungen des Versailler Vertrages. Es beginnt mit einem Glücksfall: mit der schon 1925 zwischen Deutschland und Frankreich vereinbarten Abstimmung im Saargebiet am 13. Januar 1935. 91 Prozent der Saarländer stimmen für eine Rückkehr in das Deutsche Reich. Ein Triumph für das Regime und eine große Enttäuschung für die im Exil lebende Opposition, die fest damit gerechnet hat, die Saarländer würden bei einer freien Wahl der Diktatur eine Absage erteilen. Am 7. März 1935 kündigt Deutschland den Locarno-Vertrag und Hitler lässt Truppen in das entmilitarisierte Rheinland einmarschieren. Ein klarer Bruch des Versailler Vertrages. Aber England und Frankreich schweigen. Gegen die Bestimmungen des Versailler Vertrages und mit Duldung der Siegermächte führt Deutschland auch die Wehrpflicht wieder ein. Am 18. Juni schließen Berlin und London ein Flottenabkommen, das den Deutschen zugesteht, eine Kriegsflotte zu bauen, die bis zu 35 Prozent der Stärke der britischen Flotte entspricht.

Und dann beteiligt sich die deutsche Wehrmacht wieder an einem Krieg. Am 25. Oktober einigt sich Hitler mit Mussolini über ein einheitliches Vorgehen beider Staaten in Spanien. Dort hat General Franco gegen die republikanische Regierung geputscht und einen Bürgerkrieg ausgelöst. Hitler hilft dem Faschisten Franco und schickt die Fliegerstaffeln der »Legion Condor« nach Spanien. Ihre Bomben werden die Stadt Guernica dem Erdboden gleichmachen und eine weltweite, aber wirkungslose Empörung auslösen.

Am 12. März 1938 überschreiten Wehrmachtseinheiten die österreichische Grenze. Hitlers Fahrt mit dem Auto nach Linz und weiter nach Wien wird von jubelnden Österreichern begleitet. Auf dem Heldenplatz in der österreichischen Hauptstadt ruft Hitler seinen über 100 000 Zuhörern zu: »Ich melde vor der Geschichte nunmehr den Eintritt meiner Heimat in das Deutsche Reich.« Frenetischer Beifall brandet auf. Die Welt blickt bewundernd und erschreckt auf die Geburt des »Großdeutschen Reiches«.

Drei Monate später greift Hitler nach der Tschechoslowakei. Im Sudetenland lebt eine starke deutsche Minderheit, die sich von der Prager Republik benachteiligt fühlt. Bei den Parlamentswahlen von 1935 stimmten 68 Prozent der Sudetendeutschen für die mit den Nationalsozialisten verbündete Partei von Kurt Henlein, die sich für einen »Anschluss« an das Reich einsetzt. Hitlers Anhänger schüren die Unruhen. Berlin stellt der Prager Regierung ein Ultimatum und droht mit einem Einmarsch. Der Welt erklärt Hitler, dies sei seine letzte territoriale Forderung. Zum ersten Mal spüren die Deutschen, dass sie dieses Mal möglicherweise nicht so leicht davonkommen werden. Die drohende Kriegsgefahr veranlasst den britischen Premierminister Arthur Neville Chamberlain einzugreifen. Er besucht Hitler zweimal in Deutschland. Am 29. September 1938 findet dann in München eine Konferenz über die Zukunft des Sudetenlandes statt, an der neben Deutschland auch England, Frankreich und Italien teilnehmen. Die Prager Regierung wird gar nicht erst eingeladen. Um den Frieden zu bewahren, verraten die Westmächte ihren Verbündeten, die Tschechoslowakei, und Hitler kann das Sudetenland dem Reich einverleiben. Chamberlain kehrt nach London zurück und verkündet seinen Landsleuten, er bringe einen »Frieden für unsere Zeit« mit. Es ist der Höhepunkt der so genannten »Appeasement«-Politik, einer Beschwichtigungsdiplomatie, mit der vor allem die britische Regierung glaubt, das Dritte Reich besänftigen und einen Krieg vermeiden zu können. Eine ehrenwerte Strategie, aber im Falle Hitlers ein fataler Irrtum. Der Führer des Dritten Reiches ist nicht mit herkömmlichen diplomatischen Maßstäben zu messen. Er will den Krieg und eine noch so große Nachgiebigkeit wird ihn nicht von seinem Kurs abbringen können.

Fünf Monate später, am 16. März 1939, marschiert die Wehrmacht auch in den verbliebenen Teil der Tschechoslowakei ein und errichtet das Reichsprotektorat Böhmen und Mähren. Hitler hat sein Versprechen von München gebrochen, die auf der Konferenz vereinbarten Grenzen zu respektieren. Prag, von den Westmächten verlassen, beugt sich dem Druck der Deutschen und überlässt ihnen kampflos das Land. Erstmals besetzt Hitler ein Gebiet, in dem es keine Deutschen gibt, die »heim ins Reich« zu holen sind.

Nur fünf Tage, nachdem die Hakenkreuzfahne auf dem Hradschin, der Prager Burg, gehisst worden ist, stellt Berlin territoriale Forderungen an Polen, darunter die Rückgabe Danzigs. Hitler steht kurz vor dem Krieg, den er schon in seinem Buch *Mein Kampf* angekündigt und seit 1933 mit fast allen seinen Entscheidungen vorbereitet hat. Seine Außenpolitik bis zum Ausbruch des Zweiten Weltkrieges spielt mit einem hohen Risiko. Hätten England und Frankreich beispielsweise auf den Einmarsch in das Rheinland mit militärischen Mitteln geantwortet, wäre Berlin ohne Chance gewesen. Die Wehrmacht kann zu diesem Zeitpunkt noch kein Kräftemessen mit den Westmächten wagen. Aber Hitlers Machtinstinkt hat die Kriegsmüdigkeit der Westmächte richtig kalkuliert. So reiben sich seine Landsleute verblüfft die Augen und mit jedem neuen »Wochenendcoup« ihres Führers steigt ihre Bewunderung. Für sie hat Hitler in drei Jahren das geschafft, was die Weimarer Republik in 14 Jahren nicht durchsetzen konnte. In den Augen der Deutschen hat er die Niederlage von 1918 und den Versailler Friedensvertrag von 1919 revidiert. Nichts bringt ihm mehr Zustimmung ein als diese Erfolge. In allen Volksabstimmungen, die der Führer nach seinen außenpolitischen Handstreichen anordnet, befürworten mehr als 90 Prozent aller Deutschen seine Aktionen.

Der Zweite Weltkrieg

Am 23. August 1939 berichten die Zeitungen von einer politischen Sensation: Die beiden ideologischen Todfeinde, das nationalsozialistische Deutschland und die kommunistische Sowjetunion, haben einen Nichtangriffspakt geschlossen. Damit ist für Hitler der Weg frei zum lange geplanten Krieg. Jetzt benötigt er nur noch einen Anlass. Sieben Tage später steckt die SS einige KZ-Häftlinge in polnische Uniformen und lässt sie einen Überfall auf den Radiosender Gleiwitz vortäuschen. Hitler erklärt in der Kroll-Oper, nach dem Reichstagsbrand der Sitz des Einparteien-Reichstags: »Seit 4.45 Uhr wird zurückgeschossen.« Mit dem Überfall der deutschen Wehrmacht auf Polen beginnt am 1. September 1939 der Zweite Weltkrieg. England und Frankreich, die die Unverletzlichkeit der polnischen Grenzen garantiert haben, wiederholen nicht den Fehler ihrer »Appeasement«-Politik von 1938: Sie erklären Deutschland den Krieg. Kein Jubel herrscht in den Straßen wie einst am 1. August 1914. Als die Panzerkolonnen in Richtung Osten ziehen, schweigen die Deutschen bedrückt.

In sechs Wochen ist Polen zerstört und besiegt. Was die Völker erwartet, wenn sie Deutschland unterliegen, wird schon in den ersten Monaten des Krieges deutlich: ein hartes Besatzungsregime, das die Ressourcen des Landes rücksichtslos ausbeutet, hinter der Frontlinie Massenerschießungen von Zivilisten durchführt und die jüdische Bevölkerung in Ghettos treibt. In einem Geheimvertrag haben Hitler und Stalin sich am 23. August auf eine Teilung Polens geeinigt. Sowjetische Truppen besetzen nun am 17. September die östlichen Teile des besiegten Landes und Deutschland herrscht im »Generalgouvernement Polen«.

Im Westen kommt es zum so genannten »Sitzkrieg«. Gut acht Monate liegen sich Franzosen und Deutsche bewegungslos gegenüber. Hitler gibt sich in seinen öffentlichen Reden friedenswillig, schwört heuchlerisch, Deutschland habe keine weiteren Ansprüche. London aber lässt sich nicht mehr täuschen. In der britischen Regierung hat es einen Wechsel gegeben. Neuer Premierminister ist Winston Churchill. In ihm findet Hitler einen kompromisslosen Gegner, der erfolgreich vor jeder Nachgiebigkeit gegenüber den Deutschen warnt. »Ich habe nichts anzubieten als Blut, Schweiß und Tränen«, ruft er seinen Landsleuten in einer Rede im Unterhaus zu. Im April 1940 überfällt Deutschland Dänemark und Norwegen und kommt einer britischen Invasion nur um wenige Stunden zuvor. Beiden Seiten geht es vor allem um die reichen Erzvorkommen, die sie sich für die Waffenproduktion sichern wollen. Und dann beginnt am 10. Mai der Westfeldzug. Belgien, Holland und Luxemburg werden von der Wehrmacht überrannt. Innerhalb von sechs Wochen ist Frankreich besiegt. Die Unterzeichnung des Waffenstillstandes lässt Hitler in dem selben Eisenbahnwagen unterzeichnen, in dem die deutsche Delegation 1918 die Niederlage der kaiserlichen

Armee schriftlich eingestehen musste. Die von Marschall Pétain geführte neue französische Regierung verwaltet die nicht von Deutschland besetzten Teile Frankreichs. Ihr Sitz ist der Bade- und Kurort Vichy und sie wird von Berlin kontrolliert.

Hitler ist auf dem Höhepunkt seiner Macht. Die »Blitzkriege« im Westen haben seine Popularität in einer Weise gesteigert, dass er zu diesem Zeitpunkt zweifellos jede freie Wahl in Deutschland mit großem Vorsprung gewonnen hätte. Viele Menschen erinnern sich noch an die hohen Verluste, die die vierjährigen Abnutzungsschlachten im Ersten Weltkrieg gekostet haben. Und jetzt hat es nur wenige Wochen bis zum Sieg gedauert! Zu verdanken ist dies nach Meinung der Deutschen dem Feldherrngenie ihres Führers. Die Nachrichten über die Verbrechen der SS im Osten dringen dagegen zunächst kaum nach Deutschland. Und die Lage der noch verbliebenen Juden verdrängen die meisten Deutschen ebenso wie das Vorgehen der Geheimen Staatspolizei gegen Menschen, die sich kritisch über das Regime äußern und in den Kellern der Gestapo gefoltert werden.

Die Wende bringt Hitlers Versuch, die Briten in die Knie zu zwingen. Über England entbrennt ein monatelanger Luftkrieg. London, Coventry und andere Städte erleben die Bombenangriffe der deutschen Luftwaffe, die große Zerstörungen anrichten. Aber es gelingt Deutschland nicht, die Royal Air Force zu besiegen. Mit Hilfe amerikanischer Rüstungslieferungen steigern die Briten ihre Flugzeugproduktion enorm. Der deutschen Luftwaffe hingegen fällt es immer schwerer, die hohen Verluste zu ersetzen. So muss Hitler die »Battle of Britain«, die Luftschlacht über Großbritannien, einstellen und die geplante Invasion der Insel abblasen. Zum ersten Mal seit 1933 hat das Regime eine schwere Niederlage und Hitler einen Gesichtsverlust hinnehmen müssen. Es wird nicht der letzte Rückschlag sein. 1941 eilt das Afrika-Korps unter der Führung von General Erwin Rommel, den die Propaganda zum »Wüstenfuchs« stilisiert, den verbündeten Italienern in Libyen zur Hilfe. Mussolinis Einheiten sind dort von den britischen Truppen besiegt worden. Die Deutschen dringen erfolgreich bis nach Ägypten vor. In der Nähe der nordägyptischen Stadt El Alamein werden sie jedoch in mehreren Panzerschlachten 1942 von den Engländern zum Rückzug gezwungen. Auch Hitlers Vorhaben, die Briten in ihrem Kolonialreich zu schlagen, ist misslungen. Am Ende muss das Korps in Tunesien kapitulieren, 250 000 Deutsche und Italiener gehen in die Gefangenschaft.

Die deutsche Wehrmacht erobert Jugoslawien und Griechenland, um eine weitere Niederlage Italiens zu verhindern. Erbitterte Kämpfe fordern auf beiden

Seiten hohe Verluste, zumal die jugoslawischen Partisanen hinter den Kampflinien die deutschen Besatzungstruppen immer wieder angreifen. Mit ihrem Überfall auf die amerikanische Flotte in Pearl Harbor am 7. Dezember 1941 treten schließlich die Japaner in einen Krieg gegen die Vereinigten Staaten von Amerika ein. Hitler, vertraglich mit Tokio verbündet, erklärt den USA den Krieg. Aus dem europäischen ist ein Weltkrieg geworden.

Das Ende beginnt am 22. Juni 1942. Hitler befiehlt die Umsetzung des Planes »Barbarossa«: Deutschland überfällt die Sowjetunion. Stalin ist völlig überrascht von dem Vertragsbruch Hitlers, obwohl ihn zahlreiche Hinweise seiner Geheimdienste vor einem bevorstehenden Angriff gewarnt haben. Wieder scheint es einen »Blitzsieg« zu geben. Die deutschen Armeen schlagen die schlecht ausgerüsteten sowjetischen Truppen in mehreren gewaltigen Kesselschlachten. Millionen sowjetische Soldaten geraten in Gefangenschaft. Im Dezember stehen deutsche Einheiten wenige Kilometer vor Moskau. Aber der Angriff bleibt im Schlamm und dann in den eisigen Schneestürmen stecken. Hitler hat sich verkalkuliert. Der Abstieg des Diktators setzt ein und der sich noch über drei Jahre hinziehende Krieg wird für die Deutschen ein langer Rückzug, der viele Millionen Menschen das Leben kostet.

Ende 1942 wird in Stalingrad die 6. Armee eingeschlossen und muss Anfang 1943 kapitulieren. Die Kämpfe um die am Ende völlig zerstörte Stadt kosten 2 Millionen Menschen das Leben. Hitler hat der Armee jeden Rückzug kategorisch verboten und sie damit ans Messer geliefert. Wer nicht im Kugelhagel stirbt oder erfriert, kommt in Gefangenschaft. Es sind Zehntausende deutsche Soldaten, von denen nur wenige überleben. Hinter vorgehaltener Hand glaubt von den Deutschen nun fast niemand mehr an den von Hitler prophezeiten Endsieg, worauf Goebbels im Propagandaministerium die letzten Register zieht. Am 13. Februar 1943 ruft er während einer Rede im Berliner Sportpalast den »totalen Krieg« aus. Vermehrte Frauenarbeit und eine gewaltige Steigerung der Rüstungsproduktion sind die Folge. Im August 1944 werden im Reich rund 7,6 Millionen Zwangsarbeiter überwiegend in der Rüstungsindustrie und in der Landwirtschaft eingesetzt. Sie kommen aus den besetzten Gebieten, vor allem aus Polen, der Sowjetunion und Frankreich. Es ist Sklavenarbeit, die sie zu verrichten haben.

Abwenden kann die Niederlage aber weder die Propaganda noch die »Wunderwaffe«, mit der Hitler, so raunen die Gerüchte, an der Ostseeküste experimentiert. Im Juli 1943 landen die Alliierten in Sizilien. Am 25. Juli wird Mussolini gestürzt, und im September betreten amerikanische und britische Soldaten das italienische Festland. Im Osten muss die deutsche Armee auf breiter Front zurückweichen. Und dann landen am D-Day im Juli 1944 die Alliierten mit der größten Invasionsarmee der Weltgeschichte in der Normandie. Zur gleichen Zeit erreichen die Russen die Memel. Am 21. Oktober besetzen die Amerikaner mit Aachen die erste deutsche Großstadt. Im April 1945 schließen sowjetische Einheiten Berlin ein. Der Führer schickt sein letztes Aufgebot ins Gefecht: alte Männer und Kinder. Am 30. April begeht Hitler Selbstmord. Am 7. und 8. Mai kapituliert das Deutsche Reich.

Wo ist das andere Deutschland?

Im Osten hat Hitler einen Vernichtungskrieg gewollt und die Wehrmacht hat ihn dabei unterstützt. Der »Führer« hat eine »Endlösung« angestrebt und die Armeeführung hat sich dem nicht widersetzt.

Die deutsche Generalität gibt teilweise Befehle an ihre Soldaten aus, in denen sie von einem »Rassenkrieg« spricht. Darauf sind die jungen Soldaten durchaus vorbereitet. In der Heimat und in den Belehrungen bei der Truppe werden sie ideologisch geschult. Die Nazi-Propaganda, die gegen »Rassenschande« und die Vermischung »minderwertigen« (= jüdischen) und »überlegenen« (= arischen) Blutes polemisiert, leistet ein Übriges. So ist für die Soldaten an der Ostfront der polnische oder russische Gegner kein Feind, sondern der »slawische Untermensch«, den es – Hitler und die Rassenideologie haben es gelehrt – zu vernichten gilt. Hier liegt die Erklärung dafür, dass sich an den Massenerschießungen von russischen oder polnischen Zivilisten nicht nur SS- und Polizeieinheiten, sondern auch Soldaten und Offiziere der Wehrmacht beteiligen. Diese Untaten haben nichts mit der Bekämpfung von Partisanen zu tun, sondern sie sind Kriegsverbrechen. Am schlimmsten wütet die SS. In den eroberten Städten und Ortschaften treiben sie mit Unterstützung von polnischen, litauischen, lettischen oder ukrainischen Hilfskräften die jüdischen Bewohner zusammen. Hunderttausende Männer, Frauen und Kinder müssen sich vor den aufgeschütteten Gruben nackt aufstellen und werden mit Maschinengewehrgarben ermordet. Auch hier duldet die Wehrmacht, die in den besetzten Ostgebieten die staatliche Gewalt repräsentiert, den Massenmord und arbeitet eng mit den Vollstreckern zusammen.

Am 20. Januar 1942 findet in einer Villa am Berliner Wannsee eine Konferenz statt. Den Vorsitz führt Himmlers Stellvertreter Reinhard Heydrich. Protokollführer ist Adolf Eichmann. Die Männerrunde beschließt eine konkrete Planung für die von Hitler immer wieder mehr oder weniger offen angedrohte »Endlösung der Judenfrage«. Ziel ist es, alle deutschen und in den von der Wehrmacht besetzten Gebieten lebenden Juden in Vernichtungslager zu deportieren und sie dort zu ermorden. Dieser Beschluss setzt die Organisation und die Durchführung des Holocaust in Bewegung. Das Wort stammt aus dem Griechischen und ist ein biblischer Begriff. Er bedeutet »gebranntes Opfer« oder »zum Himmel aufsteigendes Opfer«. Benutzt wird er im Zusammenhang mit der Judenverfolgung erstmals 1943 in der Rede des Abgeordneten Herbert Samuel im britischen Oberhaus. Auch wenn dieser Begriff nicht mit seiner ursprünglichen biblischen Bedeutung in Übereinstimmung zu bringen ist, hat er sich durchgesetzt. Das traditionelle Judentum spricht stattdessen von der Shoah.

Im besetzten Polen werden Vernichtungslager errichtet. Unauslöschlich ist in diesem Zusammenhang der Name Auschwitz. Aus allen von der Wehrmacht besetzten Ländern Europas und aus Deutschland selbst wird die jüdische Bevölkerung in Eisenbahnzügen Richtung Osten transportiert. An den Ankunftsrampen der Lager werden die aus den Güterwaggons herausgetriebenen Menschen von Ärzten in die Gruppe der Arbeitsfähigen und die Gruppe der sofort für die Gaskammern Vorgesehenen aufgeteilt. Die zum Tode verurteilten Menschen müssen sich vollständig ausziehen und werden in die angeblichen Duschräume gebracht. Das Giftgas Zyklon B, das Chemiker der deutschen IG Farben AG hergestellt haben, strömt durch die Öffnungen und führt – häufig erst nach 10 bis 15 Minuten – zu einem qualvollen Tod. Die zunächst als arbeitsfähig Eingestuften müssen noch einige Wochen oder Monate härteste Zwangsarbeit verrichten, ehe sie in die Gaskammern geschickt werden. Das Heranschaffen der Opfer, die Verbrennung der Leichen in den Krematorien der Lager und die Verwertung ihrer Hinterlassenschaft von den Kleidern über die Haare bis zu den Goldzähnen ist perfekt durchorganisiert. Zwischen 2,5 und 3 Millionen Menschen, überwiegend Juden, werden in den Vernichtungslagern ermordet. Allein in Auschwitz sind es etwa 1 Million.

Anne Frank (1929–1945)

Das Leben des jüdischen Mädchens Anne Frank wird hier stellvertretend für Hunderttausende ihrer Schicksalsgenossinnen erzählt, die Opfer des Holocaust geworden sind. Anne wird in Frankfurt am Main als Tochter eines jüdischen

Kaufmanns geboren. Ihre Mutter stammt aus Holland. Als die Nationalsozialisten die Macht übernehmen, emigriert die Familie 1933 nach Amsterdam. Der Vater übernimmt dort den Direktorenposten einer holländischen Niederlassung der Firma Opekta. Nach der Besetzung Hollands durch die deutsche Wehrmacht werden auch in diesem Land die antisemitischen Gesetze und Verordnungen erlassen, die im Dritten Reich schon seit 1935 gelten. Die Familie Frank erfährt zahlreiche Einschränkungen ihres Alltagslebens. Am 12. Juni 1942 beginnt Anne ihr in Holländisch geschriebenes Tagebuch mit dem Eintrag: »Ich werde, hoffe ich, dir alles anvertrauen können, wie ich es noch bei niemandem gekonnt habe, und ich hoffe, du wirst mir eine große Stütze sein.« Drei Wochen später deportieren die Deutschen die ersten holländischen Juden in die Vernichtungslager im Osten. Die Franks werden zusammen mit vier anderen Menschen in einem Hinterhaus in der Prinsengracht 263 versteckt. Dort leben sie, versorgt von holländischen Angestellten der vom Vater bis dahin geleiteten Firma, bis zum 4. August 1944. Anne beschreibt in ihrem Tagebuch das beengte, nicht konfliktfreie und von der ständigen Todesbedrohung überschattete Leben im Versteck. Auch die Verschleppung von 1250 Kindern aus den Niederlanden im Jahr 1943 notiert sie in ihrem Tagebuch. Der letzte Eintrag stammt vom 1. August 1944. Am 4. August wird das Versteck verraten und die Familie Frank und ihre Leidensgenossen werden verhaftet und deportiert. Die Nazis verschleppen Anne und ihre Schwester über das Arbeitslager Westerbork nach Bergen-Belsen. Im März 1945, wenige Wochen vor der Befreiung durch die alliierten Truppen sterben die 16-jährige Anne und ihre Schwester im Konzentrationslager Bergen-Belsen an Typhus. Die Mutter ist schon am 6. Januar 1945 in Auschwitz-Birkenau ermordet worden. Als einziges Familienmitglied überlebt der Vater das Dritte Reich.

Er veröffentlicht das Tagebuch seiner Tochter 1947. Es wird in 55 Sprachen übersetzt. Kaum ein anderes Dokument über die Verfolgung der Juden und den Holocaust hat eine solch weltweite Wirkung erzielt. Am 15. Februar 1944 notiert Anne Frank: »P.S. Gedanken: An Peter. Wir vermissen hier viel, sehr viel, und auch schon lange. Ich vermisse es auch, genau wie du. Du musst nicht denken, dass ich von äußerlichen Dingen spreche, damit sind wir hier hervorragend versorgt. Nein, ich meine die inneren Dinge. Ich sehne mich, genauso wie du, nach Freiheit und Luft, aber ich glaube, dass wir für diese Entbehrungen reichlich Entschädigung bekommen haben. Ich meine innere Entschädigung. Als ich heute Morgen vor dem Fenster saß und Gott und die Natur genau und gut betrachtete, war ich glücklich, nichts anderes als glücklich.«

Anne Franks Tagebücher sind ein authentisches Zeugnis gegen den Terror des Nationalsozialismus und konfrontieren den Leser unmittelbar mit dem Schicksal eines von Gewalt und Tod bedrohten jungen Mädchens. Vom großem Mut und einer auch in Schreckenszeiten ungebrochenen Humanität erzählen diese Aufzeichnungen und sie haben Millionen Leser erschüttert. Erst viel später werden sich auch andere Überlebende des Holocaust in Büchern und Fernsehdokumentationen zu Wort melden und das Unfassbare aus der Sicht der Opfer schildern.

Der Holocaust ist ein Menschheitsverbrechen. Als die Deutschen 1933 Hitler folgten, ahnten die meisten nicht, welchen Weg das Regime mit seiner Diskriminierung und Verfolgung der Juden tatsächlich zu gehen fähig war. Aber sie haben schon vor dem Holocaust hingenommen, dass ihre jüdischen Nachbarn schikaniert, enteignet, verhaftet und in die Konzentrationslager verschleppt wurden. Trotzdem stimmten sie den Entscheidungen ihres »Führers« weitgehend zu. Kaum jemand kann also sagen, er hätte von nichts gewusst. Und wenn es vielleicht auch keine kollektive Schuld aller Deutschen gibt, so gibt es doch sicher eine Verantwortung gegenüber der eigenen Geschichte. Und deshalb werden die Deutschen sich fragen müssen: Warum nur haben alle weggeschaut? Warum wollte niemand sehen, was wirklich vor sich ging?

Aber hat es denn gar keinen Widerstand in all jenen Jahren der Diktatur und der Verbrechen gegeben? Haben alle Deutschen geschwiegen, als die linken Parteiführer, Bekennenden Christen und Homosexuellen verhaftet wurden? Hat sich niemand aufgelehnt, als der jüdische Kollege, Wohnungsnachbar, Stammtischbruder oder Sportkamerad all seine Rechte verlor, als die jüdischen Mitschüler von einem Tag auf den anderen nicht mehr in der gewohnten Schulbank saßen? Hat kein Offizier im Generalstab aufbegehrt, als deutlich wurde, dass Hitler einen neuen Krieg entfesseln wollte?

Natürlich, da waren die Emigranten, die aus dem Ausland in Zeitschriften, Büchern und Pamphleten gegen Hitler wetterten und Geld sammelten, damit immer mehr Flüchtlinge das Land verlassen konnten, solange dies vor Kriegsausbruch noch möglich war. Und auch als die Grenzen geschlossen waren, kämpften sie weiter mit ihren Mitteln. Erika Mann zum Beispiel war eine von vielen Künstlern, die in Rundfunkreden bei der britischen BBC zum Widerstand gegen das Nazi-Regime aufforderten. Viele traten den gegnerischen Armeen bei und riskierten wie etwa der Schriftsteller Stefan Heym als US-Soldat bei der Invasion in der Normandie ihr Leben. Aber das alles war außerhalb des Dritten Reiches, weit weg sozusagen und dem Terror der Gestapo entzogen.

Wie sah es innerhalb des Reiches aus? Es gab Widerstand. Er zeigte sich in kleinsten Gruppen oder in den Taten Einzelner, in dem, was wir Zivilcourage nennen. Während in den ersten Nachkriegsjahren das konservative Deutschland vor allem das Attentat der Offiziere vom 20. Juli 1944 in das Zentrum der Darstellung rückte, priesen die Marxisten und DDR-Funktionäre den Untergrundkampf der Kommunisten. Die Akten des Volksgerichtshofes zeigen jedoch, dass sehr viele Menschen sich spontan kritisch über die Zustände in Deutschland äußerten. Wenn sie denunziert wurden – und das geschah in diesen Jahren sehr häufig –, warteten lange Gefängnisstrafen oder sogar der Henker auf sie.

Die Widerstandskämpfer

Johann Georg Elser: Lange hat ihn die Nachkriegsgeschichtsschreibung übersehen. Der 1903 in Württemberg geborene Schreiner Georg Elser aber war einer der wenigen Widerstandskämpfer, die ohne besonderen ideologischen Hintergrund und ohne jede fremde Unterstützung ein Attentat auf Hitler planten und ausführten. Es sind moralische und christliche Motive, die 1938 in diesem mutigen Mann den Entschluss reifen ließen, Hitler zu beseitigen. Der manuell geschickte Handwerker stellt Zeichnungen einer Bombe her, unternimmt Sprengstoffversuche und besorgt sich die für das Attentat notwendigen Materialien. Jeden 9. November hält der Führer im Münchner Bürgerbräukeller vor seinen »alten Kämpfern« eine Rede, in der er an den gescheiterten Putschversuch der Nazis im Jahre 1923 erinnert. Elser lässt sich im Oktober 1939 abends im Bürgerbräukeller einschließen. In 30 Nächten höhlt er eine der Saalsäulen aus. Vom 1. bis zum 6. November baut er seine Bombe ein. Am Abend des 9. November explodiert der Sprengsatz und zerstört den Saal. Sieben Menschen sterben, über 60 werden verletzt. Hitler hat aber seine Rede vorzeitig beendet, um wegen des aufkommenden Nebels rechtzeitig zurück nach Berlin zu fahren. Elser wird an der Grenze zur Schweiz festgenommen. Wenige Tage später gesteht er der Gestapo die Tat. Er wird als »Sonderhäftling« in ein Konzentrationslager eingeliefert. Nach dem Krieg soll er in einem Schauprozess verurteilt werden. Am 9. April 1945 wird Elser auf Befehl Himmlers in Dachau ermordet.

Die Nazis können lange nicht glauben, dass Elser ein Einzeltäter ist. Sie vermuten, er sei ein Agent des britischen Geheimdienstes. Ein Gerücht, das noch

Nicht alle schauten weg, als die brutale Verfolgung der jüdischen Bevölkerung durch die Nationalsozialisten immer stärker um sich griff. Die politischen Gegner riskierten mit dem Widerstand ihr Leben.

Widerstandskämpfer
ns und Sophie Scholl
Claus Graf Schenk von Stauffenberg
Dietrich Bonhoeffer
Ausstellung
Entartete Kunst"

SCHLESWIG HOLSTEIN
Lubeck
NIEDERSACHSEN
BREMEN
HANNOVER
Magdeburg
SACHSEN ANHALT
Halle
Kassel
Erfurt
THÜRINGEN
HESSEN
FRANKFURT
Würzburg
Nürnberg
Regensburg
BADEN
BAYERN
MÜNCHEN
Europäische Gemeinschaft für Kohle und Stahl (1951)
15.09.1949
Bonn
GERMANY
Aufnahme in die NATO (1954)
Staatsbesuch des amerikanischen Präsidenten John F. Kennedy 26.6.1963
Konrad Adenauer

lange nach dem Krieg um diesen Attentäter kursiert. Wenige Deutsche haben sich vorstellen können, dass ein Einzelner den Mut besessen hat, sich gegen die Verbrechen Hitlers aufzulehnen. Vielleicht verdrängten wir Elsers Tat so lange, weil uns der biedere, so ganz unpathetische Handwerker einen Spiegel vorhält.

Dietrich Bonhoeffer: Der evangelische Theologe und ehemalige Studentenpfarrer, 1906 in Breslau geboren, schließt sich 1935 der so genannten Bekennenden Kirche an. Sie ist aus dem Pfarrernotbund hervorgegangen. Der Pastor in Berlin-Dahlem, Martin Niemöller, hat ihn 1933 gegründet, als sich eine Mehrheit der protestantischen Amtskirche um die Gruppe der Deutschen Christen scharte. Diese arrangiert sich mit Hitler. Die Bekennende Kirche dagegen geht auf Distanz zum Regime. Vor allem wehrt sie sich dagegen, dass der neue Staat der Kirche Vorschriften machen will. Niemöller ist Mitherausgeber einer Denkschrift vom Mai 1936, die die Rechtsbrüche der Regierung und die Verfolgung der Kirchen anklagt. 1937 wird er verhaftet und bleibt bis 1945 im KZ. Dietrich Bonhoeffer übernimmt 1935 die Leitung eines illegalen Predigerseminars der Bekennenden Kirche in Finkenwalde und erhält 1941 ein Schreib- und Redeverbot. Er schließt sich der politischen Widerstandsbewegung um den Chef der Abwehr im Kriegsministerium, Admiral Canaris, an. Im Mai 1942 trifft er als Vertreter der »deutschen Opposition« in Schweden mit dem Bischof von Chichester zusammen, um die Bedingungen einer »ehrenvollen Kapitulation« zu diskutieren. Bonhoeffer wird am 5. März 1943 verhaftet und ins KZ Flossenbürg gebracht. Wenige Tage vor Kriegsende, am 9. April 1945, werden Bonhoeffer und Canaris hingerichtet. Beide fallen der verschärften Terrorwelle zum Opfer, die nach dem gescheiterten Attentat vom 20. Juli 1944 einsetzt. Während Canaris lange Jahre ein Anhänger Hitlers gewesen ist und unter dem Nazi-Regime eine militärische Karriere macht, ist der überzeugte Christ Bonhoeffer ein Hitler-Gegner der ersten Stunde.

Sophie Scholl: An der Universität München sammelt sich Anfang 1942 um die Geschwister Hans und Sophie Scholl ein Kreis von Studenten, die angesichts des Krieges und der Judenverfolgung dem Regime kritisch gegenüberstehen. Anders als ihr zunächst begeisterter Bruder Hans – der darum mit dem warnenden Vater in Streit gerät – steht Sophie den Nazis von vornherein skeptisch gegenüber. Sophie Scholl, 1921 in Württemberg geboren, tritt dennoch 1934 der Hitlerjugend bei, in der sie später BDM-Führerin wird. Als ihre Brüder 1937 vorübergehend verhaftet werden, entfremdet sie sich endgültig vom Hitler-Regime. Schon als Schülerin versteht sie nicht die Judenfeindschaft des Regimes. Nach dem Krieg erzählt Inge Aicher-Scholl einem Biografen ihrer Schwester

Politisch feierte er große Erfolge, doch Konrad Adenauer war eine zwiespältige Persönlichkeit. Der Kanzler des »Wirtschaftswunders« trat für die Einigung Europas ein; die Teilung Deutschlands hat er hingegen noch verschärft.

eine bezeichnende Geschichte: »Zur Schulklasse von Sophie in Ulm gehörten zwei Schülerinnen, die Jüdinnen waren: Luise Nathan und Anneliese Wallersteiner, Töchter aus angesehenen Ulmer Familien. Beide durften dem BDM nicht beitreten, was Sophie immer wieder empörte. ›Warum darf Luise, die blonde Haare und blaue Augen hat, nicht Mitglied sein, während ich mit meinen dunklen Haaren und dunklen Augen BDM-Mitglied bin‹, fragte sie immer wieder. Den Rassismus gegen die Juden, den verstand sie weder, noch billigte sie ihn.« Das sensible und mutige Mädchen schreibt im September 1940 an einen Freund: »Die Stellung eines Soldaten dem Volk gegenüber ist für mich ungefähr die eines Sohnes, der seinem Vater und seiner Familie schwört, in jeder Situation zu ihm oder zu ihr zu halten. Kommt es vor, dass der Vater einer anderen Familie Unrecht tut und dadurch Unannehmlichkeiten bekommt, dann muss der Sohn trotz allem zum Vater halten. So viel Verständnis für die Sippe bringe ich nicht auf. Ich finde, dass immer Gerechtigkeit höher steht als jede andere, oft sentimentale Anhänglichkeit. Und es wäre doch schöner, die Menschen könnten sich bei einem Kampfe auf die Seite stellen, die sie für die gerechtfertigte halten ... Ebenso unrichtig finde ich es, wenn ein Deutscher oder Franzose sein Volk stur verteidigt, nur weil es sein Volk ist.«

Großen Einfluss auf die Geschwister Scholl und ihren Kreis hat der Psychologieprofessor Kurt Huber. Zwischen Juli 1942 und dem 18. Februar 1943 legt die Gruppe heimlich insgesamt sechs »Flugblätter der Weißen Rose« in den Universitätsräumen aus. Sie rufen darin ihre Kommilitonen zum »passiven Widerstand« auf. Im ersten Flugblatt heißt es: »Ist es nicht so, dass sich jeder ehrliche Deutsche heute seiner Regierung schämt, und wer von uns ahnt das Ausmaß der Schmach, die über uns und unsere Kinder kommen wird, wenn einst der Schleier von unseren Augen gefallen ist und die grauenvollsten und jegliches Maß unendlich überschreitenden Verbrechen ans Tageslicht treten?« Im letzten Flugblatt, das Hans und Sophie Scholl am 18. Februar in mehreren hundert Exemplaren in den Lichthof der Universität werfen, fordern sie nun vor allem auch mit Blick auf die unmenschliche Kriegsführung in Stalingrad die Befreiung von der Diktatur: »Es gärt im deutschen Volk: Wollen wir weiter einem Dilettanten das Schicksal unserer Armeen anvertrauen? Wollen wir den niedrigsten Machtinstinkten einer Parteiclique den Rest unserer deutschen Jugend opfern? Nimmermehr! Der Tag der Abrechnung ist gekommen, der Abrechnung der deutschen Jugend mit der verabscheuungswürdigsten Tyrannis, die unser Volk je geduldet hat.« Von einem Haumeister beobachtet und denunziert, werden sie noch am gleichen Tag verhaftet. Alle Mitglieder der »Weißen Rose«, insgesamt sind es 16, werden vom Volksgerichtshof zum Tode verurteilt und hingerichtet. Hans Scholl ist 25 und seine Schwester Sophie 21 Jahre alt, als ein Nazi-Richter ihr Todesurteil fällt.

Claus Graf Schenk von Stauffenberg: Der schwäbische Adlige wird 1907 geboren und tritt 1926 in die Reichswehr ein. Zunächst befürwortet er die Entwicklungen im Dritten Reich und nimmt am Polenfeldzug teil. Nach dem Sieg über Frankreich bezeichnet er Hitler sogar als den »größten Feldherrn aller Zeiten«. Dann aber ändert er seine Meinung. Die Nachrichten über die Vernichtungslager im Osten haben seine Entscheidung mitbeeinflusst, ebenso wie sein Bruder und enger Vertrauter Berthold. 1943 wird er als Stabschef einer Panzerdivision schwer verwundet und verliert ein Auge, die rechte Hand sowie zwei Finger der linken Hand. Im Sommer desselben Jahres tritt er mit oppositionellen Kräften in der Armee in Verbindung. Am 1. Juli 1944 wird er Oberst und Stabschef des Befehlshabers des Ersatzheeres. Damit hat er Zutritt zu den Besprechungen bei Hitler im Führerhauptquartier.

Stauffenberg und seine Mitverschwörer beschließen, Hitler bei einer der Konferenzen durch einen Sprengstoffanschlag zu töten. Am 20. Juli 1944 fliegt Stauffenberg von Berlin aus in das ostpreußische Rastenburg, wo sich das Führerhauptquartier befindet. In seiner Aktentasche hat er eine Bombe. Bevor er den Besprechungsraum betritt, schärft er einen der beiden Zünder und stellt dann die Tasche unter den großen Konferenztisch. Die Bombe explodiert um 12.45 Uhr, kurz nachdem Stauffenberg den Raum wieder verlassen hat. Durch den Schutz des schweren Holztisches wird Hitler nur leicht verletzt

Stauffenberg fliegt nach Berlin zurück und dort wird erst jetzt, im Glauben, dass Hitler tot sei, die Operation »Walküre« ausgelöst. Ziel der Verschwörer ist es, nach dem Attentat eine neue Regierung unter dem ehemaligen Leipziger Oberbürgermeister Carl Friedrich Goerdeler auszurufen, die den Westmächten Friedensverhandlungen vorschlagen soll. Wenige Stunden später spricht Hitler im Radio. Der Aufstand ist gescheitert. Stauffenberg wird sofort im Hof des Bendlerblocks standrechtlich erschossen. In den kommenden Wochen verhaftet die Gestapo im Zusammenhang mit dem Attentat 7000 Menschen. Vor dem Volksgerichtshof findet eine Reihe von Schauprozessen statt, zu denen junge Frontoffiziere als Zuhörer hinbefohlen werden. Die zum Tode Verurteilten werden auf ausdrückliche Anweisung Hitlers an Fleischerhaken erhängt. Der Führer lässt die Hinrichtungen filmen und sich vorführen. Viele der Attentäter und Mitwisser des 20. Juli haben erst im Verlauf des Krieges erkannt, welchem Regime sie dienen. Erst als deutlich wurde, dass der Krieg verloren ging, entschlossen sie sich zur Tat. Ihre Zukunftspläne waren vage, aber auf ein eher autoritäres Staatssystem statt auf eine Demokratie ausgerichtet.

Es hat natürlich auch viele unbekannte Menschen gegeben, die sich in den Jahren des Dritten Reiches anständig benommen haben. Sie versuchten als Behördenangestellte, als Polizeibeamte oder als Vorgesetzte ihren bedrohten und verfolgten Mitbürgern zu helfen, die verbrecherischen Vorschriften des Staates zu unterlaufen. Mancher deutscher Jude ist von seinen Nachbarn oder von Freunden versteckt und damit vor dem Tod bewahrt worden. Aber wir müssen uns der bitteren Erkenntnis stellen, dass dies nur eine kleine Minderheit gewesen ist. Eine bedeutende Mehrheit der Deutschen erwies sich als Mitläufer einer verbrecherischen Diktatur. Auch die Zahl der Täter war erheblich größer, als wir es uns nach dem Krieg eingestanden haben. Nicht nur Hitler und der Führungsstab der Partei, nicht nur die SS oder die Gestapo haben Krieg und Massenmord zu verantworten. In den Schulen, in den Amtsstuben, in den Zeitungsredaktionen oder auf den Theaterbühnen handelten unzählige Menschen als willige Befehlsempfänger. Es waren Beamte der Eisenbahn, die die Fahrpläne für den Transport der Juden in die Vernichtungslager aufstellten. Es waren Richter, die die Todesurteile für Tausende von Menschen fällten. Es waren Geschäftsleute oder Konzernmanager, die sich bei der Arisierung jüdischer Betriebe bereicherten. Es waren ganz normale Bürger, die bei den Versteigerungen der Möbel von verschleppten oder geflohenen Juden durch die Finanzämter auf »Schnäppchenjagd« gingen. Es waren Lehrer, die den Schülern vom »slawischen oder jüdischen Untermenschen« erzählten. Es waren Universitätsprofessoren, die die Geschichte in ihren Büchern verfälschten und die Lehre von den Rassen »wissenschaftlich« begründeten. Sie alle haben genau gewusst, was sie tun! Die Ausrede, man sei verführt worden, die Nazis hätten den Idealismus der Menschen missbraucht, erweist sich bei genauerem Hinsehen als überaus durchsichtig. Wie kann man dazu verführt werden, schweigend zuzusehen oder aktiv mitzuhandeln, wenn Menschen nur aufgrund ihres Glaubens oder ihrer Herkunft in Konzentrationslager verschickt werden, und sich zudem noch an ihren Gütern bereichern? Was hat es mit Idealismus zu tun, wenn andersdenkende Nachbarn verschleppt, gefoltert und ermordet werden? Hitler hat die »Endlösung der Judenfrage« nicht jeden Tag öffentlich angekündigt. Er und seine Helfershelfer wussten, dass die Diskriminierung und Isolierung der jüdischen Mitbürger für viele Deutsche der Punkt war, an dem es ihnen am schwersten fiel, den Nationalsozialisten begeistert zu folgen. Aber sie haben es hingenommen und so heimlich, wie wir es dann darstellten, ging die Verfolgung der Juden nicht vor sich. Jeden Tag verkündete das Regime in den Zeitungen, welche Schritte es sich hatte wieder einfallen lassen. Die »Nürnberger Gesetze« kannte wohl jeder Deutsche, der des Lesens mächtig war.

Es leben nicht mehr allzu viele Menschen, die das Dritte Reich als Erwachsene miterlebt haben. Ihre Enkel reisen durch die Welt und sie reagieren häufig unwillig und gereizt, wenn ihnen von gleichaltrigen Engländern, Franzosen, Holländern oder anderen die Verbrechen der Nazis vorgehalten werden. Keiner, der im Dritten Reich noch ein Kind war, keiner, der erst nach dieser Schreckenszeit geboren wurde, trägt jedoch eine Mitschuld an den Verbrechen des Nationalsozialismus. Aber es gibt eine Verantwortung dafür, dass sich niemals wiederholt, was damals geschah. Wer dieser Verantwortung gerecht werden will, darf nicht leugnen, verschweigen oder beschönigen. Übrigens auch nicht selbstmitleidig darüber jammern, dass er sich gelegentlich der Vergangenheit seines Volkes stellen muss. Jedes Volk hat an seiner Geschichte zu tragen. Die Engländer müssen auf eine Kolonialpolitik zurückblicken, durch die zahlreiche Völker unterdrückt und ausgebeutet worden sind. Frankreich hat in Algerien einen schrecklichen Krieg geführt. Die amerikanischen Siedler haben die indianische Urbevölkerung umgebracht, vertrieben und in Reservate gedrängt. Die kommunistischen Führungen in der Sowjetunion oder in den osteuropäischen Staaten haben Millionen ihrer Bürger in Lagern verkommen oder ermorden lassen. Aber wer mit solchen Hinweisen die Untaten des eigenen Volkes relativieren will, hat nichts verstanden und nichts gelernt. Der Holocaust ist beispiellos geblieben. Er lässt sich nicht einfach als eine Geschichtsepoche von vielen einordnen.

Wir haben die Geschichte des Dritten Reiches und seiner Verbrechen in den letzten Jahrzehnten intensiv aufzuarbeiten versucht. Das war für uns, aber auch für die Erinnerung an die Millionen Opfer wichtig. Was wir dabei über uns selbst erfahren mussten, ist schrecklich.

Aus BRD und DDR wird Deutschland

Deutschland ist zerstört. Seit Mai 1942 haben die amerikanische und die britische Luftwaffe nahezu alle Großstädte in Schutt und Asche gelegt. Nach Schätzungen sind bei den Luftangriffen 609 000 Zivilisten gestorben, 917 000 wurden verletzt. Beim Bombardement auf Hamburg vom 24. bis zum 30. Juli 1942 kamen 30 428 Menschen ums Leben. Bei der Zerstörung Dresdens am 13. Februar 1945 waren es 60 000 Menschen. Wer aus den Luftschutzkellern wieder ans Tageslicht kroch, den erwartete ein Bild des Grauens. Der Bombenkrieg gegen die deutsche Zivilbevölkerung gehört aus deutscher Sicht bis heute zu den umstrittensten Punkten der alliierten Kriegsführung. Aber es waren nicht die Engländer, Amerikaner, Russen und Franzosen, sondern die Deutschen, die mit ihren schweren Bombenangriffen auf Warschau, Rotterdam, London und Coventry diese Form des Luftkrieges begonnen haben. Das Hitler-Reich hinterlässt eine Ruinenlandschaft. Auf Deutschland liegen 400 Millionen Kubikmeter Schutt. 7 Millionen Deutsche – und 48 Millionen Nichtdeutsche – sind Opfer des Krieges geworden. Die Überlebenden hausen in Kellern oder fassadenlosen Häusern und sind Wind und Wetter schutzlos ausgesetzt. Die Tagesrationen der Menschen erreichen im Schnitt zwischen 900 und 1 500 Kalorien. Zum Vergleich: Das Existenzminimum liegt bei 2 500 Kalorien. Wer überleben will, muss sein Glück auf dem Schwarzmarkt suchen. Schmuck, Möbel, Haushaltsgegenstände, Kleidung – es gibt nichts, was nicht getauscht und gehandelt wird. Wer Zigaretten besitzt, ist reich. Junge »Fräuleins«, die einen Besatzungssoldaten ergattern können, werden zu Retterinnen ihrer Familien. Das »Fraternisierungsverbot«, das für die englischen und amerikanischen Armeeangehörigen gilt und ihnen Kontakte mit den Deutschen untersagt, steht bald nur noch auf dem Papier. Im Winter fehlt das Heizmaterial. Tausende erfrieren, als Anfang 1947 eine Kältewelle über das Land hereinbricht.

Bei Kriegsende befinden sich etwa 20 bis 25 Millionen Menschen weit weg von zu Hause. Zwei von fünf Deutschen sind unterwegs. Deutschland erlebt eine Wanderungswelle von nie da gewesener Größe. Aus Ostpreußen, Pommern, Schlesien und dem Sudetenland strömen Millionen Flüchtlinge zu Fuß, auf verbeulten Fahrrädern, mit Handkarren oder mit dem letzten verbliebenen Pferdefuhrwerk in den Westen. Wer Glück hat, erkämpft sich einen Platz in den überfüllten Zügen, in denen die Menschentrauben noch auf den Trittbrettern hängen. Flüchtlingsschiffe, die sich über das Haff in Richtung Westen durchzuschlagen versuchen, werden von feindlichen Kräften angegriffen. Am 30. Januar 1945 treffen das ehemalige Passagierschiff »Wilhelm Gustloff« die Torpedos eines russischen U-Bootes. 9000 Menschen ertrinken in der eiskalten Ostsee. 700 000 Überlebende aus den Konzentrationslagern, insgesamt 8 bis10 Millionen so genannte »Displaced Persons«, die nach Deutschland verschleppt worden sind, ziehen durch das Land. Es sind vor allem ehemalige Zwangsarbeiter. Bis Herbst 1945 kehrt erst die Hälfte in die Heimat zurück. Schon bald verlassen auch immer mehr Menschen die sowjetische Zone in Richtung Westen. Im April 1947 sind es bereits 900 000. Der Menschenstrom verschärft die Ernährungslage und die Wohnungsnot. Flüchtlinge werden zwangseinquartiert. In manch einem Einfamilienhaus leben plötzlich mehrere Familien nebeneinander, die sich in jeweils ein oder zwei Zimmern notdürftig einrichten, sich Küche und Badezimmer ebenso wie die kümmerlichen Vorräte an Holz und Kohle teilen müssen. In der drangvollen Enge wachsen die Aggressionen der Einheimischen gegen die Zuwanderer. Arbeit gibt es kaum. In zahlreichen Familien fehlt der Vater, Ehemann oder Sohn. Die Zahl der Waisen liegt weit über 100 000.

Die Industrie hat durch den Bombenkrieg stark gelitten. Überraschenderweise allerdings nicht in einem solchen Ausmaß, wie die zerstörten Städte es zunächst vermuten lassen. Aber die Siegermächte befehlen die Demontage von einzelnen Maschinen und ganzen Fabrikanlagen. Diese werden mitsamt der Rohstoffe nach England, Russland oder Frankreich transportiert – denn auch dort gilt es, die am Boden liegende Wirtschaft wieder aufzubauen. Amerikaner und Engländer stoppen diese Eingriffe bald, in der französischen und vor allem in der russischen Zone bleiben sie noch lange auf der Tagesordnung. Das Elend im Land wird durch die Reparationspolitik noch verschärft. Das »Tausendjährige Reich« hat Deutschland nach zwölf Jahren auf eine Weise ruiniert, wie es nicht einmal der Dreißigjährige Krieg geschafft hat.

Jahre der Besatzung

Dieses Mal ist es ganz anders als nach dem Ersten Weltkrieg. Mit der militärischen Niederlage der Deutschen endet nicht nur die Herrschaft der Nationalsozialisten, wie 1918 die des Hohenzollern-Kaisers Wilhelm II., sondern das Land verliert seine politische Eigenständigkeit. Auf verschiedenen Konferenzen hatten die alliierten Regierungschefs schon früh beschlossen, dass sie die Kämpfe erst beenden, wenn die Deutschen eine »bedingungslose Kapitulation« unterschreiben.

Dieses Mal gibt es also keine Friedensverhandlungen wie 1919 in Versailles, sondern die Sieger entscheiden allein über die Zukunft der Besiegten. Zu diesem Zweck konferieren im Juni 1945 die »Großen Drei« Stalin, Churchill und der neue amerikanische Präsident Harry S. Truman in Potsdam.

Dieses Mal kann kein »Rat der Volksbeauftragten« den Alltag der Landsleute regulieren und organisieren, sondern ein Kontrollrat, geleitet von den vier Oberbefehlshabern der alliierten Streitkräfte – Frankreich ist in Potsdam in den Kreis der Siegermächte aufgenommen worden –, erlässt Verordnungen und Bestimmungen, nach denen sich die Deutschen zu richten haben.

Dieses Mal dürfen die deutschen Soldaten nicht unbehelligt zurück in ihre Heimat marschieren wie im November 1918, sondern sie sind Kriegsgefangene. Sie hungern in den Lagern der Engländer und Amerikaner, werden aber immerhin in den nächsten zwölf bis 15 Monaten entlassen. Wer in russische Hände fällt, muss dagegen den langen Marsch zur Zwangsarbeit in den Bergwerken der Sowjetunion antreten. Die Wenigen, die überleben, kommen erst 1955 wieder zurück.

Dieses Mal kann niemand vom Dolchstoß reden, der einer angeblich unbesiegten Armee von den »Vaterlandsverrätern« in der Heimat in den Rücken gestoßen worden ist. Die Niederlage ist total und auf eine Art sichtbar, dass sie niemand verleugnen kann.

Die letzte deutsche Regierung, nach Hitlers Tod eingesetzt und von Großadmiral Karl Dönitz als Reichskanzler geführt, wird in Flensburg festgenommen und am 23. Mai 1945 abgesetzt. Die alte Nazi-Garde ist entweder tot oder in der Gewalt der Alliierten. Nicht nur Hitler, auch Joseph Goebbels und Heinrich Himmler haben Selbstmord begangen. Andere sind in den letzten Kriegstagen bei dem Versuch zu fliehen umgekommen. In den ehemals besetzten Ländern – beispielsweise in Polen und der Tschechoslowakei – werden die Gauleiter oder Statthalter Hitlers, derer man habhaft wird, vor Gericht gestellt und hingerichtet.

Die Alliierten errichten in Nürnberg ein Internationales Kriegesverbrechertribunal, vor dem sich vom 14. November 1945 bis zum 1. Oktober 1946 die 22 deutschen Hauptkriegsverbrecher verantworten müssen. Alle Angeklagten erklären sich für »nicht schuldig«. Zwölf Todesurteile werden ausgesprochen und vollzogen. Göring allerdings entzieht sich dem Henker, indem er kurz vor seiner Hinrichtung in der Gefängniszelle Gift nimmt. Langjährige Haftstrafen und drei Freisprüche ergänzen diesen bemerkenswerten Versuch, auch Politiker und Militärs für die von ihnen befohlenen Verbrechen verantwortlich zu machen. Als letzter in Nürnberg verurteilter Nazi stirbt der ehemalige Stellvertreter des Führers, Rudolf Heß, 1987 in der Haftanstalt von Berlin-Spandau.

Es folgen zahlreiche weitere Verfahren gegen Ärzte, Juristen oder die Manager der IG-Farben-Konzerne, in deren Laboratorien das Gift für die Vernichtungslager produziert wurde. Auch Angehörige von SS-Einsatzgruppen, der Gestapo, der SA oder Mitglieder der Obersten Heeresführung stehen vor Gericht. In den Westzonen werden nahezu 5 000 Personen verurteilt, von den 806 Todesurteilen vollstrecken die Alliierten 486. Weitere 117 000 Personen sitzen Ende 1945 in Internierungslagern der amerikanischen Zone, 68 000 in der englischen und 19 000 in der französischen. Die meisten zu Freiheitsstrafen Verurteilten sind schon bald wieder frei und setzen ihre beruflichen Karrieren in der Wirtschaft oder als Richter, Staatsanwälte und Behördenleiter fort, als seien sie nie treue Diener einer Diktatur gewesen.

Die so genannten Entnazifizierungsverfahren, die die Besatzungsmächte durchführen, sind der Versuch, praktisch alle erwachsenen Deutschen daraufhin zu überprüfen, ob sie beispielsweise als NSDAP-Funktionäre, Journalisten, Lehrer oder Beamte nur Mitläufer waren oder durch ihr Verhalten unmittelbar Menschen geschadet haben. Die Deutschen müssen ein Formular mit 131 Fragen ausfüllen. Es wird gelogen und vertuscht. Viele lassen sich von Opfern des Regimes einen »Persilschein« ausstellen, der sie »sauber wäscht« und den Entnazifierungsausschüssen bestätigen soll, dass sie heimlich Widerstand geleistet haben.

Die Alliierten, allen voran die Amerikaner, meinen es gut mit ihren Fragebögen, aber die Sache muss scheitern. Millionen Deutsche haben mitgemacht. Allein 8 Millionen sind Mitglied der NSDAP gewesen. Es ist ein hoffnungsloses Unterfangen angesichts solcher Zahlen individuelle Gerechtigkeit schaffen zu wollen, auch wenn in der amerikanischen Zone sage und schreibe 950 000 Verfahren durchgeführt werden. Schwerverbrechen, die sich durch Aktenotizen, schriftlich festgehaltene Befehle oder Zeugenaussagen belegen lassen, kann man juristisch verfolgen. Aber wer seinen Nachbarn angezeigt hat, weil dieser sich kritisch über Hitler äußerte, wer einen Passanten mit einem Judenstern angespuckt hat, weil dieser nicht wie vom Staat befohlen den Bürgersteig verließ, wer einen Hausbewohner gemeldet hat, weil dieser heimlich die Nachrichten eines Feindsenders hörte, wer einen Kommunisten oder Sozialdemokraten auf der Flucht verraten hat – wer soll ihn anklagen und wer soll ihm seine Schuld nachweisen?

Die einfachen Verfahren werden schnell abgeschlossen, die schwierigeren brauchen Zeit. Bald aber wird die Entnazifizierungsaktion abgeblasen. Als die Deutschen über ihr Schicksal wieder selbst bestimmen dürfen, kommt ohnehin die große Amnestie. So erwischt es häufig nur die kleinen Fische, die Großen bleiben ungeschoren. Das demokratische Deutschland wird in den Behörden, in der Justiz, in den Schulen und Universitäten oder in der Wirtschaft wieder mit denen aufgebaut, die sich schon nach 1933 als zuverlässige Staatsdiener erwiesen haben. Vielleicht geht es nicht anders, soll das Land sich überhaupt wieder aus Schutt und Trümmern erheben können. Die wenigen Exilanten, die zurückkehren, oder die ehemaligen KZ-Häftlinge beobachten dies verständlicherweise mit Verbitterung.

Aber es gibt weitaus dunklere Flecken in der Frühgeschichte der Bundesrepublik, die nicht die Besatzungsmächte zu verantworten haben. Kein Richter des Volksgerichtshofes ist nach dem Krieg wegen willkürlicher Todesurteile zur Rechenschaft gezogen worden. Im Gegenteil, der deutsche Staat gewährt den ehemaligen NS-Richtern bald eine prächtige Beamtenpension. Dabei haben sie allein zwischen 1942 und 1944 am Volksgerichtshof 4951 Todesurteile gefällt. Die Zwangsarbeiter oder die beraubten jüdischen Geschäfts-, Vermögens- oder Kunstbesitzer müssen dagegen jahrzehntelang kämpfen, bis ihnen Entschädigungen gezahlt werden. Wenn überhaupt. Die Wehrmachtsoffiziere im Ruhestand werden vom ersten Bundestag mit großzügigen Pensionsregelungen bedacht. Aber die Witwen der einfachen Landser müssen sich mit Minimalrenten durchschlagen. Einstimmig beschließt der Bundestag im April 1951 den Paragraphen 131, nach dem ehemalige, von den Alliierten entlassene NS-Beamte einen Anspruch auf ihre alten Arbeitsplätze haben. Die Bezüge, die ihnen in der Zwischenzeit entgangen sind, werden ihnen nachgezahlt. Nur Gestapo-Beamte sind von dieser Regelung ausgenommen.

Trotzdem gilt der Satz, dass es dieses Mal ganz anders ist als nach dem Ersten Weltkrieg. Damals überlebten die wilhelminischen Eliten die Niederlage. Sie behielten ihre Privilegien und konnten in den Jahren der Weimarer Republik fast nahtlos an ihre gesellschaftlichen und politischen Karrieren anknüpfen. 1945 ist die Macht der die Politik bestimmenden alten Führungsschichten gebrochen.

Der preußische Adel hat seine Güter und sein Vermögen verloren. Das Land darf zunächst keine neue Armee aufbauen. Damit hat das Offizierskorps, das so lange und unheilvoll die deutsche Geschichte gelenkt hat, seine Basis verloren. Der Schwerindustrie droht die Enteignung, die dann allerdings nicht kommt. Aber zumindest unmittelbar nach dem Krieg ist sie geschwächt. Am 25. Februar 1947 wird auf Anordnung der Alliierten das Land Preußen aufgelöst.

Der durch die totale Kriegsniederlage und die Politik der Alliierten erzwungene Bruch mit den alten Eliten hat entscheidend zur positiven Entwicklung der deutschen Nachkriegsdemokratie beigetragen. So hart bald wieder die Auseinandersetzung zwischen den politischen Lagern und Parteien wird, so polemisch die Wahlkämpfe sind – die nationalistischen und rassistischen Hetzreden der Weimarer Tage und der Hitler-Diktatur gehören der Vergangenheit an.

Vieles allerdings bleibt noch bis Ende der fünfziger Jahre rückwärtsgewandt. Ein Grund ist sicher darin zu sehen, dass die meisten führenden deutschen Politiker der Bundesrepublik im Kaiserreich aufgewachsen und von den Weimarer Jahren politisch geprägt worden sind. Der erste Bundespräsident, Theodor Heuss, saß bereits im Reichstag und stimmte am 5. März 1933 für das Ermächtigungsgesetz. Der erste Bundeskanzler, Konrad Adenauer, wurde 1876 geboren und amtierte seit 1917 als Oberbürgermeister von Köln. Der erste bedeutende Oppositionsführer im Bundestag ist der Sozialdemokrat Kurt Schumacher, 1895 geboren, war er seit 1924 Landtagsabgeordneter und kehrte nach einer zwölfjährigen KZ-Haft in die Politik zurück. Einer der mächtigsten Männer in den Frühjahren der Bundesrepublik ist der Staatssekretär im Kanzleramt, Hans Globke. Als enger Berater Adenauers nimmt er maßgeblichen Einfluss auf die Personalentscheidungen, die der Kanzler und Außenminister treffen muss. Globke gehörte 1935 zu den Juristen, die die Nürnberger Rassengesetze formulierten. In den ersten Regierungen der Bundesrepublik sitzen einige Minister, die im Dritten Reich nicht nur Mitläufer gewesen sind.

Das Demokratieverständnis dieser Männer der ersten Stunde ist ein anderes als das der englischen und amerikanischen Besatzer, die auf eine lange demokratische Tradition ihrer Länder zurückblicken können. Die Rolle der Parteien, der Presse, der Justiz oder die Erziehung der Jugend – da herrschen in der jungen Bundesrepublik noch Vorstellungen, die von einem altväterlich-autoritären Staatsverständnis zeugen. Aber im Gegensatz zu den gesellschaftlichen Mächten, die in der Weimarer Republik das Übergewicht gewannen, sind sie geprägt von den gewaltsamen Erfahrungen der Hitler-Diktatur – und daher gewillt, Demokraten zu werden.

In den Kriegsjahren planen die Alliierten noch, Deutschland zu zerstückeln. Der amerikanische Finanzminister Henry Morgenthau schlägt sogar vor, es in ein Agrarland umzuwandeln. So ganz unverständlich sind solche Gedanken nicht: Nie mehr soll dieses Volk für seine Nachbarn zur Gefahr werden. Denn kaum ein europäisches Land hat nicht unter der deutschen Wehrmacht gelitten. Und als dann sowjetische, englische und amerikanische Einheiten die Vernichtungs- und Konzentrationslager in Auschwitz, Sachsenhausen oder Buchenwald erreichen, schockieren solche Bilder die Welt: Zu Skeletten abgemagerte, hohläugige Gestalten taumeln den Befreiern entgegen, Leichenberge liegen in den Lagerstraßen und Baracken. Die Realität erweist sich schlimmer als jede Fantasie.

Deutschland wird also in vier Besatzungszonen aufgeteilt. In Hamburg, Schleswig-Holstein, Niedersachsen und Nordrhein-Westfalen sitzen die Engländer. In Hessen, Württemberg, Bayern und im Stadtstaat Bremen die Amerikaner. Unter Frankreichs Herrschaft kommen Württemberg-Hohenzollern, Rheinland-Pfalz und Baden. Die Russen richten sich östlich der Elbe, in Mecklenburg, Brandenburg, Sachsen, Sachsen-Anhalt und Thüringen ein. Das Saarland wird abgetrennt; seine Zukunft soll eine französische sein. Die ehemalige Hauptstadt Berlin wird ebenfalls viergeteilt. Pommern, Ostpreußen und Schlesien kommen unter polnische Verwaltung und der Streit um diese jenseits der Oder-Neiße-Linie liegenden Gebiete wird jahrelang das politische Klima in der Bundesrepublik und gegenüber Polen vergiften. In Potsdam einigen sich die »Großen Drei« auf eine gemeinsame Verwaltung der Zonen. Diese soll über den in Berlin sitzenden Kontrollrat laufen, wobei allerdings jede Besatzungsmacht in ihrem Bereich autonom entscheiden kann.

Was hat die Alliierten schließlich doch noch bewogen, Deutschland nicht völlig zu zerschlagen? Hintergrund dieses Wandels ist die sich schon abzeichnende Konkurrenz der Siegermächte. Stalin will ein von den Siegern möglichst einheitlich verwaltetes Deutschland, um der Sowjetunion den Zugriff auf das wirtschaftlich wichtige Ruhrgebiet zu erhalten. Amerika hat die Erfahrungen der zwanziger Jahre nicht vergessen, als der undiplomatische Frieden von Versailles und eine Wirtschaftskrise die positive Entwicklung in Deutschland vereitelten. Hinzu kommt, dass man zwar gemeinsam gegen Hitler zu Felde zog, sich hinter den Kulissen aber nicht einig ist und in Bezug auf die Weltordnung nach dem Krieg durchaus andere Vorstellungen hegt. In Washington bildet sich daher ab 1946 der Gedanke heraus, dass ein wirtschaftlich starkes und mit den USA verbündetes Deutschland ein Bollwerk gegenüber den unkalkulierbaren Ansprüchen der Sowjetunion sein kann.

Das ist der allerfrüheste Anfang des »Kalten Krieges«, der die Politik der Weltmächte in den kommenden vier Jahrzehnten bestimmt. Der Streit um Berlin, der 1948 mit der Blockade der Stadt durch die Sowjets seinen ersten Höhepunkt erreicht, und die Eroberung Chinas 1949 durch die kommunistischen Truppen Mao Tse Tungs führen dann zum völligen Bruch der einstigen Kriegspartner. Die sowjetische Besatzungszone verschwindet hinter dem »Eisernen Vorhang«, der Ost- und Westeuropa für über vierzig Jahre teilen wird. Die Zonen im Westen profitieren davon.

Die Deutschen haben sich den Anweisungen und Befehlen der Besatzungsmächte zu fügen. In den Städten und Gemeinden werden Oberbürgermeister, Bürgermeister und Stadträte eingesetzt, die den Mangel verwalten. Nahrungsmittel und Wohnraum für die hereinströmenden Flüchtlinge müssen geschaffen werden. Die Not wird durch die von den Besatzern organisierte Schulspeisung oder die aus Amerika kommenden Care-Pakete gelindert, aber nicht aufgehoben. In den Großstädten beginnen die Aufräumarbeiten, Trümmerberge werden beseitigt. Die Besatzer verpflichten die deutschen Einwohner zu dieser Arbeit. Es schlägt die Stunde der Trümmerfrauen, die in langen Reihen auf den gewaltigen Schutthalden stehen und die ersten Schritte zum Wiederaufbau unternehmen. Die Strom- und Energieversorgung bleibt ein kaum zu lösendes Problem.

Die Ämter werden wieder arbeitsfähig gemacht, die Polizei wird aufgebaut, um die Sicherheit zu gewährleisten. Schulen und Universitäten öffnen wieder ihre Türen. Auch die ersten Zeitungen erscheinen. Die Besatzungsbehörden vergeben die Presse-Lizenzen an Männer, die nicht in das NS-Regime verwickelt waren. Das von den Engländern organisierte Radio Hamburg nimmt den Betrieb auf. Begierig stürzen sich die deutschen Leser und Hörer auf die nicht mehr von den Nazis manipulierten Nachrichten. Glenn Millers unverwechselbares Swing-Orchester und die Großen des amerikanischen Jazz, Louis Armstrong oder Cole Porter, finden nach all den Jahren, in denen Hitler die »Niggermusik« verboten hatte, ein großes, vor allem jugendliches Publikum.

Bald werden die ersten Filme produziert, die sich kritisch mit dem Dritten Reich auseinander setzen: Wolfgang Staudte dreht schon 1946 den Spielfilm *Die Mörder sind unter uns*, der von den NS-Verbrechen an der Ostfront erzählt. In Hamburg wird im November 1947 das erschütternde Heimkehrerdrama *Draußen vor der Tür* von Wolfgang Borchert uraufgeführt, das die Sinnlosigkeit des Krieges offen legt. Die amerikanischen und französischen Stücke von Thornton Wilder, Jean Paul Sartre oder Jean Anouilh – sie setzen sich höchst aktuell mit dem Überleben in Schreckenszeiten, mit dem Konflikt zwischen Individuum und Staat auseinander – werden an den noch unter sehr provisorischen Bedingungen arbeitenden Theatern gespielt. Die Deutschen entdecken eine intellektuelle Welt, die ihnen lange verschlossen geblieben ist.

Aber die Propaganda der Nationalsozialisten wirkt noch lange nach. An die Verbrechen der Wehrmacht oder den organisierten Mord an den Juden wollen viele nicht glauben. Ende der vierziger Jahre zeigen Umfragen, dass eine Mehrheit der Deutschen die Politik des Nationalsozialismus bis zum Kriegsausbruch nach wie vor gut heißt. Die Zeit ist ausgefüllt mit dem Kampf ums Überleben. Die meisten Deutschen sind mit sich selbst beschäftigt. Nie wieder Krieg, aber auch nie wieder Politik – so empfinden es wohl die meisten. In den Hörsälen sitzen Studenten, die im Krieg gekämpft haben. Aus den einst fanatisierten Hitlerjungen ist eine desillusionierte, skeptische Generation geworden. Sie will nach den Schrecken und Enttäuschungen, die hinter ihr liegen, nichts mehr hören von Staat und Nation, sondern zieht sich zurück ins Private.

Die ersten ernsthaften Versuche, sich mit der Vergangenheit auseinander zu setzen, versickern bald. Die Deutschen verdrängen. In den Standardwerken für die Geschichtsstudenten ist der Erste Weltkrieg immer noch ein »Verteidigungskrieg«. In den Schulen hört der Geschichtsunterricht meist vor dem Jahr 1933 auf. Hitler, so erfahren die Schüler, war die Folge eines schrecklichen Versailler Friedens und der von den Weimarer Regierungen bewiesenen Unfähigkeit, etwas gegen die Arbeitslosigkeit zu unternehmen. Die aus dem Exil zurückkehrenden Emigranten werden nicht willkommen geheißen. Im Gegenteil, in den Zeitungen ist nicht selten zu lesen, sie hätten während des Krieges bequem im Ausland gelebt, während man selbst den Schrecken von Bomben und Kriegseinsatz ausgeliefert gewesen sei. Die Bücher von Heinrich Mann, Lion Feuchtwanger oder Alfred Döblin verschwinden Ende der vierziger Jahre aus den Regalen der westdeutschen Buchhandlungen. Die Deutschen sehen sich als Opfer. Der Bombenkrieg gegen ihre Städte, der Verlust der Ostprovinzen, die Not des Nachkriegsalltags oder die »Willkür« der Besatzungsmächte werden laut beklagt. Von ihrer Täterrolle wollen viele nichts wissen.

Deutschland wird geteilt

Es gärt zwischen den Besatzungsmächten. Aber irgendwie rauft man sich immer wieder zusammen, bis schließlich der Streit im Berliner Kontrollrat eskaliert.

Stalin registriert mit wachsendem Ärger, dass die Westmächte unter der Führung Amerikas eine Neuorientierung ihrer Deutschlandpolitik ins Auge fassen. Er fordert zwar ebenfalls eine zentrale Verwaltung, wehrt sich aber gegen eine deutsche Regierung, die aus allgemeinen und freien Wahlen hervorgeht. Unbeeindruckt davon gehen die Westmächte jetzt eigene Wege. In ihren Zonen werden die Länder wieder errichtet, Nordrhein-Westfalen und Rheinland-Pfalz werden neu gegründet. Die Amerikaner haben bereits 1945 Ministerpräsidenten ernannt, die gemeinsam über die Belange der Länder beraten und die Anordnungen der Besatzungsmacht durchführen. Jetzt dürfen die Deutschen ihre Landtage selbst wählen.

Das geht nicht ohne politische Parteien. Seit Sommer 1945 wird in allen Zonen über deren Gründung nachgedacht. Die SPD findet in Hannover ihre erste Anlaufstelle. Dort organisiert Kurt Schumacher den Neuaufbau. In Nordrhein-Westfalen sammeln sich ehemalige Zentrumspolitiker. Bald übernimmt der Ex-Oberbürgermeister von Köln, Konrad Adenauer, den Vorsitz der Christlich Demokratischen Union (CDU), die an die Stelle des Zentrums tritt. Die CDU in Berlin wird von Jakob Kaiser geleitet, an der Spitze der Berliner SPD steht Ernst Reuter. In Bayern bildet sich ebenfalls eine christliche Partei, die CSU. Sie wird ab 1949 im Bundestag eine Fraktionsgemeinschaft mit der CDU eingehen. Ganz ähnlich hielten es im Reichstag der Weimarer Republik das Zentrum und die Bayerische Volkspartei. Im Südwesten und in Hessen formieren sich die Liberalen zur Freien Demokratischen Partei (FDP). Aus ihren Reihen kommt der erste Bundespräsident, Theodor Heuss. Am linken und am rechten Rand entstehen weitere Parteien, die in den Anfangsjahren der Bundesrepublik noch eine gewisse Rolle spielen. Ihre Wähler wenden sich aber bald der CDU oder der SPD zu. Ein Sammelbecken alter Nationalsozialisten ist die Sozialistische Reichspartei, die im Oktober 1952 verboten wird. Im August 1956 ereilt die KPD das gleiche Schicksal. Die Parteigründungen sind ein erster Schritt in Richtung Demokratie. Die Alliierten unterstützen den Prozess und setzen deutliche Zeichen.

Am 6. September 1946 erklärt der amerikanische Außenminister James F. Byrnes im Stuttgarter Staatstheater in einer aufsehenerregenden Rede, Washington werde sich für die Bildung einer zentralen deutschen Verwaltung einsetzen. Es ist der erste wichtige Durchbruch, der drei Jahre später zur Gründung der Bundesrepublik führt.

Am 5. Juni 1947 stellt der neue amerikanische Außenminister George C. Marshall dann ein Programm »gegen Hunger, Armut, Verzweiflung und Chaos«

in Aussicht. Der »Marshall-Plan« ist ein Startschuss. Amerika wird mit seiner Wirtschaftshilfe einen wichtigen Beitrag zum Wiederaufbau Deutschlands leisten. In Bonn beginnen die Parteien auf Anweisung der Westalliierten im Parlamentarischen Rat eine Verfassung auszuarbeiten. Präsident der Versammlung ist Konrad Adenauer. In Frankfurt trifft sich der Wirtschaftsrat, der Vorschläge für die zukünftige Wirtschaftsordnung erarbeiten soll. Sein Kopf ist der Nationalökonom Ludwig Erhard.

Am 21. Juni 1948 erfolgt einer der wichtigsten Schritte für die wirtschaftliche Erholung und den politischen Neuaufbau Deutschlands: die Währungsreform. Die Reichsmark wird durch die Deutsche Mark ersetzt. Jedermann erhält eine »Kopfquote« von 40 Mark, einige Monate später weitere 20 Mark. Am nächsten Tag entdecken die verblüfften Stadtbummler ein bis dahin unvorstellbares Warenangebot. Die Schaufenster sind voll. Zwar haben die meisten Deutschen nicht sehr viel Geld, aber die Mangelwirtschaft ist sozusagen über Nacht verschwunden. Die Geldumstellung trifft die Sparer allerdings hart und begünstigt die Besitzer von Häusern und Grundstücken, Aktien oder gehorteten Konsumgütern. Es dauert also noch einige Zeit, bis der Konsumrausch der Nachkriegsjahre seinen Beitrag zum Wirtschaftswunder leistet.

Der Konflikt mit der sowjetischen Führung spitzt sich zu. Stalin ist sich bewusst, dass die Währungsreform die Abkopplung der Sowjetzone vom westlichen Teil des Landes nach sich ziehen wird. Er verlangt von den Westmächten, Westberlin von der neuen Währung auszuschließen. Als diese ablehnen, sperren die Sowjets am 24. Juni alle Land- und Wasserwege, die vom Westen in die geteilte Stadt führen. Die Berliner sind von jeglicher Versorgung abgeschnitten. Sie können noch nicht einmal mehr zu den Bauern aufs Land fahren. Die Amerikaner und Engländer antworten bereits zwei Tage später mit einer logistisch einmaligen Aktion auf die Blockade. Ununterbrochen landen die »Rosinenbomber« auf dem Flugplatz Tempelhof und bringen der Zivilbevölkerung Lebensmittel, Rohstoffe und Brennmaterialien. In den 462 Tagen der Berliner Blockade transportieren rund 380 britische und amerikanische Flugzeuge in 277 264 Flügen fast 2 Millionen Tonnen Waren nach Westberlin. Am 12. Mai 1949 hebt Stalin die Blockade wieder auf. Kaum etwas hat den Westalliierten mehr Sympathien in der deutschen, besonders in der Berliner Bevölkerung eingebracht als die Luftbrücke.

Am 8. Mai 1949 ist es dann so weit. Der Parlamentarische Rat verabschiedet mit Mehrheit das Grundgesetz, die Verfassung der Bundesrepublik Deutschland. Der Westen des Landes hat nach 200 Jahren wieder den Anschluss an die politischen Entwicklungen seiner Nachbarn gefunden. Die BRD ist eine parlamentarische Demokratie, ausgerichtet auf die Ideale, Freiheits- und Menschenrechtspostulate der amerikanischen und französischen Revolutionen. Nach den Erfahrungen des Dritten Reiches gewinnen die ersten 20 Artikel, die so genannten Grundrechte, eine besondere Bedeutung. Sie garantieren die Bürgerrechte gegenüber dem Staat. Die Bundesrepublik ist föderalistisch organisiert. Die Länder haben über den Bundesrat ein wichtiges politisches Mitspracherecht. Der Bundestag wählt den Kanzler. Sein Sturz ist nur möglich, wenn die Mehrheit für einen neuen Regierungschef gesichert ist. Der Bundespräsident übernimmt eine repräsentative Rolle und ist im Vergleich zu den früheren Oberhäuptern ein politisches Leichtgewicht. Man hat aus den Weimarer Fehlern gelernt. Die Wirtschaftsordnung des neuen Staates ist liberal und lehnt sich an das amerikanische Wirtschaftssystem an. Markt und Wettbewerb, freie Preisbildung und eine ausgewogene Kräftebalance zwischen Arbeitnehmern und Arbeitgebern bilden den Kern. In den kommenden Jahren wird das marktwirtschaftliche Prinzip mit einer Sozialgesetzgebung angereichert, weshalb bald alle Welt nicht ohne Bewunderung von der »sozialen Marktwirtschaft« spricht. Eine gewichtige Rolle zum Schutz der Demokratie spielt überdies das Bundesverfassungsgericht. Allerdings ist das Grundgesetz nach dem Willen ihrer Schöpfer eine »provisorische« Verfassung, deren endgültige Ausformulierung erst erfolgen soll, wenn alle Bürger, auch die der Sowjetzone, mitentscheiden können. Diese Vision aber ist vorerst in weite Ferne gerückt.

Der Westen hat Tatsachen geschaffen, die die Machthaber im Osten nicht ignorieren können. Die Verlierer der Entwicklung sind die rund 16 Millionen Deutschen in der Sowjetzone. Schon in den letzten Kriegstagen hat Stalin eine Gruppe deutscher Kommunisten aus dem sowjetischen Exil nach Berlin geschickt. Unter Leitung des ehemaligen sächsischen KPD-Reichtagsabgeordneten Walter Ulbricht sollen sie einen sozialistisch ausgerichteten »Arbeiter- und Bauernstaat« aufbauen. Während Moskau und die Kommunistische Partei noch versuchen, nach außen hin eine gesamtdeutsche Gemeinsamkeit aufrechtzuerhalten, arbeiten auch sie längst hinter den Kulissen an einem deutschen Staat – nach sowjetischem Vorbild. Die ersten Schritte sind hier eine Bodenreform und eine Welle von Enteignungen. Die Bodenreform startet 1945 unter der Parole »Junkerland in Bauernhand«. Insgesamt 3,3 Millionen Hektar werden den Besitzern entschädigungslos genommen, ein Drittel des Bodens geht in Staatsbesitz über. Im Oktober 1945 verfügen die sowjetischen Besatzer die Beschlagnahmung des Eigentums der NSDAP, der Wehrmacht und der Betriebe von »Kriegsverbrechern und Naziaktivisten«. Bis 1948 werden etwa 10 000 Industriebetriebe enteignet. Die industrielle Produktion liegt fortan in den Händen der »Volkseigenen Betriebe«. Parteien und auch Wahlen werden zugelassen, stehen allerdings unter scharfer Kontrolle. Moskau unterstützt die Kommunistische Partei mit allen Mitteln. Trotzdem muss Ulbricht bei den Landtags- und Kommunalwahlen in der Sowjetzone rasch erkennen, dass die Partei weit davon entfernt ist, Mehrheiten zu erringen. Also führt er die Mehrheit auf anderem Wege herbei. 1946 zwingt er die Sozialdemokraten und deren Vorsitzenden Otto Grotewohl zu einer Vereinigung mit der Kommunistischen Partei. Die neue Gruppierung nennt sich Sozialistische Einheitspartei Deutschlands (SED). Die anderen Parteien – die Ost-CDU, die Liberale Deutsche Partei (LDP) oder die Nationaldemokratische Partei Deutschland (NDPD) – verlieren ihre Rolle als eigenständige Oppositionsparteien und werden in den »Block der antifaschistisch-demokratischen Parteien« hineingezwungen. Damit gibt es in einem Teil Deutschlands bald wieder einen Einparteienstaat.

Zuerst empfinden viele Menschen den Sozialismus, wie er angeblich in der Sowjetzone geplant und entwickelt wird, als notwendige Antwort auf den Nationalsozialismus. Viele sozialdemokratische, kommunistische oder parteilose linke Exilanten kehren nach Deutschland zurück und sehen ihre Zukunftsvisionen eher in der Sowjetzone als bei den Briten, Franzosen oder Amerikanern erfüllt. Allgemein herrscht in Europa eine wachsende Skepsis gegenüber den kapitalistischen Wirtschaftssystemen. In Frankreich erringt die kommunistische Partei große Siege und in England hat die Arbeiterpartei die Regierung übernommen. Die deutschen Kommunisten versuchen diese Stimmung zu nutzen. Aber Ulbricht und seine Genossen verlieren sehr schnell ihre Glaubwürdigkeit. Schon früh wird durch zahlreiche Verhaftungen, durch die schrecklichen Zustände in den Gefangenenlagern – die wie in Buchenwald zum Teil in ehemaligen KZ entstehen – und durch die Zwangsenteignungen sichtbar, welchen Weg die neuen Machthaber im Osten einschlagen. Dabei sind sie nicht frei in ihrem Handeln, sondern stehen bis kurz vor dem Ende des Staates, den sie dann gründen, unter der Befehlsgewalt der Sowjetunion.

Mit jedem Schritt, den die Westzonen auf die Gründung der Bundesrepublik zugehen, vertieft sich die Teilung Deutschlands. Die Sowjetunion antwortet mit einer großen »Volkskongress-Bewegung«, die sie in der Ostzone inszenieren lässt. So erhält auch Ulbricht – parallel zur Arbeit des Parlamentarischen Rates im Westen – den Auftrag, eine eigene Verfassung und die Etablierung eines eigenen Staates vorzubereiten. Am 7. Oktober 1949 – fünf Monate nach der Verabschiedung des Grundgesetzes im Westen – proklamiert der Deutsche Volksrat die Deutsche Demokratische Republik (DDR). Staatspräsident wird der Kommunist Wilhelm Pieck, Ministerpräsident der ersten Regierung der ehemalige Sozialdemokrat Otto Grotewohl und der mächtige Mann im Hintergrund bleibt Walter Ulbricht. Schon vor der Staatsgründung haben sich viele Zonenbewohner in Richtung Westen aufgemacht.

Konrad Adenauer (1876–1967)

In der Bundesrepublik rückt mit der Verkündigung des Grundgesetzes ein Mann in den Mittelpunkt der deutschen Politik, der in den kommenden knapp 20 Jahren die Geschicke des Landes lenken wird: Konrad Adenauer. Er wird am 15. September 1949 mit einer Stimme Mehrheit, und zwar seiner eigenen, zum ersten Kanzler der Bundesrepublik Deutschland gewählt. Zu diesem Zeitpunkt ist Adenauer bereits 73 Jahre alt. Fast alle glauben, er sei nur ein Übergangskanzler. Er selbst hat das seinen Parteifreunden auch so signalisiert, um sich die Wahl zu sichern. Doch erst am 15. Oktober 1963, also 14 Jahre später, wird der 87-Jährige Abschied von der so geliebten Macht nehmen. Er tut es nicht freiwillig, sondern die politischen Umstände zwingen ihn dazu.

Als er sein Amt antritt, wird er Kanzler eines noch immer unter einem Besatzungsstatut stehenden Landes, in dem die Städte in Trümmern liegen, große Wohnungsnot und hohe Arbeitslosigkeit herrschen. Als er es verlässt, ist Westdeutschland wieder eines der reichsten Länder der Welt. Eine außergewöhnliche politische Karriere. Als kürzlich eine Fernsehanstalt den „größten Deutschen" küren ließ, entschieden sich die meisten Zuschauer für Konrad Adenauer.

Adenauer stammt aus einer katholischen Kleinbürgerfamilie und wird in Köln geboren. Er studiert Jura und tritt 1906 der Zentrumspartei bei. 1908 wird er erster Beigeordneter der Stadt Köln, von 1917 bis 1933 ist er Oberbürgermeister in der Domstadt. In seine Amtszeit fallen beachtliche Investitionen, die Gründung der Universität und der Messe, der Bau der Kölner Grünanlagen und der Mülheimer Brücke. Adenauer fördert zahlreiche Industriegründungen. 1926 wird der erfolgreiche Kommunalpolitiker als Kanzlerkandidat der Zentrumspartei ins Gespräch gebracht, aber die Wahl fällt dann doch auf seinen Parteifreund Wilhelm Marx. 1933 jagen die Nationalsozialisten Adenauer aus seinem Amt, weil er sich weigert, bei einem Wahlkampfbesuch Hitlers die Kölner Brücken mit Hakenkreuzfahnen schmücken zu lassen. Sowieso ist er als einer der bekanntesten Zentrumspolitiker den neuen Herren ein Dorn im Auge. Der Oberbürgermeister a.D. erkämpft sich mit Erfolg seine Pension, baut sich ein Haus in Rhöndorf im Siebengebirge und überlebt dort weitgehend isoliert das Dritte Reich. 1944 soll er im Zuge der Terrorwelle nach dem Attentat vom 20. Juli verhaftet werden und sucht Zuflucht im Kloster Maria Laach. Unter dem Druck der Gestapo gibt seine Frau den Aufenthaltsort preis und es kommt zur Festnahme. Die wenigen Tage in Gestapohaft haben Gussie Adenauer seelisch tief belastet, und sie hat sich davon nie mehr erholt. Adenauer wird nach einigen Wochen wieder entlassen.

Nach Kriegsende beruft ihn die englische Besatzungsmacht in sein altes Amt, er wird wieder Oberbürgermeister im fast vollständig zerstörten Köln. Schon nach wenigen Monaten überwirft er sich mit den Engländern, worauf nun sie ihn entlassen. Gedrängt von alten Zentrumsfreunden beteiligt sich der neuerliche Oberbürgermeister a.D. an den Debatten um eine Neugründung der Partei, die schließlich mit einem neuen Programm und unter dem Namen Christlich-Demokratische Union (CDU) entsteht. Mit Geschick und Machtinstinkt setzt er sich in fast allen wichtigen Sachfragen und Personalentscheidungen durch. Die Übernahme des Präsidentenamtes im Parlamentarischen Rat stellt die entscheidende Weiche für den Griff zum höchsten Amt im neuen Staat. Sein Einfluss auf die Verfassungsberatungen ist beträchtlich und rasch erkennt er die Bedeutung der marktwirtschaftlichen Ordnungsvorstellungen, die Ludwig Erhard entwickelt. Er macht sie sich zu eigen und gewinnt den parteilosen Wirtschaftsfachmann für seinen Wahlkampf. Auch dass die neue Hauptstadt Bonn heißt, ist auf seine diplomatischen und intriganten Fähigkeiten zurückzuführen. So hat er es nicht weit von seinem Haus in Rhöndorf zum neuen Arbeitsplatz auf der anderen Rheinseite.

Das katholische Milieu hat diesen Politiker lebenslang geprägt. Er ist ein gläubiger Mensch, aber wehrt sich als Politiker auch gegen die Ansprüche des Klerus. Er ist Demokrat, aber Toleranz und Liberalität bleiben bei ihm immer begrenzt. Adenauer ist ein Patriarch, er entscheidet autoritär und strapaziert, wenn es seiner Politik und seiner Karriere dient, auch die Verfassung. Schon als Oberbürgermeister handelt er selbstbewusst und entscheidungsfreudig. Ideologie ist ihm fremd, er sucht sich zur Durchsetzung seiner Ziele die Partner, die er braucht. Als es im Köln der zwanziger Jahre um die Zustimmung des Stadtrats zum Bau der Mülheimer Brücke geht, macht er sogar mit den Kommunisten Politik.

Adenauer ist ein Vereinfacher und kein Intellektueller, der zögert. Das drückt seiner Politik den Stempel auf. Sein Weltbild ist klar und unverrückbar: die

Werte des christlichen Abendlandes, die Hinwendung zum Westen, was für ihn als Rheinländer fast selbstverständlich ist, und die Eindämmung aller linken, im konkreten Fall sozialdemokratischen und kommunistischen Kräfte. Der gemütliche rheinische Tonfall, seine Neigung zum scherzhaften Fabulieren und die Leidenschaft, mit der er Boccia spielt, täuschen die Zuhörer. Er ist hart, im Alter zynisch und in Wahlkämpfen diffamiert er seine Gegner, dass es dem Beobachter schwer fällt zu glauben, hier rede ein Christ. Bei den Bundestagswahlen 1961 hat er keine Skrupel, in seinen Wahlreden auf die uneheliche Geburt seines Kontrahenten, des SPD-Kanzlerkandidaten Willy Brandt, hinzuweisen.

Die Erfolge, die die Bundesrepublik in der Ära Adenauer zu verzeichnen hat, sind groß. Unter seiner Kanzlerschaft entwickelt sich das »Wirtschaftswunder«. Die Bundesrepublik wird gleichberechtigtes Mitglied im Nordatlantischen Verteidigungsbündnis, der NATO. Die jahrhundertealte Feindschaft zwischen Deutschland und Frankreich wird durch den deutsch-französischen Vertrag beendet. Adenauer gehört zu den Politikern, die ganz entschieden für die europäische Einigung eintreten, und er unterzeichnet gemeinsam mit fünf Staatschefs 1957 in Rom den Gründungsvertrag der Europäischen Wirtschaftsgemeinschaft. Unversöhnlich ist seine Politik gegenüber der Sowjetunion und der DDR. Er hat die Teilung Deutschlands damit nicht gemildert, sondern verschärft.

Als er die Macht verliert, verbittert er. Wie Bismarck kritisiert er seine Nachfolger und äußert öffentlich dunkle Untergangsängste, weil die Bundesrepublik und Europa nicht mehr seiner Politik folgen. Er schreibt viel gelesene *Erinnerungen*, nach denen er natürlich immer alles richtig gemacht hat.

Wirtschaftswunderzeiten

Frei und ohne Druck haben die Deutschen zum letzten Mal im November 1932 ein nationales Parlament gewählt. 17 Jahre später, am 14. August 1949, stimmen sie im westlichen Teil des Landes über die Besetzung des ersten Bundestages ab. Ein wichtiger Einschnitt und ein hoffnungsvoller Neubeginn. Das Ergebnis ist eine Überraschung. Die CDU und ihr bayerischer Partner, die CSU, erringen 31 Prozent der Stimmen und stellen damit die stärkste Fraktion. Die SPD erreicht 29,2 Prozent. Ein äußerst knapper Vorsprung, aber mit Hilfe der kleineren bürgerlichen Parteien kann Adenauer eine Regierungskoalition bilden und die Sozialdemokraten auf die Oppositionsbänke verbannen. Ihr Kanzlerkandidat Kurt Schumacher und große Teile der Partei haben fest mit einem Sieg gerechnet. Sie sehen sich als die politische Kraft im Land, die dem Nationalsozialismus Widerstand geleistet hat, und sind davon überzeugt, dass nach dem Versagen der bürgerlichen Kräfte in den späten Weimarer Jahren nun ihre Stunde schlägt. Ihr von den physischen Qualen einer langen KZ-Haft gezeichneter Vorsitzender verkörpert diese Haltung in allen seinen Wahlkampfreden. Umso verbitterter reagiert der selbstbewusste Schumacher auf die Niederlage.

Die Wahl ist zukunftsweisend. Die SPD hat sich im Wahlkampf für eine Verstaatlichung der Schwerindustrie eingesetzt. Kurt Schumacher greift die Besatzungsmächte mit scharfen Tönen an und fordert eine nationale, also von den Westmächten unabhängige Politik der neuen deutschen Demokratie. Die Leidenschaft reißt ihn immer wieder zu Äußerungen hin, die auf viele Wähler befremdend wirken. Berühmt wird seine später im Bundestag geäußerte Bemerkung, Adenauer sei der »Kanzler der Alliierten«. Adenauer ist geschmeidig. Die Besatzungsmächte sehen in ihm einen leichter zu handhabenden künftigen Verhandlungspartner und verheimlichen dies auch nicht. Die Nachrichten über Enteignungen und Unterdrückung in der Sowjetzone lassen das Misstrauen vieler westdeutscher Wähler gegenüber den linken Parteien wachsen. Der Anti-Kommunismus beginnt sich zu regen. Die KPD erreicht aus diesem Grund nur 5,7 Prozent.

Adenauer nutzt diese Ängste und macht in seinen Reden kaum einen Unterschied zwischen Kommunisten und Sozialdemokraten. Ein Rezept, das er auch in künftigen Wahlkämpfen erfolgreich einsetzt. Zudem haben die Christdemokraten mit Ludwig Erhard schon bei dieser Abstimmung eine Wahlkampflokomotive auf ihrer Seite. Die innenpolitischen Ziele der ersten Regierung Adenauer sind auf die Beseitigung der immer noch großen wirtschaftlichen Not ausgerichtet. Und dafür steht Erhard. Das Land braucht Arbeitsplätze und Wohnraum. Am 1. Mai 1950 fällt die letzte Lebensmittelrationierung weg. Durch Subventionierung des Agrarmarktes werden die Lebensmittelpreise niedrig gehalten. Der Bund übernimmt die Kriegsopferversorgung. Eine der bedeutendsten Leistungen der Bonner Politik ist die Eingliederung der 12 Millionen Vertriebenen und Flüchtlinge. Im August 1952 verabschiedet der Bundestag das Lastenausgleichsgesetz, das für Millionen Familien, die im Osten alles verloren haben, eine wichtige Starthilfe bringen wird.

Anfang der fünfziger Jahre greifen die weltpolitischen Ereignisse erneut in die deutschen Entwicklungen ein. Am 25. Juni 1950 überschreiten Einheiten der nordkoreanischen Armee den 38. Breitengrad, um die geteilte Halbinsel gewaltsam unter kommunistischer Herrschaft zu vereinigen. Die USA schicken Truppen und China greift ein. Der Korea-Krieg beginnt. Die Rüstungspolitik in Amerika setzt eine Hochkonjunktur in Gang, die der deutschen Exportwirtschaft zugute kommt. Hinzu tritt eine allgemeine Liberalisierung des Welthandels. Auch sie öffnet der deutschen Industrie neue Märkte. Das bald so bestaunte »Wirtschaftswunder« setzt ein. Nichts wird die westdeutsche Demokratie in den kommenden Jahren stärker stabilisieren als dieser Aufschwung. Er wird Adenauers Politik in den Augen der Wähler bestätigen.

Die Bundesrepublik ist kein souveräner Staat. Ein Besatzungsstatut, das am 21. September 1949 in Kraft tritt, garantiert den drei Westmächten in Fragen der Militarisierung oder der inneren Sicherheit ein starkes Einspruchsrecht. Alle Bonner Gesetze müssen von ihnen gegengezeichnet werden. Westberlin liegt zudem mitten in der Sowjetzone. Der militärische Schutz der Amerikaner ist für Bonn lebenswichtig. So ergeben sich für Adenauer zwei vorrangige außenpolitische Ziele: Die Rückgewinnung der vollen Souveränität und die Einbindung der Bundesrepublik in das westliche Sicherheitssystem.

Die Schritte dahin geht der Kanzler konsequent und gegen den Widerstand der Opposition. Am unversöhnlichsten zeigt sich Frankreich. Am 8. Mai 1950 aber schlägt der französische Außenminister Robert Schuman in einem handschriftlich an Adenauer verfassten Brief vor, beide Länder sollten ihre Stahl- und Kohleproduktion zusammenlegen und einer gemeinsamen obersten Aufsichtsbehörde unterstellen. Paris will sich damit eine Mitkontrolle über die Schwerindustrie im Ruhrgebiet erhalten. Adenauer erkennt sofort die Chance, das schlechte Verhältnis zu Frankreich zu verbessern und das Ruhrstatut zu beenden, das bislang die deutsche Souveränität über die Stahl- und Kohleindustrie einschränkt. Für den Kanzler ist es der erste Schritt, sich dem inneren Kreis der Westmächte als gleichberechtigter Partner zu nähern. Am 18. April 1951 unterzeichnen Westdeutschland, Frankreich, Italien und die Benelux-Länder den Vertrag über die »Europäische Gemeinschaft für Kohle und Stahl«. Diese so genannte Montanunion bildet die Kernzelle der Europäischen Union, die in den kommenden Jahrzehnten entsteht. Die SPD verharrt dagegen in einer immer starreren Oppositionshaltung und lehnt die Zustimmung zum Vertrag ab. Schumacher wettert, das Abkommen sei »konservativ, klerikal und kapitalistisch«.

Wohl niemand in Deutschland kann sich 1950 vorstellen, dass die Bundesrepublik je wieder eine eigene Armee besitzen wird. Ein Irrtum. Der Kalte Krieg eskaliert. Die Sowjetunion startet ihren ersten erfolgreichen Atombombenversuch. In Korea ist der kalte zu einem heißen Krieg geworden. Im britischen

Unterhaus fordert Churchill einen Wehrbeitrag der Deutschen. Adenauer, an sich alles andere als ein Militarist, hat schon Ende 1949 in einem Interview mit einer US-Zeitung durchblicken lassen, Bonn sei bereit, eine Armee aufzubauen und sie an die Seite der Westmächte zu stellen. Es beginnt eine jahrelange, mit großer Leidenschaft geführte Debatte. Die Menschen gehen auf die Straße, weil sie genug von Aggression, Krieg und Zerstörung haben. Die »Nie-wieder-Krieg«-Bewegung erhält großen Zulauf und die SPD glaubt, das große innenpolitische Thema für den nächsten Wahlkampf gefunden zu haben.

Wieder erweist sich Adenauer als weitsichtiger Stratege. Am 8. Februar 1952 fällt der Bundestag gegen die Stimmen der SPD einen Grundsatzbeschluss, der zur Gründung der Bundeswehr führt. 1955 wird Adenauer die ersten Bundeswehreinheiten in Andernach am Rhein besuchen. Die Gegengabe der westlichen Alliierten ist beachtlich: Auf der Londoner Neun-Mächte-Konferenz wird im Herbst 1954 die Souveränität der Bundesrepublik und der Eintritt Bonns in die NATO verkündet. So verständlich angesichts des noch nicht einmal zehn Jahre zurückliegenden Krieges der Widerstand großer Teile der Bevölkerung gegen die Wiederaufrüstung auch ist: Nur der NATO-Beitritt garantiert im Kalten Krieg die Sicherheit Westdeutschlands. Ohne Bundeswehr aber ist er nicht zu haben. Aus der Sicht Englands und Frankreichs bleibt die neue deutsche Armee durch die westdeutsche NATO-Mitgliedschaft unter der Kontrolle des Bündnisses. Damit schwinden die Ängste vor neuen deutschen Alleingängen und die BRD weiß unmittelbar in der Nähe des Eisernen Vorhangs einen starken Verbündeten hinter sich. Denn auch nach Stalins Tod im März 1953 bleibt die Sicherheit Westeuropas bedroht. Besonders natürlich die Deutschlands. Auf dem Boden der beiden deutschen Staaten vollzieht sich ein gigantischer Truppenaufmarsch der Supermächte, begleitet von der zumindest verbal aggressiven Politik der Sowjetunion, die sich für Bonn in der heiklen Situation Westberlins widerspiegelt. Das alles gibt Adenauer in den mehrheitlichen Augen der Wähler Recht.

Schon die zweiten Bundestagswahlen am 6. September 1953 zeigen, dass die Politik des »Alten von Rhöndorf« auf eine immer breiter werdende Zustimmung stößt. Die SPD bleibt nun mit 28,8 Prozent weit hinter der CDU/CSU zurück. Schumacher ist im August 1952 gestorben. Der neue SPD-Vorsitzende heißt Erich Ollenhauer. Er ist ein redlicher Sozialdemokrat, der das Dritte Reich in Londoner Exil überlebt hat. Im Parlament und im Wahlkampf als Kanzlerkandidat seiner Partei aber bleibt er verglichen mit dem oft aufbrausenden und leidenschaftlichen Schumacher blass. Und programmatisch ist die Sozialdemokratie ohnehin in der Vergangenheit stehen geblieben. Adenauer kann in aller Ruhe sein zweites Kabinett bilden.

Geholfen hat ihm dabei zweifellos die nicht ganz so ruhige und rosige Lage im anderen Teil Deutschlands, die kurz nach Stalins Tod eskaliert. Die Planwirtschaft in der DDR kommt nicht recht voran, die Löhne der Arbeiter sinken, aber die Normen, die sie zu erfüllen haben, steigen. Die Staatsmacht verhält sich repressiv, und schon damals treibt die Staatssicherheit ihr Unwesen. Die Hoffnungen, die die Linken in ihren Arbeiter- und Bauernstaat gesetzt haben, weichen schnell der Ernüchterung. Am 17. Juni 1953 entlädt sich erstmals öffentlich die Wut der Werktätigen. Es kommt zum Arbeiteraufstand. Die Brutalität, mit der die sowjetischen Panzer die Demonstranten in Ostberlin niederwalzen, zeigt auch den Wählern im Westen, dass der »realexistierende Sozialismus« keine glaubwürdige Alternative zur Demokratie sein kann.

In der Bundesrepublik aber geht es bergauf. Die gesetzliche Rentenversicherung für Arbeiter und Angestellte wird eingeführt und die Arbeitslosigkeit beginnt kontinuierlich zu sinken. 1955 sind noch 928 000 Menschen ohne Arbeit. Die Arbeitslosenquote liegt bei 5,2 Prozent. Fünf Jahre später beträgt sie nur noch 1,2 Prozent. Im September 1955 reist Adenauer nach Moskau. Es geht um die Aufnahme diplomatischer Beziehungen. Das Klima zwischen beiden Staaten kann schlechter nicht sein und die Gespräche bleiben frostig. Adenauer droht zwischenzeitlich mit der vorzeitigen Abreise. Am Ende jedoch wird eine Vereinbarung unterschrieben. Bonn und Moskau tauschen Botschafter aus. Wichtiger: Adenauer erreicht, dass die letzten deutschen Kriegsgefangenen aus den sowjetischen Lagern entlassen werden. 10 000 haben überlebt, und ihre Rückkehr wird in der Bundesrepublik mit großen Emotionen aufgenommen. Im Auffanglager Helmstedt steigen ausgemergelte Männer aus den Eisenbahnabteilen. Weinende Mütter und Ehefrauen, stumme verlegene Kinder, die zum ersten Mal ihren Vater sehen, schließen sie in ihre Arme. Die Wochenschaubilder, die diese Szenen in allen Kinosälen zeigen, erschüttern die Menschen. Zu verdanken haben sie dies dem Bundeskanzler. Adenauer gewinnt zwei Jahre später bei den Wahlen die absolute Mehrheit. Er steht auf dem Zenit seines Ansehens und seiner Macht. Die Menschen beginnen von der »Adenauer-Ära« zu sprechen und die Verehrung für den greisen Patriarchen reicht über den Kreis der CDU-Wähler hinaus.

Der Abstieg ist zunächst kaum spürbar. Der neue starke Mann in Moskau, Nikita Chruschtschow, beginnt seine Berlin-Krisen zu inszenieren. 1958 kündigt er in einer Note an die drei Westmächte den Vier-Mächte-Status von Berlin auf.

Alle Truppen sollen aus der Stadt abgezogen werden und Westberlin den Status einer »entmilitarisierten Freien Stadt« erhalten. Moskau trifft den Westen an seiner verwundbarsten Stelle. Es folgen Drohungen, verbale Rückzüge und internationale Konferenzen, bei denen die Vertreter der beiden deutschen Staaten zunächst an den »Katzentisch« verbannt werden, also wenig zu sagen und fast gar nichts zu entscheiden haben. Im Grunde geht es um die immer stärker anschwellende Zahl der Flüchtlinge, die die DDR über das offene Berlin verlassen und damit der »sozialistischen Alternative« eine klare Absage erteilen. Seit 1949 sind fast 2,6 Millionen Menschen diesen Weg gegangen.

Am 13. August 1961 beginnen DDR-Bautrupps die Berliner Mauer zu errichten. Sie riegelt den Ostteil der Stadt von seinem Westteil ab. Ulbricht will den Flüchtlingsstrom beenden und »mauert« seine DDR-Bürger kurzerhand ein. Er stellt sie vor vollendete Tatsachen. Wer in den Westteil der Stadt gefahren ist, läuft Gefahr am Abend nicht mehr zurückkehren zu können. Familien werden auf Jahrzehnte voneinander getrennt. Die Menschen beobachten fassungslos auf beiden Seiten, wie der »antifaschistische Schutzwall« zwischen ihnen und ihren Nachbarn, Freunden und Verwandten zu einer unüberwindlichen Barriere hochgezogen wird. Die Mauerbauer gehen rigoros vor. Dort wo die Grenze an Häuserfassaden entlang läuft, zementieren sie die Fenster, damit sich keine Flüchtlinge wie in der Bernauer Straße in die westliche Freiheit stürzen. Das Bild vom Soldaten der Nationalen Volksarmee, der in letzter Minute über den Stacheldraht springt, ist in allen Geschichtsbüchern zu finden. Heute, wo kaum noch Reste der Mauer übrig geblieben sind, verblassen die Erinnerungen so langsam daran, was für einen tiefen Graben die Mauer mitten durch Deutschland gezogen hat. In den kommenden Jahren ist er dann noch tiefer geworden. Die DDR baut auch die übrigen Grenzen aus. Selbstschussanlagen, Todesstreifen und der Schießbefehl für die Grenztruppen empören die westdeutschen Parteien. Viele DDR-Bürger verlieren ihr Leben, wenn sie auf abenteuerlichen Wegen in Tunneln, Ballons oder durch die Ostsee schwimmend in den Westen flüchten.

Als die Bautrupps im Osten sich an die Arbeit machen, steht die Bundesrepublik vor Neuwahlen. Adenauer unterbricht seinen Wahlkampf zunächst nicht. Er scheint die Dimension der Berliner Ereignisse nicht zu erkennen. Verwundert reagieren die westdeutschen Medien, verärgert die Berliner Bürger auf diese Haltung des Kanzlers. Der junge Regierende Bürgermeister von Berlin, der Sozialdemokrat Willy Brandt, verdammt dagegen den Mauerbau sofort. Er stellt sich auf die Seite der betroffenen Menschen, ruft sie zu Ruhe und Besonnenheit und die Westmächte zu Reaktionen auf.

Drei Wochen später wählen die Westdeutschen. Adenauer verliert die absolute Mehrheit. Die CDU/CSU bleibt zwar mit 45,3 Prozent die stärkste Partei, aber die SPD springt auf 36,2 Prozent hoch. Sie hat sich zwei Jahre zuvor auf dem Godesberger Parteitag inhaltlich reformiert. Bald bekennen sich die Sozialdemokraten öffentlich zur deutschen Wiederbewaffnung und zur Westbindung Bonns. Mit ihrem Kanzlerkandidaten Willy Brandt hat Adenauer nun auch einen Gegner, der nicht die Vergangenheit, sondern die Zukunft zu vertreten scheint und zudem durch die Ereignisse beim Mauerbau zu einer Integrationsfigur herangewachsen ist. Der starke Mann im Hintergrund heißt Herbert Wehner. Der ehemalige Kommunist treibt seine Partei zu den notwendigen Reformen, die ihr endlich die Macht in Bonn bringen sollen. Und in Hamburg macht sich im Februar 1962 der sozialdemokratische Innensenator Helmut Schmidt bei der Bekämpfung einer verheerenden Sturmflut einen Namen. Das Dreiergespann Brandt, Wehner und Schmidt wird die SPD in den Augen der Wähler regierungsfähig machen.

Willy Brandt (1913–1992)

Neben Konrad Adenauer war der Sozialdemokrat Willy Brandt der Kanzler, der die bundesdeutsche Politik am einschneidendsten prägte. Er war zwar nur knapp fünf Jahre Regierungschef, aber 23 Jahre lang SPD-Vorsitzender und genoss als Präsident der Sozialistischen Internationale und der Unabhängigen Nord-Süd-Kommission, die Lösungen zur Überwindung des Gefälles zwischen den armen und reichen Staaten der Welt sucht, internationales Ansehen. Vor allem für die Jugend war er in den sechziger und frühen siebziger Jahren der Hoffnungsträger einer neuen Politik. Er gehörte zum »anderen Deutschland«, denn er ging als junger Mann 1933 nach Skandinavien ins Exil und kämpfte in verschiedenen Widerstandsbewegungen gegen das Nazi-Regime. Brandt war ein charismatischer Politiker. Sein »Kniefall« vor dem Mahnmal für die Opfer des Aufstandes im Warschauer Ghetto 1944 brachte ihm weltweite Anerkennung. Für seine Friedenspolitik im Zusammenhang mit den Ost- und Deutschlandverträgen erhielt er 1971 den Friedensnobelpreis.

Geboren wird Brandt als Sohn einer Arbeiterfrau und uneheliches Kind in Lübeck. Sein Geburtsname ist Herbert Frahm, und Willy Brandt wird erst im Exil sein Deckname, den er dann bis zum Lebensende beibehält. Politisch geprägt hat ihn sein sozialdemokratischer Großvater. 1930 schließt er sich der SPD an und wird schon bald Mitglied einer linken Absplitterung, der Sozialistischen Arbeiterpartei (SAP). Auf einem Fischerboot flieht er nach Dänemark und dann weiter nach Norwegen. Dort schreibt er für verschiedene linke Zeitungen, kehrt für einige Monate als Verbindungsmann der Exil-SPD nach Berlin zurück und wird im Spanischen Bürgerkrieg Korrespondent. Nach der Besetzung Norwegens durch die Wehrmacht lebt Brandt in Schweden. Er wird norwegischer Staatsbürger. 1945 kehrt er als Zeitungskorrespondent nach Westberlin zurück. Drei Jahre darauf ernennt ihn Kurt Schumacher zum Vertreter des SPD-Parteivorstands in der geteilten Stadt. Brandt nimmt wieder die deutsche Staatsangehörigkeit an. 1953 wird er zuerst Präsident des Abgeordnetenhauses in Westberlin, dann1957 Regierender Bürgermeister.

Bei vielen seiner Anhänger hat Brandt den Eindruck eines sensiblen, weichen und nicht von der Macht beherrschten Politikers hervorgerufen. Dies traf sicher einen Bereich seines Charakters. Er war ein Melancholiker und neigte als Kanzler dazu, Entscheidungen hinauszuzögern, sich nicht – wie etwa Adenauer – gegen innerparteiliche Intrigen oder die Eitelkeiten seiner Minister mit der nötigen Härte zu wehren. Aber wer Parteivorsitzender und Kanzler wird, dem sind die Mechanismen der Macht nicht fremd und der weiß sie auch für die eigene Karriere zu nutzen. Zum Drama der SPD in den siebziger Jahren gehörte es, dass sich die führenden Männer der Partei – Brandt, Wehner, Schmidt – nicht nur politisch, sondern auch menschlich und zum Schaden der Sozialdemokratie auseinander lebten.

Brandt hat zahlreiche Bücher geschrieben, darunter seine Memoiren. Der frühere Journalist war ein vorzüglicher Autor, der sich nicht scheute, sein eigenes Handeln kritisch zu reflektieren. So behält Brandt in seinen *Erinnerungen*, ganz im Gegensatz zu Adenauer, nicht immer Recht.

Adenauers Reaktion auf den Mauerbau zeigt, dass an ihm das Alter und die Zeit nicht spurlos vorbeigegangen sind. Schon nach seinem Wahlsieg von 1957 zeichnet sich ab, dass die beiden Supermächte sich auf einen Status quo eingestellt haben. Um einen drohenden Atomkrieg zu vermeiden, respektieren sie ihre durch den Eisernen Vorhang abgesteckten Interessenssphären. Damit akzeptieren die Westmächte stillschweigend die Existenz von zwei deutschen Staaten. Während Adenauer noch immer behauptet, oberstes Ziel seiner Politik sei die Wiedervereinigung, wächst bei den Verbündeten der Ärger über die ständigen deutsch-deutschen Querelen. Die Doktrin der Bonner Regierung, keine diplomatischen Beziehungen zu Staaten aufzunehmen, die die DDR anerkennen, führt in eine Sackgasse. Adenauers starre Haltung droht die Bundesrepublik international zu isolieren. Den Wahlkampf von 1961 gewinnt er noch knapp. Aber die FDP macht ihre Koalition mit der CDU von seiner Zusage abhängig, dass er in der Mitte der Legislaturperiode zurücktreten wird. Adenauers ungeliebter Nachfolger heißt Ludwig Erhard.

Im selben Jahr wird der junge John F. Kennedy Präsident der Vereinigten Staaten. Der Bundeskanzler, dessen Amerikareisen in den westdeutschen Medien stets ein großes Ereignis gewesen sind und der mit Präsident Eisenhower, vor allem aber mit dessen Außenminister John Forster Dulles in der Einschätzung der kommunistischen Gefahr einig ist, kann mit dem neuen Mann in Washington, der sein Enkel sein könnte, herzlich wenig anfangen. Seine Landsleute dagegen bewundern den jugendlichen Optimismus, den der dynamische – und gut aussehende – Kennedy in seine Politik einfließen lässt. Die Kuba-Krise, die die Welt 1962 an den Rand eines Atomkrieges bringt, macht den Supermächten deutlich, wohin das Spiel mit dem Feuer führen kann. Moskau zieht seine, die USA unmittelbar bedrohenden Mittelstreckenraketen von der Insel ab und Washington akzeptiert im Gegenzug die politischen Realitäten in Europa. Der neue Präsident will Ruhe an der deutsch-deutschen Grenze.

In der Bundesrepublik sind die fünfziger Jahre ein scheinbar unentwegter Aufstieg und (West-)Deutschland ist ein Wirtschaftswunderland. Das rechnen die Westdeutschen ihrem Kanzler hoch an. Nach den Jahren der Diktatur und der Nachkriegsnot wollen sie nun endlich genießen. Der erste Kühlschrank, die erste Wohnzimmergarnitur, das erste Auto, die erste Reise in den Süden, möglichst nach Italien und im eigenen »Käfer« – das können sich zwar zunächst nur die wenigen Reichen leisten, und sie zeigen es ziemlich protzig. Aber der korpulente Optimist mit der Zigarre, Ludwig Erhard, verspricht auch dem Normalbürger eine herrliche Zukunft: »Wohlstand für alle!« Eine schöne heile Welt tut sich auf. Im Kino schluchzen die Zuschauer, wenn sich das *Schwarzwaldmädel* Sonja Ziemann von Rudolf Prack endlich in die starken Arme nehmen lässt. Und in Kurt Hoffmanns Kinohit *Wir Wunderkinder* von 1958 können die Deutschen sogar über sich lachen. Aus dem Radio plärrt das schlagersingende Kind Conny Froboess, dass sie nun die Badehose einpackt, ihr »kleines Schwesterlein« nimmt – »und dann nichts wie ab an den Wannsee« verschwindet. Das sind die idyllischen Träume der älteren Generation. Die Jugend hingegen wird »halbstark«, hört Bill Haleys *Rock around the Clock* oder Elvis Presleys *Heartbreak Hotel* und frönt aus der Sicht der Erwachsenen den Symptomen einer »ansteckenden Krankheit« namens Rock'n'Roll, bei der zu später Stunde in den Tanzsälen schon mal die Stühle fliegen. James Deans melancholisches Aufbegehren gegen die Generation der Väter kündet in Hollywoods Kinofilmen von einer neuen Zeit. Und als dann Helmut Rahn 1954 im Berner Stadion mit seinem dritten Tor gegen Ungarn die bundesdeutsche Elf zum Fußballweltmeister schießt, da geht ein Ruck durch die Nation: Wir sind wieder wer!

Aber noch eine Veränderung wird sichtbar. Während die Mehrheit sich zuerst von der Fress-, dann von der Auto- und Reisewelle überrollen lässt und sich in Milchbars zum Rendezvous am Nierentisch trifft, beginnen in der zweiten Hälfte der fünfziger Jahre junge Historiker an den Universitäten die jüngste deutsche Geschichte aufzuarbeiten. Aufsehenerregende Studien über das Ende der Weimarer Republik und die Etablierung der Hitler-Diktatur, bald auch über den Ausbruch des Ersten Weltkrieges lösen einen heftigen Streit aus. Zum ersten Mal stellen die Deutschen sich ernsthaft und frei von nationalen Verdrängungen Fragen zu ihrer historischen Rolle. Heinrich Bölls 1954 erschienener Roman *Haus ohne Hüter* oder die literarische Sensation von 1959, *Die Blechtrommel* von Günter Grass, erzählen von der Vergangenheit, die noch Gegenwart ist, von Krieg und Schuld, von Heimatverlust und von der Zerstörung einer Jugend.

So kündigt sich in den letzten Adenauer-Jahren ein Generationenwechsel an. Viele Wähler haben genug von den ständigen Warnungen ihres Kanzlers vor der kommunistischen Gefahr und seinen sich ritualhaft wiederholenden Polemiken gegen die »Sozialisten und Sozialdemokraten«. Das passt nicht in die Stimmung, die sich Ende der fünfziger Jahre in der Bundesrepublik ausbreitet. Adenauer wird respektiert, aber er erscheint vielen nun wie ein Mann von Gestern.

Muff von tausend Jahren ...

Die Unionsparteien haben über die lange Adenauer-Zeit den Blick für die Realitäten eingebüßt. Für sie ist zum Diktum geworden: Diesen Staat regieren nur wir. Wie sehr in der Union das Gefühl vorherrscht, die Bundesrepublik gehöre ihr auch, erweist sich während der so genannten »*Spiegel*-Affäre« von 1962. Kanzler Adenauer nimmt einen Artikel des von ihm scharf abgelehnten Nachrichtenmagazins über die Bundeswehr zum Anlass, dessen Herausgeber Rudolf Augstein mit der Begründung des »Landesverrats« verhaften und die Redaktionsräume in einer Überrumpelungsaktion stürmen zu lassen. Eine unheilvolle

Rolle spielt dabei Verteidigungsminister Franz Josef Strauß, der die bayerische CSU führt und sich schon mit seiner Forderung nach einer atomaren Bewaffnung Deutschlands in die Schlagzeilen gebracht hat. Auf den Straßen demonstrieren Tausende junge Menschen, und die Zeitungen solidarisieren sich mit ihren Kollegen. Die Affäre endet mit einer schweren Niederlage für Adenauer. Es stellt sich heraus, dass die Vorwürfe unhaltbar sind und die Verhaftung Augsteins lediglich ein Vorwand gewesen ist, eine für die Regierung unbequeme Stimme mundtot zu machen. Strauß muss als Verteidigungsminister zurücktreten.

Nur wenige Monate nach der Wahl 1965 zeigt sich, dass die Regierung Ehrhard, heimgesucht von einem Konjunktureinbruch und Haushaltsschwierigkeiten, nicht mehr die Kraft hat, die innerparteilichen Spannungen zu bewältigen. Adenauers Nachfolger im Amt wird im November 1966 gestürzt, und es beginnt die dreijährige Große Koalition zwischen CDU/CSU und SPD. Kanzler wird der baden-württembergische CDU-Ministerpräsident Kurt Georg Kiesinger und Außenminister der Sozialdemokrat Willy Brandt. Innenpolitisch gelingt es der Großen Koalition notwendige Reformen durchzusetzen. In der Deutschland-Politik macht sich Außenminister Brandt an die schwierige Aufgabe, die Beziehungen zur DDR zu normalisieren. Und fern von der großen, offiziellen Politik bildet sich eine neue Kraft, die bald für großen Wirbel sorgen wird: die außerparlamentarische Opposition (APO).

Hintergrund ist die politische Neuorientierung der jungen Generation. Sie wehrt sich gegen das Schweigen von Eltern und Großeltern über das Dritte Reich und seine Verbrechen. Der Auschwitz-Prozess Mitte der sechziger Jahre in Frankfurt hat die schreckliche Wahrheit über die Vernichtungslager offenbart. Berechtigt ist die Empörung der jungen Menschen, selbstgerecht die Art, wie sie sich zu Wort melden, und zu schlicht ihre Schwarz-Weiß-Malerei, mit der sie die historischen Fakten interpretieren: Schuld sind die Nazis, Schuld sind die Kapitalisten, die einzig wahre Alternative ist der Marxismus. Das Schlagwort vom »demokratischen Sozialismus« wird populär.

Zunächst sind die Proteste völlig harmlos, aber ebenso fantasievoll wie symbolhaltig. Es gibt Sit-ins, Go-ins, Teach-ins, auf denen Plakate geklebt, rote Fahnen geschwenkt und kleine rote Mao-Bibeln im intimen Kreis herumgereicht werden. Die Hamburger Studenten begrüßen ihre Dozenten in den altehrwürdigen Hallen der Aula durch ein Transparent mit der Aufschrift: »Unter den Talaren, Muff von tausend Jahren«. Die Situation eskaliert erst durch die zum Teil überzogenen Reaktionen von staatlicher Seite. Im Mai 1967 besucht der Schah von Persien die Bundesrepublik. Überall, wo das Herrscherpaar auftritt, kommt es zu Protesten. Als iranische Sicherheitskräfte mit Holzlatten auf Demonstranten einschlagen und die deutsche Polizei nicht eingreift, verbreiten sich Unruhen in zahlreichen deutschen Städten. Am 2. Juni besuchen der Schah und seine Frau die Deutsche Oper in Berlin. Wieder geht die Polizei mit großer Härte gegen die erneut aufmarschierenden Demonstranten vor. Der Student Benno Ohnesorg wird von einem Polizisten erschossen. Es ist das Signal zu einer Radikalisierung der außerparlamentarischen Opposition, deren Kern sich in der Studentenschaft sammelt.

An den Universitäten fordern die Studenten der Achtundsechziger-Bewegung neue Studienordnungen und Mitbestimmungsmodelle. Auf den Straßen liefern sie sich Kämpfe mit der Polizei. Eine Kultur macht sich breit, die die Welt der älteren Generation ins Wanken bringt: Wohngemeinschaften, sexuelle Freiheit und das Motto »Wer einmal mit derselben pennt, gehört schon zum Establishment« – seit 1962 ist die Antibabypille auf dem deutschen Markt –, die Frauenbewegung, die »antiautoritäre« Kindererziehung. Die Männer lassen sich »eine lange Matte« wachsen und tragen Vollbärte. Anzug und Krawatte wandern in den Kleiderschrank, man trägt Jeans und ausgefranste T-Shirts und der Minirock erobert die Welt. Das Rauchen von Joints wird zur modischen Geste. »Trau keinem über 30«, lautet die Devise einer Generation, die mit Tabubrüchen und politischer Provokation den Aufstand probt.

Keineswegs ist dies allein ein deutsches Phänomen. In Paris kommt es im Mai 1968 zu Straßenkämpfen zwischen Studenten und Arbeitern auf der einen und den Sicherheitskräften auf der anderen Seite, die Frankreich in eine schwere Staatskrise stürzen. In Amerika ist die Zeit der »Blumenkinder« angebrochen, bis zu 500 000 Rockfans treffen sich im August 1968 beim legendären Woodstock-Festival im US-Staat New York, dem Höhepunkt der Hippiebewegung. Der Vietnam-Krieg, in den sich die USA in den sechziger Jahren immer tiefer verstricken, politisiert die Jugend in der gesamten westlichen Welt.

Rudi Dutschke (1940–1979)

Zum Idol der Jugend und zum Schrecken der konservativen Medien und Parteien wird in diesen Jahren der Studentenführer Rudi Dutschke. Die Auftritte des asketisch wirkenden Soziologiestudenten bei den großen Studentenversammlungen im Auditorium Maximum der Universitäten oder bei den Straßendemonstrationen, seine Diskussionen mit Hochschullehrern oder Journalisten werden

Eine Leitfigur der Studentenbewegung war Rudi Dutschke,
der seine Kapitalismuskritik in mitreißenden Reden
zu Gehör brachte und der zum Idol für viele Jugendliche wurde.

OHNESORG
Februar 1967
Rudi Dutschke
Alle reden vom Wetter.
Wir nicht.
SDS SOZIALISTISCHER DEUTSCHER STUDENTENBUND

FREIHEIT, f. libertas,
ausdruck für diesen begrif war der
liberum, ein hals, der kein joch au
ahd. frîhals, fries. frihals, und dur
ags. freols, altn. frial schw. fräls,
schen gesetzen auch ondert fria
in lat. schriften liber ollum veru
Zertifikat
Wie bestätigen hiermit, daß das
Mauersegment Nr. [redacted]
ein Originalteil der Berliner Mauer ist, die von 1961 bis 1989
die Grenze zwischen Berlin (Ost) und Berlin (West) markierte.
Das Mauersegment ist mit einer Kupferplakette versehen
und führt die beurkundete Nummer.
HO
UM DES FRIEDENS WILLEN
Deutsche an einen Tisch!
D.Z.A. WERK COSWIG ANH.

zum Ereignis. Seine brillante Rhetorik und hohe Intelligenz machen ihn zu einem glänzenden und mitreißenden Redner. Dutschke argumentiert marxistisch. Der Vietnamkrieg und das Elend in den ehemaligen Kolonialstaaten in Afrika und Asien sowie die Menschenrechtslage in den südamerikanischen Diktaturen haben ihn zu einem scharfen Kapitalismuskritiker werden lassen. Von »Macht kaputt, was euch kaputt macht« bis zum »Marsch durch die Institutionen« – die spöttischen Kampfparolen der Zeit werden nicht von Dutschke erfunden, aber kaum ein anderer weiß sie so prägnant vorzutragen.

Geboren in der DDR als Sohn eines Postbeamten geht er 1960 nach Westberlin, weil er wegen der Wehrdienstverweigerung im Osten nicht zum Studium zugelassen wird. Schon bald schließt er sich dem Sozialistischen Deutschen Studentenbund (SDS) an und wird 1966 sein führender theoretische Vertreter. Die Boulevardpresse, allen voran die *Bild*-Zeitung, hetzt gegen die Studentenbewegung. Aus dem bekanntesten unter den Studentenführern macht sie mit Schlagzeilen wie »Stoppt Rudi Dutschke« einen »Volksfeind«. Ostern 1968 wird er auf der Straße von einem 23-jährigen Hilfsarbeiter mit drei Schüssen in den Kopf lebensgefährlich verletzt. Nach seiner Genesung lebt Dutschke mit Frau und Kind in England und Dänemark. Es verbindet ihn eine späte Freundschaft mit dem Philosophen Ernst Bloch, öffentlich aber tritt er kaum noch auf. 1980 stirbt er an den Spätfolgen der Attentatsverletzung.

In der Bundesrepublik wird sich aus der Studentenbewegung ein radikaler Flügel entwickeln, der schließlich zur Gewalt greift. Er stilisiert sich zu einer »Stadtguerilla« und verkündet in seinen gedanklich kaum noch nachvollziehbaren Flugblättern eine gesellschaftliche Revolution. Die Geschichte der Rote-Armee-Fraktion (RAF) beginnt am 3. April 1968 mit einem Kaufhausbrand in Frankfurt. Die Brandstifter kündigen an, »viele kleine Vietnams« zu schaffen. Andreas Baader, Ulrike Meinhof und Gudrun Ensslin werden zum Bürgerschreck und bald zu Mördern. Sprengstoffanschläge, Entführungen und Morde stehen auf der langen Liste ihrer »Nachfolger«. Führende Repräsentanten der bundesrepublikanischen Gesellschaft werden wie der Generalbundesanwalt Siegfried Buback oder die Bankiers Jürgen Ponto und Alfred Herrhausen auf offener Straße umgebracht. Die Entführung des Arbeitgeberpräsidenten Hanns-Martin Schleyer erschüttert die Republik. Die Polizei, die den »Gefangenen der RAF« befreien will, erweist sich als machtlos. Im Oktober 1977 wird Schleyer tot aufgefunden. Ein weiterer Tiefpunkt ist etwa zeitgleich die Entführung eines

Im November 1989 öffnet die DDR-Führung unter dem Druck der Massen die Berliner Mauer. Die Menschen feiern ein rauschendes Fest – doch es wird noch dauern, bis Ost- und Westdeutschland wirklich vereint sind.

deutschen Flugzeugs nach Mogadischu, mit der die Freilassung der inzwischen inhaftierten RAF-Mitglieder erpresst werden soll. Eine bundesdeutsche Spezialeinheit überwältigt die Kidnapper und im Gefängnis Stammheim begehen Baader, Ensslin und Meinhof Selbstmord.

Bonn reagiert mit verschärften Sicherheitsgesetzen und strengen Urteilen. Wie herausgefordert sich die Politik fühlt, zeigt der so genannte Radikalen-Erlass von 1972, nach dem jeder Bewerber für den öffentlichen Dienst seine »Verfassungstreue« nachweisen muss. Rund 3 Millionen Bewerber werden überprüft und etwa 10 000 wegen politischer Bedenken abgelehnt. Der Radikalen-Erlass entwickelt sich eher zu einer ideologischen Hexenjagd auf vermeintliche Kommunisten als zu einer selbstbewussten Abwehr gegen demokratiefeindliche Kräfte. Wer einmal einen Aufruf für eine linksorientierte Gruppierung unterschrieben hat, muss unter Umständen mit Berufsverbot rechnen.

Die Achtundsechziger haben die westdeutsche Gesellschaft verändert. Toleranz und Liberalität haben in den Jahrzehnten danach einen neuen Stellenwert erhalten. In den Schulen und Universitäten überwinden reformierte Lehrpläne und junge Pädagogen den »Muff« des 19. Jahrhunderts. Es gibt viele laute und überhebliche Selbstdarstellungsversuche von den Protagonisten dieser Bewegung. Ihre marxistischen Verirrungen finden weder bei den Arbeitern noch bei den Intellektuellen ein nennenswertes Echo. Aber es hat eine Kulturrevolution stattgefunden. Und auch den von Dutschke geforderten »Marsch durch die Institutionen« haben manche erfolgreich absolviert. Einige wie Joschka Fischer oder Gerhard Schröder sind sogar bis ins Außenministerium oder ins Kanzleramt gekommen.

Im Oktober 1969 erlebt die Bundesrepublik die längst überfällige politische Wende. Die Sozialdemokraten und die sich neu formierende linksliberale FDP bilden eine Koalition. Willy Brandt wird Kanzler und der Freidemokrat Walter Scheel Außenminister. Der neue Kanzler nimmt in seiner Regierungserklärung die weit verbreitete Stimmung im Land auf: »Mehr Demokratie wagen.« Bildungs- und Sozialpolitik stehen im Zentrum der innenpolitischen Entscheidungen der neuen Regierung. Gesamtschulen, Universitätsreformen und Mitbestimmung sind das Ergebnis. Die neue Mehrheit bringt Bewegung in die Ost- und Deutschland-Politik. In Erfurt und Kassel kommt es zu direkten Gesprächen zwischen Willy Brandt und dem DDR-Ministerpräsidenten Willi Stoph. Als die Erfurter auf dem Marktplatz nach »Willy« rufen, meinen sie den westdeutschen Kanzler, der ans Fenster treten soll, weil dieser den ersten Schritt getan hat und ihnen mehr Durchlässigkeit der deutsch-deutschen Grenze ermöglicht.

Im August 1970 schließen Bonn und Moskau einen Gewaltverzichtsvertrag. Im Dezember unterzeichnen Bonn und Warschau einen Vertrag, in dem die Oder-Neiße-Linie, also die Zugehörigkeit Pommerns, Ostpreußens und Schlesiens zu Polen, akzeptiert wird. Wenig später wird das Vier-Mächte-Abkommen über Berlin verabschiedet, das den freien Zugang nach Westberlin garantiert. Die beiden deutschen Staaten schließen Passierscheinabkommen ab, die den Westberlinern Besuche bei ihren Verwandten im Osten der Stadt erlauben. In Bonn und Ostberlin richten die DDR und die BRD ständige Vertretungen ein. Wirtschaftsabkommen sollen der DDR helfen, ihre bedrückende ökonomische Lage zu verbessern. Im Juni 1973 wird der Grundlagenvertrag abgeschlossen, der im Prinzip die Existenz von zwei deutschen Staaten anerkennt. Beide deutsche Staaten werden Mitglied der Vereinten Nationen in New York. All diese Entscheidungen stoßen zwar auf den heftigen Widerstand der Unionsparteien, die Deutschen aber freuen sich einfach, dass ihre Nachbarn jenseits der Mauer wieder ein Stück weit näher rücken. Im Rückblick wird deutlich, dass Willy Brandts Politik der »Annäherung durch Entspannung« einen wichtigen Beitrag zur 20 Jahre später erfolgten Wiedervereinigung geleistet hat.

Wir sind das Volk!

Ganz anders verlaufen die Entwicklungen in der DDR. Sie bleibt nach der Staatsgründung fest eingebunden in das von der Sowjetunion geführte Militärbündnis des »Warschauer Paktes«. Wie schlecht die Stimmung »drüben« ist, haben schon der Aufstand vom 17. Juni 1953 und der Bau der Berliner Mauer von 1961 bewiesen. Entscheidend dafür ist die Wirtschaftslage. Die sozialistische Planwirtschaft vermag in keiner Phase das »Wunder« zu vollbringen, das Ludwig Erhards soziale Markwirtschaft – mit der tatkräftigen Wirtschaftshilfe aus den USA – auf den Weg gebracht hat. So bleibt das Leben der Menschen in der DDR ausgefüllt mit dem »Organisieren« ihres Alltags. Haushaltsgeräte, Baumaterial, Ersatzteile für das Auto oder andere Maschinen, alles ist Mangelware. Während die halbe Bundesrepublik in Kleinwagen in den sonnigen Süden rollt, stellen die DDR-Bürger Anträge für einen Trabant und warten geduldig manchmal einige Jahre, bis sie diesen endlich in Empfang nehmen können. Die Unterdrückung der Pressefreiheit, die sich im Laufe der Jahrzehnte wie eine Krake ausbreitende Staatssicherheit, die die Bürger zu Denunzianten machen will, die

Korruption der Partei- und Staatsführung – der sozialistische Schein hält der Wirklichkeit nicht stand: Die Menschen fühlen sich gefangen in einem Land, das ihnen sogar noch vorschreiben will, welche Länder sie bereisen dürfen und welche nicht. Sie antworten mit Flucht oder Resignation.

Die Geschichte der DDR verläuft nicht gleichmäßig. Es gibt Versuche des Neuanfangs in der Wirtschaftspolitik, »Tauwetter«-Perioden für die Literatur und die Künste, in denen diejenigen wie Stefan Heym, Robert Havemann, Christa Wolf oder Wolf Biermann aufatmen können, weil die DDR-Führung ihren kritischen Stimmen für kurze Zeit einmal nicht den Mund verbietet. Aber Freiheit will immer mehr und alle diese »Öffnungen« werden rigoros gestoppt, sobald sie die Alleinherrschaft der Partei in Frage stellen. Es bleibt bis zum Ende dieses Staates dabei: Auch nach dem Untergang des Nationalsozialismus leben seine Bürger in einer Diktatur. Die Massenorganisation der Jugend, der Arbeitskollektive, der Gewerkschaften, der Kultur – das alles ist nicht neu. Walter Ulbricht wird 1971 entmachtet, sein Nachfolger ist Erich Honecker.

Erich Honecker (1912–1994)

Der gelernte Dachdecker, geboren in Neukirchen an der Saar, ist seit 1929 Mitglied der KPD. Nach der Machtübernahme der Nazis geht er in den Untergrund und wird 1935 verhaftet. Von 1937 bis 1945 sitzt er im Zuchthaus Bautzen. Unmittelbar nach Kriegsende beginnt Honeckers politische Karriere in der Sowjetzone. Obwohl er nicht zu den aus Moskau eingeflogenen Exilanten gehört, wird er bald von Walter Ulbricht gefördert. 1946 übernimmt er den Vorsitz der Freien Deutschen Jugend (FDJ). Wie viele DDR-Funktionäre besucht er die Parteihochschule in Moskau und ist ab 1958 Mitglied des Politbüros und Sekretär des Zentralkomitees der SED. In dieser Funktion beauftragt ihn die Partei mit der Organisation des Baus der Berliner Mauer. Schon zu dieser Zeit intrigiert Honecker bei seinen Gesprächen mit sowjetischen Politikern gegen seinen Mentor Ulbricht. Dieser verliert durch seine Versuche, die Verhandlungen zwischen den beiden Supermächten zu stören, den Rückhalt der Moskauer Führung. Nach seinem Sturz wird Honecker der mächtigste Mann in der SED-Hierarchie.

Die Hoffnung weiter Teile der Bevölkerung, dass unter Honecker sowohl in der Wirtschafts- wie in der Kulturpolitik etwas liberalere Wege eingeschlagen werden könnten, erfüllen sich nicht. Spätestens als der Liedermacher Wolf Biermann 1976 nach einem Konzert im Westen nicht mehr nach Ostberlin zurückreisen darf und ihm die DDR-Behörden über Nacht die Staatsbürgerschaft entziehen, ist allen klar, dass Honecker nicht minder betonköpfig regiert wie sein Vorgänger Ulbricht. Viele Künstler und Intellektuelle vom Schriftsteller Jurek Becker bis zum Schauspieler Manfred Krug oder bis zur Punk-Röhre Nina Hagen verlassen das Land. Die immer schwieriger werdende Wirtschaftslage in der DDR zwingt Honecker jedoch, sich in den Verhandlungen mit der Bundesrepublik geschmeidiger zu zeigen. Er braucht die Kredite aus Bonn, um einen Zusammenbruch der DDR-Volkswirtschaft aufzuhalten. Als 1980 die Gewerkschaft Solidarnosc in Polen die Staatsmacht herausfordert, gehört Honecker zu den Hardlinern des Warschauer Pakts. Er fordert ein militärisches Eingreifen des östlichen Bündnisses. Die alternde Führungsriege um den Generalsekretär und seine Frau Margot erkennt weder die Zeichen der Zeit noch die Signalwirkung, die ab 1985 von Gorbatschows Reformen in der Sowjetunion ausgeht.

Honecker versucht die DDR gegen alle Liberalisierungstendenzen abzuschotten und läutet damit ihren Untergang ein. 1990, nach dem Zusammenbruch des Regimes, kommt er in Untersuchungshaft. Die russische Botschaft lässt ihn in ein Hospital nach Moskau bringen. Aus Sorge vor einer Auslieferung an die Bundesrepublik flieht Honecker in die chilenische Botschaft, wird aber von der Regierung in Santiago nach einem Bonner Ultimatum zurück nach Berlin gebracht. Einen Prozess, in dem er sich für den Schießbefehl an der innerdeutschen Grenze verantworten soll, stellt die deutsche Justiz wegen der schlechten Gesundheit des Angeklagten ein. Honecker siedelt 1993 nach Chile über, wo der an Krebs Erkrankte am 29. Mai 1994 stirbt.

Das Ende der DDR ist durch die weltpolitischen Umstände Ende der achtziger Jahre forciert worden. Aber Überlebenschancen hat der Staat ohnedies nicht gehabt. Damals kann die DDR ihren Bankrott nur noch durch die Milliardenkredite aus der Bundesrepublik verdecken. Das »Westfernsehen« bringt Abend für Abend die glitzernde Welt des Konsums und der zwar oft oberflächlichen, aber doch offenen gesellschaftlichen Debatte der Bundesrepublik in die Wohnstuben der DDR-Bürger. Keine bombastische Gründungsfeier, bei der fröhliche, blau gekleidete FDJ-Kolonnen und im preußischen Exerzierschritt vorbeimarschierende Volksarmee-Einheiten den vergreisten SED-Führern auf der Prominentenbühne zuwinken, kann diese Bilder wettmachen. Die Idee des Sozialismus ist von den Machthabern selbst gründlich zerstört worden.

Der westdeutsche Kanzler Willy Brandt tritt im Frühjahr 1974 zurück. Der Anlass ist banal – in seiner unmittelbaren Umgebung ist der DDR-Spion Günter Guillaume enttarnt worden. Aber es sind vor allem die innenpolitischen Auseinandersetzungen, die den Kanzler resignieren lassen. Sein Nachfolger Helmut Schmidt setzt die Ost- und Deutschland-Politik fort und erweist sich als ökonomisch versierter Regierungschef, der das Land durch schwierige weltwirtschaftliche Entwicklungen steuert. Als es dann zwischen den Supermächten zu einem Raketenstreit kommt, ist eine Regierungskrise unvermeidlich. Helmut Schmidt setzt sich angesichts der erneuten Raketenaufrüstung Moskaus für eine entsprechende Antwort der NATO ein. Proteste in der SPD und Massendemonstrationen sind die Folge. Die sich aus der Achtundsechziger-Bewegung entwickelnden Grünen stellen sich an die Spitze der Raketengegner. Seit 1980 sind sie eine Bundespartei, in der sich die Anhänger der Friedensbewegung und der Atomkraftgegner sammeln.

Mittlerweile hat auch die CDU den nach der Adenauer-Ära längst fälligen Generationswechsel vollzogen. Der rheinland-pfälzische Ministerpräsident Helmut Kohl ruft die »geistig-moralische Wende« in der Bundesrepublik aus und trifft damit die Stimmung der Konservativen. Als 1982 die Koalition von SPD und FDP über die Haushalts-, Finanz- und Wirtschaftspolitik auseinander bricht und die FDP sich, geführt von Außenminister Hans-Dietrich Genscher und dem Wirtschaftsexperten Otto Graf Lambsdorff, aufs Neue umorientiert, geht der »Lotse« Helmut Schmidt »von Bord«. Am 1. Oktober 1982 wird Helmut Kohl zum Bundeskanzler gewählt. Er wird es 16 Jahre bleiben und dabei zum »Kanzler der Einheit« werden.

Doch zunächst hat der neue Mann im Kanzleramt es schwer, die wirtschaftlichen Probleme in den Griff zu bekommen. Gewerkschaftsskandale und die Schmiergelder des Flick-Konzerns an zahlreiche Politiker schaden überdies dem Image der Regierung. Viele Bürger kritisieren die Gleichgültigkeit der bürgerlichen Koalition gegenüber dem Reaktorunglück im ukrainischen Atomkraftwerk Tschernobyl 1986 und der Verschmutzung von Rhein und Main durch die chemische Großindustrie. Durch ungeschickte Formulierungen und politische Entgleisungen – Kohl setzt Gorbatschow mit Goebbels gleich, mit US-Präsident Ronald Reagan besucht er den Bitburger Soldatenfriedhof, auf dem auch SS-Angehörige begraben sind – gerät der Kanzler zunehmend in die negativen Schlagzeilen. Er wird zum Lieblingsmotiv der politischen Karikaturisten. Über keinen Regierungschef der Bundesrepublik sind so viele Witze gemacht worden wie über ihn. Bei den Bundestagswahlen von 1987 verliert die CDU/CSU dann auch 4,5 Prozent. Der innerparteiliche Unmut über das sinkende öffentliche Ansehen des Kanzlers wächst.

Die Wende für Kohl kommt aus Moskau. Michail Gorbatschow versucht das kommunistische Regime durch seine Politik des Glasnost und Perestroika, der Offenheit und Umgestaltung, zu retten. Es ist zu spät. Das Reich bricht auseinander. Für die DDR-Führung ist das eine Katastrophe.

Das ehemals sozialistische »Musterland« gleich hinter der deutsch-deutschen Grenze lässt sich nicht länger abmauern. Die Bürger beginnen öffentlich Fragen zu stellen, kirchliche Protestgruppen und Bürgerrechtsbewegungen sammeln sich. Sie treffen sich jeden Montag an der Leipziger Nikolai-Kirche. Die von dort ausgehenden Montagsdemonstrationen finden immer mehr Zulauf und werden zu einer Bedrohung für die sich hinter den alten und überholten Prinzipien des Kommunismus verschanzenden Politgrößen. Als die Führung versucht, das Ergebnis der Kommunalwahlen vom 7. Mai 1989 zu fälschen, bricht ein Sturm los. Die Zahl der Ausreiseanträge ist in den letzten Jahren ohnehin steil angestiegen. Allein vom 1. Januar bis zum 30. September werden jetzt 161 000 Anträge gestellt. Urlaubsreisende nach Ungarn oder in die Tschechoslowakei, die sich in den Sommermonaten zu Zehntausenden dort aufhalten, wollen nicht mehr zurückkehren. In den Botschaften der Bundesrepublik von Prag und Warschau, aber auch in der Ständigen Vertretung in Ostberlin suchen Tausende Zuflucht. Am 2. Mai öffnet Ungarn seine Grenzen. Am 25. August macht die Budapester Regierung die Zusage, DDR-Flüchtlinge ungehindert ausreisen zu lassen. Ende September gehen über 30 000 Menschen über die Grenze nach Österreich. In der deutschen Botschaft in Prag verkündet Außenminister Genscher am 30. September, dass die dort in drangvoller Enge ausharrenden 6 000 Flüchtlinge in den Westen ausreisen können.

Am 40. Jahrestag der Gründung der DDR filmen die Fernsehkameras gespenstische Szenen. Auf der Tribüne nimmt die Staatsspitze um Erich Honecker mit bewegungslosen Mienen den Vorbeimarsch der Massen ab. Neben ihnen steht wie ein Fremder Michail Gorbatschow. »Wer zu spät kommt, den bestraft das Leben«, erklärt er mit Blick auf die Zustände in der DDR. Das SED-Politbüro stürzt Honecker und setzt Egon Krenz als neuen Generalsekretär ein. Aber die Protestlawine ist nicht mehr aufzuhalten. In den Kirchen und Straßen von Berlin, Leipzig, Dresden und vielen anderen DDR-Städten sammeln sich die Menschen und ihre Stimmen werden immer unüberhörbarer. An den legendären Montagsdemonstrationen nehmen schließlich Hunderttausende teil. Sie rufen: »Wir sind das Volk!« Und bald darauf: »Wir sind ein Volk!« Der Regierung bleibt nur die Alternative: Gewalt oder Zurückweichen. Am Abend des 9. November 1989 tritt nach einer Sitzung des Zentralkomitees deren Mitglied Günter

Schabowski vor die Kameras und erläutert ein neues Reisegesetz. Auf die Frage, ab wann das Gesetz denn gelte, antwortet er: »Sofort. Unverzüglich.« Der Bann ist gebrochen. Abertausende, die diese Worte im Fernsehen gehört haben, steigen in ihre Autos und fahren zu den Grenzübergängen. Die Tore öffnen sich, die Massen strömen in den Westen. Sie steigen auf die Berliner Mauer und jubeln und liegen sich in den Armen. Die DDR geht unter. Für die Menschen ist es wie ein rauschendes Fest.

Die Bundesregierung und vor allem Helmut Kohl reagieren konsequent und den sich überschlagenden Ereignissen entsprechend rasch. In Verhandlungen mit Gorbatschow und den Westmächten gewinnt Kohl die Zustimmung aller vier Siegermächte des Jahres 1945 für eine Wiedervereinigung der beiden deutschen Staaten. Es gelingt ihm sogar, Moskau gegen die Zahlung eines Milliardenbetrages die Zustimmung für einen sowjetischen Truppenabzug aus der DDR und den Beitritt Gesamtdeutschlands zur NATO abzuringen. Mit dem deutsch-deutschen Vertrag tritt die ehemalige DDR der Bundesrepublik bei. Der Tag der Vereinigung wird von der Volkskammer auf den 3. Oktober 1990 gelegt. In der Silvesternacht versammeln sich über 1 Million Menschen vor dem Berliner Reichstag. Die Kirchenglocken der Stadt läuten, die Fahne der Bundesrepublik wird gehisst und die Menge singt die deutsche Nationalhymne – ein Lied, das im 19. Jahrhundert ein Dichter schrieb, der sich nichts sehnlicher wünschte als eine friedliche Revolution und ein vereintes, demokratisches Deutschland.

Der Zusammenbruch des sowjetischen Imperiums ist ein Weltereignis. Die wiedergewonnene deutsche Einheit bleibt dabei nur ein Mosaikstein. Der Triumph des Westens verführt Anfang der neunziger Jahre viele Beobachter zu euphorischen Zukunftsvisionen. Das »Ende der Geschichte ist erreicht«, beschwört der amerikanische Politologe Francis Fukuyama die Zukunft. »Man kann zugestehen«, meint der Geschichtsoptimist, »dass die Moderne auch dem Bösen im Menschen neue Dimensionen eröffnet hat, man kann sogar daran zweifeln, dass es einen moralischen Fortschritt der Menschheit gibt, und dennoch kann man davon überzeugt sein, dass der Lauf der Geschichte zielgerichtet und kohärent ist.« Mit dem Untergang des »realexistierenden Sozialismus« habe der Liberalismus, also auch der Kapitalismus gesiegt, meinen Männer wie Fukuyama.

Die Druckerschwärze ist kaum getrocknet, da erlebt eine entsetzte Welt den Bürgerkrieg im ehemaligen Jugoslawien. Wenig später kommt es in Ruanda zu einem Völkermord, dem Hunderttausende zum Opfer fallen. Am 11. September 2001 steuern arabische Terroristen zwei Passagierflugzeuge in die beiden Türme des New Yorker World Trade Center und die Welt hält den Atem an. Wenige Monate später kämpfen amerikanische Soldaten gegen das radikalislamische Regime der Taliban in Afghanistan, wo sie den Kopf des »Bösen«, Osama bin Laden, und seine Kämpfer vermuten. Zwei Jahre später lässt Präsident George W. Bush die amerikanischen Streitkräfte in den Irak einmarschieren. Die Geschichte kennt kein Ende.

Auch die Deutschen merken bald, dass der Alltag kein ewigdauerndes Jubelfest ist. Helmut Kohl verspricht den neuen Bürgern im Osten »blühende Landschaften« und seine westlichen Wähler beruhigt er mit dem Hinweis, die Kosten der Wiedervereinigung könne der Steuerzahler »aus der Portokasse« begleichen. Die Wirklichkeit sieht anders aus. Innerhalb weniger Jahre ist die marode Industrielandschaft der ehemaligen DDR zerschlagen. Wo einst Hunderttausende ihr Geld verdienten, verschandeln bald Industrieruinen die Landschaft. Die Treuhand-Gesellschaft, die in den neuen Bundesländern den Verkauf von Fabriken und Häusern, von Grundstücken und Geschäften zum Wohle des Neuaufbaus organisieren soll, verliert sich im administrativen Dickicht, verscherbelt ein Volksvermögen zu Ausverkaufspreisen und auch die Korruption ist in dieser Behörde keine unbekannte Größe. Aus dem Westen eilen die Goldgräber in den Osten. Hochschullehrer, Offiziere, Behördenleiter, Vertreter von westlichen Rechtsanwaltskanzleien, Immobilienmakler – sie alle kommen wie kleine Kolonialisten in den Osten, um den ungebildeten »Wilden« eine Lektion im Fach kapitalistische Zivilisation zu erteilen. Die nach vierzig Jahren kommunistischer Diktatur wieder freien Menschen in Thüringen, Sachsen, Brandenburg, Mecklenburg-Vorpommern oder Sachsen-Anhalt jubeln über den günstigen D-Mark-Umtausch, kaufen sich Autos und erfüllen sich ihre jahrzehntelang aufgestauten Reisewünsche. Als sie erwachen, stehen auf den Wiesen vor ihren Ortschaften herrliche Supermärkte, auf den neuen Autobahnen glitzern konsumbeglückende Rast- und Tankstellen, in den Städten glänzen neue Häuserfassaden und Glaspaläste und auf den neuasphaltierten Straßen gleiten die neuesten Omnibusmodelle leise dahin. Nur leider haben immer weniger Menschen Arbeit, um den Segen des Kapitalismus genießen zu können. Städte mit Arbeitslosenquoten von 25 Prozent sind Ende der neunziger Jahre keineswegs die Ausnahme. Jugendliche finden immer schwerer einen Ausbildungsplatz und sie wandern in den Westen oder bekämpfen ihren Frust mit aggressiven, nicht selten rechtsradikalen Attacken auf die Demokratie. Landschaften veröden und von der Arbeitslosigkeit besonders betroffene Kommunen leiden unter der hohen Auswanderungsquote.

Der Westen der Bundesrepublik erlebt zunächst eine konjunkturelle Scheinblüte. Die erste Kaufwut der »Ossis« füllt die Kassen der »Wessi«-Unternehmen und sichert die Arbeitsplätze in Hamburg oder München, Köln oder Stuttgart. Was die Regierenden in einen Dauerschlaf versetzt. Kohl feiert sich als »Kanzler der Einheit« und Euro-Macher und die Parlamentarier im Bundestag interessiert der Aufbau ihrer neuen Hauptstadt mit Reichstagskuppel, den vielen teuren Ministerien und Abgeordnetenhäusern mehr, als der neuerliche Niedergang des Ostens. Überfällige Reformen des Sozialsystems werden nicht begonnen, die Bildungspolitik verliert sich in föderalen Machtkämpfen, die Milliarden, die vom Westen in den Osten transferiert werden, versickern vielfach in Prestigeobjekten und sind der Preis für die unmittelbar nach der Wende gemachten geld- und wirtschaftspolitischen Fehler.

Der Schein des historischen Glücks weicht bald. Auch im Westen beginnt der Arbeitsmarkt in der zweiten Hälfte der neunziger Jahre zu kollabieren. Kranken- und Rentenkassen leeren sich, die Verschuldung des Staatshaushalts erreicht neue Rekordhöhen. Helmut Kohl verliert folgerichtig 1998 die Bundestagswahlen. Rot-Grün sind die neuen Farben der Macht. Wirtschaftspolitisch übernehmen Kanzler Gerhard Schröder und Außenminister Joschka Fischer ein schweres Erbe. Ihre Versuche, das Land zu reformieren, bleiben halbherzig. Der Widerstand der Lobbyisten der Unternehmens- und Ärzteverbände, der Krankenkassen und Handwerkskammern verhindert notwendige Entscheidungen. Auch die Gewerkschaften sind noch nicht im 21. Jahrhundert angekommen. In die Negativschlagzeilen ist längst wieder die Bildungssituation an den Universitäten und Schulen geraten. Deutschland erreicht bei den internationalen Bildungsstudien blamable Plätze auf den unteren Rängen. Wo sich fast überall in Europa die Gesamt- und die Ganztagsschule durchgesetzt und bewährt haben, wo Kinderkrippen und Kindergärten für alle vielfach schon eine Selbstverständlichkeit sind, da hocken in Deutschland die Bildungsideologen immer noch in den altbürgerlichen Trutzburgen des 19. Jahrhunderts. Die Politik streitet lieber über die Abschottung des Landes – »das Boot ist voll« – gegenüber Einwanderern und Flüchtlingen, als sich um Integration und Ausbildung ihrer Neubürger zu kümmern. Zeitungskrisen und Subventionskürzungen für Bibliotheken, Theater und Museen: Aus dem Land der Dichter und Denker ist – zumindest wenn der Blick auf die Schlagzeilen mancher Boulevardzeitung, auf die Statements der Politik oder auf die verbalen Inhalte der Wahlkämpfe fällt – ein Land der Anti-Aufklärung geworden.

Geschichte kennt kein Ende. Auch die Krise unserer Tage ist ein Zeichen tiefer

Umbrüche, wie sie immer wieder bei den großen Epochenwechseln der Weltgeschichte sichtbar werden. Das Schlagwort von der Einen Welt hat ein neues Gewicht erhalten. Handel und Industrie, Finanzpolitik und Börsenspekulationen haben nicht nur zu einer Globalisierung der Wirtschaft, sondern auch zu der Globalisierung der Krise geführt. Die wichtigste Aufgabe der Politik wird es zweifellos werden, die Herrschaft der Ökonomie zu brechen. Sie ist es ja letztlich auch, die zu Kriegen und Zerstörungen führt, um Öl- oder sonstige Handelsinteressen zu sichern. Hinter dem Konflikt mit dem Islam, der am Anfang des 21. Jahrhunderts die Staaten bewegt, stehen nicht in erster Linie religiöse, sondern wirtschaftliche Machtkämpfe. Gesellschaften aber, die nur noch von den Bilanzgewinnen der internationalen Konzerne abhängig sind, fallen wieder in die Unmündigkeit vordemokratischer Zeiten zurück. Hier wird sich auch die Zukunft des kapitalistischen Systems entscheiden. Kann es jungen Menschen keine wirtschaftlichen und keine moralischen Perspektiven bieten, leistet es keine Beiträge zur Befriedung der Welt, dann ist der Kapitalismus ebenso zum Untergang verurteilt, wie der gescheiterte Sozialismus unseligen Angedenkens.

Wir wissen es: Aus der Geschichte zu lernen, ist eine schwierige Sache. Jede Zeit stellt ihre Forderungen. Alles ist immer offen. Die Menschen entscheiden über ihr Schicksal und nicht irgendwelche anonymen Mächte. Die Deutschen haben über viele Jahrhunderte hinweg nicht ohne Selbstmitleid alle Krisen und Kriege, Niederlagen und Demütigungen auf die »anderen« geschoben. Im letzten halben Jahrhundert nahmen die Westdeutschen, nicht ohne Hilfe kluger Siegermächte, ihr Schicksal selbst in die Hand. Die Bürger im Osten, deren Weg nach 1945 erheblich schwieriger war, machten die einzige erfolgreiche Revolution der Deutschen. Darauf können wir stolz sein und nicht auf so abstrakte, pathetische und letztlich inhaltsleere Begriffe wie »die Nation«. Frieden hat es in Europa erst gegeben, als die nationale Engstirnigkeit überwunden war. Wo das nicht geschah, starben wieder Menschen im Krieg – zum Beispiel im ehemaligen Jugoslawien. Die deutschen Beiträge zu einem gemeinsamen Europa sind beachtlich gewesen. Es waren Schritte, die auch ihre Republik stabilisiert haben. Aber um den Erhalt der Demokratie müssen die Bürger immer kämpfen. Das gilt für jede Generation.

Literatur

Wer sich weiter mit der Geschichte Deutschlands beschäftigen will, findet eine Fülle guter Standardwerke und Biografien. Einige Titel, die auch bei der Arbeit an diesem Buch benutzt wurden, sind im Folgenden aufgeführt:

Becher, Matthias: *Karl der Große*, München 2002

Benz, Wolfgang: *Die Bundesrepublik Deutschland* (in 3 Bänden), Frankfurt am Main 1983

Benz, Wolfgang: *Geschichte des Dritten Reiches*, München 2000

Benz, Wolfgang: *Was ist Antisemitismus?*, Frankfurt am Main 2004

Blickle, Peter: *Der Bauernkrieg*, München 1998

Craig, Gordon A.: *Deutsche Geschichte 1866–1945*, München 1980

Demandt, Alexander: *Die Kelten*, München 2002

Ebert, Klaus: *Thomas Müntzer. Von Eigensinn und Widerspruch*, Frankfurt am Main 1987

Fest, Joachim: *Staatsstreich. Der lange Weg zum 20. Juli*, Berlin 1994

Frank, Anne: *Tagebuch*, Frankfurt am Main 2004

Friedenthal, Richard: *Luther. Sein Leben und seine Zeit*, München 1967

Gutsche, Willibald: *Ein Kaiser im Exil. Der letzte deutsche Kaiser Wilhelm II. in Holland. Eine kritische Biographie*, Marburg 1991

Herre, Franz: *Wilhelm I. Der letzte Preuße*, München 1983

Hilberg, Raul: *Die Vernichtung der europäischen Juden* (in 3 Bänden), Frankfurt am Main 1990

Keller, Hagen: *Die Ottonen*, München 2001

Kershaw, Ian: *Hitler*, Band 1 Stuttgart 1998

Kershaw, Ian: *Hitler*, Band 2 Stuttgart 2000

Kunisch, Johannes: *Friedrich der Große. Der König und seine Zeit*, München 2004

Laschitza, Annelies: *Im Lebensrausch, trotz alledem. Rosa Luxemburg*, Berlin 1996

Laudage, Johannes: *Otto der Große*, Darmstadt 2001

Laudage, Stefan: *Heinrich II. Herrscher am Ende der Zeiten*, Darmstadt 1999

Mann, Golo: *Wallenstein*, Frankfurt am Main 1971

Merseburger, Peter: *Willy Brandt. Visionär und Realist*, Stuttgart 2002

Möller, H./Lutz, H./Stürmer, M./Schulze, H./Thamer, H.-U./Birke, A. M.: *Die Deutschen und ihre Nation*, 1763–1961 (in 6 Bänden), Berlin 1981–1989

Mommsen, Wolfgang J.: *1848. Die ungewollte Revolution*, Frankfurt am Main 1998
Nipperdey, Thomas: *Deutsche Geschichte 1800–1933* (in 3 Bänden), München 1983–1992
Opll, Ferdinand: *Friedrich Barbarossa*, Darmstadt 1990
Palmer, Alan: *Metternich. Der Staatsmann Europas*, Düsseldorf 1977
Pflanze, Otto: *Bismarck. Der Reichsgründer*, Band 1 München 1997
Pflanze, Otto: *Bismarck. Der Reichskanzler*, Band 2 München 1998
Raddatz, Fritz: *Karl Marx. Eine politische Biographie*, Hamburg 1975
Röhl, John C. G.: *Wilhelm II. Die Jugend des Kaisers. 1859–1888*, Band 1 München 1993
Röhl, John C. G.: *Wilhelm II. Der Aufbau der persönlichen Monarchie. 1888–1900*, Band 2 München 2001
Rosen, Klaus: *Die Völkerwanderung*, München 2002
Scholl, Inge: *Die weiße Rose*, Frankfurt am Main 1963
Schöllgen, Gregor: *Die Außenpolitik der Bundesrepublik Deutschland. Von den Anfängen bis zur Gegenwart*, München 1999
Seebacher-Brandt, Brigitte: *Bebel. Künder und Kärrner im Kaiserreich*, Bonn 1988
Seibt, Ferdinand: *Glanz und Elend des Mittelalters. Eine endliche Geschichte*, München 1992
Seibt, Ferdinand: *Karl V. Der Kaiser und die Reformation*, München 1992
Stern, Carola: *Der Text meines Herzens. Das Leben der Rahel Varnhagen*, Reinbek bei Hamburg 1994
Stern, Fritz: *Gold und Eisen. Bismarck und sein Bankier Bleichröder*, Berlin 1978
Sternburg, Wilhelm von: *Gustav Stresemann*, Frankfurt am Main 1990
Sternburg, Wilhelm von: *Warum wir? Die Deutschen und der Holocaust*, Berlin 1996
Sternburg, Wilhelm von: *Deutsche Republiken. Scheitern und Triumph der Demokratie*, München 1999
Sternburg, Wilhelm von: *Kurze Geschichte des Nationalsozialismus*, Berlin 2003
Sternburg, Wilhelm von: *Adenauer. Eine deutsche Legende*, Berlin 2005
Ullrich, Volker: *Die nervöse Großmacht. Aufstieg und Untergang des deutschen Kaiserreiches. 1871–1918*, Frankfurt am Main 1997
Wedgwood, C. V.: *Der Dreißigjährige Krieg*, München 1967
Wehler, Hans-Ullrich: *Deutsche Gesellschaftsgeschichte 1700–1949* (in 4 Bänden), München 1983–2003
Winkler, Heinrich August: *Weimar 1918–1933. Die Geschichte der ersten deutschen Demokratie*, München 1993
Winkler, Heinrich August: *Der lange Weg nach Westen* (in 2 Bänden), München 2000
Wolfram, H./Schulze, H. K./Boockmann, H./Schilling, H.: *Das Reich der Deutschen, Von den Germanen – 1763* (in 6 Bänden), Berlin 1987–1991
Wolfram, Herwig: *Die Goten und ihre Geschichte*, München 2001
Wolfram, Herwig: *Die Germanen*, München 2002

Register

Fett gedruckte Einträge verweisen auf Porträts.